生活即教育

社会即学校

教学做合一

e a MEXIC
peón de
plica el
México

# 陶 行 知 全 集

## 第2卷 论著

教学做合一讨论集
斋夫自由谈
集外文汇
附录

四川教育出版社
·成都·

**图书在版编目（CIP）数据**

陶行知全集. 第2卷 / 方明主编. —2版. —成都：四川教育出版社，2009.4

ISBN 978-7-5408-5050-0

Ⅰ.陶… Ⅱ.方… Ⅲ.陶行知（1891~1946）-全集 Ⅳ.G4-52

中国版本图书馆CIP数据核字（2009）第033527号

装帧设计　宁成春
责任编辑　蒲家驹　皮俊中
技术编辑　顾求实
责任校对　伍登富
责任印制　田东洋
出版发行　四川教育出版社
　　地　　址　四川省成都市锦江区三色路238号新华之星A座
　　邮政编码　610023
　　网　　址　www.chuanjiaoshe.com
印　　刷　成都市金雅迪彩色印刷有限公司
版　　次　2020年1月第3版
印　　次　2024年2月第2次印刷
成品规格　152 mm×228 mm
印　　张　42　　插页　4
字　　数　550千
全套定价　2200.00元

如发现印装质量问题，影响阅读，请与本社联系。总编室电话：(028) 86365120
编辑部电话：(028) 86365129

# 再版前言

1991年，张劲夫同志祝川版《陶行知全集》出版，在《人民日报》撰文，称这部巨著是一笔宝贵的精神财富。他在文章的结尾深情地写道："新版《陶行知全集》的出版，必将永育后人，光照千秋！"

陶行知是一位伟大的社会改革家，是中国20世纪推动现代化的先驱。他坚持以与时俱进的生活教育来推动川流不息的现代化。他热爱人民，躬亲实践，手脑并用，勇于创新，对祖国和人类所作出的贡献及取得的成果是多方面的。从《全集》中可以看出，他涉猎的领域很广，诸如对政治制度、经济发展、社会道德、国际交往、科学普及、民族团结、宗教信仰、新文字推广、环境保护、计划生育等等均有精辟的论述。陶行知又是伟大的人民诗人，其诗的大众化"独开风气之先"，《全集》中收入他的诗800余首，仍未搜齐。当然最突出的仍是他创立的生活教育理论。大家熟悉的"生活即教育"、"社会即学校"、"教学做合一"和他倡导的全民教育、终身教育、创造教育、民主教育以及他身体力行的崇高师德，是多么贴近我国的现实与未来的走向啊！

随着我国改革开放的不断深化，现代化进程的长足发展，人们对陶行知留下的这笔精神财富的借鉴意义也愈益有了更清晰的认识。近两年不少读者要求购书，有的省市成立了陶行知研究会，要求供应几十套上百套。而当年印制的新版《全集》8000套，早已罄尽。面对这日增的需求，中国陶行知研究会也希望能尽快再版。在此情势下，四川出版集团、四川教育出版社决定高质量地再版《陶行知全集》（十二卷本），并组成再版的编辑出版班子，对初版进行认真修订。《全集》约800万字，修订任务繁重，原来各卷的责任编辑年事已高，有的已经辞世（本套书第一版出版后辞世的编纂、出版人员未在《全集》编辑委员会和出版工作者委员会成员名单中注明）；最初使用的原稿，已交有关的博物馆和纪念馆保存，这更增添了校订的难度。出版社抽出十几位年富力强的编辑分担各卷的编务及协调工作，并请有关专家指导，两位老主编和张行可、吴琴南也全力投入，中国陶行知研究会又寄来陶行知自选集的影印本供校勘用。在共同努力下，终于按计划完成了再版的修订任务。

这次修订的主要情况如下：

一、原体例不变

开初有同志提出不论著作体例，统按时间顺序排列；有的主张前十卷不变，将最后两本补遗卷打散，分类按时序插入前面各卷。多数认为这样做不仅工作量过大，原有特色会消失，且不易查阅，故决定再版仍保持原状。

二、改错字及改正注释中的一些讹误

《全集》出版后，原来的编辑发现一些错处，特别是不少读者陆续来信指出发现的问题，这次都做了认真考证校订并逐一改正。此类改正达几百处，但仍有个别人名无从查考。这里特向来信的热心读者表示敬意和谢意。

三、几项调整

将各卷的人名索引合为一处，避免了重复，删去了该人名出现在书中的页码。人名索引刊在第九卷卷末，将原第九卷中1940年1至7月的书信移入第八卷。

抽去了两首重复的诗歌。另抽去第九卷附录中的《陶行知年表》，部分内容并入第十二卷《陶行知及其生活教育活动纪略》。抽去第十二卷附录中致陶行知的信57封，对《陶行知西旅长编》作了删节。另有少量附录因篇幅关系按时间顺序做了移动。

卷首的图片有小调整，第五卷和第三卷各换了一张照片，第四卷增加了一幅手迹。

最可喜的是增加了15篇最近得到的陶行知的佚作。一是1939年写给沈钧儒的信；二是1946年在中国人民救国会第五次大会上的报告记录；还有13篇是香港中文大学哲学博士何荣汉先生提供的英文稿：《一个金陵大学学生的自述》（1912年）、《陶文濬的伊利诺斯州立大学政治学博士入学申请表》（1914年）、《中国的道德和宗教教育》（1916年）、陶文濬致德芬道夫的4封信（1915~1917年）、《祈先生的新贡献》、《中国在转变中》、《中国的乡村教育运动》（1927年）、《生活即教育》（1932年）、《创造的教育》（1933年）、《小先生和识字运动》（1934年），这些均已翻译为中文编入第十二卷。这里，特向何荣汉先生致谢。

这次不仅认真校订内文，对书籍的开本、版式、封面等都提出了高要求，为此还请了北京的装帧设计家宁成春先生做装帧设计，力争出精品。

本书编辑中的不妥处，恳希读者指出，因为陶行知留下的这笔珍贵精神财富是属于我国人民和全世界人民的。

编　者

2004 年 12 月 1 日

# 《陶行知全集》
# 编辑委员会

**主　　编**　戴自俺

**副 主 编**　孙传华　苏辛涛　郭　笙　陶晓光

**分卷主编**　理论卷（第 1~4 卷）　孙传华　苏辛涛　洪　桥　祝德顺　周正章

教材卷（第 5 卷）　戴自俺　陶　城　陈贻鑫

英文著译卷（第 6 卷）　温致义

诗歌卷（第 7 卷）　聂大朋

书信卷（第 8、9 卷）　张邦民

衔备忘卷（第 10 卷）　庞曾漱

**编　　辑**　（按姓氏笔画为序）

王超英　刘有声　江长风　李　冬　陈　思　杨立义

张　颖　张德生　姚启安　鲁　风　裴未如　韩忠祥

程翊德　储朝晖

**审　　定**　陆静山（主任）吴树琴　楼化篷　徐明清

丁　丁　龚思雪　李能寿

**特邀主编**　胡晓风

新版

# 《陶行知全集》
# 出版工作委员会

# 编辑说明

一、陶行知（1891—1946）是我国伟大的人民教育家、伟大的共产主义战士。他为中国教育改造、普及人民教育、争取民族解放和建立人民民主的新中国奋斗了一生，留下了大量的著作。他的著作，散见于1913年到1946年的国内外报刊。生前曾以各种形式出版各种专集，流传甚广，影响深远。延安也曾出版《行知教育论文选集》。1946年，延安各界追悼陶行知筹备委员会倡议出版《陶行知全集》，但因限于当时条件，未能实现。1957年7月，张宗麟曾在《人民教育》发表文章，公开建议人民教育出版社编辑出版《陶行知全集》。1959年原中央教育部所拟定的《教育科学规划》曾有出版《陶行知全集》的项目，但因当时各种阻力尚未排除，终未实现。中国共产党第十一届三中全会以后，研究陶行知的活动又活跃起来。1981年，由邓颖超同志主持的陶行知诞辰90周年纪念大会在北京市全国政协礼堂召开。安徽、上海、江苏、四川、北京等地相继成立了陶行知研究会。1982年，华中师范学院（现华中师范大学）教育科学研究所和湖南教育出版社，在征得安徽、上海、江苏、四川、北京等省、市陶行知研究会赞同和陶行知先生亲属的大力支持下，组成《陶行知全集》编辑委员会，由华中师范学院教育科学研究所主编，湖南教育出版社于1985年出版了六卷本《陶行知全集》，在抢救我国民族文化遗产、促进我国教育改革、建设具有中国特色的社会主义教育体系等方面作出了有益的贡献。

二、1985年9月，中国陶行知研究会、中国陶行知基金会成立，对陶行知的研究开始了新的篇章。随之，中国陶行知研究会陆续收到了陶研工作者，陶行知生前友好、学生以及部分读者的许多宝贵建议，要求中国陶行知研究会争取时间，趁陶先生的一些老朋友和学生以及部分陶行知研究的老专家尚健在的时候，组织力量，在原有的基础上，重新编辑出版一部较完备的新版《陶行知全集》（以下简称《全集》），在1991年陶行知诞辰100周年时出版，以应时代及广大读者的需要。

三、本版《全集》的编辑工作，本着求“全”、求“真”的原则，增补了迄今为止收集到的佚文、佚诗、佚信等，并作了认真的校勘；在考订的基础上加了注释；对作者用外文所写著作均作了新的校译；各卷插图有了新的补充和调整。特别要指出的是，本版增补了作者自1936年4月至1946年7月所用的小笔记本55册，以作者所题《衔备忘》为名全部整理编入第十卷，约40万字，系首次发表，是研究陶行知最后十年战斗生涯的极为珍贵的史料。

四、本版《全集》按文章体裁分类，共成十卷。各卷保留了作者原有自编专集的原貌；专集外的文章，再按时间顺序排列。第一至四卷为论著卷（包括论文、演讲记录、谈话、提案等）；第五卷为教材卷（包括各类教材及编辑手稿、儿童科学读物、寓言、歌曲等）；第六卷为英文著译卷（包括英文著述、英文书信；著述中译、书信中译；中译英、英译中等）；第七卷为诗歌卷；第八、九卷为书信卷；第十卷为《衔备忘》。

五、本版《全集》的编辑原则为：（一）尽可能做到“全”；（二）保持陶行知著作的原貌；（三）所收文稿，均经慎重的考证、核查。

六、本版《全集》的注释要求是：（一）以具有中师毕业以上文化程度的广大教师及其他读者为对象；（二）注释条目的选择，以有助于理解原文为准；（三）文字力求简明扼要；（四）对人物、事件，介绍历史背景，力求客观真实，不带政治帽子；（五）人名索引根据其与原著及作者的关系而确定其详略。

七、本版《全集》的编辑和校勘，除充分利用中国陶行知研究会所珍藏的资料以外，并专门组织了力量，到江苏、上海、安徽陶行知纪念馆，中国第二历史档案馆以及华中师范大学近代历史研究所，浙江湘湖师范学校等单位查核大量原件，还尽量查阅手稿及各种版本的专集，多方比较、考证，以求臻于完善。凡有增删或改动者，均采用注释加以说明或以其他方式处理，以便对照。

八、本版《全集》的编辑工作是由中国陶行知研究会领导下组成的编辑委员会主持进行的；出版工作是由四川省党政领导及有关人士组成的出版工作委员会主持进行的，特别是中共四川省委宣传部在多方面给予了大力支持。

九、在编辑过程中，得到南京中国第二历史档案馆，北京中央档案馆，广东省档案馆，北京图书馆，华南师范大学图书馆，南京大学图书馆，南京图书馆，北京师范大学图书馆，上海图书馆，上海辞书出版社图书馆，中央教育科学研究所图书馆，安徽省图书馆，四川省图书馆，四川大学图书馆，广东省图书馆，广州中山大学图书馆，华中师范大学近代史研究所，江苏晓庄陶行知纪念馆，上海陶行知纪念馆，安徽陶行知纪念馆，四川教育学院，各省、市、自治区陶行知研究会以及陶行知先生生前友好、学生和亲属的赞助及支持，在此谨一一深表感谢！

十、由于水平及各种条件所限，本版《全集》疏漏、错误在所难免，敬请读者教正。

**《陶行知全集》编辑委员会**

1990年12月

# 凡例

一、本全集编入迄今收集到的陶行知的全部文稿，有文章、诗歌、教材、书信、演讲、小说、谈话、章程、提案、文电、广告、备忘录等2530篇（其中教材13本、小说1部、备忘录55册）。凡有作者手稿，有作者个人署名，或虽未署名但有根据可确认为作者所著者，均收为正文；合署而非作者起草，或虽有个人署名但不能确认为作者所著的文稿，均与其他参考材料一起作为附录。附录共314篇（包括附在第九卷末的年表），一种为文末附，一种为卷末附录。

二、作者的自编集共17本（其中小说1部），大体上按出版的年代排在有关卷的前面，作为第一部分。自编集以外的集外文汇、集外诗汇、集外书信等均按写作或发表的时间逐年编入有关各卷，作为第二部分。有的诗文收入几种自编集内，此次只在一本集子中排印，其余均存目。第六卷英文著译卷，分类按年编排。第十卷《衔备忘》用手稿影印，一册为一篇，在篇末加少量的译文与注释。

三、除少数姓名和文言文中的个别字外，统用简化字，以国家语言文字工作委员会1986年重新发表的《简化字总表》为准。

四、陶行知原著中的纪年、数字、译名及章节标题的分层序码等均保持原貌。纪年多系民国纪年，如三年、廿一年、卅二年（即公元1914年、1932年、1943年）等。数字则汉字与阿拉伯字并存。翻译的人名、地名与通译不同的，在注释中注明通译的名称。编者所写的注释文字统用公元纪年，数字用法按国家语委等七部门公布的试行规定。

五、论著、诗歌、教材及儿童读物的标题用原题，个别有变动的在题注中说明。书信的标题，除作者自编集外，多系编者从信中摘取原话为题。

六、原著无标点的，由编者加添标点；原著用旧式标点或标点不规范的，重新标点。

七、改正了原稿中的错字，删除了衍文，漏字在〔 〕内添补，无法辨认的字用口号代替。通假字、古今字、异体字等，除文言文中的少数字外，均按有关规定处理。

八、编者的题注为脚注。书信及一些档案资料现存放何处，均不作注。

九、作者本人的署名，1934年7月16日前为“陶知行”，现一仍其旧。编者所写注释中则一律称“陶行知”。

十、第十卷和课本、小说不作人名索引，其余各卷正文中出现的人名，均按姓氏笔画作索引，附在卷末。附录不作人名索引和注释。

本卷收入陶行知自编集《教学做合一讨论集》、《斋夫自由谈》和 1925 年至 1931 年的著作，共 201 篇，另收附录 49 篇。

1　陶行知20世纪30年代摄于上海

2　1928年3月15日晓庄学校举行周年纪念大会，陶行知在会上讲话

3　1928年晓庄学校全景，正面是犁宫（大礼堂）

1

2

3

4

5

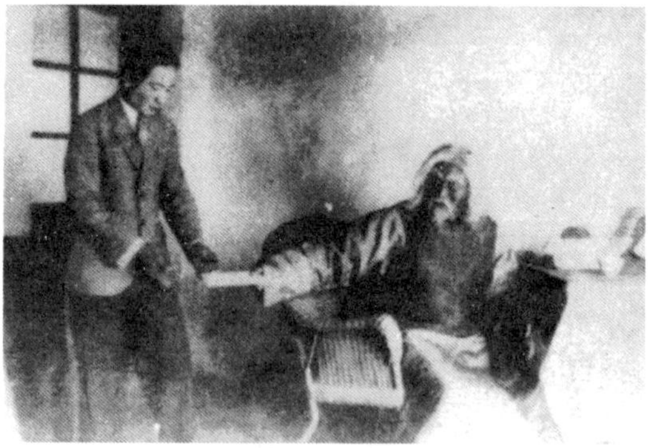

6

4　1928 年 8 月，晓庄联村自卫团成立，陶行知被选为团长，刘焕中（刘季平，左一）被选为副团长

5　1929 年 1 月，晓庄剧社成立，陶行知为社长。图为在《生之意志》演出中陶行知饰老父，谢纬棨（宋晖）饰儿子

6　1932 年，在山海工学团成立会上（左一为当时宝山县教育局局长冯国华，左二为陶行知）

7

7　1932 年，上海徐家角工学团开学合影（后排右四为陶行知）

8　陶行知手迹

9　陶行知杂文《颠倒的逻辑》手迹

8

捧着一顆心來
不帶半根草去

新安小學同志
陶知行題

9

顛倒的邏輯

中國的國事是弄顛倒了。這國事的顛倒是由於邏輯之顛倒。

蔣君介石說：

「攘外必先安內。」

孫君哲生說：

「救國必先救黨。」

我的見解恰恰與蔣孫二君相反：

「安內必先禦外，」

「救黨必先救國。」

蔣孫二君看見這種說法，也或者要說我是把真理弄顛倒了。這個我也不必强辯，讓事實去證明吧。

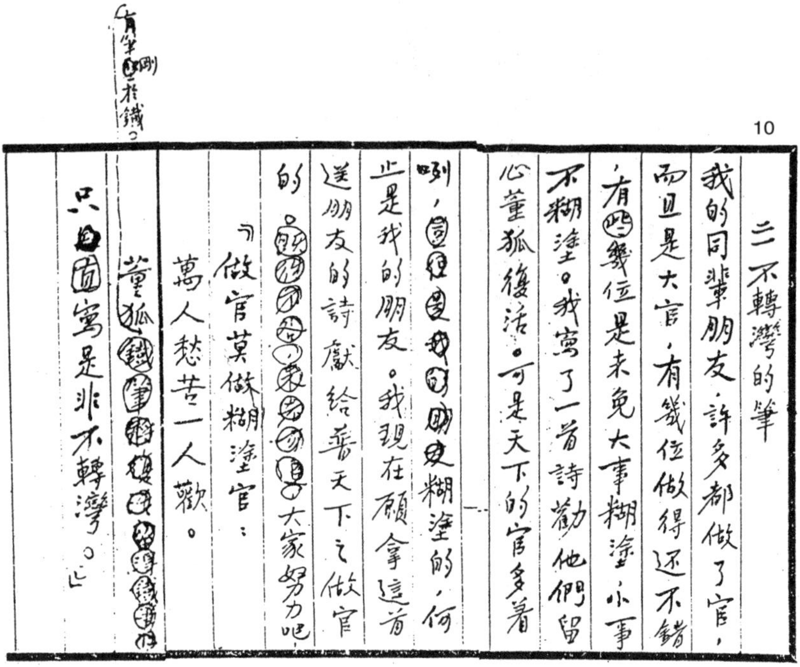


10 陶行知杂文《不转弯的笔》手迹

# 目录

**1926年**

## 1931年

# 教学做合一讨论集

# 教學做合一討論集

陶知行

**编者按**

《教学做合一讨论集》是陶行知自编的文集，1929年上海商务印书馆出版。这本文集是“晓庄学校丛书”之一，收入作者1927年至1929年的论著和讲话共8篇，分《上编·理论之叙述》和《下编·问题之讨论》。其中，《教学做合一》、《在劳力上劳心》、《以教人者教己》、《答操震球之问》等四篇，已收入陶行知自编文集《中国教育改造》，见本全集第一卷，这里只存目录。

# 上编　理论之叙述

# 行是知之始*



阳明先生说："知是行之始，行是知之成。"我以为不对，应该是"行是知之始，知是行之成"。我们先从小孩子说起，他起初必定是烫了手才知道火是热的，冰了手才知道雪是冷的，吃过糖才知道糖是甜的，碰过石头才知道石头是硬的。太阳地里晒过几回，厨房里烧饭时去过几回，夏天的生活尝过几回，才知道抽象的热。雪菩萨做过几次，霜风吹过几次，冰淇淋吃过几杯，才知道抽象的冷。白糖、红糖、芝麻糖、甘蔗、甘草吃过几回，才知道抽象的甜。碰着铁、碰着铜、碰着木头，经过好几回，才知道抽象的硬。才烫了手又冰了脸，那末，冷与热更能知道明白了。尝过甘草接着吃了黄连，那末，甜与苦更能知道明白了。碰着石头之后就去拍棉花球，那末，硬与软更能知道明白了。凡此种种，我们都看得清楚"行是知之始，知是行之成"。佛兰克林[①]放了风筝，才知道电气可以由一根线从天空引到地下。瓦特烧水，看见蒸汽推动壶盖，便知道蒸汽也能推动机器。加利里[②]翁在毕撒斜塔[③]上将轻重不同的球落下，便知道不同轻重之球是同时落地的。在这些科学发明上，我们又可以看得出"行是知之

* 本篇系1927年6月3日在晓庄学校寅会上的演讲词。第一段原载1928年1月15日《乡教丛讯》第2卷第1期，题为《行是知之始知是行之终》。开头引用王阳明的话，原为"知是行之始，行是知之终"。第一段结尾的"知是行之成"原为"知是行之终"。1929年7月30日《乡教从讯》第3卷第12期全文刊载。

始，知是行之成”。

《墨辩》[4]提出三种知识：一是亲知，二是闻知，三是说知。亲知是亲身得来的，就是从“行”中得来的。闻知是从旁人那儿得来的，或由师友口传，或由书本传达，都可以归为这一类。说知是推想出来的知识。现在一般学校里所注重的知识只是闻知，几乎以闻知概括一切知识。亲知是几乎完全被挥于门外。说知也被忽略，最多也不过是些从闻知里推想出来的罢了。我们拿“行是知之始”来说明知识之来源，并不是否认闻知和说知，乃是承认亲知为一切知识之根本。闻知与说知必须安根于亲知里面方能发生效力。

试取演讲“三八主义”[5]来做个例子。我们对一群毫无机器工厂劳动经验的青年演讲八小时工作的道理，无异耳边风。没有亲知做基础，闻知实在接不上去。假使内中有一位青年曾在上海纱厂做过几天工作或一整天工作，他对于这八小时工作的运动的意义，必有亲切的了解。有人说:“为了要明白八小时工作就要这样费力的去求经验，未免小题大做，太不经济。”我以为天下最经济的事无过这种亲知之取得。近代的政治经济问题便是集中在这种生活上。从过这种生活上得来的亲知，无异于取得近代政治经济问题的钥匙。

亲知为了解闻知之必要条件已如上述。现再举一例，证明说知也是要安根在亲知里面的。

白鼻福尔摩斯[6]里面有一个奇怪的案子。一位放高利的被人打死后，他的房里白墙上有一个血手印，大得奇怪，从手腕到中指尖有二尺八寸长。白鼻福尔摩斯一看这个奇怪手印便断定凶手是没有手掌的，并且与手套铺是有关系的。他依据这个推想，果然找出住在一个手套铺楼上的科尔斯人就是这案的凶手，所用的凶器便是挂在门口做招牌的大铁手。他的推想力不能算小，但是假使他没有铁手招牌的亲知，又如何推想得出来呢?

这可见闻知、说知都是要安根在亲知里面，便可见“行是知之始，知是行之成”。

十六年六月三日

## 注释

①佛兰克林 通译富兰克林。

②加利里 通译伽利略。

③毕撒斜塔 通译比萨斜塔。

④墨辩 书名，指《墨子》中的《经》上、下和《经说》上、下四篇。

⑤三八主义 即“三八制”（工作8小时，学习8小时，休息8小时）。美国无产阶级为反对资产阶级的残酷剥削，1886年5月1日，芝加哥20万工人为争取8小时工作制举行大罢工，遭到警察的武装镇压。

⑥福尔摩斯 指英国作家柯南道尔（1859—1930）所著侦探小说《福尔摩斯探案》。福尔摩斯为书中的主要人物。

# 生活即教育*

“教学做合一”和“教育即生活”的理论有什么关系？这是晓庄同志时常遇到的一个问题。我可以说，“教育即生活”是杜威先生的教育理论，也就是现代教育思潮的中流。我从民国六年起便陪着这个思潮到中国来，八年的经验告诉我说“此路不通”。在山穷水尽的时候才悟到“教学做合一”的道理。所以，“教学做合一”是实行“教育即生活”碰到墙壁把头碰痛时所找出来的新路。“教育即生活”的理论，至此乃翻了半个筋斗。实行“教学做合一”的地方，再也不说“教育即生活”。他不再耐烦把学校变成社会的缩影。他要伸张到大自然大社会里去活动。他要我们在生活里各尽所能，各取所需。没有“教育即生活”的理论在前，决产生不出“教学做合一”的理论。但到了“教学做合一”的理论形成的时候，整个的教育便根本的变了一个方向，这新方向是“生活即教育”。分析开来：康健的生活便是康健的教育；劳动的生活便是劳动的教育；科学的生活便是科学的教育；艺术的生活便是艺术的教育；社会革命的生活便是社会革命的教育。从这个理论里面我们可以推出下面的结论：

一、是生活便是教育；

---

* 本篇系1929年5月19日在晓庄学校寅会上的演讲词。原载1929年《乡教丛讯》第3卷第4期。

二、是好生活便是好教育，是坏生活便是坏教育；
三、不是生活便不是教育；
四、所谓之“教育”，未必是生活，即未必是教育。

十八年五月十九日

# 下编　问题之讨论

# 湘湖教学做讨论会记*

——罗谦笔记

问：“道尔顿制”①与教学做合一之异同如何？——唐文粹

答：按“道尔顿制”，学生有一个时间的预算，依着进程表工作，不过它太看重了书本！它每门功课，都有实验室，其实只是图书室。在里面，学生根据先生做好的问题，各人按照各人程度去找答案。它的好处，便是能够按照各人的程度工作——聪明一点的可以做得快些，愚笨一点的可以做得慢些。所以在这制度下的学生比较旧式学校里要自由的多。可惜它太看重了书本，而且须初中以上的程度才能行。

“教学做合一”是以生活为中心——怎样做，就怎样学；怎样学，就怎样教。所有的问题，都是从生活中发生出来的。从生活中发生出来的困难和疑问，才是实际的问题；用这种实际的问题来求解决，才是实际的学问。它的实验室是大自然和大社会，不像“道尔顿制”那样专在书本上做工夫了。虽然书中也有一部分可以解决生活问题，不过书仅能用为生活的工具罢了。

问：什么是“教学做合一”？　——叶纶恕

答：教学做合一有两种涵义：一是方法，二是生活的说明。

---

* 1928年4月浙江召开设立乡村师范第二次筹备会议，陶行知应邀参加，并接受会议的委托，负责筹办浙江乡村师范学校。因该校设在萧山县湘湖中的定山，故称湘湖师范。陶行知曾先后派晓庄学校学生操震球、程本海、王琳、方与严等担任该校的领导和教学工作。本篇是陶行知在1928年10月10日、11日，对该校全体师生参加的教学做讨论会上提出的问题的回答。

在方法方面，它主张教的法子根据学的法子，学的法子根据做的法子。不然，便要学非所用，用非所学了。

在又一方面，它是生活的说明：在做上教的是先生，在做上学的是学生。从先生对学生的关系说，做便是教；从学生对先生的关系说，做便是学。先生拿做来教，乃是真教；学生拿做来学，乃是实学。不在做上用工夫，教不成教，学也不成学。一个活动对事说是做，对己说是学，对人说是教。我们不能说种稻是做，看书是学，讲解是教。为种稻而讲解，讲解也是做；为种稻而看书，看书也是做。

例如烧饭是做，烧了一次饭得到一种经验而进步便是学；你的进步影响到别人，使得别人也进步，便是教。

又例如孙中山先生革命，也是教学做合一的。先生领导同志革命是做；愈革愈进步，像组织兴中会[②]，改组同盟会[③]，民国成立，改组国民党，后又改为中华革命党，以至于十三年改组的中国国民党，这便是学；他一面革命，一面人家受了他的影响，也同起而参加革命，这不是教吗？

西洋教育最好的是“研究所”和小学，其余的中大学都不大好。我有一次在美国参观一所研究所，觉得它的办法的确是教学做合一。一个六七十岁的老先生，带着几位助理，就是徒弟，在那儿共同研究。他自己研究蚊虫——看它是怎样产生，什么方法才能灭它，这便是做。他愈研究愈进步便是学。徒弟在旁边有研究蛇的，也有研究苍蝇的，都受他的影响而进步，便是教了。

连上海的绑匪，也是教学做合一。不然，一定利市没有发，包管被人捉了！冯玉祥练兵也是教学做合一的。他的军队之好连张作霖也承认。所以最好的教育，要想它有效，须是教学做合一；最坏的训练，要想它有效，也要教学做合一。教学做合一，是最有效力的法子。不过教学做合一，有死的教学做，有活的教学做。比方从前用嘴舌为教，用耳目为学，用手为做，那便是机械了，把教学做三个字都看死了。我们的耳、目、口、舌、四肢百体，统统是脑筋发号施令的器官。做一事，用得着什么器官，便用什么器官，这才是把做字看活呢！

有有意义的做与无意义的做。

人家怎样做，我也怎样做，而不求其所以然，便是无意义的做。在劳力上劳心，手到心到才是有意义的做。比方烧饭，便要用心想："如何使饭烧得好？""如何用烧饭的书，用别人烧饭的经验，使自己所烧的饭，既合口味，又合卫生？"这样烧饭才算是有意义的。

做有意义，即学有意义，教有意义。

做什么事，便看什么书，问什么人，用什么工具，那么才做得好，学得好，教得好。不然，"饱食终日，无所用心，难矣哉"！

问：教学做的目的是什么？　——翁衍桢

答：教育的目的要先看所教的是什么人。各校有各校特殊的目的。像我们乡村师范学校，总目标是：培养乡村人民儿童所敬爱的导师。从总目标又析为五个分目标，如下图：

培养乡村人民儿童所敬爱的导师 {
- 康健的体魄
- 农人的身手
- 科学的头脑
- 艺术的兴味
- 改造社会的精神

问：社会改造教学做宜如何去干？　——翁衍桢

答：我们是培养小学教员，便以小学教员对于社会改造来做例子。大凡小学教员，没有改造社会的精神，便是很枯燥无味的。乡村教师与未来的乡村教师，心里都应当有一个"理想的社会"。比方这里定山已是一个社会，我们要把这个原有社会的恶习惯、坏事情，统统把它革除，把我们心中理想的新社会实现出来。虽然时间不许我立刻完全成功，但是我们干一段去了，可以把未完工作交给第二届同学，以至于第三届、第四届、第十届……同学去干。不过这里建设好了，对于你们将来出去做教员有什么关系呢？因为“以一知万”或“一隅三反”——定山会改造了，别处也就可以推想了。

教员的天职是变化，自化化人。虽然不容易学孙悟空的七十二变，但是至少要看重变化。普通许多做教员的，都是不得已而为之，这种心思我们应该着实革除！无论什么人，一说到当教员，必得有个理想的社会悬在心中。国民党员做教员的时候自然抱着三民主义的理想社会，去努力做下层建设的工作。假使他是个无政府党员，他便以一种无政府社会理想做根据，想以教育的力量来替代政府。我们对于自然的环境和人为的环境，都该要有理想的安排。教育是实现理想社会的历程，假使理想社会里有不好的东西，我们就要运用教育力量去变化它。至于优良的，虽在这社会之外，也要把它吸进来。

问：小学教员一个人单枪匹马，那里有闲工夫去干社会工作？ ——项采林

答：小学教员是不是一个人？学校中许多小学生都是我们的小同志；而且来往的成人，个个都能受我们的同化。比方叫孙中山先生来做小学教员，那他一定把许多小学生都变成小革命党了。小学生中大的能教小的，智的能教愚的。成人的朋友们也可一面感化一面协力去干的。穷乡僻壤的小学教师，决不是唱独角戏。

问：赵叔愚先生对于农民的训练——(一) 基本的训练，(二) 生产的训练，(三) 政治的训练，应否同时并进，或那一步先干？

——徐耀士

答：这个问题要看社会的情形而转移：或先干基本训练，或先干政治或生产，或同时并进都可。总之要看地方情形，那一种容易着手，就先干那一种。

我们干民众训练，一时不能达到，万不可性急！性急了，非但精神上感觉很大的痛苦，而且事实上要发生障碍。要把我们理想的社会，慢慢一步步地进行。赵叔愚先生的农民训练，是整个的；要想训练整个的国民，就非整个的训练不可！(方与严补充)

问：照先生的《“伪知识”阶级》一篇看，或许是不要文章了？其于发表理论何？ ——罗谦

答：要发表理论，便要文章来做工具。你们的日记，便是学做文章的一个最好方法。日记是我们一天心灵的写真。每天不同的生活要我们写出来，我们要应付这种要求，便自然的产生出活的文章。我们做小学教员的人，将来是要做些儿童文学给儿童看，做些民众文学给民众看，都是要此时练习成功的。所以每天日记，要把亲耳所听、亲目所见、亲手所做的发表出来。每天的生活不同，就能够使每天的文字不同。要有活的日记，就要有活的文字记载。进步一定比以前死的“作文”当然好得多。

问：“书本”是人生工具的一种，我们生在世上，就随时随地要用工具。我们要工作就要有工具的准备。要有好的工作，就要有好的工具，所谓“工欲善其事，必先利其器”。那么书是准备做的利器，何等重要啦！为什么又有人说读书的人叫“书呆子”？这样势必使人都不读书而后快。到底如何？请陶先生释疑。 ——徐耀士

答：书呆子就是读书没有目的的人。我平时尽力劝人不要做书呆子。书是一种工具，只能用，不可读。比如筷子是吃饭的工具，假使我们对于筷子，不晓得拿来用，却对着它“筷子，筷子”的念，那不是“筷呆子”了吗？

从前有二句诗说：“万般皆下品，惟有读书高。”又说：“满朝朱紫贵，尽是读书人。”假使书是应当读的，便应使人人有书读；决不能单使一部分的人有书读，叫做“读书人”，又一部分的人无书读，叫做“不读书人”。比如饭是应当吃的，便应使人人有饭吃；决不能使一部分的人有饭吃，叫做吃饭的人，又一

部分的人无饭吃，叫做不吃饭的人。只知读书不会做别的事，便是书呆子，书呆子和只会吃饭的饭桶一个样子。

问：何谓真知识，何谓伪知识？　——黄上青

答：真知识是思想与行为结合而产生的知识，真知识是安根在经验里的。从经验里发芽长叶、开花结实的是真知灼见。

伪知识可分二种：

一、根本上错误的，不符事实。

二、强不知以为知，实在不知。人家告诉他，可是他自己一点经验没有，对于别人所说的话并不了解，这也是虚伪的知识。

可是真知识还有可以同接树枝一样接上的。人家的真知识，接在我们素有的经验上，也可变为自己的真知识，若自己一些经验没有，就是他人有真的知识也接不上去。

书本上的知识有一部分是真的，有一部分是伪的。文字好像是钞票，没有经验而发表的文字，好比是没有准备金的钞票。伪钞票不值一文钱。从前的八股文百分之九十九是伪的，现代的“洋八股”也是伪的！

问：教学做合一与设计教学法④之异同如何？　——毛守诚

答：设计教学法比“道尔顿制”好些。就精神说，它与教学做合一的道理也很相近。但既称为教学，往往把做字忘掉，便与教学做合一不符。行这个方法的学校，往往从先生脑袋里设出计划来，也有时与学生的生活渺不相关。教学做合一乃是生活法。有意义的生活自必有计划。但是，教的计划是根据学的计划，学的计划是根据做的计划。设计是为生活。设计教学做是生活法的一部分。

问：为什么天天要自己干扫地、抹桌、烧饭等工作？

——黄上青

答：烧饭是一种美术的生活。做一桩事情，画幅图画，写一张字，如能自慰慰人，就叫做美。一餐饭烧得好，能使自家吃得愉快舒服，也能够使人家愉快舒服，岂不是一种艺术吗？今夏冯

玉祥氏曾来我们晓庄学校参观，他看了我们那校里烧饭都是同学和指导员自己一起烧的，他马上打电报给总司令部：官兵一律自己烧饭，不用伙夫。后来他说："第二集团军从此每月可省好多万元，而于战斗力也无损失。"

扫地抹桌，是养成扫除肮脏的习惯。我们还可以把扫地抹桌的魄力，推出去扫除全国的、全世界上的一切的肮脏东西！我们要能随时随地见肮脏就除，见污秽就扫，必使家庭无肮脏，社会无肮脏，国家无肮脏，世界无肮脏而后已。

问：教学做合一是要做什么事才去看什么书，请教什么人。似此，则事实与时间上往往发生因应不能裕如的困境，而绝端犯了"临渴掘井""临时抱佛脚"的弊病！未稔何以教之？

——徐德春

答："临时抱佛脚"是可耻的。临渴而能掘井，才算那人还不致去讨水或偷水喝，尚不无创造的精神！但是我们凡做一事，须要立定先后缓急的计划，准备充分可用的工具，才能应付裕如。倘使我们按照需要的生活历程去预定计划，自然没有"临渴掘井"的弊病了。

**附：陶行知为《湘湖生活》题字**

湘师开办后，出版校刊《湘湖生活》，报道学校及中心小学的情况，并介绍当时的教育思潮，目的是使全省小学教育界有一新的努力方向。陶行知阅后，1929年来信勉励，并指出："发扬晓庄精神固佳，但不宜过于强调，以免发生办学的阻力。因晓庄还在试验阶段，毁誉不一，社会上对待新生事物，往往如此。只希你们能认清目标，把握旨趣，认真苦干，努力不懈，将来自有成就。"还应师生请求、为《湘湖生活》题写了封面，第五期开始刊用。从这期开始，《湘湖生活》销路日增，由一千份添印至五千份。

——(选自四川教育出版社1988年版《生活教育之花盛开在湘湖师范》第16页)

## 注释

① 道尔顿制　一种教学组织形式和方法。1920年，由美国教育家柏克赫斯特在马萨诸塞州道尔顿中学所创行。目的是为了发展儿童的个性，培养学生独立工作的能力。做法是在教师指导下，每个学生的学习内容、时间和进度由学生自己掌握，以适应其能力、兴趣和需要，采用个别辅导，废除班级教学。

② 兴中会　中国最早的革命团体。1894年11月孙中山在檀香山创立，次年设总会于香港。

③ 同盟会　即中国革命同盟会，中国资产阶级革命政党。1905年8月在日本东京成立。它以孙中山领导的兴中会为基础，与华兴会、光复会等团体联合组成。

④ 设计教学法　美国教育家克伯屈于1918年所创。设计教学法主张学生自发地决定学习目的和内容，学生在自己设计、自己负责实行的单元活动中获得有关知识和解决实际问题的能力。它废除班级授课制，打破学科界限，摒弃教科书。强调教师的任务在于利用环境以引起学生的学习动机，帮助学生选择活动所需要的教材等。一般程序为：决定目的 (包括引起动机)，订立计划，实行，评价。这种方法在实行中有许多困难和问题，影响教学质量。20世纪20—30年代，设计教学法曾在中国一些小学中流行。1932年夏，陶行知写了一首题为《两位先生的对话》的诗，对克伯屈的这个教学法有异议。

# 答朱端琰之问*

端琰先生：

第二次手书，业已拜读，只因晓庄冬防吃紧，无暇执笔，以致迟迟未复，实在是十分抱歉。

## 一　什么是做？

先生垂问的几个问题都是很有意思的。我把这些问题仔细看了一下，觉得先生的疑问都是集中在一个“做”字上面。这是当然的，因为教学做合一的理论也是集中在“做”之一字。所以必先要把“做”字彻底的说明一番，然后其余的问题便可迎刃而解了。

“做”字在晓庄有个特别定义。这定义便是在劳力上劳心。单纯的劳力，只是蛮干，不能算做；单纯的劳心，只是空想，也不能算做；真正的做只是在劳力上劳心。我们做一件事便要想如何可以把这件事做好，如何运用书本，如何运用别人的经验，如何改造用得着的一切工具，使这件事做得最好。我们还要想到这事和别事的关系，想到这事和别事的相互影响。我们要从具体想

* 本信系1929年1月15日就朱端琰来信所提关于教学做合一的15点疑问予以解答。原载《乡教丛讯》第3卷第1期。3月在《教育汇刊》刊出时，题为《答朱端琰君并致一般怀疑教学做合一者》。作者收入《教学做合一讨论集》时改用现题，改了文中的序号并加了小标题。

到抽象，从我相想到共相，从片段想到系统。这都是在劳力上劳心的工夫。不如此，便不是在劳力上劳心，便不是做。

做必须用器官。做什么事便用什么器官。耳、目、口、鼻、四肢百体都是要活用的。所以有的事要用耳做；有的事要用眼做；有的事要用嘴做；有的事要用脚做；有的事要用手做；有的事用它们合起来做。中国教育的一个普通的误解是以为：用嘴讲便是教，用耳听便是学，用手干便是做。这样不但是误解了做，也误解了学与教了。我们主张教学做是一件事的三方面：对事说是做，对自己之进步说是学，对别人的影响说是教。做要用手，即学要用手、教要用手；做要用耳，即学要用耳、教要用耳；做要用眼，即学要用眼、教要用眼。做要用什么器官，即学要用什么器官、教要用什么器官。

做不但要用身上的器官，并且要用身外的工具。我们的主张是：做什么事便用什么工具。望远镜、显微镜、锄头、斧头、笔杆、枪杆、书本子都是工具，也都是要活用的。中国教育的第二个普通的误解，便是一提到教育就联想到笔杆和书本，以为教育便是读书、写字，除了读书、写字之外，便不是教育。我们既以做为中心，那末，做要用锄头，即学要用锄头、教要用锄头；做要用斧头，即学要用斧头、教要用斧头；做要用书本，即学要用书本、教要用书本。吃面要用筷子，喝汤要用匙子，这是谁也知道的。倘使有人用筷子喝汤，用匙子吃面，大家必定要说他是个大呆子。我们现在的教育，何尝不是普遍的犯了这个错用工具的毛病。中国的教员、学生，实在太迷信书本了。他们以为书本可以耕田、织布、治国、平天下；他们以为要想耕田、织布、治国、平天下，只要读读书就会了。书本是个重要的工具，但书本以外的工具还多着呢。因为学校专重书本，所以讲书便成为教，读书便成为学，而那用锄头、斧头的便算为做了。这是教学做分家。他们忘记了书本也是"做"事所用的工具，与锄头、斧头是一类的东西。做一件事要想做得好，须用锄头便用锄头，须用斧头便用斧头，须用书本便用书本，须合用数样、数十样工具，便合用数样、数十样工具。我们不排斥书本，但决不许书本做狄克推多[①]，更不许它与“做”脱离关系，而成为所谓“教学”之神秘物。

有了上面补充的总说明，再去解答先生的疑问似乎容易得多。我现在就顺着先生质问的次序逐一答复，然后再归纳起来，答复先生总结的三问题。





## 二　以实际生活为中心的教育是否能够顾到人生的全部?

教学做有一个公共的中心，这“中心”就是事，就是实际生活。实际生活，说得明白些便是日常生活。积日为年，积年为终身，实际生活便是人生的一切。分析开来，战胜实际的困难，解决实际的问题，生实际的利，格实际的物，爱实际的人，求实际的衣、食、住、行，回溯实际的既往，改造实际的现在，探测实际的未来：这些事总结起来，虽不敢概括全部人生，但人生除了这些事还有什么？在做这些事上去学、去教，虽不敢说有十分收成，但是教成的与学得的必是真本领。实行这种教育的社会，虽不敢必其进步一日千里，但是脚踏实地的帮助人类天演历程向上向前运行而无一步落空，那是可以断言的。

## 三　教学做合一是否能够传递全社会的经验?

“教育是传递社会的经验”，这句话不能概括一切教育。倘若教育是仅仅把社会的经验传递下去，那就缺少进步的动力。所以与其说“教育是社会经验之传递”，不如说“教育是社会经验之改造”。教育上之所谓经验，原有两种意思：一种是个人的；一种是人类全体的。但是经验无论属于个人或人类全体，决无超时间空间的可能。我们最多只可说有些社会经验是不限于一时代一地域的。经验又有直接间接的分别，这当然是不可否认的。我在《“伪知识”阶级》里面，曾经说明“接知如接枝”的道理。我们必须有从自己经验里发生出来的知识做根，然后别人的相类的经验才能接得上去。倘使自己对于某事毫无经验，我们决不能了解或运用别人关于此事之经验。人类全体的经验虽和个人经验有些分别，但是我们必须有个人经验做基础，然后才能了解或运用人类全体的经验。

我们必须以个人的经验来吸收人类全体的经验。孔子说："举一隅，不以三隅反，则不复也。"荀子说："以一知万。"无论他是一隅三反，或是以一知万，那个"一"必定是安根在自己的经验里。自己经验里的"一"是一切知识的起点。有了这个"一"，才能收"三反"、"知万"之效。《墨辩》分知识为闻、说、亲三种。"说曰：'知：传受之，闻也；方不庫，说也；身观焉，亲也。"闻知是别人传授进来的；说知是自己推想出来的；亲知是自己经验出来的。依教学做合一的理论说来，亲知是一切知识的基础。没有亲知做基础，闻知和说知皆为不可能。看了下面的图，便可格外明白：

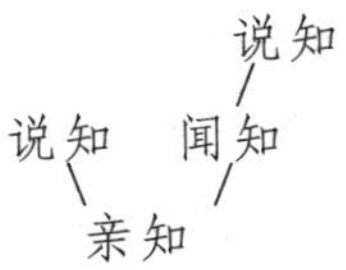


**四　如何可以了解哥仑布[②]探获新大陆的故事？**

现在可以具体的答复哥仑布发现新大陆一事了。如果我们要正确的知道哥仑布发现新大陆的经过，恐怕系要请国民政府效法西班牙王拨下一只大帆船横渡大西洋才行。即使这样办，我们也不能得到完全与哥仑布相同的经验，因为现在的情形和我们的同伴决不能与他的一样。我们何尝要这样正确的知道他发现新大陆的经过？即使是探险家也不须复演这种经验，他们有更好的海船和工具，决不致发呆气去模仿哥仑布。教学做合一的理论，并不曾主张普通人去模仿特殊人物之特殊事业，也不曾主张现代人去复演前代人物之过去事业。那末，我们所要知道的是哥仑布发现新大陆的大概情形和影响。可是使人知道这件事上，便有两种根本不同的办法。一种是迷信书本演讲，及所有代表经验的储藏库，以为只要读哥仑布的书，听讲哥仑布的事，便能十分明白，再也用不着任何直接经验了。一种是确信直接经验为了解一切事实的基础，所以要想大略了解哥仑布之发现新大陆，也必得要些个人的直接经验做基础，才能了解别人所写、所讲的哥仑布故事，才能推想哥仑布当年航海的情形，想象发现新大陆以后之影响。他运用书籍、演讲不亚于第一派，但他要进一步审查那用以了解书本上、演讲中之哥仑布之个人直接经验是否充分。如不充分，他便认为他的第一责任是使学生在做上补充这种经验，然后再去看书、听讲、推论。否则，他认为是耳边风，或是走马看花，无论说得天花乱坠，或是写得满纸锦绣，都是不能接受进去的。

用以了解哥仑布发现新大陆所需的直接经验是什么？这可不能一一数出，只好提要列举数种：坐过海帆船，渡过海，在海里遇过大风暴雨，受过同事阴谋加害，看过野人，在大陆上住过……诸如此类都是了解哥仑布故事的直接经验。如果没有渡过海，不得已而求其次也要渡过湖，再其次也要渡过江，再其次也要渡过河，万不得已也要看过池塘。倘使没有坐过海帆船，不得已而求其次也要坐过鄱阳湖里的民船，再其次也要坐过秦淮河[③]里的花船，再其次也要看过下雨时堂前积水上之竹头、木屑。倘使这些经验毫无，我不知道他如何能懂哥仑布之探险。

### 五　要明白火星是否要到火星里去？

火星里的生活，必须到火星里面去过才能知道清楚；至少也必须有人到火星里去过，回来把火星里的生活告诉我，我又有足以了解这生活之基本经验，才能间接知道清楚。但是如今还没有人到过火星，那末，火星里的生活是决没有人知道清楚的。关于火星的事，现在知道最正确的，也不过是用望远镜所能看得到、用数学所能推得出的。最大的天文学家也只能承认他对于火星只知道一点皮毛。虽然只知道这点皮毛，但教学做合一的天文学者，必定要在天文台上，用望远镜及高等数学在做上去求得关于火星的知识。万一得不到望远镜，他至少要用肉眼对着火星去考究。关于火星的书，他是要看的；关于火星的演讲，他是要听的；但他必定要得到最好的望远镜看它一看，才算甘心。不，他一有办法，必定要到火星里去，与火星人共同生活，才能满足他的求知欲。

### 六　分子运动等如何可以明白？

分子运动、原子运动、电子运动，都是科学家从研究物质上推想出来的理论，以解释种种物质的现象。我们要想真正了解这些理论，必须从研究物质的现象入手。在研究物质现象上教学做，是了解这些理论最有效力的方法。倘使真要拿分子运动里的生活来说明教学做合一，我们便可举空气为例。分子运动速率增加，便觉热；速率减少，便觉冷。我们要想明白分子运动的速率，这气候的冷热却是一个眼面前最显明的例子。

### 七　如何可以得到飞机、无线电的知识？

飞机和无线电的知识，可分为两级。第一级是制造的知识。制造飞机与无线电的知识，都要从制造上得来，方为有效。他要在造上学，在造上教，才能一举而成。若单在书上学，在书上教，等到造的时候势必重新学过，则以前所学的等于耗费了。第二级是了解的知识。这级知识可从别人那里或书本上得来，但学的人必须有些基本的直接知识，才能接得上去。这些基本的直接知识，都是从“做”上得来。倘使没有从“做”上得来的基本的直接知识，那末，书上所写的飞机，嘴里所讲的无线电，都与学的人漠不相关。

### 八　做不完的就不要学不要教了吗?

有了上面的解释，我们可以说，教一切、学一切都要以“做”为基础。事实上当然做不完，学不完，教不完的。我们遇此困难只有估量价值，拣那对于人生最有贡献的事，最合乎自己之才能需要的去做、去学、去教。那不能参加的，只好不参加；不能做的，只好不做。除此以外，还有什么办法呢?

### 九　科学家的发明、哲学家的理论、宗教家的教义都是从“做”上得来的吗?

牛顿看见一个苹果落下便发了一问：“为什么这苹果不向上飞去呢?”从苹果下坠推到一切，于是想出万有引力的理论以解释这些现象。牛顿看见苹果下坠，便是用眼做；他从苹果下坠，推到一切，以至想出万有引力的理论，乃是用脑做了。

阳明先生虽倡知行合一，但是不知不觉中仍旧脱不了传统的知识论的影响，又误于良知之说，所以一再发表“知是行之始，行是知之成”的言论。我现在愈研究愈觉得这种见解不对。一年前我写了一篇文字证明：“行是知之始，知是行之成”。恰与阳明先生相反。古今中外所发现第一流的真知灼见，就我所知，无一不是从做中得来。哲学家之发明学说，宗教家之创立教义，何尝有一例外?我姑举一二人作为例证，以资说明。孔子少贱，故多能鄙事。他入太庙，每事问。晨门称他是知其不可而为之者。多能鄙“事”，每“事”问，知其不可而“为”之，便是孔子发明他的哲学的根源。达尔文和瓦雷士[④]之天择学说，不是从天上凭空掉下来的，也不是从书本里抄下来的，也不是从脑筋里空想出来的，乃是在动植物中经年累月的一面干，一面想，干透了，想通了，然后才有这样惊人的发现。耶稣基督、释迦牟尼之创立教义，也不是凭空冥想出来的。试把佛教经典及基督教新约翻开一看，便知道他们所阐明的教义并不是整套的同时宣布出来。他们是在众生中随行随明，随明随传的。哲学起于怀疑，宗教起于信仰。怀疑与信仰都是应生活需要而来的。

### 十　小孩子也是教学做合一吗?

初生的小孩子便是教学做合一。做的意义，比平常用法要广得多，这是对的。但是，“学也是做”、“教也是做”、“教育就是做”的三句结论，殊有语病。我们可以说：“做是学的中心，也是教的中心”。我们也可以说：“教学做合一便是生活”。倘若我们赞成“生活即教育”的主张，那末，生活教育必是教学做合一的；生活教育内之教与学，必是以做为中心。

### 十一　教学做合一不忽视了精神活动吗?

我们既以在劳力上劳心算为“做”的定义，当然不能承认身体与精神分家。自动的涵义便同时具有力与心之作用，即同时要求身体与精神之合作。

### 十二　贴标语游行可算是革命的教学做吗?

教学做合一既是人生之说明，所以人人都在做，都在学，都在教。但是做错了，学与教都跟着错。怎样会做错呢?错用目的，错用器官，错用工具，错用方法，错用路线，错用力量，都会叫人做错，即会叫人学错教错。教学做合一的要求是：事怎样做便怎样学，怎样学便怎样教。革命这件事要怎样做才能成功?这是我们首先要考察的。比如分析起来，觉得要想革命成功，须有种种条件：（一）适应现代中国需要之主义；（二）忠勇、廉洁、爱民的领袖；（三）纪律严明、器械精良之武力；（四）独立发明之学术；（五）开源节流之财政；（六）训练自立爱国民众之教育；（七）联合世界上以平等待我之民族；（八）贴标语；（九）游行……假使革命要满足这些条件才能成功，那末革命教学做，便是整个的在这些事上做，在这些事上学，在这些事上教。倘若把头几项撇开，只以贴标语、游行为能事，做虽是做，却是做错了，至少也是没有效力的做了。

### 十三　晓庄因实行教学做合一不就忽略了看书吗？

晓庄看书的时间是有规定的；所看的书也是有指定的。但比别的学校是自由的多。我们对于书籍有一条方针：做什么事用什么书。我们很反对为读书而读书。我们从去年就想依据生活历编辑一个最低限度的用书目录，现在还未编成，将来编成之后，就容易上轨道了。只要谨守“在劳力上劳心”的原则，自然会从具体归向理论，从片段走向系统。但是造诣深浅，有属于禀赋的，我们固难以为力；有属于勤惰的，生活部实负有考核勉励指导之责。

### 十四　教学做合一不太偏重技能而忽略知识吗？

技能与知识是分不开的。把大家教成铁匠、木匠一样，实未足以尽教育之能事。一因为中国的一般铁匠、木匠实在是有一部分教错了。因为他们劳力而不劳心，所以技能与知识都不能充分发达。二因为他们除了呆板的职业训练以外，其余关于人生需要的教育都被漠视了。假使中国的铁匠、木匠都做的不错，学的不错，教的不错；在劳力上劳心，各方面生活需要都顾到，那末，铁匠、木匠所应受的教育，便是人人应受的教育了。王木匠要有技能和知识，也如同达尔文要有技能与知识。达尔文没有辨别物种变异的技能，便不能发现天择的学说。王木匠若没有尤克雷地[5]的几何知识，便要做出七斜八歪的桌子来。可是达尔文与王木匠有个不同之点：王木匠把知识化成技能，达尔文则用技能产生知识。不过，王木匠倘使能用知识所变成的技能进一步去产生新知识，那末，王木匠亦成为达尔文一流的人物了。倘使达尔文停止在观察生物的技能上，而不能用它去发现天择学说，那末，终达尔文之身，也不过是王木匠的兄弟罢了。

### 十五　教学做合一究竟是什么？它的效用如何？

现在归纳起来总答如下：

（一）要想获得人类全体的经验必须教学做合一方为最有效力；

（二）生活教育就是教学做合一；

（三）教学做合一不但不忽视精神上的自动，而且因为有了在劳力上劳心、脚踏实地的“做”为它的中心，精神便随“做”而愈加奋发。

### 注释

① 狄克推多　英文dictator的音译，即独裁官，罗马共和国中握有非常时期权利力官吏。执政官和其他官吏必须听从独裁官的命令。

② 哥仑布　通译哥伦布（约1451—1506）。意大利航海家。

③ 秦淮河　发源于江苏溧水县东北，向西流经南京市入长江。河道传为秦始皇时开掘，以疏淮水，故名秦淮。

④ 瓦雷士　通译华莱士（Alfred Rossel wallace，1823—1913）。英国博物学家，1858年独立提出生物进化的自然选择学说，与达尔文的进化学说论文同时宣读于伦敦林耐学会。

⑤ 尤克雷地　通译欧几里得。

## 附：与陶知行先生论“教学做合一”

朱端琰

知行先生：

前到晓庄参观，多蒙指教，拜读大作，得益尤多，感甚，感甚。先生的精神，真令人佩服，不愧为中国的杜威。如果有十个如先生的人，中国的教育，就有希望了。

我国新教育的失败，谁都不能否认。学校成为游民的制造厂，顶好的学校，尽量的恭维，也不过是发行知识的“先施公司。”教师是掌柜的老板，学生是买货的客人。好教师在能多卖知识，好学生在能多买知识。读了几年书，把知识的罐头装满了(?)，便算毕业。其可买来的知识，对于社会上实际的情形，相去不知数千万里。

我记得一段很有趣的故事：有一位采矿工程师，从外国回来，坐着四人大轿，到矿山去视察工程，他手指脚画，像背书一样，讲了许多方法与原理，叫工人们动手。工人们叫怪笨，只是动手不来，要求采矿工程师，演试给他们看。这位先生回答说：“书上这样讲的，地上太脏了，我哪能下来动手?”其实那位先生何曾亲自动过手，不过徒晓高谈阔论罢了。

现在我国的教育界，都是不肯下轿动手的工程师，所以每年只见一批一批的游民，从贩卖知识的“先施公司”走出来，没有几个能够卷起袖子，做实际工作的人。

乡村教育，是国家命脉的关键，但从没有人注意到，尤没有人做到。先生看透了我国教育致命伤的所在，大声疾呼，边倡乡村教育，边以身作则，披荆斩棘，不顾艰难，这种精神，真令人景仰。先生为矫正时弊起见，更本乎学理，有“教学做合一”之创见。但我对于先生所主张，有数疑点，谨抒鄙见，请教先生。

“教学做合一，是教的法子，根据学的法子，学的法子，根据做的法子。事怎样做，就怎样学；怎样学，就怎样教。比如种田这件事，要在田里做，就要在田里学，也要在田里教。教学做有一个共同的中心，这个中心就是事，就是实际生活。教学做要在‘必有其事’上用功”。见中国教育改造139页。

以上就是先生对于教学做合一的解释。照先生的结论，教和学都要在做上出发，且要在实际生活中做。但我们的实际生活有多少？仅在实际生活中去做去学去教，能有多少收获？社会能否有继续的，扩大的进步？粪蛆滚来滚去，也滚不出毛厕井；蛙看来看去，也见不着大天呵！

教育是经验之继续改造，是传递社会的经验。教育上之所谓经验，是超时间空间的，非仅阅历之义，是指人类全部经验而言；包含物质与精神，玄想与实际生活，价值与事实，推理与观察实验，宗教道德与自然科学。苟取其一，而弃其二，则经验必偏而不全。吾人必着眼于全体的宇宙，千古的历史，方能得全部的经验。此全部的经验，可分为直接经验与间接经验二种。Direct experience and vicarious experience。哥仑布发现新大陆，我们虽然不能有直接经验，也要在代表（间接）经验中得之。此代表经验是什么？就是书籍上所载的事实。假如先生所说，要在做上才有学有教，恐怕要请国民政府，效法西班牙王，拨下一只大洋船，横渡太平洋去学去教了。

“种田在田里做，便须在田里学，田里教。”是则讲火星的事，也要在火星中教，火星中学么？讲分子的运动，也要在分子运动中去教去学么？教关于飞机的知识，学关于飞机的知识，也要在做飞机中去教去学么？……教一切，学一切，都要在做一切中得来，事实上也可以做得到么？有许多事，实际生活不能参与的，不能做的，无机会做的，又怎样教，怎样学呢？牛顿之发明地心吸力，当初不过看见一个苹果坠下，其时亦曾做乎？哲学家之发明学说，宗教家之创立教义，也曾做乎？照先生讲来，小孩也有教学做的作用（答操震球之问）。是做的意义很广，学也是做，教也是做，直截了当说，教育就是做好了，学生教员等名词，也不能存在。我这样说法，先生又以为如何？

先生的教育精神，是在自动，然仅以身体的活动，才算自动，岂能涵自动的全义？精神的活动，又何尝不是自动？彼缄静密思，探原索理者，又非自动乎？如果说教育上最重要的是在做，则试问那一个人，不是天天都在做？现在青年学子，因为革命潮流、激荡，奔走工作，终日高呼打倒拥护，也可能达到教育的效能么？在晓庄的情形论，每天没有规定看书的时间，和所应看的书，在我想来，不自爱的学生，知识上的获得，一定要差一点；就自爱的人，其所得的知识，也恐不能调和，而没有系统。

技能，知识，究竟是不是可以分开的东西？要求应用的技能，而不求所以应用技能的知识，如铁匠木匠一样，是否尽了教育的能事？

信手写来，说得太长了，归纳起来，不过下列数点：

(1) 教学做合一不能得人类全部的经验。

(2) 教学做合一有轻视读书的流弊。

(3) 教学做合一忽视精神上的活动。

(4) 教育就是做，先生以为如何？

以上的问题，也许是问得太幼稚了，如果先生能提示我的疑点，给我以指教，那我是万分的感激。

(原载1929年1月15日《乡教丛讯》第3卷第1期)

# 斋夫自由谈

# 斋夫自由谈

九三叟相

## 编者按

1931年春，陶行知由日本潜回上海，受《申报》总编辑史量才之聘，秘密担任该报顾问。1931年9月2日～1932年1月31日，陶行知以“不除庭草斋夫”的笔名，在《申报·自由谈·不除庭草斋夫谈荟》上，连续发表杂文。这些文章后由作者编为《斋夫自由谈》一书，1932年4月30日由申报馆出版。

书中有诗17篇，后作者收入自编的诗歌集。其中，《一碗面的代价》（改题为《摊贩老沈》）、《假好人》（改题为《假人》）、《字纸篓里的颂词》、《工业文明》（改题为《人与煤炭》）、《什么东西最可怕》（改题为《人心不可测》）等5篇收入《知行诗歌集·荒郊集》；《诗的学校》《儿子教学做之一课》《大扫除》《一张新婚通告》（改题为《静山的结婚通告》）等4篇收入《知行诗歌集·幼苗集》；《拆台》（改题为《一个教授》）收入《知行诗歌集·枯树集》；《老吴的白话文》收入《知行诗歌续集》；《大胖子》《天山虎》《一根麻绳》《蚕之告状》《小孤山》《“未”之命运》等6篇收入《知行诗歌别集》。这17篇见本全集第7卷，本卷中只保存目录。

此外，本辑中还有多篇文章，作者单把文中的诗歌抽出编入了诗歌集。这些文章在本辑中仍保持原貌。

# 不除庭草斋夫*

好几年前，我见着曾国藩写的一副对联。先看下联，是“爱养盆鱼识化机”，心里很不以为然。因为鱼的自由世界是江、河、湖、海，那一处不可以认识它们的化机，何必要把活泼泼的鱼儿捉到盆里来呢？盆是鱼的监牢，盆鱼是上了枷镣锁铐的囚犯。现在舍掉江、河、湖、海之大，而要在监牢式的小盆里追求造化之机，不但是违反自然，而且是表示度量之狭隘。我素来反对笼中养鸟，所以不知不觉的对于盆中养鱼也发生一种深刻的不满。我便带着这种不满意的态度去看上联。我见上联写的是“不除庭草留生意”，不禁连叫几声好，欢喜得把心里的不满都忘掉了。从此我便想用这个意思来造一座斋舍，称它为“不除庭草斋”。但是吃着早餐愁晚餐的人那有余款造房子？退一步想，斋主虽做不成，何妨做个斋夫？好，就这么说，这个“不除庭草斋夫”的头衔，恕我自封了。需要斋夫的人们，请看清这个名字来找我。否则你要除草，我不除草，弄僵起来，怎么办呢？

---

* 本篇原载1931年9月2日《申报·自由谈》。

# 胡适捉鬼*



适之近撰时论[1]，多不中肯要。去年他在《新月》[2]上发表一文：《我们走那条路》。里面陈说中国五个鬼即贫穷、疾病、愚昧、贪污、扰乱，而对于帝国主义之侵略，竟武断的将它一笔勾消。梁漱溟曾写了一封信驳他。东京的几位朋友对于他这种见解也深致不满。我个人则以为除了外国帝国主义之外，认为国内还有一个大妖精被适之忽略了。这个大妖精便是多福、多寿、多男子的多生主义。因为多生所以田不够种，工不够做，饭不够吃；因为多生所以穷；因为穷所以有病，不能医，有子女不能教；因为大家多生所以穷亲戚多，穷朋友多，累得意志薄弱的人不得不贪；因为多生而求生不得所以为盗、为匪、称兵、构乱。贫穷、愚昧、疾病、贪污、内乱，当然是要打倒的；但是国内若不铲除多生之迷信，国外若不推翻帝国主义，则这五个小鬼必定是跟着我们寸步不离。其实，帝国主义之总司令也是多生主义。因为多生所以要殖民地，要原料，要市场。世界最大之乱源便是多生主义。这个妖怪不除，世界那能太平，中国那会有出路？下面是我送适之的一首诗：

明于考古，

* 本篇原载1931年9月4日《申报·自由谈》。

昧于知今：
捉着五个小鬼，
放走了一个大妖精。

## 注释

① 本文在《申报》发表时，开头是"胡适整理国故，最有见地。他所著的《中国哲学史大纲》虽然只成三分之一，已是不朽之作。但他所撰时论……"作者辑成本书出版时，删去"他所"以前的文字，改为"适之近撰时论，……"

②《新月》 胡适、徐志摩、梁实秋等组织之"新月社"所出版的刊物，闻一多、徐志摩主编，1928年创刊，1933年停刊。

# 比牛顿大一倍*

人类生孩子总欢喜孩子生得又白又胖。倘使生得瘦一点，黑一点，父母或朋友们对于他便要减少几分宠爱。普通人大概多少有这样一种心理。稍微懂得优生学一些皮毛的人，甚至于根据身体的大小强弱，武断种子之优劣。这是一个错误。人不是一只猪，何能以肥瘦定高下？中国普通孩子生下地大概是八九磅重。新近我们有两位朋友生了一个孩子，称称只有六磅。我怕他们受了一般见解之影响，或者对于他们的小宝宝有所歧视，便写了一封信，恭贺他们说：

> “……听说您们生了一位六磅重的小宝宝，我很欢喜。近二百五十年来领导自然科学之权威牛顿（Sir Isaac Newton），生下地只有三磅重。你们的小宝宝是比牛顿加倍了，将来对于人类的贡献也可比他多一倍。……”

牛顿生时，大家都以为他活不成。派去请医生来救他的是两位接生婆，伊们一面走，一面埋怨说：“我们这样拼命的赶，真是太愚蠢了！他能活到我们回家，就算是奇迹。这样一只小老鼠！他总是不得活的；我们就把腿儿跑肿，也得不着一句感谢。

* 本篇原载1931年9月3日《申报·自由谈》。

姐姐！我们吃这门饭，是没有法子哟。天老爷选着我们干这件事，也只得干吧。谢天谢地，好容易走到了。”出乎接生婆意料之外，牛顿竟活了，而且活到八十五岁（一六四二年生一七二七年死）。

# 世上三等人*

世上有三等人。第一等人奉头脑做司令；第二等人奉肚皮做司令；第三等人奉生殖器做司令。每人所奉的司令之天然部位便是他的人格的寒暑表。我们要做那一等人便站在那一个司令旗帜之下。我提出这条意见，并不是希望人人去做那不食烟火的神仙和独身主义的和尚尼姑。偏重理智生活的康德也有两次想找一个爱人。伯夷、叔齐在武王伐纣之前，也要吃东西。我不是主张请头脑出来断绝食色两欲，乃是主张请头脑出来负指挥的责任。一般的人是有时听头脑指挥，有时听肚皮指挥，有时听生殖器指挥。当他受肚皮、生殖器指挥的时候，他是弄得头昏脑黑，无法自拔。有的人，一天到晚，一年到头，一世到老为着争食求爱，忘了一切，甘心做饭桶情痴，至死不悟。这种人是最可怜了。青年的朋友们！现在头脑、肚皮、生殖器都在开始招兵，立定你的宗旨，认清你的旗帜，选择你的大帅去投效吧！

* 本篇原载1931年9月5日《申报·自由谈》。

# 生难杀易*

人生之前有父母，父母之前有祖宗。自从八千万年前地壳上发现生物以来，经过七千六百万年而后哺乳，再经过三百五十万年，到五十万年前，不知遇着几万万难，才成人形。成了人形，又不知道经过猛兽、疾病、水旱、刀兵几万万难，才一代一代的死里逃生而传到我。与我同时投胎的兄弟姐妹不啻以百万计，而侥幸得进生命之门的只有我一个。若遇私生母，可以把我打下胎来，或在生后抛到河里淹死，或送给育婴堂里，弄得一个活的进去，一个死的出来；若生在贫穷之家，挨饿、忍冻、多病自不必说，倘遇天灾人祸，易子而食；若生在富贵之家，则温饱思淫，死于安乐；若生而失母，或遇晚娘，则朝鞭暮挞，如何可活？若遇拐子，女的卖入娼门，男的切作肉包饺子卖；若生在没有保护幼工之国里，则机器便是吃孩子的老虎。至于一难、一难、又一难的过去，还能由小学而进中学的，则四万万人中只有二三十万。这二三十万青年是什么？是八十万年来天然淘汰出的精华！如今得意的几万，早迟要死于堕落；失意的几万，早迟要死于刀斧；留下来的还有多少呀？生是如何的难！杀是如何的易！

* 本篇原载1931年9月6日《申报·自由谈》。

# 阳历闹的乱子*



黛玉《葬花诗》里说："一年三百六十日，风刀霜剑严相逼。"这是中国普通人对于一年的观念。泰西[①]人民从埃及以及到现在，都说一年三百六十五日。其实，这种通常的口头语都是不正确的。地球绕太阳一周所需之时间是三百六十五日五小时四十八分四六秒。我们现在已改阳历，对于这五天五小时四十八分四六秒的零头，自然不可再像从前那样忽略。埃及人和罗马人当初只算一年为三百六十五天，把零头略去，弄得差之毫厘，失以千里。因为每年差这个小零头，四年便差一天，四十年便差十天，四百年便差一百天，日积月累起来，连四季都弄颠倒了。到了该撒[②]的时代，时令差了八十天光景。他在公元前四十六年把它纠正过来。这年他定了十四个月，四百四十五天，是历史上最长的一年。这是补足从前缺欠的办法。从这年以后，他定了每四年闰一天，把这一天加在二月的日数上。罗马风俗二月只可有二十八天，虽该撒之专制也不敢擅改，所以平常年份的二月总是二十八日。其它月份：月大三十一日，月小三十日。闰年照现在看来是二月有二十九天。但是照罗马人的说法，这增加的一天，是称为三月前一日，不称为二月二十九日，所以罗马人的二月二十八日的风俗便被该撒骗过去了。该撒之后，历书为主教（Pontiff）

---

* 本篇原载1931年9月8日《申报·自由谈》。

所管。他们把历法弄错，三年一闰。三十六年中多闰了三天。奥古斯都（Augustus）[3]为它纠正过来。他是一位好名的人，见着七月（July）是因该撒（Julius Caesar）得名，而且是月大，便也要用自己的名字称呼八月（August），且改月小为月大，致使月份大小次序受他捣乱。但是该撒所定四年闰一天的办法，未免长了一点。因为四个五时四十八分五十秒只有二十三时十五分二十秒。每年多算十一分十秒，在一百二十八年内便要多算了一天。一天一天的堆积起来，到了格列高里第八（Gregory Ⅷ）[4]（一五八三年）已经是多算了十天。他于是把一五八三年的十月五日定为十月十五日，一直推到年终。为了使以后不致再发生这种错误，他规定凡世纪年（Century year），如一九○○、二○○○、二一○○、二二○○，删去最后两个圈，用四除得净的闰一天，除不净的不闰。这样一来，四百年中便减了三个闰年。但是格列高里第八的改正还不能算彻底，因为在一万年中还有两三天的错误咧。

**注 释**

① 泰西　旧指西洋（主要指欧洲）。

② 该撒　通译恺撒。

③ 奥古斯都　原名盖约·屋大维。

④ 格列高里　通译格列高利。改儒略历而颁行格列高利历（即目前世界所通用的公历）的应是格列高利十三世（Gregory XⅢ）。

# 如是我见*

到日本去的人总想知道一些关于天皇的事。我也有这种好奇心。我的一个问题是现代日本人对于天皇的态度是怎样？比从前有什么不同？

我在东京的大桥图书馆里看见一本书，书名为《天皇与普罗列塔里亚特》①，觉得非常奇怪。细看书的内容，知道著书人的宗旨在谋天皇与劳动民众之结合，以推翻立在中间之资产阶级。这是一种异想天开之策略。据宫琦龙介说，这派人很多。无产党人则说劳动者决不受这种学说之哄骗。总之，这派人是站在天皇的立场上拉拢工人。我在这书里发见了一个蓝墨水写的眉批：

> "每年收入二千万，眼看着一百五十万失业者之冻馁无依，还是今天菊花宴，明天樱花会。乐得不歇的人与劳动民众如何联得起来！"

这个眉批出于何人手笔不得而知，谅想或者是一个学生写的。

今年一月十六日我上桃山谒明治陵。我在山上的时候，日本人陆续来谒陵的也有十五人，内中有农人、老太太、小孩子、在

* 本篇原载1931年9月10日《申报·自由谈》。

乡军人和一个工人。我站在那儿留心看他们的举止，个个人来的时候都恭恭敬敬的跪在陵前祈祷，小孩子也跟着父母们照样的干；惟独那位工人站在那儿不拜，望了一忽儿，就一个子下山了。

## 注 释

① 普罗列塔里亚特　英文Proletariat的音译，意即无产阶级。

# 学半个卡汾狄士*

卡汾狄士（Sir Henry Cavendish）①，英国人，生于一七三一年，死于一八一〇年。到今年双十节恰恰是他的二百周年纪念日。

他是一位有钱的科学家，是一位科学的有钱人。

他于一七六六年发明轻气②，当时称它为易燃空气(Inflammable Air)。一七八四年，又证明水为易燃空气与五分之一之寻常空气爆炸而成，这五分之一之寻常空气即拉瓦锡所称之养气（Oxygen）③。一七九八年求得地球比重，从此整个的地球不必用秤称，而可以知道它的重量了。他的发明很多，这几样是他主要的贡献。

卡汾狄士在学术上虽有很大的贡献，但是秉性孤独，不与人往来，尤不喜见女人。家中偶用女仆，只要被他看见，没有不被辞退的。晚年有人设宴表扬他的贡献，他便从后门逃掉。临终，他唤退了他惟一的仆人，使他可以一个人无牵无累的离开这世界。

他所做的科学实验，多秘不示人。他死后五十年才有人将他的笔记发表。因此Cavendish与Selfish④两个字便结了一些因缘。自私的科学家从此乃有所属，都以卡汾狄士作盾牌。他们学了半

* 本篇原载1931年9月11日《申报·自由谈》。

个卡汾狄士，其实是学了卡汾狄士较坏的一半而忘了他的较好的一半。他们只管攀上科学之树，拣熟的果子一个子吃，把果子皮和核子往下摔，也不管树底的弟兄能吃不能吃。他们学会了卡汾狄士之孤僻自私而忘了他的伟大的发明上的努力。

卡汾狄士死后，北梯罗（Berthelot）说[5]："化学是一门法国之科学，创学者拉瓦锡（Lavoisier）不朽。"梭耳普（Sir Ed. Thorpe）[6]答辩说："化学是一门英国之科学，创学者卡汾狄士不朽。"孤高的卡汾狄士有灵，也必笑北梯罗与梭耳普之太无聊了。

## 注释

① 卡汾狄士　通译卡文迪什。

② 轻气　即氢气。

③ 养气　即氧气。

④ Selfish　意为自私的。

⑤ 北梯罗　通译贝特洛。

⑥ 梭耳普　通译索普。

# 五毛钱的总司令*

日本，东京一处有图书馆二十七所。规模大的有两所：一为东京上野帝国图书馆；一为东京帝国大学图书馆。上野图书馆藏书六十七万册。东大图书馆藏书六十万册。这两个图书馆比了巴黎国立图书馆之五百万册，伦敦大英博物院图书馆之五百万册，和华盛顿北美合众国国会图书馆之四百四十万册，还不免有小巫见大巫的样子，但在文化贫穷的东方实在可以雄视一时了。东大图书馆为美国煤油大王创立之洛氏基金会[①]捐款所建筑。共费五百五十万日金，合华币一千一百万元。洛氏基金会捐款四百万日金，余一百五十万日金为国库支出。这个图书馆不许校外人阅览。我得到洛氏基金会蓝安生介绍信，可以设法进去看书，但因回国期迫，没有受用。上野图书馆是公开的，只要出五分钱，随便什么人都可以进去看书。阅书人每天平均约一千二百人。若有专门问题，可以费五毛钱买张研究券进入研究室阅览。这样不但该馆自有之六十七万卷书可以听你调阅，馆外的书，也可代你借用。这个办法对于学术的研究可算是便利极了。我把这个意思告诉了一位朋友，他对我说：“你化五毛钱便捐得这个百万卷书的总司令，是可以自豪了。”

---

* 本篇原载1931年9月12日《申报·自由谈》。

## 注释

① 洛氏基金会　全称洛克菲勒基金会。美国垄断资本家约翰·洛克菲勒于1913年5月创立，通过捐款、颁发奖金等方式，对各种学术研究提供资助。

# 精卫与志摩之喜事观*

民国十三年中秋后二日，徐志摩约我们到海宁去看潮。同去的有陈衡哲、胡适之、朱经农、汪精卫、任叔永、一位美国女教授，其余的人记不清了。有人问经农说："什么事这样得意？"精卫说："结婚吧？您得请我们吃喜酒。"我说："比结婚还好。"精卫说："那么是生儿子了。"志摩说："生儿子不如结婚，结婚不如订婚，订婚不如求婚，求婚不如求不成。"在这寥寥数语中，我们可以找着两种的人生观。精卫所猜，是一般中国人之心理；志摩所说，是诗人之态度。一般中国人之心理是要求多福多寿多男子。结婚可喜，生儿子更可喜。诗人的见解却不然，失了恋才写得出好诗来。歌德失掉夏绿蒂[①]而《少年维特的烦恼》一书遂占据了普天下青年们的心灵。志摩知道这个道理却不能终身奉行。小曼[②]答了一声"Yes"之后，诗神便向志摩不告而别了。他当然还会做诗，只是没有从前写的那么好。这在爱读志摩诗的人们看来是何等重大的一个损失呀！

## 注释

① 夏绿蒂　歌德小说《少年维特之烦恼》中的人物。

② 小曼　即陆小曼，徐志摩夫人。

* 本篇原载1931年9月13日《申报·自由谈》。

# 芭蕉先生*

芭蕉先生以扇芭蕉扇得名。扇芭蕉扇的人多着咧。茅草棚前赤膊乘凉的农人，谁不扇芭蕉扇！何以都无名而名独归先生？这不是偶然的。都市中众人都扇团扇、折扇，而先生独扇芭蕉扇，人见先生即见芭蕉，见芭蕉即见先生，便不知不觉的将先生与芭蕉结了一个不解缘。久而久之，连先生的姓名都忘了，而芭蕉未忘，想到先生便想到芭蕉，想到芭蕉便想到先生，不得已，实在是自然而然的，大家便称先生为芭蕉先生了。先生之所以在团扇、折扇丛中扇芭蕉，也并不是故意立异，实以芭蕉为用至大，不甘使它埋没。客有问芭蕉扇于先生的，先生说："我在烈日下跑路，用不着戴帽；中途遇雨，不必张伞；走倦了随地坐下，有现成的垫子；半夜凉了，盖在小肚上比被儿轻便；热得不可耐，一人扇扇而众人共得清风，都靠着这把芭蕉扇。"芭蕉先生有友，在乡下教孩子，平日不好管闲事。但乡下阿斗受人欺负，问计于友，友必尽心为他们画策。友常摇芭蕉扇散步于山林中，故乡人常呼他为芭蕉孔明，以示别于扇鹅毛扇之孔明。芭蕉孔明卒以屡打抱不平，得罪权势下狱，狱卒索钱，身边无余物，割爱以芭蕉扇送他。这芭蕉扇特大，先生路过狱卒家，乍见狱卒方摇扇乘凉，认识扇为友物，以数倍之价向狱卒购来。今先生拿着在繁华都市中作逍遥的，便是这把扇子。

---

* 本篇原载1931年9月14日《申报·自由谈》。

# 伽利略与木星的月亮*

木星（Jupiter）为九大行星中最大的行星。[注] 它有九个月亮，最大的四个是伽利略（Galileo）所发见的。他当初发见这四个月亮是一桩空前的大事，也是一桩极有趣味的事。我很愿意把它介绍给科学的青年们。

伽利略在一六〇七年听说里披耳舍（Lippershey）[①]发明了一个东西，是两片镜子做的，可以望远。他得到这一点暗示，想了一晚，次日便开始独出心裁，创制他的第一架望远镜。他用了一根风琴管，一头装凸镜，一头装凹镜，可以放三倍大。后来他精益求精竟造成一架能放大三十二倍的镜子。木星的四个月亮便是用他自造的镜子发见的。我们要知道，自古以来的大科学家都是自造工具，几乎没有一个例外。依赖外国仪器的人，决不会做出第一流的贡献。

部卢斯脱（Brewster）[②]在《科学之先烈》（Martyrs of Science）一书里叙述这次之发见说："在一六一〇年一月七日早晨一时，他将望远镜朝着木星望。看见有三个星在该行星旁边：两个在它的东边，一个在它的西边。这三个星是在一条直线上与黄道（Ecliptic）[③]平行，比同样大小的别的星亮些。他以为它们只是恒星，没有特别注意它们与木星及彼此相隔的距离。八日不

* 本篇原载1931年9月17日《申报·自由谈》。

知因为什么原故，他又来看这些星，发现了它们比昨晚有很不同之位置：三个星尽在木星的西边，彼此相隔较近，而且距离几乎相等。他虽然没有注意到这三个星互相接近之失常的现象，却已开始考虑如何昨晚在二星之西之木星今晚忽然出现于三星之东。他对于这个事实所能给的惟一的说明，是木星之行动，正与天文家所测的相反。它是自己走由那二星面前经过了。

“因为他的感官所观察的证据与测量的结果冲突，所以他要等到次晚再看，可是失望得很，因为这晚满天是垂了云幕。十日只有二星出现，都在木星之东。这是显然不可能之事。八日自西到东之木星如何在十日又自东到西？伽利略于是被迫而断定他所观察的现象，是起于这些星之行动。因此，他便仔细去观察它们的地位的变换。十一日还只有二星，都在木星之东，但是在更东的一个星比其他一个是两倍大，虽然昨晚它们是完全一样的大小。这件事实在伽利略的疑难上射出新的光明。他立刻断定说在天空有三个星绕着木星运行，如同金星、水星绕着太阳运行一样。在他看来，这是毫无疑义了。一月十二日他观得它们是在新的地位，大小也不同；十三日又发现了第四个星，于是绕着木星运行之初次发见之四卫星——即月亮——都齐全了。”

他一直观察到一月廿二日，才写了一篇报告，于二十四日公布出来。这篇破天荒的文章出版之后，在佛罗棱萨（Florence）④发生了什么影响，容我下次再谈吧。

〔注〕 九大行星是金星、水星、地球、火星、土星、木星、天王星、海王星、冥王星。冥王星是最近发现的，和地球差不多大的，绕日一周须二百四十八年又百分之八十六日。

**注 释**

① 里披耳舍 通译利珀希。

② 部卢斯脱　通译布鲁斯特。

③ 黄道　地球一年绕太阳公转一周，而从地球上看好像是太阳一年在天空中由西向东移动一圈，所看到的太阳移动的路线，即地球公转轨道平面和天球相交的大圆，叫做黄道。黄道和赤道成23度27分的角，相交于春分点和秋分点。

④ 佛罗棱萨　通译佛罗伦萨，意大利中部城市。

# 写字*

紫老说：

“大笔可写小字，小笔不可写大字。”

晶父不以为然，他说：

“写大字要用大笔，写小字要用小笔。大笔之不可以写小字，也如同小笔之不可以写大字。”

我以为二人的话都不错，只是各人的观点不同罢了。晶父所说是为用人者下针砭。大才小用则小才自必大用，甚而至于专用。小才大用则大才自必小用，甚而至于无用。受了社会付托掌有用人权的，弄得许多人不得其所，岂不糟糕！紫老的话志在为自律者说法。有大才一定要做大事，立刻就要做大事而不肯从小做起，心理上便不免有怨望，阅历上也不能有坚实稳固的基础，如何不将以求大而适见其小呢！

* 本篇原载1931年9月19日《申报·自由谈》。

# 佛罗棱萨的教授*



伽利略发现木星的四个月亮[①]之后，便写了一篇文字于一六一〇年一月二十四日在《星座报告》（Nuncius Siderius）里面发表出来。

这篇破天荒的文字出版之后，照现在看来，该是多么的宝贵，佛罗棱萨（Florence）的大学教授们却看它不起。

法赫在《伽利略传》中说，帕雕亚（Padua）[②]的哲学主任、教授用尽力量使大公爵不要相信木星四个月亮之存在，他说：

“动物头上有七窍，通气于周身，使它明，使它暖，使它滋长。这小宇宙之七窍是什么？两个鼻孔，两个眼睛，两个耳朵，一张嘴。同时，在诸天之大宇宙中，有两颗吉星，两颗凶星，两颗发光的星，一颗超然未决的水星。这种类似之处，数不胜数，比如七金，即为一例。因此我们断定行星之数必为七颗无疑。何况木星的月亮不是人眼所能看见，所以在地上不能发生影响，所以无用，所以不存在。而且犹太人、古代民族以及近代之欧罗巴人已定七天为一星期，并将七行星之名字称呼它们，如果我们将行星增加起来，岂不是把这美丽的系统整个的推翻了吗？”

伽利略自己说：

“我想请佛罗棱萨的教授们来看木星的四卫星，他们不但不

* 本篇原载1931年9月18日《申报·自由谈》。

愿意看星，连我的望远镜也不愿看。他们相信，在自然里没有真理可找，真理只在书本里。”

中国的教授，有那几位不是从佛罗棱萨来的呀？国产的老夫子说：“真理只在古书里。”留洋的洋翰林说：“真理只在洋书里。”懒得看书的讲师说：“真理只在嘴巴里。”青年学生若信这些教授们的话，也就可算是佛罗棱萨人籍的学生了。谁能自造仪器向大自然瞄准？如有这人，我是愿意拿着扫帚做他的斋夫了。

## 注释

① 木星的四个月亮　指木星的四个卫星。木星的卫星有13颗（有人认为木星可能还有第14颗卫星），其中木卫1到木卫4，在1610年为伽利略发现，所以也叫“伽利略卫星”。

② 帕雕亚　通译帕多瓦，意大利的北部城市。这里指包括伽利略在内的科学家及哲学家、人文主义者担任教授的欧洲当时主要大学之一的帕多瓦大学。

# 活吃丈夫*

昆虫中活吃丈夫的有螳螂、蜘蛛、蝎子等，而以螳螂吃得最残酷。法国昆虫学家法勃耳① (J.H.Fabre，一八二三年生，一九一五年死）观察螳螂（mantis）之恋爱有如下之叙述：

试看他们交配。为了避免群众的捣乱，我们叫他们一对一对的分居。每对夫妻各有一个小家庭，没有闲人进来闹新房。食物也多多的备好，使他们要吃什么就有什么吃，不致于有丝毫之饥荒。

将近八月底了。雄螳螂，苗条的情郎，以为时机成熟，便向他的胖姑娘瞄准。他弯着头颈，挺出胸腔，小而尖的脸上表现出热烈的情感。他一点儿不动的对着他的意中人呆望。伊并不惊动，仿佛是表示一种不在意的样儿。雄的得到这点默许的暗示（我实不知其中之奥妙），便走近伊，忽然展开两翅，浑身都抖了起来，这大概是求婚吧。他身体虽小，一冲便冲上他的胖老婆的背上，稳稳的抱住。他们筹备了好久才实行交配，而交配的时间有时竟需五六点钟之久。

这一对没有动静的配偶是值得注意的。他们分开一忽儿便再结合，比从前还亲密。这位太太所以爱伊的可怜的丈

* 本篇原载1931年9月20—21日《申报·自由谈》。

夫，不但是因为他能使伊的卵巢受精，而且是因为他的肉很合乎伊的口味。早则当天，迟则明日，他必定要被老婆捉着，照例在头颈上一口咬下，细细的吃，除两翅外都被伊吃得精光。

我抱了一个好奇心，要看看第二个丈夫介绍给一个新近受精的雌螳螂会受何等待遇。调查的结果令人惊悸。雌螳螂对于食、色两欲是不会满足的。不论下蛋与否，伊休息一忽儿，久暂各个不等，便能接待第二个丈夫并同第一个一样把他吃掉。第三个接上来，尽了传种之责，是被吃掉，踪迹毫无。第四个的命运也是这样。在两个星期之内，我亲见同一的雌螳螂吃掉七个丈夫。伊欢迎他们投入伊的怀抱，叫每一个人都拿生命来缴付爱情之代价。

人总以为在大自然里雄的可以自由逃避，其实不然。我在那儿亲眼看见一对配偶干出这种可怖的勾当。那雄的，全副精神都用于尽他的天职，紧紧把雌的抱着。可是他已经没有头，连颈子也没有，身体也不完全。那雌的，嘴儿伸过脖子，正在那儿吃伊没有吃完的温柔的情人咧。……

我们有一位朋友的夫人很厉害。他当伊的面不敢说什么，背后常喊伊为雌老虎。我劝他达观些，便把螳螂的家庭生活讲给他听，他说：“我果然是比上不足，比下有余了。”

诸位若不信法勃耳的话，可以养些螳螂试试看。何必要信他的话呢？最好是亲自试一试吧。

**注释**

① 法勃耳　通译法布尔，法国昆虫学家。

# 不转弯的笔*

我的同辈朋友，许多都做了官，而且是做了大官，有几位做得还不错；有几位是未免大事糊涂，小事不糊涂。我写了一首诗劝他们留心董狐①复活。可是天下的官多着咧，糊涂的，何止是我的朋友！我现在愿拿这首诗，送朋友的诗，献给普天下之做官的。大家努力吧！

做官莫做糊涂官，
万人愁苦一人欢。
董狐有笔刚于铁，
只写是非不转弯。

**注释**

① 董狐　春秋时晋国史官，因秉笔直书，被誉为“良史”。

* 本篇原载1931年9月22日《申报·自由谈》。

# 血染的诺贝尔奖金*

诺贝尔奖金（Nobel Prize）是什么？这在学术界里是没有人不知道的。它的价值是每奖四万美金，每年发五奖，是二十万美金。这五个奖金是赠与一年中在物理学、化学、生理学或医药学、文学与世界和平上最有贡献的人。这奖金是八百四十万元美金所生之利息，而这八百四十万元却是诺贝尔一生制造猛炸药[①]与无烟火药所赚来的钱。

诺贝尔（Alfred Bernhard Nobel），瑞典人，生于一八三三年，死于一八九六年。他从十七岁即帮助他父亲制造硝化甘油（Nitro-glycerin）。硝化甘油桶是用沙装的。七年后，一天，偶然有些硝化甘油漏在沙里，结果给了他一个非常的暗示。他屡经试验，最后用百分之二五矽藻土（Kieselguhr）和百分之七五硝化甘油造成猛炸药（Dynamite）。这是一八六七年的事。后来他又用软木代替矽藻土，效力格外安稳。过了几年，他用胶棉（Collodion）缚裹伤痕。胶棉是棉花火药（Guncotton）溶化在醚里的产物。他偶然将瓶里没有用了的余液倒在硝化甘油里，那令人惊讶的炸裂胶（Blasting gelatin）便因此于一八七六年出世了。这便是世用所称之双料炸药。他先后发明炸药许多种，连军用无烟火药在内，得专卖特许权一二九种。他那八百四十万元美金便

* 本篇原载1931年9月23日《申报·自由谈》。

是从这里来的。

他起先制造炸药之动机无非是为开矿采石之用，后来为政府所诱惑，诺贝尔亦不惜屈科学家之尊严，为军人造杀人之凶器。和平奖金之建立，乃是诺贝尔晚年忏悔之表示。放下屠刀，立地成佛，我们对于他这念头之一转，当然要表示相当的敬重。但是当年所杀之人已不是今日所救之人；而今日所救之人，谁又敢说不是将来所杀之人。在科学家的手里实掌握着人类之生杀权。用科学养人不用科学杀人，才是科学家之天职。若存着一个杀人的心去学科学，那便是世界上最大的恶人。诺贝尔的忏悔，彰彰在人耳目，他那每年一次的血染的奖金，不啻为青年科学家之暮鼓晨钟，何能充耳不闻？如果一双眼睛只对着那四万元金洋，岂不是无聊之至吗？

**注释**

① 猛炸药　通称烈性炸药。

# 托尔斯泰与穆罕默德的信徒*

岳武穆说："文官不爱钱，武官不惜死，天下太平了。"这次日人违反国际公法，以重兵侵略东北，不啻为强盗行为。为武官的宜如何视死如归，捍国卫民。那知道有些武官竟采取无抵抗主义，做了托尔斯泰的信徒。问他："日兵占了沈阳也不抵抗吗？"他说："不抵抗！"问他："日兵占了吉林也不抵抗吗？"他说："不抵抗！"问他："日兵要你和你的父母、妻子、儿女、朋友一起都做奴隶，你也不抵抗吗？"他说："也不抵抗！"问他："日兵把中国人都活埋在万人坑里也不抵抗吗？"他说："不抵抗！"这是多么彻底的一位托尔斯泰的信徒啊！可是他对于自己家里的人是崇奉穆罕默德的策略，左手拿着《可兰经》①，右手拿着宝剑，部勒②同胞。在这宝剑上，他的十五六岁的小弟弟的血迹还没有干呢！

## 注释

①《可兰经》　或译《古兰经》，阿拉伯文的音译，意为"诵读"，是伊斯兰教的最高经典和伊斯兰教教法立法的主要依据之一。

② 部勒　组织约束。

*　本篇原载1931年9月24日《申报·自由谈》。

# 傅将军到那里去了？*

民国十六年十一月二十八日我对全体同志[1]演讲涿州守将傅作义。今日在日记中，翻得如下之记录：

傅作义以数千人死守涿州，迄今四十余天，奉军数万人，竟撼他不动。他不但是革命军人之表率，也就是全国国民之模范。他有位老师，名叫于国翰，现在奉军里面任职，来信劝他投降，他回信说："记得老师讲义中并无投降之一课。"我愿全体同志牢记此语：晓庄生活表上没有投降教学做！……我们要有艺术的生，艺术的死。涿州之守，已达到艺术之境界。我深愿救兵赶去解围，为中华民国留此一位良将，好在世界战场上与帝国主义者算账。傅军是当得起我们的《不投降歌》了！我们大家起来唱这首歌吧，心里向涿州的勇士致敬着：

军人救国不要命。
不要命，不要命，
只有断头将军，
没有投降将军。

---

* 本篇原载1931年9月26日《申报·自由谈》。

军人救国不要命。
不要命，不要命，
只有断头兵丁，
没有投降兵丁。

东三省之守将，人人是傅作义，则东三省必不亡。中华民国之守将，人人是傅作义，则中华民国必不亡。东三省之傅作义安在？中华民国之傅作义安在？

注释

① 指晓庄学校全体师生。

# 无量之福*

一天三餐饭，吃惯了，谁也不觉得有什么稀奇。如果您今天荷包里的钱只够吃两餐或是三个人合起来只够两个人吃，那么，这饭的问题在您心里便有了新的意义。如果您能想出法子使两餐的钱够得三餐吃，两人的钱能饱三个人的肚子，您一定是出人意外的欢喜。去年夏天珠璎、钟灵、紫耘、佩芝、北韬[①]，许多人和我是时常尝到这种风味。可是比一比那些啖树皮草根的同胞，真不啻是天上人间。下面是我们那时吃饭的一幅小影：

三个蟹壳黄〔注〕，
两碗绿豆粥，
吃到肚子里，
同享无量福。

〔注〕　上海称烧饼为蟹壳黄。

**注释**

① 珠璎，即方与严。钟灵，即张宗麟。紫耘，即曹子云。佩芝，即沈沛之。北韬，即戴伯韬。

* 本篇原载1931年9月27日《申报·自由谈》。

# 康有为的诗*

开封之龙亭是宋朝朝见的地方，现在已改为中山公园。十六年十二月十三日早，天未明，我与勉仲①来游，见征雁一行一行的从杨湖里飞起，的是大观。龙亭上刻着康有为的一首诗，说：

远观高寒俛汴州，
繁台铁塔与云浮。
万家无树无宫阙，
但见黄河滚滚流。

我看了这首诗，便在那儿呆望。勉仲问："望什么？"我说："看不见黄河，更看不见它滚滚的流。"

## 注释

① 勉仲　即查良钊。

* 本篇原载1931年9月29日《申报·自由谈》。

# 屡败屡战*

曾国藩吃了好几个败仗，幕府为他草奏章，有“屡战屡败”之语。他拿起笔来勾成“屡败屡战”，精神为之一振。一个手无捉鸡之力的懦夫看了这一句，立刻可以变成一个以一当百之壮士。

我凡遇事变，素以解决数学问题之态度相待，用冷静的头脑指示我沸腾的热血之去路，所以绝少愤慨，亦少悲观。惟自沈阳失守后，每看张学良的电报，不禁令人怒发冲冠。在这些电报里只见是失守，退出，死伤，被缴械，不见有丝毫大无畏精神之表现。这是浇在民族精神之火焰上的冷水。战而败，国民原谅你。败而战，国民敬重你。不战而败，败而不战，国民终有一天要和你算帐。因为你所失掉的不止是土地，而且是立国之精神。你现在还有戴罪立功的机会，如果错过了，那是多么可惜啊！

* 本篇原载1931年9月30日《申报·自由谈》。

# 战时的功课*

这几天来，学生要罢课，校长不要罢课。这种矛盾怕是出于误会吧？依我看来，学校有平时之课，有战时之课；校长与学生应该好商好量的定出一个合理而有实效的办法来。我想那合理而有实效的办法是：

"罢平时之课，上战时之课。"

虎狼已经进了房子吃人，做先生的不教孩子们拿真本领去援救亲姐妹，却要他们照旧诗云、子曰的读死书，那就算是不知事务了。做孩子的不满意于先生之镇静，赤手空拳，东奔西走，瞎喊救命，嘴儿喊干的时候，家人已经死得精光，自己也不免要饱虎狼的口腹了：这也算不长进。那末如何是好？平时的功课虽要罢，战时的功课必须上。而且要上这战时的功课的人，不但是学生，凡是国民，都应当立刻上起战时之功课。战时的功课不是喊几句口号的爱国八股，也不是使个木头枪儿学一些立正开步走的武八股。我们必须上战时之真功课，以学得应战之真本领。

战时的功课是什么？

（一）男子用真武器武装起来学紧急战；

（二）女子用真武器武装起来学看护；

（三）宣传并实行对日经济绝交；

---

* 本篇原载1931年10月2日《申报·自由谈》。

（四）研究中日贸易；

（五）振兴替代日货之实业；

（六）研究日本；

（七）研究东三省；

（八）研究国际大势；

（九）专攻自然科学以立造产与国防之基础；

（十）厉行民众识字运动，使知中华民国是四万万人共有、共治、共享、共保之国家；

（十一）厉行小学之科学教育，造就科学的儿童，以建设二十年后之科学的中国，使中国永远立于不败之地；

（十二）恢复水灾土地，俾能及时下种以足民食。

这十二门功课必须按着各人的性质分工合作的干起来。从今日起我们便须自己问自己：

"如果今天晚上日本强盗来到，我们如何将他打败？"

这个问题不是出于幻想。沈阳便是如此失落的。日本军队既能如此来占沈阳，也能如此来占租界外的上海，来占中国公学，来占恒丰纱厂，来占真茹村，来占徐公桥。我们还是效法张学良之避免冲突？还是效法史可法之背城一战？您该立刻决定。

到了今日，政府必须信民众，信民众有救国的力量。政府必须排除一切疑虑，帮助民众武装起来，造成只御外侮不参内战的伟大的义勇自卫军。如果还要梦想拿一个无武装民众作后盾之政府与铁血主义之日本相抗衡，那是必无幸存之理。生死关头，近在眼前。不必多话，武装起来，干！

# 珠瓔贺人自杀*

我的朋友珠瓔[1]前几天拿他贺DY自杀的一封信给我看，信里是字，是泪，是血，叫我如何辨别啊？我愿天下想自杀的人先看看这封信再死，不想自杀的人也先看看这封信再活。珠瓔的信是：

接来信，知道你要自杀！这是大智大仁大勇的壮举，特为你贺。现在的社会是多么的空虚而矛盾啊！“他教人吃饭不种田，穿衣不种棉，住房不造林。他教人羡慕奢华，看不起务农。他教人分利不生利。他教农夫子弟变成书呆子。他教富的变穷，穷的变得格外穷；强的变弱，弱的变得格外弱。”他甚至要使不种稻的人吃好饭，种稻的人没饭吃！不种棉的人穿好衣，种棉的人没衣穿！不造林的人住好房子，造林的人没房子住！吃好饭的要想吃更好的饭，没有饭吃的愈弄不到饭吃！穿好衣的要想穿更好的衣，没衣穿的更弄不着衣穿！住好房子的要想住更好的房子，没房子住的格外弄不到房子住！在这样空虚矛盾的社会里的人们，是多么苦恼！意志薄弱的青年，便难免要做了它的牺牲者！你是虚空矛盾社会底下牺牲的预备者；我是这空虚矛盾社会底下牺牲

* 本篇原载1931年10月4—6日《申报·自由谈》。

未成的过来人。当我在民国六七年之间——未认识你以前——尽全家老幼之力，耕种三十亩地，又遇好年成，收获甚丰，但谷价为劣绅操纵，被迫廉卖，亏折血本，于是怀念自杀，往往深夜跑至离家二十里之河西桥或古虹桥去自杀。

到了目的地想一想：死了，老母的悲哀是怎样？妻室子女的惨痛是怎样？社会对于我的希望是怎样？没有彻底解答以前，只有暂忍须臾再死。又跑回家去，已是鸡儿喔喔的时候了。老母是枯坐在那儿长吁短叹，眼巴巴要望着爱子回家，才能安心去睡。贤妻是坐在那惨淡灯光旁边，一针一针的密密缝着儿女夫姑的衣裳鞋袜，以待夫婿之归来。我一脚踏进大门，老母即一声："珠哪！珠哪！你往那里去了，到这时候才来？"贤妻也是同声的说："你又为什么到这时候才回家啦？……下一次早些回来，免得我们望得心焦，连胆都急碎了。"接着是问饥问寒，一忽儿是滚烫的热茶送到嘴边，热饭摆在桌上，伊俩又同喊："吃罗！吃罗！吃一点罗！"有时我支吾其词，胡乱吃一点去睡了！有时我竟一声不响，把被蒙着头睡了。这样不下十次之多。到了如今，老母那里知道爱子已是重生归来了！贤妻也何尝知道是与返魂的僵尸同眠呢！子女现在虽已长成大人，在当时是一群小宝宝，细细的鼾声，在做他们的好梦，更何从知道将做无父之人呢！最后一次，我想通了：死了，个人前途不足惜，老母是昏晕倒地！贤妻是投环追随我于地下！儿女是流离失所！社会培植我成人，没有报效，是一大损失！我决不死，再活下去。

怎样活下去？只有努力创造新生命！所以我三十岁以后都是再生之年，有生之日即是我报效社会之日。我今日所以略有进步，皆是自杀一念促成我的！你我至好，从来没有谈起过。今因你怀念自杀，引起我说了这一大套，做你自杀的参考。并希望你当机立断，立刻自杀了腐化的旧生命，创造出一个奋斗的新生命！

自杀了不科学的旧生命，创造出一个科学的新生命！

以奋斗的科学的新生命来创造中华民族伟大的新生命！难吗？不难。只要你赶快回头，不要再把生活粘在“官僚后裔”身上做附丽品，把整个的赤心献给儿童和民众。你听哪！

不要你的金，
不要你的银；
只要你的心！

他们远远地唱着，由清风吹到你的耳边来，欢迎你，你可听见了吗？来！来登上这个新生命的舞台！

我想到苏州过中秋，和你细谈。

祝你的新生命降临！

二〇，九，二三

## 注释

① 珠瓔　即方与严。

# 史督师对国民训话*

史督师可法虽是死了二百八十六年，但是他的精神没有死。他还在我们当中活着，永远的活着。请听一听他的训话吧！

二百八十七年前，李自成陷北京，崇祯帝①自缢，清兵入关，破李自成，据明朝江山而有之。南方将领议立福王②，史公③被马士英等所忌，自请为督师，出镇淮阳。他祭二陵毕，上疏对福王说："若晏处东南，不思远略，贤奸无辨，威断不灵，老成投簪，豪杰裹足，祖宗怨恫，天命潜移，东南一隅，未可保也。"当时南方诸臣不自觉悟，将亡国之罪尽推在北方诸臣身上，而史公独说公平话："北都之变，凡属臣子皆有罪。在北者应从死，岂在南者非人臣？"

十一月清兵入宿迁，还攻邳州，他又上疏说："夫将所以能克敌者，气也；君所以能御将者，志也。庙堂志不奋，则行间气不鼓。"

在同疏里他又说："在北诸臣死节者无多，在南诸臣讨贼者复少，此千古之耻也。"

我们现在看了这番话，该作何感想？现在是民主国，以国民代君，以公仆代臣，则史公所说的话，还有那一句不切中时弊呢？

* 本篇原载1931年10月7日《申报·自由谈》。

公元一六四五年四月十五，清兵进攻扬州，史公孤军血战十日，多铎五次致书劝降，都不启封。城破自杀未遂，被清兵执去，多铎相待如宾，口呼先生说："今忠义既成，先生为我收拾江南，当不惜重任也。"史公怒说："头可断，身不可屈！"

这是史督师自己实践的最后一句话，也就是他对中华民族亿万年不朽之遗嘱！我们可忘记没有？

明史称史公"短小精干，面黑，目烁烁有光。廉，信，与下均劳苦。军行士不饱不先食，未授衣不先御，以故得士死力。"我们看了这段话，便知道史公之忠义报国，不是偶然的了。

明朝之亡原因很多，主要的是主庸臣贪，史可法太少，而魏忠贤、吴三桂辈太多；魏忠贤、吴三桂辈起得太早，而史可法起得太迟。中华民国之史可法有几位？还要等到什么时候才出来呀？

## 注释

① 崇祯帝　即朱由检，明思宗。

② 福王　指朱由崧。其父为福王朱常洵。朱由崧袭封福王。

③ 史公　即史可法。

# 新旧中国之军师*

中国既是一个民主国，老百姓简直是毫不客气的该做起阿斗①来。但是阿斗如果没有诸葛亮是会亡国的。我们的诸葛亮是谁？在那里？我如果把他的名字宣布出来，大家必定要把肚子都笑痛。您说中国现在握有最高权威的军师是谁？抉乩的、算命的、看相的、卜卦的、测字的、做奇门的、木头菩萨面前之签筒。大人先生依八字定出处，当权的看相貌用人。一位刑庭检察官对我说："他那副凶相是会杀人的。"一天，我路过一个测字摊，见着一位女学生在那里占卦，我心里说："女学生也信做卦吗？"好奇心叫我站住。那女学生说："我有一个朋友好几天没有消息，问问那一天有信来？"测字的说："男朋友，女朋友？"女学生不好意思（我很怨我自己在那儿做伊的眼中钉），只说："随便，只要是个朋友就是了。"当"三一八"惨案②发生的时候，执政府的官员有好几位必定要先做个卦，才敢出席国务会议。老太婆是不必说了，婚姻、出行、疾病，无不要请教算命先生或泥塑木雕的菩萨。你总以为强盗土匪是天不怕，地不怕，那知道他离了菩萨也不行。太保阿书做案之前必烧香求签，吉则行，不吉则止。这件事引我联想到李闯③。李闯从张献忠那里逃出之后，又被贺人龙打败，手下有个从前做过铁匠的刘宗敏想投降，李闯

* 本篇原载1931年10月8日《申报·自由谈》。

知道了，和宗敏同坐在一个庙里叹气，说："人说我有做皇帝的福分，何不问问菩萨，吉则跟我，凶则拿我的头去投降。"宗敏赞成，把刀插在腰上看，三次都是好卦。宗敏便杀两个老婆仍旧跟李闯去。李闯便从此一直打到北京。中国现在的李闯还多着咧；刘宗敏又何尝少了一些。总而言之一句话，旧中国的军师是"迷信老爷"！在二十世纪之科学世界中奉"迷信老爷"做军师之民族必归天然淘汰、阿斗、阿斗，四万万的阿斗，您必得把诸葛亮赶快请出来。诸葛亮是谁？三个牛皮匠，抵个诸葛亮。我们的三个牛皮匠是：一、不贪钱的文官；二、不怕死的武官；三、手脑并用的散思先生（Science之译音，即科学先生）。

## 注释

① 阿斗　即三国蜀后主刘禅。

②"三一八"惨案　北洋军阀政府血腥镇压人民反帝爱国运动的事件。1926年3月12日，冯玉祥所部国民军与奉系军阀作战期间，日本帝国主义军舰为了掩护奉军军舰驶进天津大沽口，炮击国民军，被守军击退。日本竟联合英美等八国，向当时执政的段祺瑞军阀政府提出撤除大沽口国防设备的无理要求。3月18日，北京各界群众5000余人，在李大钊等人领导下，在天安门举行集会抗议，会后游行请愿，要求拒绝八国通牒。段祺瑞竟下令开枪镇压，群众死伤190余人。

③ 李闯　即李自成。

# 爱之三字经*

爱神当人未出世之前，给他或伊一杯爱露说："你把这杯爱露拿去，好好的保存着，只可以和你最爱的一位爱人同喝！"这是维娜丝（Venus）[①]的命令，一个字也不能违背。你看那个"只"字和那个"最"字是说得多么清楚呵！如果你只和你最爱的人同喝，那爱露是蜜样甜；若随便给人喝，它会变成醋，变成粪，变成毒药。现在青年们一提起恋爱便觉得津津有味。我也并不反对。可是有许多青年对于爱人大有韩信将兵，多多益善之势，终日在醋缸、粪坑、毒气房里流连，把国也忘了，学问也忘了，事业也忘了，生命也忘了，弄得身败名裂，悔之无及。去年黄白英被情人强迫服毒时，我曾写了一篇《三字经》劝告我的青年朋友，现在我要把它献给全国的青年说："幸福只在专爱里！"我写的《三字经》是：

爱之酒，
甜而苦。
两人喝，
是甘露。
三人喝，

* 本篇原载1931年10月9日《申报·自由谈》。

酸如醋。
随便喝，
毒中毒。
我写这三字经儿，
人人都要读得熟。

## 注释

① 维娜丝　通译维纳斯，罗马神话中爱和美的女神，即希腊神话中的阿弗洛狄忒。

# 背起四个十字架*

十字架是犹太国的刑具，用横竖木各一根造成十字形，受刑的人两手平展，钉在横木上，头颈则钉在十字之上端。自从耶稣基督被钉死在十字架上之后，这十字架在西洋各国便成为牺牲之符号。我们的双十节是什么意思？是两个十字架！我中华民国要加倍牺牲才能渡过这生死关头。两年前的双十节我曾写过一副对联，上联是：

“为破坏牺牲，为建设牺牲，中华国民应背两个十字架。”〔注〕

今天是民国二十年的十月十日，分明是要我们背起四个十字架了。我们在通常之破坏与建设外，还得为水灾牺牲，为抗日牺牲！黄梨洲①说：“慷慨从军易，从容就义难。”我们从今天起该从从容容的把这四个十字架背起来吧！

〔注〕 下联是：“向儿童瞄准，向农人瞄准，乡村教师捧来一颗爱心。”

## 注 释

① 黄梨洲 即黄宗羲（1610—1695），明清之际思想家、史学家，字太冲，号南雷，学者称梨洲先生，浙江余姚人。

* 本篇原载1931年10月10日《申报·自由谈》。

# 剃头担上的竿子*

清兵入关，明朝老百姓爱头发甚于爱国家，等到国家亡了，头发也不免要给人剃光。二百八十六年前，多铎下江南，四月破扬州，五月南京失守，下薙发令，叫剃头匠挑着担子在街上走，遇着蓄发的人，便捉来硬剃。如有不服，就把头儿割下来，挂在担竿上示众。后来剃头担上为什么有一根竿子？这竿子便是当年预备在那儿挂人头的。那时的鞑子和汉奸，在布告上也有和近代标语相类的文字，最残忍的有两句，便是“留头不留发，留发不留头”。那些爱发甚于爱国的老百姓，于今却又爱发甚于爱头，各处起来护发抗清的人以万计。这些老百姓虽是从前有些颠倒轻重，但比着那些见刀即剃、毫无抵抗的人，是比较的有志气了。可惜他们平日没有训练，又没有好的武器，所以过不得十天半个月，便先后被敌人消灭了。假使他们早用护发的力量去护国，又何至累得子孙们去做二百六十八年的亡国奴？我们如果不愿再蹈他们的覆辙，便须：（一）爱国过于爱自己的身家；（二）赶早团结起来，学得真武艺，一致拼命御外侮。现在，全国一般国民多数已经明白这个大道理，必能齐起心来共救国难。但是醉生梦死的糊涂人还是不少。好，你们要知道亡国是什么滋味，只须想一想那剃头担上的竿子。

* 本篇原载1931年10月12日《申报·自由谈》。

# 车夫老王*

今年春天，我在昆山花园旁边散步的时候，听见一个宏亮的声音："两毛！"

我走近一看，知道是一个外国水手坐车。明明说的是两毛钱，水手只给一毛。车夫不服，所以喊他补给。水手要走，车夫拉着他不放。水手回过头来就给车夫一个耳光。别的车夫和走路的人都愤愤不平，同声喊"打！"那车夫说："许多人打一个，不算好汉，让我一个子和他干。"话才说了，一拳打去，水手倒在地下，爬起来回打车夫，没有打着，被车夫一腿，又踢倒在地。水手知力不敌，坐在地下。车夫说："两毛！"水手不得已，给了他一个双角子，把单角子拿回，没精打彩的不知走到那里去了。我问车夫姓名，他说叫"老王"，我把个大拇指向他致敬说："您不愧为车夫大王！"

* 本篇原载1931年10月13日《申报·自由谈》。

# 听拳*

西洋人打架，我看过一次，听过一次，是有特别的风趣。一九一四年秋天，正在日本攻青岛的时候，我坐着船离横滨向檀香山开去，忽然听得吸烟间里，乒乒乓乓……不知闹了什么事。待我走到门口一看，只见两个西洋人，你一拳，我一腿，在那儿打架。我那时觉得最奇怪的，是他们俩不做声不做气的一句话也不说。因为我以前所看过的只是我们家乡人的相打，打之前，打之后，都有喊声、骂声、挑战声、诅咒声。现在看了西洋人的哑吧对打，真是见所未见，简直把我这个乡瓜老都望呆了。我起初以为他们是好玩，可是他们打得那样使劲，那样认真，那样拼命，决不是玩艺儿。停一忽，有一个不回手了，那一个也停止攻击，这种不讲而和也不多见。两年后，我去拜访一位美国同学，从他屋里来了些好像听过的响声。我站住静听，的确是乒乒乓乓和我在海船上所听见的声音一样——拳头打在肉上的反响。我立刻使劲敲门，里面听见敲门声似乎立刻停了战，因为咚咚之间没有乒乓了。我的朋友开门和我招呼拉手的时候，脸上愤色一闪，便是满面春风。他的夫人听说是我来了，也到客厅里来相见。伊一切如常，只是头发凌乱一点。我的朋友这天是大逆不道，因为在美国打老婆是很不体面的一件事。我所诧异的是我们家乡人欢喜在

* 本篇原载1931年10月15日《申报·自由谈》。

人面前打老婆，而西洋人见了人来便停手，老婆被打也不喊救命。好，我写这段故事没有别的奢望，只有一个小小志愿：

两耳已将清水洗，
从今爱听拳头声。

# 吴稚晖没有回的信*

今年国民会议开会之后，吴稚晖被推为代表资格审查委员会委员长。当时有一封信请他将代表的资格在报章上公布出来。这封信的大意如下：

……看报知道先生被推为国民会议代表资格审查委员会委员长，并且已经审查了三百多位代表的资格。我现在以国民一分子，要问先生几句话。就先生已经审查的结果看来，有几位农民的代表是真正的农民？有几位工人的代表是真正的工人？您或者会反问我：什么是真正的农民？什么是真正的工人？我可以下一个定义说：靠自己动手做工吃饭的人，是真正的工人；靠自己动手种田吃饭的人，是真正的农人。比如陶侃运甓，我不能称他为砖匠，不能称他为工人。何以呢？陶侃靠做官吃饭，不靠运甓吃饭。反过来说：王冕也读书，我可以称他为农人，因为他靠种田吃饭，不靠读书吃饭。照这个定义看来，出席国民会议的农民代表有几个是真正的农民？工人代表有几个真正的工人？请您公布出来……

这封信始终没有得到回信。吴稚晖现在听说要出洋。我想他老人家在出国之先，该把这笔帐结一结吧。

---

* 本篇原载1931年10月16日《申报·自由谈》。

# 温寿*

十六年冬天，一群大孩子在开封工作，也可说是玩耍。因为他们在工作里有玩耍的乐趣，在玩耍里有工作的意义。一天，是查勉仲夫人的生辰，邹秉文向他建议一个温寿的新法。这新法便是把夫人的照片放在被窝里过一夜。勉仲说："照片没有带来，奈何?"秉文说："那末，写个名字也行。"勉仲是否如此办理，不得而知。但是这种天真烂漫的生活是值得欣赏的。

现在勉仲襄办水灾，己饥己溺，席不暇暖。秉文身主检政，心系农业研究。他们现在都是心思多多的大人了。从公之暇，回想当年的孩子戏，亦可以减少几分忧闷。好，我们一起复活为小孩子吧!

* 本篇原载1931年10月21日《申报·自由谈》。

# 我的小怀抱*

民国十四年一月一日，我把一生的旧帐结了一结，并问自己说："你有什么怀抱？"我便写了几句诗答复自己，题为《我的小怀抱》。今天拿了这面镜子照了一照，还是依然故我！不长进呢？意志坚决呢？我如何可以辨别呀！我那天写的一首诗是：

好也不算好，
坏也不算坏。
好好坏坏随人讲，
心中玉一块。
恩怨有偶然；
毁誉多意外。
翻手作云覆手雨，
朋友我不卖。

我的朋友潮信，看了第一段之后戏问我："你这心里所怀的玉，是卞和之玉呢？还是贾宝玉衔着出世之通灵宝玉呢？"我说："这也随你去猜吧！"

---

* 本篇原载1931年10月18日《申报·自由谈》。

# 陶知行的颜色*

去年陶知行以勾结叛逆的罪名被中央通缉①。这叛逆大概是指冯玉祥。西北军的制服是蓝色，通缉令下，首都即有蓝色知行之封号。胡展堂在立法院讲演，独说他是国家主义派，突然将一身国粹党的黑衣罩在他身上。过了几个月，晓庄学生中有十几个共产党被捕，于是陶知行赤化之风声，传遍都下。这时展堂给他那件黑衣服也立刻变为通红了。朋友们不放心，屡屡问他说："你究竟是蓝色，是黑色，是红色?"

他说："我一样也不能否认。我的静脉是蓝的，我的头发是黑的；我的血是红的。"

## 注释

① 指1930年4月12日国民党政府所颁通缉令。通缉令全文是："为晓庄师范学校校长陶知行勾结叛逆，阴谋不轨，查有密布党羽，冀图暴动情事，仰京内外各军警、各机关，一律严缉，务获究办，此令。"

② 胡展堂 即胡汉民。

* 本篇原载1931年10月20日《申报·自由谈》。

# 读列宁传*

孚勒普·密勒（Rene Fulop Miller）著的《列宁与甘地》里，关于列宁的教育政策有下面一段话：

> “……他所定的教育，意在使人不能超过当日政府所许的知识和教育。这样一来，无产阶级国里的百姓们，便不会受太多的知识所激动的反省的危险。列宁一方面攻打不识字，一方面却压制自由科学……”

列宁对于民众求知的自由是不肯放心。天下惟有空气与知识是不可受人限制。我读了这段话，不能没有抗议。当时随手写了几句不平鸣，现在给它发表出来吧：

> “民愚不可用，
> 大声发其聋。
> 将明惧难制，
> 忽欲闭其聪。
> 好比乡下亲家婆，
> 又要送礼又眼红。”

* 本篇原载1931年10月22日《申报·自由谈》，是著者读了《列宁与甘地》一书中的《列宁传》后写的，引文见该书第二十章149页。《列宁与甘地》，孚勒普—密勒著，伍光建译，1931年6月上海华通书局再版。

# “好政府”最后之一幕*

民国十一年，胡适草了一篇《我们的政治主张》①，发表出来，列名的有蔡元培、王宠惠、罗文干、胡适等十六个人。这篇宣言主张要树立好政府。好政府之政治改革包含三条基本原则：第一是宪政的政府；第二是公开的政府；第三是有计划的政治。后来，王宠惠官运亨通，居然做了国务总理，罗文干也做了财政总长。这时，好人们以为时机已熟，可以把自己的主张实行出来。大家组织了一个政治讨论会，每逢星期五举行一次。开了好几回会，而王总理的大政方针老是不肯宣布，大家很不耐烦。一次我到北京，适逢星期五，朋友们即拉我去参加讨论。我的记录是：

蔡元培　主席

胡适起立：

“根据《我们的政治主张》，我们要请王总理宣布他的大政方针和计划。”

王宠惠登台乱七八糟说了一大套牢骚话，足足有一个多钟头，最后特别响亮的说：

* 本篇原载1931年10月23日《申报·自由谈》。文中记的一次讨论会是1922年9月22日下午在顾维钧寓所举行的。

“胡适！你要我宣布计划，我没有计划！没有计划就是我的计划。……”

蔡元培：“我们这个讨论会，原来是为着交换知识而设的。现在这样闹意见，徒伤感情，不如不开的好。如果大家赞成，我们便从此散会。”

大家赞成蔡议，好政府这出戏便从此闭幕。

## 注释

①《我们的政治主张》发表于1922年5月《努力》周报，署名的16人是：蔡元培、王宠惠、罗文干、汤尔和、陶知行、王伯秋、梁漱溟、李大钊、陶孟和、朱经农、张慰慈、高一涵、徐宝璜、王征、丁文江、胡适。

# 农夫之声*

四年前，听仲香[①]唱保定《农夫歌》，声调悲壮，令人奋发，可惜原著之词不能宣达歌中精神。我早想依调另制一词为现代农人一鸣不平。去年适有友人从中原与西北考察回来，对该地农人生活和我说得很详细。据这位朋友说，山东、河南、陕西、甘肃等省自耕农不愿自己有田地。何以呢？因为在天灾人祸中，有田不易耕种，还须纳粮。钱粮不但是一个钱不能少，而且是寅年要纳卯年粮，不，寅年要纳午年粮。有的地方拿田契送人也没有人要；没有人要，只好驮重利、卖儿女去纳粮。虽然自己有田，还是代较富的地主耕种。这又是什么道理？因为代人耕种，每日尚可得工钱糊口。若是自耕，则必等到秋收，始有米吃，人早已化为白骨了。所以不得不弄掉自己的田去耕别人的田。这是一种什么现象啊！我听了这番话，便依保定《农夫歌》调，为我们的不幸的同胞写了一幅小影：

穿的破布衣，
吃的草根面；
背上背着没卖掉的孩儿，
饿煞喊爹爹。

* 本篇原载1931年10月24日《申报·自由谈》。

牵着牛大哥，
去耕别人田。
太阳晒在光头，
心里如滚油煎。
九折三分，
驮利纳粮钱。
良民变成匪，
问在何处伸冤？
人面蝗虫飞满天！
飞满天，
无有农夫谁能活天地间！？

## 注释

① 仲香　即邵仲香。

# 爱迪生之死*



## (上)

美国发明家爱迪生以八十四岁的老学生，于本月十八日在家里病故。人生为一大事来，做一大事去，像他这样死，可算是死无遗憾了。

从一八六九年第一个发明宣布到一九一〇年之中，他的发明大大小小的一起算起来，一共有一千三百二十八件。这个时期中他平均每十一天有一件发明。一九一〇年之后他的助手加多，发明事业更是一帆顺风，令人望尘莫及了。

在这些发明中，那影响最大的当然要算电灯、电车、活动电影机、留声机、有声电影了。电话虽是贝尔（Bell）所发明，但是没有爱迪生之炭精传音器之发明，决不能供大众的运用。就以科学落后之中国说，在都市里的人也没有几个不受爱迪生之影响。我们点着电灯、坐着电车、看着电戏[①]、听着留声机的时候，就得纪念这位老人家对于人类的贡献。

* 本篇原载1931年10月25—26日《申报·自由谈》。

## （下）

科学该做养人保人的工具，不该做害人杀人的凶器。爱迪生在欧战期内曾受美国政府之聘，从事特殊研究。爱迪生自说代政府干了四十五种发明；据政府宣告只有三十九种，其余六种是否秘密性质或是数目有错，不得而知。但据这三十九种看来，多为防敌避害之用。他创制种种防御机械以图制服德国之潜水艇，很像从前墨子抵制公输般②之云梯一般。

据一九二三年六月二十四日《纽约泰晤士报》所披露，美国一国在爱迪生之发明和他的发明所引起之事业上所投的资本，已有一百五十万万美金（一五，〇〇〇，〇〇〇，〇〇〇元美金），约合华币七百五十万万，差不多要等于自从哥仑布探获美洲以及到现在所开采之纯金之五分之一。

前一期之产业革命是由于蒸汽机关之发明；今后一期之产业革命必有赖于发电机之发明。在这电气世纪开始的时候，有好几位万古不朽的电学家，其中最值得我们致敬的，一位是发电机发明者法拉第（Faraday）；另一位便是前几天去世的电力驾御者爱迪生。

### 注释

① 电戏　即电影。

② 公输般　即鲁班。

# 怎样学爱迪生*

未来的世界是一个电化的世界；未来的中国也必定要造成一个电化的中国，这是没有疑义的。我们的近邻日本和俄国都已经大规模的进行他们的电化全国的计划，我们决不可因循懈怠。电化中国最需要的是电学人才。青年学生中性情相近的是应该负起责任来研究这种学术。我们面前最好的一位老师便是爱迪生。学爱迪生决不是读读《爱迪生传》和他的发明报告就算完事，我们必得像他一样在电气实验上亲自动手去做，用脑去想，才不愧为他的学生。这还不够，我们必得天天做，天天想，一年到头，一世到老都在这上面下工夫，才能希望有所成就。尝一尝，试一试，就放下手来，那是不会有什么大不了的贡献的。

据布赖恩（Bryan）说，他许多的发明中，只有留声机是偶然领悟到的，其余都是从有计划的苦功中得来。为着要求得一种最有效之电灯用的金属灯丝，他曾经用矿物做了一千六百次的试验。他检查过六千种的植物，为的要看那一种植物最合乎制造炭丝之用。他所发明的镍铁蓄电池是五万次试验之结果。

爱迪生有一句名言："天才是劳动而有恒心。"他所说的劳动实含有劳力与劳心两方面。如果你要知道你在电学或任何学问上有无一些天才，只须问一问自己在这件事上是否肯动手用心去做，做得不肯歇手。

* 本篇原载1931年10月27日《申报·自由谈》。

# 不如学阿尔*

## （上）

阿尔（AL）是爱迪生做小孩儿时候的小名。爱迪生如汪洋大海，毕竟有些难学。与其学爱迪生不如学阿尔。

阿尔从始到终只上了三个月学。先生以为这孩子不可教，常喊他为坏蛋。他退了学在家里的地窖中玩化学把戏，这地窖便是他的一个小小实验室，别的功课便由他的妈妈指导。他把买糖果的钱省下买化学药品，不够，便去卖菜、卖报赚些钱来做实验。卖报卖上火车，就在火车上的行李间干起实验来。干了许多日子，一天铁轨出了毛病，药瓶掉在地上烧了起来，守车的给他一个耳光，使他一直聋到老。他说耳朵聋了一只倒能免他分心。阿尔的玻璃瓶一起被摔在站上，从此他又到家中去建造他的实验细胞了。

这都是一个十二岁左右的孩子干的勾当，我们看了这段小史该作何感想？

如果你是一位教师，切莫轻于断定小朋友的品格。我们看他是坏蛋，他未必就是坏蛋。容或教师眼中之坏蛋，倒是一个真的爱迪生。千万不要把你的阿尔逼跑了，可是留他在学校里也不是

* 本篇原载1931年10年28—29日《申报·自由谈》。

甘言蜜语敷衍他所能了事。他欢喜玩科学的把戏，你得使他有可用的工具。倘使学校没有经费，可让他去卖报挣钱来干；倘使学校没有实验室，那无人要的地窖屋角何不借他一用？您得给他一些自由的空气呼吸，否则他的科学的幼苗便要闷死。他不愿闷死，便要跑了。刻印板的传统先生是活埋爱迪生的凶手。你们未下恶手之前，请你们想一想吧！

## （下）

阿尔的母亲实在是不可多得，容许他在家里放那些毒药，多至二百瓶！那位火车上的守车也有意思，居然让他在行李车上开办实验室！这都是爱护科学和小朋友的天使。倘使没有这些天使，那么不容于正式学校之阿尔，又何能容于家庭与社会？小朋友们也不可自暴自弃。除了学校，便没有用功求学的地方吗？你看阿尔：他厌倦学校之死教育，回家便在家里做实验，上火车便在火车上做实验，没有钱便卖报卖菜，以所赚的钱来做实验。他过的是科学的生活，受的是科学的教育，这不是真正的生活教育吗？他和他的小伙伴一同自己做，自己学，自己教，不是教学做合一的证据吗？《纽约泰晤士报》说，现在爱迪生（长成的阿尔）的发明和他的发明所推动的事业上所投的资本共有一百五十万万美金，合华币七百五十万万元。大家都说中国穷得可怜。救穷之惟一方法是要造富的社会，不造富的个人。美国用爱迪生造了许多大富豪，我们却要用未来的爱迪生来造四万万人的富国和二十万万人的富世界。这未来的爱迪生是怎样来的啊？小时是阿尔，大时便自然而然的成了爱迪生。只要先生们少骂几句坏蛋，社会、家庭、政府多给一些自由空气，少用一些齐一手段，阿尔，是，爱迪生，便如雨后春笋一发而不可遏了。

# 法拉第*

一位小朋友看了《爱迪生之死》之一篇谈话中提及了法拉第(Michael Faraday)是发电机之发明者，便要我多告诉他一些关于法拉第之事迹。这是我所愿意答复的，比看活动影戏还愿意。

法拉第生于公元一七九一年，死于一八六七年，活了七十六岁。他在四十岁的时候（一八三一年十月十七日）发明了发电机的原理。有了发电机之原理之发明，爱迪生这些人才能运用来创造电灯、电车、电话以及种种电力机械。世界上的人是知道爱迪生的多，知道法拉第的少。法拉第以前，电这样东西只可算是一个科学的把戏。自从法拉第发明发电机以后，这世界的颜色乃为之一变。法拉第无疑的是电化世纪之开山祖师。

法拉第的父亲是一位铁匠，以为上学不上学与打铁无关，始终没有给法拉第进学校。在十三岁的时候，法拉第开始跟着利波(Riebau)做徒弟学订书。这个工作他学了七年。徒弟中要算他奇怪。他是一面订书，一面读书，书订好了，也就读好了。利波是一位有见识的师傅，从来不阻止徒弟看书。这时期里他装订过一部《百科全书》，书里有一篇论文，题目是《电》，他一口就把它吞下肚了。他说这奇怪的电，用不着多少时间去读，因为电的道理不知道的还多着咧。他从此便抱了一个宏愿要向电进攻。他

* 本篇原载1931年10月31日《申报·自由谈》。

还遇了一本化学的实验，也被他吃了。他把省吃俭用余下来的钱一起买了仪器药品，干那化学的把戏。一天，他听说皇家研究所享盛名的化学家兑斐（Davy）[①]要在伦敦公开演讲。适有一位顾客来，他问这位顾客可否做个东请他到伦敦去听演讲。这位顾客满口允许，买了四张入场券送他。法拉第便进城听讲，一面听，一面记下来。回店后，他写了一封长信给兑斐，将笔记附去给他看，要求一见。兑斐回信请他去谈，他大胆要求兑斐在皇家研究所给他一些工作做，使他可以学科学。这大胆的请求，在一个月后是慷慨的允许了。从此法拉第便以每星期二十五先令之工资做兑斐的助手。这是法拉第一生的大关键，也是世界学术上一个大关键。

法拉第，发电机，电化世界，统统都是从一个手脑双用的订书徒弟那儿来的。

### 注释

① 兑斐　通译戴维。

# 化磁为电*

我们看了法拉第的故事，心中总不免要问问“他的发电机是怎样发明的呢？”

一八二〇年，法拉第的老师兑斐（Davy），在一根软铁的周围通了一个电流，竟把它变成一块磁石。一八二二年，法拉第在自己的笔记簿上写着：

“我当化磁为电。”

发电机便是从这样一个决心里创造出来的：“兑斐既能化电为磁，我怎么不能化磁为电？”这便成了法拉第今后之抱负。

一八三一年十月十七日，他偶然得到一根四分之三英吋直径、八英吋半长的磁棒。他用了二十二丈长的铜线绕成一个圆筒。在这铜线上他接了一个电流计。

他把磁石的一端放近铜线，电流计丝毫不受影响，指针一点儿也不动。他把磁石忽然穿入铜线绕的圆筒，针立刻转动。他又把磁石忽然抽出，针又转动。这便是破天荒之诱导电流（Induced Current）之发明。凡导体运动时能横截磁力线则生诱导电流。这里面的奥妙，便是运动与横截。导体不运动，即运动而不横截，磁力线都产生不出电流。

从此法拉第便根据这个原理进行他的机器之创造。他把一个

* 本篇原载1931年11月1日《申报·自由谈》。

圆的铜盘之边缘放在一块蹄磁两极之间，用铜片、铅片使和盘之边缘接触，并将电流计接起来。铜盘一转，电流即通。这便是一个小小的发电机。这个小小发电机便是现代电化文明之泉源。

# 长忙玩忘完*

这么多的长！部长、院长、会长、所长、校长、行长、董事长、委员长：一身都是长！

长多自然忙：会客忙，讲话忙，看信忙，签字忙，听电话忙、坐汽车忙、赴饭局忙，开会散会忙，有事不啻无事忙！

一天忙到晚，忙了必须玩：扑克玩玩，麻雀①玩玩，堂子②玩玩，跳舞厅里玩玩，西湖玩玩，庐山玩玩，上海玩玩……

好玩好玩，什么都忘！党也忘，国也忘，人民也忘，自己的前途也忘，还有那不该忘的九字也忘。〔小注〕

一切都快完！党也快完，国也快完，人民也快完，自己也快完，还是忙不完，希望着长不完，玩不完。

〔小注〕　“你不好，打倒你，我来做。”吴稚晖说：“来而不做是忘九③。”

## 注释

① 麻雀　即麻将牌。

② 堂子　即妓院。

③ 忘九，指忘掉了“做”字。一般所称“忘八”，指忘掉了“孝、悌、忠、信、礼、义、廉、耻”八字。

---

* 本篇原载1931年11月2日《申报·自由谈》。

# 笼统哥之统一*

笼统哥，姓甚名谁没有人知道。大家因为他说话笼统，又因为他年纪大一些，所以称他为笼统哥。他是浑沌国，含混省，糊涂县，囫囵村人氏。你问他贵庚，他说："几十岁了。"你问他祖母高寿，他说："老了。"你问他有几位公郎，他说："好几个。"你问他一餐吃几碗饭，他说："不少。"你问他一个月赚几块钱，他说："不多。"你问他贵国离中国有多少路程，他说："很近，很近。"你问他贵国离德国有多少路程，他说："很远，很远。"有一年，浑沌国的总统闻了笼统哥的大名，便请他出山去办普及教育。这位总统大概是读过《三国演义》，一心想找一位庞统来帮助他。他把庞字认做笼字，于是笼统哥便一步登天，把浑沌国的小学教师都变成了笼统先生，小孩子都变成了小笼统。你若不相信，请看他们上一课吧！

小笼统："老师！日本有多么大？"

笼统先生："很小！小得很！"

小笼统："老师！日本有多少人？"

笼统先生："很多，多得很！"

小笼统："日本为什么要夺我们的东三省？"

笼统先生："因为东三省天然物产很富，富得很！怎么老是

* 本篇原载1931年11月4日《申报·自由谈》。

问我？我得问你们几句。小朋友，中国有多大？”

小笼统：“很大，大得很！”

笼统先生：“对！下课。”

小笼统：“立正！一、二、三。”

浑沌国从此便由笼统哥和他的徒子徒孙包办而统一了。这笼统的统一是枪炮攻不破，和议不须开，自然而然的一致对外——散思（Science）国之文化侵略。

# 爱迪生前后受敌*

国民社十月三十日从威明敦来电说，爱迪生遗嘱将爱迪生公司资产约值一千四百万美金，悉给后妻之子，仅以住宅变为基金生息分给前妻所生子女六人。现前妻之子惠廉声称将向法庭抗争……中国一般老夫子看了这个电报便批评说："爱迪生大概是没有读过《大学》[1]，所以闹出这个乱子。《大学》上明明的说：'物格而后知致；知致而后意诚；意诚而后心正；心正而后身修；身修而后家齐；家齐而后国治；国治而后天下平'。谁叫他只会格物而不会齐家？"

社会主义者也不饶恕他。他们说：

> "钱是社会的，你不该父传给子，子传给孙。钱如肥料，堆在幼苗上，太多了，会把幼苗烧死。你把一千四百万美金堆在后妻之子一个人身上，爱他反而害他。你不啻叫他拿了用不完的钱去吃喝嫖赌，把爱子活埋在安乐乡里。惠廉也没得出息，你该学你父亲去发明创造，不该来揩他的油。承继遗产已是没有出息；何况与弟弟争遗产，那是更不长进了。"

总而言之，拿产业传给后人是最笨的一件事。爱迪生是一个

* 本篇原载1931年11月5日《申报·自由谈》。

绝顶聪明人，而在处置遗产上是和李鸿章、盛宣怀一样的笨，累得亲骨肉打起官司来，让律师们发财，这是出乎我意料之外的。

### 注释

①《大学》 儒家经典“四书”之一。

# 科学的孩子*

问真、探真①两位小宝宝：

你们知道现在是一个科学的世界。科学的世界里应该有一个科学的中国，科学的中国要谁去创造呢？要小孩子去创造！等到中国的孩子都成了科学的孩子，那时候，我们的中国便自然而然的变为科学的中国了。

我希望你们俩从今天起，立刻变为科学的孩子。你们或者要问："这科学的孩子是怎样的变法呀？"

你们要攀上科学树去摘几个科学果子，一吃，便会变成两个可爱的科学的孩子。我现在送你们两种书：一是小朋友书店出版的《儿童生活》；一是儿童书局出版的《儿童科学丛书》。这些书会教你们怎样攀上科学树，怎样去摘科学果子，怎样变个科学的孩子。

这些书不是给你们看的，乃是引导你们玩科学的把戏，做科学的实验。如果你们藏而不看，看而不做，那就算是辜负我的好意了。

现在差不多要到冬天了，你们怕就要戴上手套吧？科学的孩子的手是一天忙到晚，用不着手套。你们向妈妈禀告说："今年我们都是科学的孩子，不再戴手套了，请您把买头绳的钱给我们

---

* 本篇原载1931年11月6日《申报·自由谈》。

买实验的材料吧。”

我寄给你们的东西，你们放心吃！从前买可可糖送你们，我必先吃一块，看看里面坏了没有。这次送你们的科学果子，我都尝过，你们放心吃吧！

这些科学果子里，有几个是我亲自摘的，放在花篮里，一起送给你们。这样，我送给你们的果子，同时可以送给全国的小朋友一同尝。新时代的孩子一定赞成这个一举数得的办法。

你们吃了这些果子，我不希望别的报酬，只希望你们每星期写一封信，告诉我玩了几个科学小把戏，做了几个科学小实验，使我知道你们是的确变了科学的孩子，抱着决心去创造一个科学的中国，我就心满意足了。

祝你们努力向科学树上攀，攀得高高的，把那肥大的果子摘下来给全世界的人吃，不要只顾自己吃得一肚饱，忘了树底下的民众。

你们的爸爸也是你们的朋友

**注 释**

① 问真、探真　作者次子陶晓光和三子陶刚。

# 这是教育*

一位很开通的新时代的老板对他的一位半工半读的伙计说：

“钟点到了，你该去上课吧。”

那忠于店务的伙计听了这话，看看钟，又看看老板说：

“我今天想歇一天，同学们都说我上课上得太起劲，好像是为先生捧场。”

老板听得这个意想之外的答复，当时没有说什么，事后和我谈及此事，我想了一忽儿，笑嘻嘻的对他说：

“少上几次课，可以省些车钱多买几本书看，比听教授们的演讲好得多。这算盘是你的同事比你打得准确。”

---

* 本篇原载1931年11月7日《申报·自由谈》。

# 中国的人命*

我在太平洋会议的许多废话中听到了一句警语。劳耳①说：

“中国没有废掉的东西，如果有，只是人的生命！”

人的生命！你在中国是耗废得太多了。垃圾堆里的破布烂棉花有老太婆们去追求，路边饿得半死的孩子没有人过问。化十来个铜板坐上人力车要人家拼命跑，跑得吐血倒地，望也怕望，便换了一部车儿走了。太太生孩子，得雇一个奶妈。自己的孩子白而胖，奶妈的孩子瘦且死。童养媳偷了一块糖吃，要被婆婆逼得上吊。做徒弟好比是做奴隶，连夜壶也要给师傅倒，倒得不干净，一烟袋打得脑袋开花。煤矿里是五个人当中要残废一个。日本人来了，一杀是几百。大水一冲是几万。一年之中死的人要装满二十多个南京城（说得正确些，是每年死的人数等于首都人口之二十多倍）。当我写这篇短文的时候，每个字出世是有三个人进棺材。

“中国没有废掉的东西，如果有，只是人的生命！”

您却不可作片面的观察。一个孩子出天花，他的妈妈抱他在怀里七天七夜，毕竟因为卓绝的坚忍与慈爱，她是救了他的小生命。在这无废物而有废命的社会里，这伟大的母爱是同时存在着。如果有一线的希望，她是愿意为她的小孩的生命而奋斗，甚

---

* 本篇原载1931年11月9日《申报·自由谈》。

而至于牺牲自己的生命，也是甘心情愿的。

这伟大的慈爱与冷酷的无情如何可以并立共存？这矛盾的社会有什么解释？他是我养的，我便爱他如同爱我或者爱他甚于爱我自己。若不是我养的，虽死他几千万，与我何干？这个态度解释了这奇怪的矛盾。

中国要到什么时候才能翻身？要等到人命贵于财富，人命贵于机器，人命贵于安乐，人命贵于名誉，人命贵于权位，人命贵于一切。只有等到那时，中国才站得起来！

## 注释

① 劳耳 即劳合·乔治。

# 十万封信之效力*

宁、粤代表会议停顿后，教育界有人提倡要十万个学生：小学生、中学生、大学生，每人写一封信向代表会议请求和平统一共御外侮。这是一个很有趣味的发明。这个发明引起我注意的地方，是它的数目方面之推测。

假使个个学生都遵照这位发明家之指示，各人写一封信，而每封信都投到戈登路伍公馆，那么，伍公馆今天必须预备两百张桌子，把这些信恭恭敬敬的收下来。

因为外患急得很，代表们对于来信，等不及摘由，便随到随看，不使延误。

这些代表都是党国要人，数年来，公事看得很快。像这样重要的信，就是有一目十行的本领，连拆带看，每封信一分钟怕是不能再少了。十万封信，就得要十万分钟才看得完。平常工作是每天八小时，现在加紧办事，作算是要干十二小时，那么看这些信至少便要一百四十一天的工夫。你们以后要问代表们为什么还不快快的和平统一呢？他们可以回答说，诸位来的信我们还没有看了咧。等我们看完你们的信，自然一定照办。你们在明年三月二十七日，候我们的答复好了。

---

* 本篇原载1931年11月8日《申报·自由淡》。

# 午饭桌上*

“你学佛吗？为何不吃肉？”

“我没有发明，不能劳动，对于社会毫无贡献，做个蛀米虫，已是惭愧万分；如果再要吃荤，伤它生命，养我这个废人，那更是说不去了。”

“照你这样说，我们这些人都不该吃荤了。谁有发明？谁能劳动？谁配吃肉？”

“对！我们这些饭桶，简直没有一个不该吃素。配吃荤的恐怕只有烧饭的闵妈！”

“好！我们把荤菜一起给了闵妈吃吧！”

“抱孩子的金妈配不配吃荤呢？闵妈既有肉吃，金妈似乎不可偏枯。”

“这要看金妈是为谁抱孩子。如果孩子的母亲是一位科学实验室里的工作者，或是一位纱厂里的女工，那么金妈抱这孩子是帮助人发明或劳动，她就配受我们的礼物。若是孩子的母亲雇金妈来抱孩子，为的是自己要出去打牌或在家里贪图舒服，那么金妈便是帮闲不是帮忙，她之不配吃荤也如同我们一样。”

“你说劳动者配吃荤，在这不平等的社会中偏偏是劳动者买不起荤菜吃。”

---

* 本篇原载1931年11月10日《申报·自由谈》。

“只要高等游民、书呆子、老爷、太太、小姐、流氓及一切不能发明不会劳动的人只许吃素，那么，他们自然是有荤可吃了。”

“这也不彻底！发明、劳动是个人对人类的贡献，于畜类有何关系？一定要拿牛、羊、猪、鸡、鸭、鱼的生命来报答他们的功劳，也不见得公平。”

“好！咱们一起吃素吧！”

# 思想的母亲*

行动是思想的母亲，科学是从把戏中玩出来的。

杜威先生分析反省的思想之过程，列举了如下的步骤：（一）困难之感觉；（二）审定困难之所在；（三）设法解决；（四）在许多方法中选一最有效的试试看；（五）屡试屡验之后再下断语。这反省的思想之过程便是科学思想之过程。

我拿杜威先生的道理体验了十几年，觉得他所叙述的过程好比是一个单极的电路，通不出电流。他没有提及那思想的母亲。这位母亲便是行动。路走不通，才觉有困难。走不通而不觉得困难，这是庸人。连脚都没有动而心里却虚造出万千困难，这是妄人。走不通而发现困难，便想出种种法子来解决困难，不到解决不止，这是科学家。所以我要提出的修正是在困难之前加一行动之步骤。于是整个科学的生活之过程便成了：行动生困难，困难生疑问，疑问生假设，假设生试验，试验生断语，断语又生了行动，如此演进于无穷。懒得动手去做，那里会有正确的思想产生，又何能算是科学生活？

* 本篇原载1931年11月11日《申报·自由谈》。

# 莫轻看徒弟*

一百六十二年前发明蒸汽机关之瓦特（James Watt），曾经做过徒弟。一百年前发明发电机之法拉第（Michael Faraday），曾经做过徒弟。产业革命和电化文明是徒弟们在知识之最前线领导着。

中国的希望，向来是放在学生身上。最初大家的目光都对着留学生。到了对留学生失了信仰，大家又转移目光对着大学生。到了对大学生失了信仰，大家又转移目光对着中学生。现在是渐渐的转移到小学生身上去了。如果先生和学生们没有根本觉悟，则中学生、小学生是同样的要令人失望。

文明是人类用头脑和双手造成的。只会劳心而不会劳力和只会劳力而不会劳心的人，都是没有希望。何况爱用空嘴说白话的人，那是更不可救药了。如果肯得用手去做，用心去想，那末，留学生、大学生也有希望。否则两只手儿拢在袖里读死书，死读书，读书死，那末，连中学生、小学生也有一天要叫人失望咧。我对于科学的青年的建议是：

一、做过学生的要做几年徒弟；

二、做过徒弟的要做几年学生。

---

* 本篇原载1931年11月12日《申报·自由谈》。

# 佛兰克林*

——小徒弟列传之一

## (一)

佛兰克林[①] (Benjamin Franklin) 生于公元一七〇六年，死于一七九〇年，活了八十四岁。他死了之后，墓碑上刻有几行字：

"他从皇帝的手里夺来了政权，从天上夺来了电气。"

这一篇很短的墓志铭，不啻为佛兰克林一生功业学问之小影。他是一位政治家、文学家、科学家。你如果读一读他的自传，便要惊讶的发现这位伟人只是从一个小徒弟出身的。他参加美洲独立运动的功绩，谁都知道，不必我来多话。我只要叙述他做徒弟时代之小史和他在科学上之贡献。

他八岁进拉丁文小学，九岁改入算写学校，十岁便因家计困难，辍了学，跟着他父亲学做蜡烛和肥皂。他不喜欢做这个手艺，却善游泳，会划船，常想航海去。父亲知道他的倾向，很是担忧，便时常带他在街上参观木匠，砖匠、铜匠、辘轳匠及其他匠人的工作，以便选择一行，作为终身职业。这是个个父母或教师应该尽的责任。可是走马看花的参观也没有多大用处。我们必须引导小孩们仔细的看，看了做出来，才有效验。佛兰克林在自传里说，这种亲切详细的参观对于他很有影响。后来，家里东西

* 本篇原载1931年11月14日—18日，12月8日—9日《申报·自由谈》。

破了，用不着匠人，他自己会修理。科学实验要仪器用，自己也可以做。这些本领都是从参观手艺中得来的。

他虽是在蜡烛店里做徒弟，但是好看书。两年后，他父亲便因此叫他去学印刷业。一七一七年他的哥哥詹姆士从英国带了印刷机和字模到波士顿来设立印刷所，他便秉承父命和詹姆士立约做九年徒弟。这时他才是十二岁，要到二十一岁满约。他自从在印刷所里做了徒弟，便认识了好些书铺里的徒弟，于是全城的书铺便成了他的流通图书馆。他每逢借了书来，连夜就要看完，因为照规矩次日早上是必须还人家的。这样他虽是做徒弟，同时也算是做学生，因为他自己看的书，比平常学校里的学生所看的还要多好几倍咧。

## （二）

佛兰克林做徒弟的时候看书写文差不多都是自己教自己。一天他得了一册《旁观》周刊（Spectator）之合订本，高兴极了。每读一篇，把要点录下，过几天，自写一文，与原文比一比，取人之长，补己之短。这种功课是在每天开工前，完工后及星期偷闲干的。因为学的法子好，所以进步很快。

他十六岁的时候，偶然遇了特里翁（Tryon）写的一本劝人吃素的书。他读了这本书，受了深刻的影响，便立志不吃荤。一个十六岁的孩子不吃荤，真是一桩新闻。谁知这件事是与他的学业有不少的帮助。他的老板哥哥和同事们在一家邻居寄饭，他一个人在店里吃素。他的食谱是饼干、面包、葡萄干、酸苹果和一杯清水。饭钱省下一半可以多买书看。一餐饭，只要几分钟便吃完，又多加了一些时间去用功。他自己说，吃得少，头脑格外清爽。

现在他得到赛诺芬（Xerophon）[②]写的《苏格拉底言行录》（Memorable Things of Socrates），倾倒在苏格拉底的对话法。他开始用谦虚的问话，怀疑的态度，把人家逼得无话可说，有时连素负盛望的名人都被他问倒。他在青年的伙伴中居然成了一位苏格拉底，波士顿便是他的雅典。

一七二一年他的哥哥开办《新英吉利报》。这时佛兰克林已经会做文章，但怕哥哥轻视他年幼，不给登载，便用假名投稿，每次都被披露，听人称赞几句，非常欢喜。后来，他哥哥因登载政论，得罪议会当局，被捕一月，靠佛兰克林之支持，得未停顿。詹姆士被开释仍不准办报，便以弟弟之名顶替，佛兰克林于是以一个十七岁、徒弟还未做满的孩子，居然做起报馆的总经理和主笔来了。

詹姆士虽是亲哥哥，而虐待佛兰克林如一般师傅之虐待徒弟，有时竟行凶毒打。兄弟二人因此决裂，佛兰克林丢了报馆，卖书凑盘费向纽约去谋生。船过布洛克岛（Block Island），大家开始捉鳖鱼烧来吃，吃得津津有味。有人请他吃鱼，他因吃素，犹豫不决。忽然看见一个大鳖鱼的肚子破开，里面有几个小鱼是它生前吃进去的，他便说："你既可以惨吃同胞，我也看不出有什么理由不可以吃你。"

## （三）

佛兰克林离开波士顿做了几年生意之后便自己开了一个书店。他这店里卖书是没有二价的。我听得有这样一段故事：

一天一位客人来买书，问："这本书卖几多钱？"

柜台上的徒弟说："两块钱！"

客人说："太贵了！一元八角吧。"

徒弟说："现在涨价了，要卖两块二角咧。"

客人说："你才说过两块钱，怎么又要两块二角呢？"

徒弟说："现在要两块四角了。"

客人以为徒弟故意敲竹杠，便与徒弟闹。佛兰克林老板从里面走出来，客人便向他质问，为什么一忽儿就加了四角钱？

佛兰克林笑嘻嘻的拿了那本书对他说：

“时间值钱呀！敝店做买卖是不还价的，先生要买这本书给两块钱好了。”

## （四）

我没有叙述佛兰克林从天上夺取电气之前，先要叙述佛兰克林时代一般人对于电之见解。

天空中之闪电打雷，自有人类以来，谁都看见过，听见过。古人遇了这种恐怖的现象便以为是下界犯罪，所以上帝震怒，差遣雷公电母来收伏妖怪、猛兽、恶人。他们以为雷电是天神，被天神打死的都是罪大恶极，犯了天条。中国现在一般愚人，还是这样的迷信着。佛兰克林时代的欧美人民对于天然电气也抱有大同小异的见解，往往闹出离奇的笑话。

人造电气的历史也很古，但在佛兰克林以前只是一些零碎而不可以解释的小把戏。摩擦猫皮生火花，摩擦玛瑙吸灯草，这种把戏人类至少是耍了二千多年。葛雷（Stephen Gray）在二百年前开始在伦敦用丝线包绕的几十丈长的粗绳，将摩擦的电从这一头通到那一头。这葛雷是一位穷老翁，靠玩电的把戏赚小孩们的钱，养活自己。他黑白分明的写在纸上说，这种火花响声之性质很像雷电。

法国的都费（C.F.Dulav）③复演葛雷的把戏，能将摩擦的电通过一二五六呎长之线。他是第一个人发现电之两性，称为玻璃电（Vitreous Electricity，即后来所谓之阳电）和松香电(Resinous Electricity，即后来所谓之阴电)。他首先发现若使两种性质的电气接近，结果是同性相拒，异性相吸。

一七三六年一位苏格兰修道士名叫戈登（Gordon）的，在德国发明了一个电铃：两边各安一铃，中间悬一丝线挂的金属球，球感了电，即依同性相拒异性相吸的理，将铃继续的打起来。他还发现电感的水能把火酒烧起来。

在这些零星的发明中，忽然跑出一个奇妙的来顿瓶[4]（Leyden jar）。一七四五年克来斯特（Dean von Kleist），一七四六年范麦圣布洛克（Pleter Van Musschenbrock），[5]各自用玻璃瓶将摩擦的电储蓄起来。因为范麦圣布洛克是住在荷兰国来顿城，所以这瓶就叫做来顿瓶。其实依创制之先后，这荣誉是给错了地方。他们先是用水在玻璃瓶里蓄电，后来瓦曾（Watson）[6]将瓶改良，用锡箔在瓶内瓶外对着贴起来代替水，格外有效。法国诺列（Abbe Nollet）[7]叫皇帝的侍卫兵士们手拉手的站在那儿，组成电路，只要来顿瓶所储蓄的大量的电一接，这些兵便同时一齐打倒。

这些是佛兰克林未上电气舞台前，人类所已经得到的关于人造电的知识。这时天空之电与人造之电是否相同，尚无证明：天空之电是当做神秘瞎猜，人造之电是摩擦着玩耍。

## （五）

佛兰克林四十岁才开始电之研究。一七四六年司宾斯从苏格兰来到波斯顿玩了一些电的把戏给他看，他觉得很有趣味。可惜司宾斯不是内行，玩得不大好。他回到费城之后不久，伦敦皇家学会会员科林孙送给他的图书馆公司一根玻璃管。他便拿了这根玻璃管复演司宾斯没有玩好的电的实验。过不多时，他便成了这些实验的老手。许多朋友拜他做师傅。他便设了一个玻璃管制造室，吹了一些玻璃管分送给朋友们，因此会玩这些电的把戏的人便一天多一天。内中有一位名叫金耐尔司勒（Cinnersley），赋闲在家，佛兰克林劝他到各处表演电的实验，收听讲费过活。演词是佛兰克林代写。每次演讲，听众都很踊跃。演词中有一篇题为《闪电与电气是同一的东西》（The Sameness of Lightning and

Electricity)，寄给伦敦朋友，皇家学会会员们笑笑，把它放在一边。但科林孙毕竟将它付印，连出五版，不久便译成法文、意文、德文、拉丁文，风行一时，竟成为当时电学唯一之杰作。法国科学家泰斗诺列（Nollet）反对佛兰克林之新学说，但达利巴（Dalibard）与德罗（Dolor）则于一七五一年根据佛兰克林著作中所建议之实验在马里（Marly）地方将闪电引到地下来证明佛兰克林学说之正确。巴黎人士蜂拥来到马里参观这破天荒的实验。从此，佛兰克林便一跃而为当时电学之权威。

## （六）

佛兰克林自己和他的幼子，则在次年，即一七五二年六月，在费城（Philadelphia）放那千古不朽之风筝。这风筝是值得叙述的。一般人只知道佛兰克林放风筝是人类第一次从天空取电下地，其实这是第二次。那上天取电的急先锋是达利巴与德罗，佛兰克林却是他们的参谋长。放风筝是佛兰克林亲自向天空作战。佛兰克林的风筝本身是用木架与丝绸做的。木架上插一尖锐的金属丝，双股绳之下端系一铜锁匙和一根丝带。风筝放入云中，手持丝带站在门槛中，以防丝带为雨所湿。不久，只见双股绳之松纱怒竖如野猪刺，手指可与相吸，指骨碰着锁匙即发火花。他又将闪电引下蓄在来顿瓶中，证明它的动作与摩擦电无异。照近代电学理论看来，佛兰克林手持丝带离铜锁匙太近，是要被电打死的。做这实验，人要离得很远才行。十四个月之后，俄国圣彼得堡有位物理学家用一铁棍取天空之电，走近测电计一看便被一球蓝火打死。佛兰克林之所以没有死，怕是因为他放风筝的那一天，只有少量的闪电，真是侥幸！否则佛兰克林必以生命殉科学了。

佛兰克林是一位多才多艺的人，他从事科学之研究始终只有九年，而贡献于世界的有火炉、避雷针、以太光波学说、印磁铜板、印刷机、双视眼镜、自鸣钟与他的电的理论。据他自己说，他的实验得力于徒弟时代之工艺参观很多，这种为择业而举行之亲切之工艺参观却是他的父亲一位蜡烛肥皂匠，在儿童教育上之一大发明。

## 注释

① 佛兰克林　通译富兰克林。

② 赛诺芬　通译色诺芬。

③ 都费　通译迪费。

④ 来顿瓶　通译莱顿瓶，最早形式的电容器。

⑤ 范麦圣布洛克　通译穆申布鲁克。

⑥ 瓦曾　通译沃森。

⑦ 诺列　通译诺莱。

# 新旧时代之学生*

旧时代之学生之生长的过程有三个阶段：

一是读死书；

二是死读书；

三是读书死。

新时代之学生也离不了书，所不同的，他是：

用活书，

活用书，

用书活。

什么是活书？活书是活的知识之宝库。花草是活书，树木是活书，飞禽、走兽、小虫、微生物是活书，山川湖海、风云雨雪、天体运行都是活书。活的人、活的问题、活的文化、活的武功、活的世界、活的宇宙、活的变化，都是活的知识之宝库，便都是活的书。

活的书只可以活用而不可以死读。新时代的学生要用活书去生产，用活书去实验，用活书去建设，用活书去革命，用活书去树立一个比现在可爱可敬的社会。在活的社会里，众生都能各得其所，何况这个小小的我，当然也是跟着大众一块儿欣欣向荣的活起来了。

---

* 本篇原载1931年11月26日《申报·自由谈》。

# 克虏伯之金钱观*



克虏伯是德意志的大富翁，他的财产是用他所造的大炮换来的。世界上如果有血钱的话，那末，克虏伯便可算是血钱大王了。可是在他的心里，德意志是超过一切，金钱只占了一个附属的地位。欧战前有人问他说你要这么多钱干吗，他说我所有的都归德意志所有。大同主义者对于他这个答案，当然不能认为满意。如果问话的人是一位大同主义者，那末，克虏伯必定是要遇到这个反问:“为何不归人类所有?”但是退一步看，克虏伯比着那些“我所有的只归我所有”的人们，是不是要看得远些？国难中之中国的有钱人有没有这种眼光？这是我为克虏伯写的一首小诗：

“克虏伯！克虏伯！
您的财宝可姓克？
不消问得！
一丝一忽属父国！”〔注〕

我们别把钱看得太大了，因为钱之上还有比钱大的大事；也别把钱看得太小了，因为钱是要用来做大事的。

〔小注〕　德人称祖国为父国。

* 本篇原载1931年11月27日《申报·自由谈》。

# 从饿到死的过程*

今年大水灾，被害人数据水灾委员会报告有五千万之多，饿死的以百万计。《皖灾周刊》创刊号，有何一鸣写的一篇从"饿"到"死"的过程，令人不忍卒读。我不忍卒读，却又不得不介绍与国人一读。目的在希望国难中有饭吃的人，不要忘了水灾区域内没饭吃的同胞。何君的报告是：

> 从"饿"到"死"这个过程很简单。先是身体发软，还能微声的说话。再进一步便不能说话了。但是两脚还能够动。到了这个程度，如果是安然睡着不动，还可延长相当时日之残喘。假使有个不懂事的儿子或女儿在旁边哭着要饭吃，或是不忍看儿女们同样的挨饿，而意图爬往别处要点东西给儿女吃，那末，他一劳动，嘴里便有一股黄水流将出来，身体也就随着这股黄水落在地上，永远不动弹了。每个饿死的人都免不了要冒这股黄水；每个因饿而冒黄水的人都不免立刻倒毙。黄水啊，它永远印在我的脑筋中！

* 本篇原载1931年11月28日《申报·自由谈》。

# 战神前之对话*

## (一)

“日本既已强夺东三省，现又进取锦州，一面炮轰天津，志在占领北平，以遂他并吞中国之阴谋。我们应该怎样应付?”

“战！战！战!”

“您提倡非杀，何以主战?”

“非杀的定义是：（一）不许我杀人；（二）不许我杀我；（三）不许人杀我；（四）不许人杀人。主战便是在公道的和平绝望的时候，不得已用武力来制止日本人的屠杀，便是不许人杀我!”

“没有钱，没有子弹，如何能战?”

“二十年来之内战，钱是从那儿来的？子弹又是从那儿来的?”

“有钱有子弹而没有勇敢之兵，也不能战。”

“学打仗是要在战场上学。中国的兵是在战场上磨练出来的。日本兵很少上过战场。那日俄战场上磨练出来的日本兵已经死得差不多了，没有死的也是老得不能打了。中国有不怕死的兵。所痛心的，是怕死的武官太多!”

* 本篇原载1931年11月29日、30日，12月2日、3日、6日《申报·自由谈》。

“中国的武官为什么怕死？”

“您在活动影片上看过印度拉查王之大象吗？它满身是金银财宝，所以行动不大方便。中国许多武官不但是‘金满身’，而且是三妻四妾，日夜沉醉在温柔乡里不能自拔，不肯自拔，如何舍得死？”

“这种败类不除，如何能战？”

“和日本打起仗来，这些人当中，有的会放下屠刀立地成佛，有的自然会把金银移存在外国银行里，带了妻妾到租界上养老去了。那勇敢的、廉洁的、忠诚的武将也必定是如同活龙活虎一样向上冲出来取而代之。黑军[①]一抵抗，万国宾便卷逃，马占山便如太阳一般从东方升了起来，这不是一个铁打的证据吗？”

## （二）

“打起仗来，日本自必要用海军把中国的通商口岸一起封锁起来。只怕经济命脉一断，一切都要呜呼。在我看来，打仗终是凶多吉少。”

“如果日本是很笨的，他或者是要这样的干。我想他们荷包里还藏有更聪明的策略。中国的通商口岸，特别是上海，是帝国主义者施行经济侵略之根据地。封锁通商口岸是给列强，特别是英、美一个总打击。日本现在至少要想英、美站在旁观地位，何能出此挑战之下策。日本在现在所采取之策略，是鼓动较大之事以遮盖较小之事。您看他运用朝鲜屠杀来掩盖万宝山案，运用侵略东三省来掩盖朝鲜屠杀，便是这策略之过程。”

“日本还隐藏着什么大事，预备掩盖东三省之侵略呢？”

“您看他为什么一定要越中东路而取齐齐哈尔，向苏俄挑战？如果苏俄中了他的计，英美一起都要站在日本的战线上来。那时世界上人人心目中只有日、俄宣战，资本主义与共产主义宣战，谁还管日本侵略东三省是一回什么事。于是东三省便可成为帝国主义者对于日本之一种慰劳品。所以我的忧虑在苏俄之中计，而不在海口之封锁。”

“现在开战，总好像是孤注一掷。您看，暂时稍受委屈，等到十年生聚、十年教训之后，再来和日本算帐如何?”

“十年生聚、十年教训，战而败的越国[2]可以采这政策，不战而败的人决没有资格可以说这句话。自从甲午[3]之后，请问过了几个十年，于今生聚了什么？教训了什么？我大胆的说，不战而败，败而不战，只是奴隶的生聚，奴隶的教训!”

“我看这样拿国命来赌，成败实在难有把握。还得慎重。”

“大难当头，正义在前，生死且须看破，何况成败？成败的打算只是秦桧、吴三桂一流人的把戏。岳武穆、文天祥、史可法的心里有的是正义，何尝存过一丝一毫的成败之见!”

## (三)

“成败虽然可以不论，存亡那里可以不管？亡了国便要做亡国奴，这是应当考虑的。”

“亡国的人也有分别。不战而亡国的人，叫做亡国奴。屡败屡战，屡战而还不免亡国于人，便是义人。义人之国叫做义国。义气长留天地间，谁能亡他呢？谁能奴他呢？欧战时，比利时不是一度亡了吗？但绝无一人称比利时人为亡国奴。何以呢？比利时人已经拼了死命卫护中立，保持国格。美国白人以外，还有黑人与红人[4]。黑人从前称为黑奴，身体可以拿来做买卖，没有奋斗精神。红人是威武不能屈之民族，宁死不投降。红种虽渐少，绝无一个红奴。白人中有黑色祖宗的，每为人轻视；有红色祖宗的，却为人敬重。我们不必怕亡国！不战而亡才是人间最大之耻辱咧。”

“话虽不错，无奈中国内部不能统一，我总有些心虚。”

“中国人民何尝不统一？何尝不是一致对外？不统一的只是

政客与军阀。统一不是空谈所能奏效的。为公理、人道，对暴日开起战来，便自然而然的统一了。”

## （四）

“这话也对！我还有一点顾虑，犹疑不决。我们战而败，败而亡，两眼一闭，什么痛苦也不知道了。可是，小孩们身受亡国之痛，您可为他们打算了没有？我们不能把祖宗遗下来的江山，弄得更好些交给后代，却把它亡掉，使子孙们世世代代受人宰割，我扪心自问，有些不安。”

“您心里不安，我心里又能安吗？可是我们应当交给后人最宝贵的遗产，不在金银财宝而在威武不屈的精神。如果我们甘心情愿做不战而亡的亡国奴，那末，儿子学爸爸，孙又学儿子，世世代代学做奴隶，永远不能翻身。倘使我们屡败屡战，屡战而还不免于亡，则这威武不屈之浩然正气，上冲云霄，横被四海，下传万万年而无穷尽，到了积之既厚，必定是如同尼亚嘎拉大瀑布奔流到海而不可抵御。那时自然会酝酿成一个总翻身——中华民族翻身，台湾民族翻身，朝鲜民族翻身，军阀、财阀两把斧头宰制下之日本民族翻身，世界一切被压迫的民族都翻身！”

“这样看来，我也主战！我要站在公理、人道的战线上与日本军阀肉搏。利害、祸福、成败、存亡都不能动摇我这主战的信念。”

“您既确立了为公理、人道作战之坚决信念，我愿意给您一些安慰。不为利害、祸福、成败、存亡所动摇，然后才可以谈利害、祸福、成败、存亡。依我的看法，开起战来中国不一定败，不一定亡。您不必太悲观。”

## （五）

“您说开起战来，中国不一定败，这话有什么根据呢？”

“日本不可以久战。日本国内也是百孔千疮。东三省进兵之前，日本失业人数已达一百五十万，现在失业人数约在二百万左右。东京府市一地，衣食不足之居民在十二万以上，无家可归的人，深夜在浅草一带露宿者以千计。专门大学校毕业生，找不着事做的在百分之四十左右。全国农人负债至五十万万日金，合华币一百万万之多。对华贸易从第一位降至第五位，这两个多月来，买卖给英美占去的在一万五千万以上。在这短期中，现金流到美国去的将近三万万日金。在高桥龟吉之《日本财阀之解剖》及《株式会社亡国论》二书里，我们可以看见日本财阀之腐败及岌岌可危之活动写真。自从这抵制日货发生效力以来，实业机关倒闭的不胜其数。因交通便利实业发达，故劳农无产阶级之组织更为严密，近来进行尤猛，军队中时常发现秘密之煽动。天皇也不像从前那么神圣不可侵犯。打倒天皇之标语口号是常见常闻的。日本的旧势力是一日千里的向崩溃的路上奔走。新势力是到处潜伏着，而且是继长增高，好像对旧势力说：‘彼可取而代之！’这种种情形都不许日本久战。久战则日本的旧势力必崩溃。旧势力战到将崩溃的时候，必不能再战，不敢再战。”

“日本只不利于久战，倘一鼓而败我全国之师，岂不糟糕？”

“中国出了一个马占山，已经使日本受不了。倘若开起战来，遍国都是马占山，必成久战之局。久战，则日本旧势力不与我议和，必被新势力打倒。”

“日本旧势力推倒之后，则东亚多一共和国，中国也不寂寞了。”

“日本旧势力被推倒之后，是否建立一个共和国，现在尚难逆料。但是对日开战不独为中国伸公道，并且是给了日本新势力一种很大的帮助，这是可断言的。中国对日开战，既是于日本新势力有帮助，那么日本的新势力便应该谅解中国之抵抗。”

“中国起来抵抗，不但日本的新势力谅解，世界各国之主张正义公道者都要鼓掌欢迎，都要站在我们的战线上来。他们不是为我们鼓掌，乃是为正义公道鼓掌。如果我们向正义公道退缩，那末，全世界有志之人都要为我们叹息。不是为我们叹息，乃是为正义公道叹息。”

“这样看来，前途殊可乐观。”

“您也不可以太乐观！照中国的历史推测，这时候会出岳武穆，也会出秦桧。此刻岳武穆正在与秦桧斗法。中华民国要不要做宋朝第二，还得看这两派人斗法的结果咧。”

## 注释

① 黑军　指黑龙江省的军队。

② 越国　古国名。春秋末年常与吴国相战，公元前494年为吴王夫差所败。越王勾践卧薪尝胆，发愤图强，于前473年攻灭吴国。

③ 甲午　指1894年（光绪二十年，甲午年）发生的中日战争。

④ 红人　通称印第安人（American Indians），美洲最古老的居民。

# 东北两少年*

十一月十六日看报，见有杨云史赠冯庸的一首诗，末一句是："东北长城两少年。"这两少年大概是指张学良与冯庸吧。最近一期的《生活》周刊①特载北平出版之《火把》中的一段惊人的新闻，叙述省亡国危中之张学良在北平还是过那浪漫生活。冯庸大学校长冯庸也不拿御俄之精神去御日，却于宁粤代表会议将了之时，亲率东北学生六百人南下请愿宣传。请愿宣传岂是长城之天职呀！我看了这些事，如骨在喉，吐出来吧！

**（一）哀张学良**

东北长城两少年，
长城躲到黄河边。
黄河之水可濯足，
美人欢笑国人哭。

**（二）勉冯庸**

东北长城两少年，
长城应去嫩江边。
嫩江之水可濯缨，
江山为重风头轻。

〔小注〕 嫩江桥是马占山孤军独战日本处。

**注释**

①《生活》周刊 邹韬奋主编的进步刊物。陶行知常在该刊发表诗文。

* 本篇原载1931年11月23日《申报·自由谈》。

# 观战*

齐齐哈尔为什么失守？失在一将作战众将旁观，一省作战全国旁观！我们要救中国，先须救东三省；要救东三省，先须救黑龙江。我们要把全国的总力量，从旁观的立场上灌输到最前线之战场上去。手握兵权而见败不救，便是背叛民国！身上有一斤力量，荷包里有一块洋钱而不肯拿出来帮助马占山御敌，便不能算是中国人。一个国家之存亡不是偶然的。作战的人多，观战的人少，国虽小可以不亡。观战的人多，作战的人少，国虽大难以幸存。我们要用铁与血来写一部新历史。若是专用耳目来听人家的故事，看人家的战绩，那是太不长进了。前几天我写了一首《观战诗》，现在披露出来，愿与国人共将这旁观态度连根拔掉。

弟弟出阵哥旁观，
哥哥出阵弟旁观，
旁观旁观又旁观，
江山一去何日还！

* 本篇原载1931年11月24日《申报·自由谈》。

# 敬赠马占山主席*

神武将军天上来，
浩然正气系兴衰；
手抛日球归常轨，
十二金牌召不回！〔注〕

〔小注〕 这是表示我的希望。今之武穆①必须有十二金牌召不回的精神，然后不致为新秦桧所误，然后可以救东三省和中华民国。

## 注释

① 武穆　即岳飞。

* 本篇原载1931年12月7日《申报·自由谈》。

# 一个教师与家长的答复*

## ——出头处要自由！

南京八日专电，载有戴传贤于本月七日给全国教育家及学生家长的一封公开信，上面写的是：

> “培植出一根树苗，要他长成端正的大树，要费几根大木头，四面撑住他。培植一个好青年，要牺牲几个成年人，四面去扶植他。树苗自由，不能成长；青年自由，不能成人。全国的教育家醒来，全国学生的父母兄弟姐妹醒来！救国先救国家命根的青年！救国先救教导青年的学校！”

我虽然当不起教育家这个名词，但是一个当过十几年教师的人，总该跟着诸位教育家共听戴君之教益。我并且是几个小孩子的父亲，更该负起责任来发表我的见解。在戴君大声疾呼之下，我是醒了，想睡也睡不着了。我于是先把戴君的信介绍给孩子们看，然后对他们发表我的意见，谁是谁非，让他们自己判断吧。我对他们所说的话是：

“你们要知道种树吗？底下可以安根，上面可以出头，幼苗才能种得活。有水分、肥料、空气、阳光，而无虫害，幼苗才能长成大树。园丁的责任在灌溉、施肥、除害虫，而不没收它的自

* 本篇原载1931年12月11~12日《申报·自由谈》。

由的空气与阳光，则幼苗自能欣欣向荣了。花园里给人玩赏的树木，四面是有死木头撑住，并有绳子把它们扎成种种曲线美。这些是树少爷，因为有树听差服侍它们；有的是树小姐，因为它们裹脚束腰，和人间不自尊的姑娘大同小异。树少爷、树小姐只是人的玩物，这中间找不出栋梁材。栋梁材是长在森林里，兴安岭的幼树可有树听差服侍？谁见过它们裹过脚束过腰？如果你想叫幼苗端端正正的长起来，也难也容易。小树生在大树中间，若大树端正，则小树须向上吸收阳光，自必端正，这不是很容易吗？若大树惯于折腰，罩在小树上，小树得不着阳光，想它端正便是万难。所以：

“出头处要自由！

“树苗要伸出头来呼吸自由的空气，感受自由的阳光，才能活，才能长，才能端正。假使我们在幼苗的出头处加以压力，那末除非是幼苗肯像乌龟样把头缩进壳里去，它的自然的生长力是会把压力冲破，如同小鸡啄破鸡蛋壳出世一样的不可制止。

“戴君认定你们青年是国家的命根，我也有此认识。你们也不可把自己小看了。不可做树少爷！不可做树小姐！不可给折腰的大树把你们笼罩住！与害虫奋斗！伸出头来向水分、肥料、空气、阳光进取！这样，你们才能把自己造成中国之栋梁之材，才可算是国家命根的青年。

“我既主张出头处要自由，那么‘自由’的涵义是什么也得说明。自由是以自己的意志指挥自己的行动。个人自由是以个人自己的意志指挥个人自己的行动。团体自由是以团体自己的意志指挥团体自己的行动。自由这个名词是含有自主、自决、自动、自得种种意义，扩而大之，是要各得其所。自由人是奉头脑做总司令；他的反面是奴隶。他自己不愿做奴隶，也不要人做他的奴隶。放荡不是自由，因为放荡的人是做了私欲嗜好的奴隶而不能自拔。一个人若做了私欲嗜好的奴隶便失掉自由。青年放荡固然不能成人；成年人放荡也只算是成年，不能算是成人。成年人、青年、小孩子都该在一个道德标准下生活。双层标准、三层标准只是恕道不足的结果。青年不可以假借自由之美名去过放荡的生活；教师、家长也不可假借放荡之罪名去剥削青年小孩子生长所必需之自由。根据以上所说，我所得的断语适与戴君相反。我的断语是：

‘失掉自由，不能成人’。”

# 一出历史戏的开场白*

沙翁①说："世界是一个大舞台……"，人类正在排演一出空前的历史剧，懒得动与高兴动的人们都是剧中人。我不会写剧本；写几句开场白，请一位三花脸②出台唱一唱吧：

"老夫也曾革过命，
于今懒动怕人动。
谁要大胆动一动，
俺就断他是反动！"

## 注释

① 沙翁　即莎士比亚。

② 三花脸　"丑"的俗称。传统戏曲角色行当。

* 本篇原载1931年12月13日《申报·自由谈》。

# 青年自动援马抗日团*

"上海青年四百人，自动组织援马抗日团，已于五日出发北上，实行援助马占山抵抗日军。像这样说得到做得到的青年，才是真正的中国人咧。我们躲在家里，过这温饱生活，不觉得惭愧吗?"

"你我虽是这样想，但他们要想达到目的，很是不容易啊！五号晚上，京沪车站不给他们上车，他们便在铁轨上睡了一夜，第二天步行出发。六日报载政府来电阻止他们前进。你可知道吗?"

"真有此事？政府为什么阻止他们前进?"

"据说是因为他们没有受过严格的军事训练。政府不愿以不教民战。"

"训政是训什么？训练总监干的什么事？有的是军官，为什么不训练他们？为什么不让马主席在战场上训练他们?"

"黑龙江现在已是冰天雪地，穿皮袍好比是穿夏布褂。这次日本兵冻得耳朵、鼻子、手指掉下来的将近千人。我们南方人是不可轻去的。政府说，他们没有御寒的军装，不便让他们去作无谓的牺牲。"

"北方严寒，固如老兄所说。我也在冬天到过蒙古。你只要

* 本篇原载1931年12月10日《申报·自由谈》。

有厚羊皮做的帽子、手套、衣裤、靴，也就可以对付。如果鼻子、耳朵、手指冻呆了，不要摸它，让血脉慢慢的暖回来，就不妨事。口外有的是厚羊皮，怎么这一点御寒的军装也不能给他们呢?”

“据说，还有一件事困难。到黑龙江去，若由水路，须经过俄国领土，护照不易办到。铁路尽被日军占据，旱道要走一个多月才能到。”

“如果我们的父母被强盗围困，我们可以因路远而见死不救吗？莫说是要一个多月，就是一年半载也得赶去呀！”

“退一步说，万一黑龙江不能去，锦州正在危急的时候，怎么不可以让他们到锦州去？一味消极的阻止，总非善策。”

“政府要以众人的力量为力量，才能御大难做大事。国家在存亡关头，只怕人民醉生梦死。现在这四百青年既有决死之心，若能给他们以有效之训练，必需之器械，自能发挥伟大之力量，将见他们与斯巴达[1]之三百勇士，田横之五百义士[2]先后媲美了。如果政府连这种宝贵之力量也不能容纳发挥，那是太可叹息了。”

“这话很对！人民决死之力量，是世界上最大之力量，能容纳、宣导、发挥、光大这种力量的政府，才是高能的政府，万能的政府。”

## 注释

① 斯巴达　通译斯巴达克或斯巴达克斯（Spartacus）。

② 田横之五百义士　楚汉战争中田横自立为齐王，旋为汉军所破，率徒党五百余人逃亡海岛。汉高祖召他来洛阳，他不愿称臣于汉，自杀于途中。留居海岛者闻其死讯，也全部自杀。

# 小朋友的鸡*

## ——给徐君企周的一封信

我最近很欢喜研究自然科学，所以接到《师范生》月刊第二期，翻到您写的《小朋友的鸡》一篇文字，便从头到尾一口气把它看完，觉得实在是好极了。您用这个初看很小的题目，竟能引起小朋友一个个的把问题像珍珠样滚下来，这是多么美丽的一种艺术呀！您抱着那“知之为知之，不知为不知”的态度来应付这些问题，也是恰到好处，钦佩得很。

我一面看这篇文字，一面觉得我自己好像也变了一位小朋友，在您班上参加讨论。我设身处地一想：假使我是您班上的一位小朋友，在这些问答之外，我还有什么请教的地方？我仔仔细细的想了一番，预备要提出两个请求：

（一）请求大家到了适当的时令便动手在学校里或家里孵鸡；

（二）请求用科学的方法探求孵鸡的道理。

教育法的演进大概可以分为四个阶段；

第一个阶段　凭先生教授，不许学生发问；

第二个阶段　师生共同讨论，彼此质疑问难；

第三个阶段　师生共同在做上学，在做上教，在做上讨论，在做上质疑问难；

第四个阶段　师生运用科学方法，在做上追求做之所以然，

---

*　本篇原载1931年12月14—15日《申报·自由谈》。

并发见比现在可以做得好一些的道理。

您自己在家里养过鸡，可算是已经达到第三个阶段。您的教育法在这一课上所表现的只可算是达到了第二个阶段。我看您是一位很有希望的教师，最好不要在这第二个阶段上流连。您得立刻鼓起勇气，向第三和第四个阶段进攻。

我猜度您或者已经想到了后期的进展，怕是因为环境的阻碍，所以不得已停止在第二个阶段上。这，我们当然有相当的原谅。范静生[①]先生告诉过我，从前京师大学[②]因为日本教习在讲堂上教学生解剖了一只羊，引起了西太后[③]震怒，管学大臣张百熙急得入朝叩头，自请处分。这和您的孵鸡大同小异。不过在文明的上海，像“学校重地，毋许孵鸡”一类事，大概不致发生吧？因此，我劝您鼓起勇气，干他一下。

第一个阶段的教育连花也不会开，何况果子！第二个阶段的教育只会开花，不会结果。到了第三个阶段才会结果，但未必有美味。要想有美味而硕大的果子，必得跳上第四个阶段。第四个阶段是教学做合一之极，则他在此处已与科学打成一片了。

试拿小朋友的鸡做个例子。孵鸡是必不可少的活动。若是养鸡两群：一群有公鸡，一群无公鸡，将两群鸡所生的鸡蛋各做一记号，孵起来看那群的鸡蛋孵得出小鸡来，那就更好了。再进一步，把孵了五天、九天……的蛋，看看起了什么变化，做起一套从鸡蛋发育到小鸡的标本来，岂不是更有意思吗？再进一步试验各种鸡生蛋力及遗传之比较，在小学里并不是不可以逐渐推行的。当然，小学还有别的功课，不是孵鸡研究所，那能尽量的干？可是孵几只鸡，做几套标本，总不能算是奢望。您是有经验的小学教师，您看我所陈述的这些意思对不对呢？希望您不吝指教。祝您领导小朋友们向大自然进攻……

## 注释

① 范静生　即范源濂。

② 京师大学　即京师大学堂，是中国近代最早的大学，创立于1898年，为戊戌变法的“新政”之一。1912年5月改为北京大学。

③ 西太后　即慈禧太后。

# 生存圈边*

人类的社会好比是一个圆圈。这圆圈我称它为生存圈。有些人是安安稳稳的住在圆圈的中心，叫做生存圈心的人，其余的是人山人海的拥挤在圆圈的边沿，叫做生存圈边的人。

什么是生存圈心的人？什么是生存圈边的人？这在他们所穿的衣服上可以分别得出。

生存圈心的人所穿的衣服，不但是春夏秋冬四季齐备，二十四节气中，每节气所穿的衣服都有几套恰恰与这节气相合；而且早有早衣，午有午衣，晚有晚衣，下雨有雨衣，吃饭有餐衣，打球有球衣，跳舞有舞衣，洗澡有浴衣，安眠有睡衣。一个人的衣箱，可以把一个房子装满。从前康有为在西安过冬，刘镇华问他要什么皮衣，可以开单照办。康有为拿起笔来一挥，大大小小便开了七十二件。这七十二件裘衣他得到没有，不得而知，可是这个单子却是代表了一个想做生存圈心人的野心。

昨天晚上我和一位小朋友走过一家小当典门口，看见一个人拿了一包衣服来当，我们便跟他进去看了一忽儿。掌柜的把衣包打开，都是一些夏天的衣服，一共当了五元钱。他当时又拿了一张当票出来，问要几多钱取出。掌柜的算了一算，告诉他要四块半钱。他把五元票给掌柜的，掌柜的寻出一件大衣交给他，还找

---

* 本篇原载1931年12月18日《申报·自由谈》。

了他五毛大洋。他把大衣披上身，把五毛钱放在袋里去了。这五毛钱大概是他明天的伙食费吧？

停一刻，一位穿着夹衣的老太婆，冷得抖抖的夹了一件棉袄来当，当得一块半钱。这位老太婆和她家里的孩子们，是两天没有吃东西了。饿得不可耐，只好当棉袄买米去喂孩子。但是今晚虽顾了肚子不饿，安知明天不要冻死呢？

这位老太太和她的孩子们，是在生存圈边挣扎，一失脚便要跌到坟墓里去了！在那生存圈心过舒服生活的人们，已否感觉到这人间的不平？

# 这是什么意思*

蒋介石氏下野之前，忽然放出三个武人做省政府主席，这是什么意思？

中国全国民政几乎全是掌在武人的手里，其中稍微侥幸一点的只有江苏与浙江。现在当局忽下顾祝同长苏、鲁涤平长浙之命令，从此全国便成了清一色的武人的天下。

武人的责任在保国而不在治民。今中国武人放弃保国之天职，越俎代庖来治民，这是什么意思？

* 本篇原载1931年12月19日《申报·自由谈》。

# 且慢*

“咱们去买些炮竹来放他一个痛快！”

“为什么这样高兴？”

“蒋介石下野，和平统一。广州游行放炮竹，咱们不也可以放些炮竹来庆祝庆祝吗？”

“且慢一点快乐！咱们的炮竹还要留些日子才能放咧。”

“留到什么日子放呢？”

“被灾同胞得到了温饱，东三省失地主权完全恢复，全国人民实实在在的做了中华民国的主人翁，世界一切被压的人都翻过身来做了自由人，到了那时，咱们才有兴味放炮竹庆祝咧。”

---

* 本篇原载1931年12月20日《申报·自由谈》。

# 斋夫工会*

“十六日《最后之爱》专刊上有一篇《绿满窗前斋夫谈荟》，题目为《是真是假》，可是你写的？”

“不是！”

“绿满窗前斋夫这个名字当然是从‘绿满窗前草不除’那句诗上来的。‘绿满窗前斋夫’和‘不除庭草斋夫’不就是一个人吗？”

“不是一个人。我那有他的福气？”

“他有什么福气？”

“他的眼福好，有影戏看。”

“那么绿满窗前斋夫是谁？他姓什么？”

“我不知道他是谁，我却知道他的颜色。”

“他是什么颜色？白的？红的？黄的？黑的？”

“他是绿色，我们可以称他为绿色斋夫。如果我是姓‘不’，那末，他或者是姓‘绿’。”

“现在有了这位绿色斋夫，你可不寂寞了。”

“对！《民国日报》上还有一位除庭草斋夫。咱们已经有了三个同志了。”

“我看你们既有了三个同志，大可以组织一个斋夫工会哩。

* 本篇原载1931年12月21日《申报·自由谈》。

你们可以互选职员如下：

执行部长　除庭草斋夫

组织部长　绿满窗前斋夫

宣传部长　不除庭草斋夫”

“好，咱们组织起来，干他一个大扫除，肃清一切龌龊、垃圾、灰尘、微生物，打扫出一座清洁光明的房子来。”

# 甘地先生敷衍法国人*

甘地先生回印度，走法国经过，对法国人说：

“我这次到英国来，双手空空，一无所得！贵国人对于自由、平等、博爱之箴言，能说能行，不胜钦佩……”

这种话出于普通政客之嘴也没有什么稀奇，可是出于甘地先生之嘴，就未免令人有些失望。

甘地先生说这话的时候，可曾为世界被法国压迫之六千万人设身处地想一想？

法国是现今世界第二大的殖民帝国，拥有殖民地三十处，总面积一千二百万平方公里，总人口一万万人。从一八八〇年至一八九〇年，法国在亚洲得了六万方哩，在非洲得了一百万方哩；从一八九〇年至一九〇〇年，在亚洲得了三万方哩，在非洲得了一百三十余万方哩。这只殖民的老虎，嘴儿还是开得大大的在等候食物。

帝国主义之法兰西，是不恤用暴力夺取殖民地。为要取得阿尔及利亚，它是与阿拉伯君长战了三十年。得胜之后，法人便占有沿海极肥的农田、葡萄园、橄榄林，把土人驱逐到边远的瘠地上去。

法国占领赤道非洲之故事更惨。把它领土之半，分散给四十

* 本篇原载1931年12月22—23日《申报·自由谈》。

个公司，同时禁止土著出卖橡皮，且强迫土人纳一定的货税给公司。土人抵抗则残杀，屈服做工则如牛马般用鞭打，懒惰的手脚常被砍断。公司中人练习手枪，甚至于用土人做活靶子。到了一九一九年，法政府才下令使土人在耕田、畜牧、打猎的权利上得到一部分之保障。

在亚洲，一八八四年中法战后，安南成为法国保护国。广州湾是在一八九八年向中国借去的。这些地方连交趾[①]、老挝、柬埔寨，一起归一个法国总督管辖。现在电传法军侵我西南，虽经法国公使否认，但从历史的趋势看来，要说法国没有扩大它的亚洲帝国的野心，便是呆子也不肯信。

一个标榜自由、平等，博爱的所谓共和国，也做了帝国主义的高徒，究竟有什么道理去辩护它的矛盾？法国人自己的辩护是：

“扩大殖民地，实负有文化上之使命，因劣种人不受教训，是不配实行自由、平等、博爱的。”

在安南邻近有一个自由国，叫做暹罗[②]，一千人当中有六十个学生。而法国文化使命下之安南，一千人中只有学生七人。这文化的使命是负到那儿去了？

法国人既受了甘地先生之恭维，以后真能将自由、平等、博爱实践出来，才算是不辜负甘地先生之好意咧。

可是将英法殖民方法比较一下，印度可以产生甘地；甘地若在安南是早已枪毙了。那么甘地恭维法国人的话，不但是摩洛哥人，阿拉伯人、黑柏柏[③]人、安南人不服，就是英国人听了也未必以为公平咧。

弱小民族，各自为谋，如何可以翻身？印度人必定要把眼光射到印度以外才能有些成功。中国人也必定要有这个认识，前途才有光明。

## 注释

① 交趾　安南的别称，即今之越南。

② 暹罗　泰国的旧名。

③ 黑柏柏　柏柏尔人（Berber），住在北非的柏柏里和西撒哈拉，肤色黑，是非洲北部民族集团之一，多数信伊斯兰教。

# 如何可以不做一个时代落伍者？*

——答复一位青年教师的信

接读你的信，知道你有努力上进之志，我是何等的欣慰啊！我们要不愿做时代的落伍者，必须专攻一门自然科学。自然科学是开向理想世界去的特别快车，你坐在上面，不要下来，决不致落伍。我现在也打算用我后半生之精力来专攻一门科学。我们同坐这部车儿去吧！从农业文明渡到工业文明，自然科学是惟一的桥梁。小学教师必须拿着科学的火把引导儿童过渡。不懂科学的人，不久便不能做教师了。但是有一件事你得留心，科学已经被屠户用做杀人的利器。我们应当从屠户的手里把科学夺过来。我们要教学生用科学渡人，不用科学阻人过渡。我们要拿科学来抑强扶弱。科学的使命，是要造富的社会，不造富的个人。自然科学没有成为国货以前，我们要取得自然科学上最新的知识与方法，还得精通一种外国文。这都是你要认清而必须准备的。你来，我们详说吧！……

* 本篇原载1931年12月24日《申报·自由谈》。

# 读马占山主席来电*

前些日子，马占山主席来了一个电报，劝“青年自动援马抗日团”不要到黑龙江去。电文里有这样的几句话：“……婢织奴耕，各有专职；保国御侮，责在军人……”我读到这几句话，心里起了两种感想；一是不忍批评；一是不得不批评。为什么不忍批评呢？马主席在冰天雪地中，孤军抗日，在万死中为国家争国格，一片丹心，人所共仰，即使说错了一两句话，做国民的也当原谅，我何忍吹毛求疵？为什么不得不批评呢？马主席现在是全国一致推崇之人物，国人对于他的一言一行，几乎只有信仰，没有怀疑。倘使国人因推崇马主席功劳之故，对于这些话也看做金科玉律，岂不是大家一起都要做成古代人？我始于不忍批评而终于不得不批评的，正是因为这个缘故。

婢织奴耕的时代是早已过去了。现在织布的是工人，不是婢妾。现在耕田的是农人，不是奴隶。工人和农人之上再也不该有那“四体不勤，五谷不分”的士大夫了。中山先生所说的阿斗便是这些工人和农人。工人农人是中华民国的主人翁。我们该承认他们是主人，若再以奴婢看待主人，说得轻些是思想错误，说得重些，则历来武人一切背叛民国之行为都发源于这一念之差。

顾亭林[①]说：“天下兴亡，匹夫有责。”近代国民有当兵的义

---

* 本篇原载1931年12月28日《申报·自由谈》。

务，即负有共同保国御侮之重责。军人的责任不在单身匹马的守土，而在锻炼国民使有共同卫国之实力。马主席倘能实现这个主张，则不但黑龙江一省可保，将见四方闻风兴起，中华民国便成了钢铸的江山，谁也打不进来了。

有人说，这个电报也许是秘书起了草就拍，未经马主席看过。我说，即使是马主席亲笔写的，也是君子之过，如同日月之蚀，无伤于他的光明。

## 注释

① 顾亭林　即顾炎武。

# 敬赠全国的教师*

（一）

社会办学校，
各有其隐衷；
您若不明白，
钻进牛角筒。

（二）

看那专制国，
民愚乃可治；
要您塞其聪，
个个成奴隶。

（三）

个个成奴隶，
您是奴教头。
奴隶要出头，
留心您的头。

（四）

民国老百姓，
共是主人翁；
若当奴隶教，
便算您不忠。

（五）

攘攘十字街，
茫茫三叉口；
熊掌与鱼不可兼①，
您取那样拿在手？

**注释**

① 熊掌与鱼不可兼　语见《孟子·告子》："鱼，我所欲也。熊掌，亦我所欲也。二者不可得兼，舍鱼而取熊掌者也。"

* 本篇原载1931年12月31日《申报·自由谈》。

# 新年三问三答*

从前有一位国王拿着三个问题去问一位隐士说："什么人是最重要的人？什么事是最重要的事？什么话是最重要的话？"

如果中国四万万阿斗要拿这三个问题垂问于我，我将毫不迟疑的回答说；

"青年人是最重要的人；爱护青年是最重要的事；为青年人说的公道话是最重要的话。"

这些年来，青年人是像萝卜头样一篓一篓的砍，砍下的头可以砌成一座山，山上坐着几个伟人，正在那儿喝酒团拜咧。我今启奏阿斗陛下，从今以后，不可再许政府杀人，尤其是杀青年人。

一、杀不可以止杀。"杀以止杀"是一种迷信。掌权的人总相信"杀一儆百"，这与帝国主义者之"战以止战"之口头禅无异。实际是战以召战，杀以召杀。大概政府要杀的人有两种：一是为饥寒所迫之盗匪；二是抱有不同信仰之政敌。盗匪非杀所能止，饥寒止，则盗匪止了。政敌以杀身为成仁，以死为殉道，杀他便是扬汤止沸。古人说得好："民不畏死，奈何以死惧之？"

二、杀人是疯子的行为。个人心怀仇恨，如疯似癫，才会杀人。"政者正也。"政府不该有恨，如何杀人？

---

* 本篇原载1932年1月1日《申报·自由谈》。

三、杀人者不仁。中山先生勉励人实行忠孝节义仁爱和平。仁爱便是不嗜杀人。以人杀人是不仁之甚者。

四、杀人者不智。法国革命不能容一科学家拉瓦锡，是法国人之不智。中国近年所杀之无数青年中，谁能担保没有几个拉瓦锡一流的人才呢？退一步说，一个很寻常的人，自小到二十岁，社会的培养费至少也要二三千元。现在有人把大洋钱三千、两千的甩到海里去，可算是有知识吗？有法驾驭老虎的人，总要捉活虎，因为活虎是比死虎有用得多咧。只有笨的猎户才打死虎。老虎尚且不要打死，何况人呢？我们应该知道杀机不止，必至相杀。到了最后，只是借别人的刀杀自己的人。

五、杀人者不勇。杀人不出于仇恨，必出于畏惧。政府不当有仇恨，更不当有畏惧。天下多少生命是葬送在这无理性之畏惧呀！

六、中山先生写过一副对联："养天地正气，法古今完人。"天地之正气便是好生之德。古今之完人，没有一个不是善体天地好生之德，也没有一个是赞成杀人的。孔子说尧帝："惟天惟大，惟帝则之。"因为他所行的是天道、王道，尧才是中国的完人。至于舜之流共工，放驩兜，杀三苗，殛鲧，便不及尧多多了。国外古代之完人如释迦牟尼，如耶稣基督，莫不戒杀。"养天地正气，法古今完人"不是空言所能做到的，必须发为政令，从废除死刑做起。

七、废除死刑之具体办法列举如下：

(甲) 凡死罪均改为无期徒刑；

(乙) 在海边找一能容几十万人耕种做工之海岛，为教养此项犯人之所；

(丙) 岛上设大规模之科学馆、图书馆、农场、林场，手工艺场、机械工厂，为各种犯人修学习艺之所；

(丁) 岛上设其他人生所必需之机关，以为犯人调剂生活之所；

（戊）全岛设总指导一人，由政府任命之；

（己）全岛设指导员无定额，由总指导聘请之，或于犯人中之有相当资格者选任之；

（庚）犯人研究科学有所发明，从事工作有所创制者，得恢复其自由。

# 颠倒的逻辑*

中国的国事是弄颠倒了。这国事的颠倒是由于逻辑之颠倒。

蒋君介石说：

“攘外必先安内。”

孙君哲生说：

“救国必先救党。”

我的见解恰恰与蒋、孙二君相反；

“安内必先御外；

救党必先救国。”

蒋、孙二君看见这种说法，也或者要说我是把真理弄颠倒了。这个我也不必强辩，让事实自己去证明吧。

* 本篇原载1931年1月8日《申报·自由谈》。

# 从烧煤炉谈到教育*



## （上）

我小时餐餐吃的是母亲弄的现成饭，有时也到厨房里去看看，好像现在流行的毕业参观一般，从来没有动过一次手，所以虚度了三十多年，简直不知道烧锅是怎么一回事。我看妈妈烧得很容易，便自以为真的很容易，一看就会，何必费事巴拉的动手去干呢？

始于以为一看就会，而终于半生不会，这奇事我是在三十五岁的时候察觉了。那年有一位穷朋友预备自己烧菜请我吃午饭。我自告奋勇去替他烧锅，这次我是惨败了。他把菜儿洗好切好，我的火还没有烧着，只好自避贤路，让他一手包办。他一忽儿就烧着了。我问他的秘诀，他说："烧锅要用烧过的炭作火引。"我听了这话忽然悟到里面含有重要的原理。从此运用先进学生去引导新进学生，便成了我这些年来的一种重要法门。

民国十六年，我开始烧过几次火。那时我们用的是茅草。茅草容易点着容易熄。它一点着，轰出一团火，便化成灰。我把茅草一把一把的送进锅灶里去，一忽儿也不能走开，走开，火就熄了。你得接二连三的把茅草送进去才能维持它的火焰。烧茅草火

* 本篇原载1932年1月9—10日《申报·自由谈》。

是多么浪费精神的一件事啊!

## (下)

然而茅草火却有它的用处。我今年学会了烧煤炉。先用些茅草或纸团放在炉底，上面盖一撮浮炭。浮炭是烧过的松木炭。次把茅草点着。茅草变灰时，浮炭正是烧得通红。次将烟煤放在浮炭上。浮炭变灰时，烟煤正是放出烈焰。最后将无烟煤盖上。烟煤变灰时，无烟煤已是洋洋大火了。以后只须陆续将无烟煤加上，将煤灰取下，这满炉的烈火，便可烧它一辈子也不致消灭。

这燃煤的过程便好比是教育的过程：茅草烧浮炭，浮炭烧烟煤，烟煤烧无烟煤。这顺序不可弄乱，弄乱了便是违反自然，劳而无功。专靠茅草烧火固然不可，即用茅草直接去烧无烟煤也不行，茅草烧成灰也不能把无烟煤烧着。

中国有三种人：一种人是专用茅草放火；一种人是爱在茅草火上浇水；一种人是用茅草急急的去烧无烟煤。因此，中华民族的生命至今没有烧出不熄的火焰，至今没有放出太阳般的光明。

教育的使命是什么？不是放茅草火！不是灭茅草火！是要依着烧煤的过程点着生命之火焰，放出生命之光明。中国教育的使命，是要依着烧煤的过程，点着中华民族生命之火焰，放出中华民族生命之光明。世界教育之使命，也是要依着烧煤的过程，点着全人类生命之火焰，放出全人类生命之光明。

# 主人教育*

人民是民国的主人，小孩子是民国的小主人。主人与小主人不该当作奴隶教。中华民国，顾名思义，所需要的教育是主人教育。主人教育的目的是教民众联合起来做主人：

做自己的主人，
做政府的主人，
做机器的主人，
做大自然的主人。

* 本篇原载1931年1月11日《申报·自由谈》。

# 军阀的镜子*

何君应钦新近演讲：中国国民革命到如今只算是打倒了军阀，完成了革命的第一个阶段。

我们要向何君问一问：

哪几个军阀已打倒？

哪几个军阀复活了？

哪几个革命军人变军阀？

要想对这些问题给一个水落石出的答案，必先说明军阀是什么。且让我下一个定义吧！

压倒主人自作主，
挥霍兵饷如粪土，
强盗进门不抵抗，
主人赶贼他不许。

这是一面检验军阀的镜子。每一个军人只要拿这面镜子把自己的行动比一比，便知道自己是不是军阀。我们要知道国民革命与军阀之消长，也只消拿这面镜子对着全国的军人照一照，便能一目了然。

* 本篇原载1932年1月12日《申报·自由谈》。

# 新政府小影*



南京新政府成立后，汪精卫、胡汉民、蒋介石始终未到首都就职。传说孙哲生、何应钦、于右任、朱培德、陈友仁因政治没有重心，相继出京分道劝驾，只留林森先生在那儿空守国玺。〔注〕这里是我写的一幅小影：

一只鼎儿三只脚，
三只脚儿不合作。
眼睁望穿北极阁，
国府成了一个大空壳。
一个大空壳，
不做好事不作恶。

〔小注〕 传说安徽撤惩陈调元请愿团到京求见林主席，林主席说，我只是国府里一个监印官，那里是个主席?

* 本篇原载1932年1月14日《申报·自由谈》。

# 读锦西义勇军绝命宣言有感*

山海关十日电称，锦西义勇军第六七八等大队与东北军前线下级军官合发《绝命宣言》，由红螺山专人送到榆关。该宣言末一段说：

> "……我军在锦西四周乱山之中，已与日人入于肉搏时期。以彼炮火之烈，以我死伤之众，皆倍蓰于打虎营、沟线诸役，而杀敌之多，亦为前此所未有。明知日军后援今已络绎合围，然我义勇军及我军残败部队，但有一线希望，决不置锦州于脑后。所望中央政府速决和战之计，各派首领，早息意气之争，如是我东北四千子弟，即使于一二日内悉数就义，亦当含笑九泉，无所悔恨。……"

读了这篇东北四千义士血染的宣言，再不捐弃私见，共赴国难，那真是没有心肝的人了。

这四千人可以不死。如果要死的话，便是死于临阵退兵之荣臻，便是死于不抵抗之张学良，便是死于口说合作不赴国难之中央政府。他们是去殉国了，这便是他们最后之质问：

* 本篇原载1932年1月15日《申报·自由谈》。

今天说合作，
昨天说合作。
到底不合作，
东北缺一角！
东北缺一角，
合作不合作？
哥哥说统一，
弟弟说统一。
再要不统一，
江山去半壁！
江山去半壁，
统一不统一？

# 创造中之中华民族*



中华民族本来没有创造成功。在现代中国人的手里掌握着创造中华民族之使命。

一个民族之造成似乎是要经过三个阶段：

第一个阶段　各部落各自为谋；

第二个阶段　各部落互相援助；

第三个阶段　各部落打成一片，站在一个战线上对付一个公敌。

外患之来，是一个民族的惟一的试金石。如果我们要知道一个民族已否创造成功，只消在外患压来的时候看它有什么反应，便能一目了然。

现代的中华民族已经创造到那一个阶段？是进化还是退化？

依我的观察，中华民族是已经创造到第二个阶段，倘无军阀的阻碍，立刻可以跳到第三个阶段。

明朝亡国之时，中华民族大多数还是逗留在第一个阶段。北京失陷，南京旁观。扬州、嘉定之屠杀，别处的人民都是见死不救。明朝便因此而亡。

昨天，上海有人发起援助东北义勇军，和上次东南人士募捐接济黑军抗日，在中华民族发达史上都是重要的事实。这些事证

* 本篇原载1932年1月16日《申报·自由谈》。

明中华民族已经发展到第二个阶段。这次援助东北义勇军是更有意义，因为东北义勇军是纯粹人民的武力，发挥出真正的民族精神。各地方同民族的人互以实力援助，断然比那空洞的同情心进一步了。

我们却不可以在这个阶段流连，以为捐了一些钱去援助东北义勇军就算尽了责任。一个民族之造成必在行动之一致。全国人民必须联合起来，和东北义勇军站在一个战线上奋斗，才算是完成了中华民族之创造。

不抵抗的军阀是沉没在第一个阶段的最下层。他们心目中只有身家，那有民族？所以不抵抗的军阀是背叛民族精神，便是背叛中华民国。全国人民应该立刻奋起与东北义勇军站在一个战线上，扫除割据的军阀，驱逐横暴的日军，恢复已失之国土主权，以完成中华民族创造之重大使命。

# 从南京路说到南京城*

前列是二十部摩托车领路，随着便是市政府的军乐队，工部局[①]的军乐队，最后是数不完（听说是四百部）的汽车，装着花圈，插着郭府的旗子，一部一部比手车还慢的在大马路上走过，马路两边是人山人海的挤在那儿看！看郭标出殡！

“郭标盖过黄楚九了。”“远不及盛宣怀！盛宣怀那次出丧，哄动了几百万人，在上海总算是空前绝后。”街上的人你一句他一句的在那儿闲谈。

我走不过街。我有要紧事，被郭标挡住了。死郭标竟有这么大的力量阻我去路！

路走不通便站在那儿呆想：市政府的军乐队为什么不鼓舞国人抗敌，却在这里为一个公司老板送殡？四百部汽车和汽车用的油，如果归马占山指挥，该要发生多大影响？旧式出殡虽然不好，倒给了穷人们一些机会赚口饭吃。摩登出殡却空废煤油，徒损国力，连叫化子也得不着一些好处。这是谁的罪过？郭标是已经死了，总不是郭标有遗嘱一定要这样干吧？有人说，出殡纯粹是做给人看的，卖弄一家的财富威风。我要问：如果没有看戏的人，那有做戏的人？这不是我们大家的罪过吗？

我从“死人当路”慢慢的联想到“病人当国”。政府是一部

* 本篇原载1932年1月18—19日《申报·自由谈》。

机器。机器上有一个螺丝钉上锈了，就得立刻换一个，否则难免全部崩溃之危险。中央政治会议常务委员三人中就有两位是害病。汪先生[2]因病辞职，如果是真的生病，却是政治家应有之态度。害病而不辞职，勉强病人就职，都是绝大的错误（又不生病，又不就职，又不辞职，当然也是一种错误）。允许这种错误之存在是中国人民公共之错误。前数日国府委员多数出京，使重要公事堆积不能处理的有九十余件之多，便是勉强病人负责一念之差所使。

我在大马路等了一个多钟头，最后吟得一首四言小诗：

死人当路，
病人当国。
路走不通，
国将不国？

我写这首小诗，不咎既往，区区之意，只希望国人从此不再允许“死人当路”，不再勉强“病人当国”。

## 注释

① 工部局　1840年鸦片战争后，美英日等帝国主义在上海、天津等地租界设立的行政机关，是帝国主义执行殖民政策和奴役中国人民的工具。文中是指上海公共租界工部局。

② 汪先生　指汪精卫。

# 是非*

孟子说："是非之心，人皆有之。"生理心理学家把人的头脑解剖实验了几千百次，至今没有找着这样一个专管是非的"心"。

是非只是判断行为的一种符号。这种判断的能力是在判断上得来的。它是在实际生活里学得的本领，不是与生俱来的良知良能。

在实际生活中，人们对于某一种行为加以某一种符号，丝毫不容假借，久而久之，习惯成自然，是的便会说是，非的便会说非，没有什么参差。如果在实际生活中，有人混乱黑白，指鹿为马，是的有时说作非，非的有时说作是，这样一来，是非便不能分明了。

为什么要颠倒是非？大凡自己讨便宜的时候，不愿是非分明；只要自己吃了一点亏，便大声疾呼的要人家辨别是非。"是非"是上算者的敌人，"明是非"是吃亏者的呼冤。人不能老是上算，也不能老是吃亏，故有时要是非，有时不要是非。

靖节公①有诗说："荣衰无定在，彼此更共之。""是"岂能专属于我？"非"岂能常属于人？

是非如贞操，既已挥之而去，何能招之即来？

---

* 本篇原载1932年1月21—22日《申报·自由谈》。

当前的势力是占便宜的势力。拜倒在当前势力膝下的人的字典里，没有“是非”。如果有，便是另有注解。

只许自己是，硬派别人非，是当前势力之惯技。有时连呼冤也不许。在这种情形之下，受冤屈的人只有打出是非来。是非要靠武力打出来，那是多么不经济的一回事呀！

是非之判断大都含有时代性，地域性，阶级性。一时代有一时代之“是非”，一地域有一地域之“是非”，一阶级有一阶级之“是非”。

量布用尺，量米用斗，量是非的尺与斗是什么？我以现代中国大众的一分子提出是非标准如下：

（一）公者是；不公者非。增进大众福利者是；损害大众福利者非。大众福利与小集团福利冲突时，拥护大众福利者是；拥护小集团福利者非。

（二）真者是；不真者非。

（三）推动时代前进者是；阻碍时代前进者非。

## 注释

① 靖节公　即陶渊明。

# 一张空前的广告*

看报不看广告是一个很误事的态度。我昨天早上把报纸展开来，仿佛在广告栏里见有“放弃县长资格”几个大字，当时并未留意，顺手一翻便翻到国家大事上去了。

这几个字虽被我的忽略广告的态度连带着忽略而去，但是它们在我的潜意识中，不知道怎样，已经印了一个很深刻的印象。于是“放弃县长资格”……“放弃县长资格”……“放弃县长资格”……接二连三的从我的脑海中浮了出来。最后，我忽然下了一个断语：“放弃县长资格，怕不是一个寻常的广告吧！”我便重新把报纸翻开，找着这样一个标题：“前溧阳县长李晋芳声明放弃江苏省第二届考取县长资格”。

我从头到尾把内容仔细看了一遍，摘录了下列几条事实：

（一）李晋芳因举发财政局长潘可平舞弊，被潘可平引荐人即苏省主席叶楚伧停职；

（二）李晋芳停职后，乃将省方对于本案疏通关脱等不法行为分呈监察院及镇江地方法院；

（三）监察院已提出弹劾该案首犯，潘可平亦经军政部捕禁；

（四）江苏省甄用章程明示，荐用人员发觉贪污时应予举荐人以惩戒，叶楚伧等仍然无损毫发；

* 本篇原载1932年1月25日《申报·自由谈》。

（五）江苏第二届县长考试，叶楚伧为主试委员，故与李晋芳有师生关系。李晋芳仿顾亭林否认为贰臣钱谦益门生之例，自动放弃考取县长资格并拒领复核文凭（李晋芳声明前在湖北政务委员会试取县长资格，虽无用处，自愿存留）。

如果上述各节完全确实，那末李前县长这篇声明书是含有重要意义。这意义之所以重要是因为它的里面包含了一个具有代表性的奋斗！在贪污之下，贪污之上，贪污之中，奋斗出一个廉洁的县长来。

奋斗才是建设廉洁政府之康庄大道。我们要律己不苟，律下不苟，律上不苟，方能创造出一个廉洁的社会。

# 县长的资格*

前溧阳县长李君晋芳，声明放弃江苏省第二届考取县长资格时附带的说：

“至前在湖北政务委员会试取县长资格，虽无用处，自愿存留。”

这种资格，既已知道它没有用处，何不早点摔到字纸篓里去？李君对于湖北的县长资格之所以恋恋不舍，怕是因为他还没有把文凭、资格这类东西彻底的看破。

我可以说：县长资格文凭不但是江苏的靠不住，就是湖北的也靠不住；不但是湖北的靠不住，连那考试院院长亲自主试的都靠不住。

何以见得呢？县长考试，就已经举行过的说，有笔试，有口试。笔试是考文章，口试是考说话。会做文章会讲话的人，不一定会做好县长。有人说，在口试时可以在一个人的容貌举止上看出他的品行的正邪。这样一来，典试官岂不兼做了看相先生吗？我从前考录新进学生也用口试。十几年的经验告诉我，在容貌辞令上判不出真人才。口试也和笔试一样的靠不住，分数不代表一个人的真本领。

戴君传贤因为一个考生的考试分数算错，自请处分。我当时

* 本篇原载1932年1月26—27日《申报·自由谈》。

批评考试院的方法说；“考试院的分数怕是全部都算错了。”你如果把考试院第一次考试的卷子，再发给原来阅卷人请他重新批过，将后批分数与前批分数比一比，便知道我的假设可以得到有力的证明。

那末，县长就不要资格，不必考试吗？明白的县长是要在任上考，政绩便是他的铁打的资格。

每一个现任县长要交的卷子是：为本县人民兴了多少利，除了多少弊？分开来说，每一个县长必须做完下列几个考题才算及格：

（一）到任后开了几个学校，加了几个学生，造就了几个科学的孩子，科学的青年，科学的成人？

（二）到任后筑了几里公路？

（三）到任后栽了几株树木？

（四）到任后兴了几处水利？

（五）到任后提倡了几种新农工艺生产？

（六）到任后组织了几多人民自卫的武力？

（七）到任后除了几个贪官污吏土豪劣绅？

（八）到任后革了几种弊政及不良嗜好？

（九）到任后培养了多少民众出来拿民权？

（十）到任后减少了多少不劳而获与劳而不获的不平？

到了真正人民出来当国的时候，纸做的文凭是一定混不过去了，只有政绩是实在的资格。那时，候补县长先须跟着一个现任县长做徒弟，也不能专凭几篇空文或几句空话，便让他出来担任一县的大政。

# 国难会议与名人会议*

国难会议之宗旨在解决国难，那是顾名思义可以推测而知的。但是职权没有公布，办法没有明文，当事的人还不能把它弄清楚，何况一般的人，那是更加模糊了。可是有一个东西是用黑的白的发表出来了。这东西是行政院公布的被聘会员的名单。

我们试拿这名单来研究一番吧。这些会员，无论他们过去的历史是怎样不同，现在的政见怎样相左，却有一个共同之点：他们都是名人，有名的人。姓名在报纸上白相过，在当局的荷包里温存过。这个国难会议的主要成分是名人，国难会议只可算是名人会议，至多只可以算是一个名人对国难之条陈会议。专家会议都说不到，因为内中有许多位不是专门家。

这名单的根本错误，不在所有而在所无——在不应无者尽无。中华民国的主人翁之绝大多数，谁也不能否认是农人与工人。我们在这名单中，可能找出一个靠自己动手种田吃饭的农人？或是一个靠自己动手做工吃饭的工人？国难当头，不把绝大多数的主人翁请出来亲自解决，何能打破这个难关？

有人说，被聘的会员个个可以放下屠刀立地成佛，即人人可以代老百姓说话。近年来的政治就坏在这个“代”字：始而代老百姓说话，继而代老百姓吃饭，终而代老百姓当国，弄得老百姓

* 本篇原载1932年1月28—29日《申报·自由谈》。

始而有话无处说，继而有饭无法吃，终而有国无力保。代！我愿中华民国明日的字典里没有这个伤心的字！

我不能说国难会议被聘的会员是不是老百姓，但是绝大多数的农人工人是被抹煞了。

中国有国外之难，有国内之难。国外之难要集中发挥四万万民众的力量才能打得出去，国内之难要把四万万的民众请出来做主人翁，才能消弭公仆间小权私利之争。我们要同时解决这国内之难与国外之难，非把四万万民众拥护起来不为功。两百多位名人的力量对外是棉花拳，对内是车薪之一杯水。

我们现在所需要的，是一个权威超过一切之真正的国民大会，产生一个真正的国民政府，创造出一个名实相符的中华民国。他的职责不仅是过难救命罢了。

国难会议（名人的）看去是势在必开了。好，快开快散吧！你除了上些军事外交的普通（特殊的何能公开）条陈外，得一致要求真正的国民大会之迅速的召集。

这次国难会议之召集，总算是庶政公开之发动。但是我们决不能在这里面留恋。我们应该用全副的精神力量对着那“天下为公”的实质上去追求。

# 国民的军队*

什么叫做国民的军队？顺从国民的公意以保国卫民、守土御侮的军队，便是国民的军队。这种军队，以国民公意为无上之权威。外患临头，国民叫他战，他必是以一当十、以一当百，以一当千，以一当万的战。若长官依据民意令他保国卫民守土御侮，他必服从；若长官违背民意令他放弃国土，对敌人不抵抗，他必不服从。不但不服从，并且要将发乱命者推翻掉。因为他所推翻的不是长官而是国贼。新岳飞决不是十二道金牌所能召得回，因为他所服从的不是个人而是国民的公意，不是破坏国格之乱命，而是保国卫民之天经地义。这次第十九路军及上海义勇军，向日本海军陆战队应战，便含有这种新服从之重大意义。十九路军已经在战绩上证明他们自己是国民的军队。中华民国之希望，便在这样的军队身上。从二十八日夜十二时至二十九日黄昏，伤敌数百人，打下飞机三架，夺得铁甲车四辆，占领日本海军司令部，驱逐陆战队向东败退，卒使日军不得不向我方一度提出休战之请求。这种战绩，不但是给了日帝国主义者一意料之外的严重的打击，而且是给了全民族一种绝大的新希望。全国的军队起来，踏着十九路军的血迹，造成国民的武力，收复已失国土，将一个可怜的弱国变为一个令人敬爱的大国。倘若观望不前，自弃天职，那便是军阀害国的军队，人人得而攻之。

---

* 本篇原载1932年1月31日《申报》时评。

# 敬告国民*

上海之战不是上海之战，而是全民族生死之战。我国民应当有此认识，放弃以往之旁观态度，而断然下一奋勇参战之决心。我郑重考虑之后，觉得中国国民有四件事可以做，应该做，而且是必须立刻做的。

（一）认定十九路军是国民的军队，对它负起完全责任来，供给它军械、药品、粮食及一切物质上之需要，并督促当地军队负起保国卫民的责任，以为十九路军后盾；

（二）年富力强的国民加入十九路军或与十九路军有同样精神的军队，在作战上学作战，以立全国皆兵全民保国之初基；

（三）国民该立刻发表一计划，对卫国阵亡将士家属负起责任来，使前线将士可以毫无后顾之忧的去应战。有钱的人，现在该是用钱的时候了。无钱的人，少吃一口饭也就把这件大事做成功了。一面还要督促政府，改善并厉行阵亡将士家属抚恤条例；

（四）我们对于战地避难来之人民，应以亲人看待，使他们觉得是到了自己家里一样。若坐视他们流落无依，便是我们未尽国民之责。

---

* 本篇原载1932年1月31日《申报》时评。

# 集 外 文 汇

# 国民与瞎民*

人和鸟兽的大分别，就是人会想，鸟兽不会想。所以要做个真正的人，第一就要有思想。好国民与愚民的大分别，也就是国民会替国家想，愚民不会替国家想。所以要做个真正的国民，第一就要有国家的思想。没有思想的行动，叫做盲动；没有思想只管闷起头来跟人跑，叫做盲从。盲就是眼瞎了的意思。瞎子随便动，怎会不断送？瞎子跟人跑，怎会不跌倒？现在中国充满了主义：这里一个主义，那里一个主义，真是五花八门。我们不做国民则已，既要做国民，对于这些主义，得要问个明白，想个透彻。这些主义比如生人一样。生人到我们家里来投宿的时候，我们总得要问问他们的尊姓大名，要看看他们的相貌，要听听他们的言语，留意他们的行动性情，还要盘查他们的来踪去迹，最后就要考虑这位生客在家里住宿究竟相宜不相宜？有什么好的影响，有什么坏的影响？好的影响比坏的多，就算相宜，就应当留他暂住；坏的影响比好的多，就算不相宜，就应当请他出去。相宜的生客，只留他暂住，也是慎重的意思。虽然暂时留他住下，却要试试看，要观察我们理想上以为相宜的客人，实际上究竟相宜不相宜。这样试验之后，觉得他真是个好人了，就和他做终身的朋友；觉得他面是心非，那就要敬而远之了。我们做今日中国

* 本篇原载1925年1月17日《申报·平民周刊》。

的国民，对于一切主义，都应当以生客看待他们。我们对于生客应当尽主人之谊，但不能不把这位客人的性情、来历、影响弄个清楚。倘若闭起眼睛来一概招待欢迎，这叫做瞎民，不叫做国民。

# 民国的政府*

民国的政府是什么？这是民国国民人人应当问的一个问题。美国总统林肯对于这个问题有一个顶好的回答。他说，民国政府是“民有、民治、民享”的政府。这句话怎样讲呢？（一）民有是人民所有的意思。民国的政府是人民的，人民是政府的主人翁。（二）民治是人民治理的意思。民国政府是要人民管理的，人民是掌权的人。因为国家太大，人民不能事事亲自去做，所以要有议员和官吏替代人民去商量办理。但这些人做事是应当听从民意的。（三）民享就是人民享福的意思。我们要政府的缘故，就是要为人民谋幸福。能叫人民享福的是好政府，不能叫人民享福，反而叫人民吃苦受害的是坏政府。

照上面所说的看来，必定要“民有、民治，民享”才算是真正的民国政府。我们既是中华民国的国民，就要问个明白：我们国民已经做了政府的主人翁吗？我们国民是真正掌权的人吗？我们国民享了政府什么幸福，受了政府什么害处？如果现在的政府不能合乎“民有、民治、民享”的条件，我们国民就应当万众一心的去谋改造，一直到真正民国政府出现时，才算尽了国民的责任。

---

* 本篇原载1925年2月7日《申报·平民周刊》。

# 主动的民意*

民意是民国的基础。民国政府发号施令都应当听从民意。民国政府的一切大政方针都应当受民意的指挥。民意就是人民按着良心所发的志愿。人民从良心里所发出来的志愿是自然而然的，是不约而同的。真正的民意总是对的，根据真正的民意治理国事总是不会错的。但民意有被动主动的分别，被动的民意是对于政府已经做的事体加以批评，加以反对。因为人民只是等候政府来动他们，所以叫做被动的民意。我们中国的民意大都是被动的。国事之坏，就坏在只有被动的民意，而没有主动的民意。主动的民意，就是人民自己出的主意。人民是主人翁，议员、官吏是仆人。人民应当出主意，议员、官吏应当行人民的主意。人民应当出题目，议员，官吏应当根据题目去做文章。等到政府做了坏事再去反对，是已经迟了，人民已经吃了苦头了。我们要乘政府未做事之前就告诉政府说："有那几件事你应当做，有那几件事你不应当做。"人民能够这样出主意、出题目给政府去做，才算是真正民国的国民；一国的政治受了这种主动民意的指挥，才算是真正的民国。我们应当发表主动的民意，我们应当努力去做主动的国民。

* 本篇原载1925年2月21日《申报·平民周刊》。

# 《语体文应用字汇》序*

近代教育家要想把所学的和所用的联串起来，所以他们对于一切教材教法都要审查一番；他们对于一门一门的功课，甚至于一篇文章、一个标题、一项运动，都要依据目标去问他们的效用。他们的主张，是要所学的即是所用的。有用处的事物才给学生学，用处最大最多最急的事物在课程中占有优先权。他们时常要问；“课程中已将用处最大最多最急的事物尽量容纳了吗？课程中所有用处最小最少最缓的事物已经尽量取消了吗？”他们继续的问这些问题，直要把“学非所用”和“用非所学”的流弊完全革掉才肯罢休。到了后来，他们要连学生学的字也要审查起来了。学生现在所学的字，个个字都是有用的字吗？自从这个问题发生，就有好几位学者开始研究应用字汇。我国方面也有几位先生研究这个问题，其中以陈鹤琴先生的研究为最有系统。他和他的助理九人先后费了二三年工夫，检查了九十万字的语体文，编成这册《语体文应用字汇》。这册报告未付印以前已经做了《平民千字课》用字的根据。将来小学课本用字当然也可以拿它来做一种很好的根据。虽然不能十分完备，但我想这本字汇对于成人及国民教育一定是有很大的贡献的。我很希望陈先生自己还要继

* 本篇系陶行知1925年5月为陈鹤琴编《语体文应用字汇》一书所写的序言。陈著于1928年6月由商务印书馆出版。

续进行，使那更加完备的字汇可以早些产生。因为这册字汇对于学生可以节省些宝贵的光阴和精神，我很愿诚诚恳恳把他介绍出来和大家相见。

十四年五月

# 《柏克赫司特女士与道尔顿制》序*

“道尔顿制”创始人柏克赫司特女士，订于本年七月来华，与吾国各地教育界同志讨论道尔顿制之原则和实施的方法。这是一个最好的机会，我们应当有充分的准备才能得到充分的益处。大凡讨论，须有根据方不致蹈空。最好根据是实行的经验。本着实行的经验提出困难问题，互相商榷，最能得益。我深望我们将来向柏克赫司特女士提出来讨论的，有许多是从经验上发生的具体问题。其次就是关于道尔顿制的报告、论文、书籍。我们要想有透彻的讨论，专靠着经验还是不够。我们必定要把大家研究的结晶体——报告、论文、书籍，一一看个明白，才能有中肯的质疑问难。否则，讨论的时候，必定免不掉无谓的议论和个人的偏见。本社有鉴于此，所以把关于道尔顿制的报告、论文、书籍，编了一个目录，介绍给教育界同志。我们深望大家预先把这些报告、论文、书籍，浏览一遍，俾将来开会讨论可以得到充分的效果。照目录看来，共有书籍十二本，论文、报告将近一百篇。内中有好多空泛及重复的议论，因为时间匆促，不能加一番选择的工夫以节省阅者之精神，这是我们应向阅者诸君道歉的。

近几年来，国内对于新制度和新方法的试验，不一而足，但真正成功的，很不多见。大凡任何试验，各有其必具之条件。条

* 本篇原载1925年6月《柏克赫司特女士与道尔顿制》，题目为编者所拟。

件具备则可成功；否则必归失败。必具之条件是什么？一、试验者对于所试验之制度、方法，必须有透彻的了解；二、试验者对于试验程序，必须有制裁的能力；三、试验者对于该项试验，必须有百折不回的精神；四、人事、环境、设备、经费等项，必须符合该项试验最低限度的需求。道尔顿制是一种制度和方法的试验。他的成功失败当然也有其必具之条件。凡想试验道尔顿制的同志，于未试验之前，必须自己详加审查，是否已经符合那些必具之条件。如果符合，不妨一试；如不符合，还是且慢进行为妙。我承认道尔顿制是实现“自得教育”最好的制度、方法，但率尔尝试，怕是要做道尔顿制的罪人的。

十四年五月

# 我对于屯昌汽车路办理的意见*

现在旅杭同乡与旅沪同乡发起承筑屯昌汽车路[1]，正在筹备进行，诸位要我发表意见并加赞助，这是我很愿意的。我听到这个消息，高兴非常！虽在客旅病痄，也能打起精神和诸位仔细谈谈。深愿尽我能力赞助，使其早日成功。我很佩服诸位同乡对于此事之热忱，诸位可说是菩萨心肠，万家生佛。今把我的意见约略说说。

（一）增进商民家庭幸福　吾徽以历史上的习惯，人民是很注重商业的，大约十余岁就要送出外面习商业了；在各通商码头实在很多，所谓“无徽不成镇”。但以交通不便，每须二三年才得回家一次，便订出“两年一归”，或“三年一归”之制，久者甚有十年八年才能回家一次。真是一大不幸之事！如果将来屯昌汽车路成功了，便可与余杭汽车等路衔接，那吗由沪杭启行回徽，当日就可到家了。真不知要增进吾商民多少家庭幸福！

（二）输入文化事业　吾徽早年有几位学者，对于文化上很有所贡献。近数十年来，东西洋交通便利，欧美各界于科学上之进步，非吾华所能望其项背。各国学术新知，亦大可为吾国人作参考。然以吾徽处万山之中，往返需时，少有进步。比方看报一

---

* 本篇系陶行知1925年7月25日在上海对徽州同乡的演讲记录。记录者：程本海。原载1925年《微音》第25期。《微音》为徽社上海总社出版之月刊。

层，在徽州的人，要看上海各日报，快则四五天，迟则十天八天之久。像这样看新闻，令人好不烦恼。现在吾徽有省立学校三所，要想在外面请几位很好的教员，因为交通太不便了，多不愿去，以致教育不能十分振作。像这次始创道尔顿制教育家柏克赫司特女士来华，所至各地，都是交通便利所在。倘若吾徽交通便利，或者可以请她去一览吾黄山之奇境。即如前次杜威、罗素、孟禄、泰戈尔诸大学问家来华，都不曾到过我们家乡，完全是交通不便利之故。如果汽车通行了，就没有上面的缺憾。所以此事关系吾徽文化也是很大的。

（三）便利天才学生出外求学　近数年来，吾徽中等学生毕业者，每年约有七八十人或百余人，家乡无高等学府，只得出外升学。但是交通不便，贫寒子弟即以此不能领受高等教育，本乡与国家皆因此减少一部分之人才，实在可惜！倘若长途汽车通行，此弊当能免除。

汽车之重要，既如上述；如何使他办得成功？这是我们最应考虑的问题。成功之要素有五：（甲）须有信用素孚之首领。无论办何事业，其主要人物之信用，是最重要的。必须公推同乡中素有信用为各界所信仰者，请其出来主持一切，庶易收效；如不可得，则组织委员会制负责进行。（乙）须有专家编拟的计划。因为计划书于进行上很有关系，必须请专门家实地调查之后，很精密的编拟出来。（丙）开诚布公的账目。一切账目，不可存丝毫私见，或苟且之处，必须开诚布公，则将来可得全体信用，有良好效果。（丁）效率主义的组织。这是说，我们要在最短时期内，用最经济最妥当的方法，办成最有功效的事业。这一点，希望将来共事者都要注意才好。（戊）百折不回的毅力。无论办何事，其中总难免有时发生一些阻碍，或不如意之事。但是我们决不可稍遇些微困难，便灰心不干了。应抱定这样的精神：凡事不干则已，既干了，就要具百折不回的毅力，向前去干！并且要任劳任怨，始终负责，则将来一定可以达到目的，有圆满结果。我很希望诸位对于这一层，应格外注意。因为不独办长途汽车事业要如此，无论办任何事业，都要抱这种精神。

讲到办法上，我也有一点意见：（一）全徽人民之大合作。我希望全徽人民一致合作此汽车事业。如各地军政商学各界领袖，就本地尽力宣传，联合起来。徽州内地绅士们、教育界、商界、农人们都分头宣传，共同合作。等到实行开办时，凡经过各乡村，也征集他们做股东，以求普及，又可免除发生阻碍。最好是家家做股东，人人做股东，以积少成多为原则。钱多者多入股，钱少者少入股，或数人拼成一股，使全徽人民皆得为本公司股东。（二）征求发起人，除沪，杭、宁，汉、京、津、安庆、芜湖各处外，亦须征求吾徽六县商会会长，与教育会会长、劝学所长，及省立三校校长皆为发起人，以便就地宣传，群策群力，共襄盛举。（三）股款存放处。此事是很重要的，必须慎重收集股款，应存放指定之殷实银行或钱庄生息。非公司开办时，不得动用分文。临时筹备费用，可由发起人担任。俟开办后，核算为股本。如此必可昭信用于大众，大众必勇于投资矣。

我十七岁时出外求学，我的父亲送到屯溪，要等到我到了杭州才写回信，已经是半个月，真要望眼欲穿了。假使有长途汽车，何致如此！我想与我父子同感者，现正不知几千几万也？其他母女夫妻兄弟之同此感者，又不知几倍此数也？如今我看见诸君发起，此是我父亲所望而不能亲见者，故愿极力赞助以底于成！

十四年七月二十五日在上海

**注释**

① 屯昌汽车路　从安徽屯溪至浙江昌化的公路。

# 介绍柏克赫司特女士*

今天，我们全国的教育代表，欢迎道尔顿制的创始者柏女士。我们欢迎的意思有两种：

第一，柏女士是极表同情于中国文化的人，那么柏女士就是中国的朋友。我们朋友见朋友，非常愉快。她在她的学校以内，对于中国历史是非常注意的，比较任何一国历史，钟点都多。所以她又是我们精神上的朋友了。这次来到中国，对于中国文化愈加明了，愈加清楚。我们希望她回到她的本国以后，对于中国的文化，更要加以解释，更要加以介绍，使她的国内人士都对于中国的文化有极真挚的同情，如柏女士一样。

第二，柏女士是教育创造家。教育界有两种人：第一种人是空想，第二种人是盲干。前者缺乏实行的能力，后者缺乏思想的能力。她能以精齐的思想，创造学理；她能以实行的能力，实现她的思想。一面想，一面行，思想实行，互相印证，而发明新学理。我们中国的教育向来是抄袭的。先是抄袭日本，后来又抄袭英、德、法，现在又抄袭美国。这种抄袭教育，简直不是中国的

* 1925年8月18日下午，柏克赫司特女土出席中华教育改进社第四届年会并作演讲，本篇系演讲前，由陶行知作的介绍。摘自中华教育改进社第四届年会《演讲录》。记录者：牛甫毅。又载1925年9月《新教育》第11卷第2期。8月19日上午，陶行知在社务会议上报告美国阿尔契巴（Archbred）夫人捐款事，略谓夫人对于柏克赫司特女土所创导之道尔顿制素具热心。此次随柏克赫司特东来，本社正欲优为招待，聊尽地主之谊，不料夫人竟有捐助五百金元于本社之举，此诚本社所当深感者也。摘自社务会议记录，章洪熙、孙伏园记。

教育，甚至不成教育。教育要有创造的精神。柏女士便是道尔顿制的创始者，她有创造的精神，所以我们欢迎她。现在关于道尔顿制的翻译文字至十四国之多。英国尤其盛行，中国也有一百多篇关于此制的论文。我们此时欢迎她，要以她的创造的精神作参考，发明中国的道尔顿制才好。柏女士对于儿童极有兴趣，所以她以为天才的小孩子，都是她的小孩子。我们也要以她这种精神作参考，能对于小孩子有很大的贡献才好。

现在就请柏女士讲演，并且请北大教授高仁山先生翻译。高先生不惟能把柏女士讲演的材料传给我们，并且能将柏女士的精神传给我们。所以我们对于高先生也有相当的敬意。

# 年会感言*

今天为本社第四届年会开幕日①，知行回顾一年来中国教育之经过，并观察本届年会之情形，很愿意乘本届年会开会的机会，把自己的感触和诸位同志谈谈。

这一年是近来中国最不幸的时期，也是中国教育最不幸的时期。全国国民简直是在天灾人祸、内乱外患里翻筋斗，大家弄得个朝不保夕，本社也是东倒西歪的随着大家翻筋斗，累了许多朋友代我们担忧。但纵然翻来翻去，我们还是抱着我们的目标，得步进步的向前走。现在居然还是平平安安的开我们的第四届年会，可算是不幸中之大幸了。

去年开年会的时候，中国教育界同人的精神是何等的融洽啊！过不多时，少数政客稍存私意，害得教育界一波未平，一波又起，甚至于多年知交从此不好意思见面。我们深望时间可以恢复他们从前之善感。我们深愿全国人士承认教育系国家之公器，断不能有丝毫私意存乎其间。我们还深望全体社员将本社之超然精神充分发扬。

自上海惨杀案②发生，中国教育之优点、弱点都一起发现。举其要者，约有二端：（一）中国教育无论怎样腐败，确能培养

* 本篇系陶行知1925年8月17日在中华教育改进社第四届年会上的讲话。原载1925年9月《新教育》第11卷第2期。

爱国的觉悟。这种觉悟容或不是教员给他们的，容或是学生自己学来的。但自己学来的是更为有价值的教育。这一点能增加我们对于教育之信仰。中国要想得到国际上之平等地位，非办教育不可。（二）中国教育虽能培养爱国的觉悟，尚未能使此可宝贵之觉悟作最有效力的实现。如何使学生以冷脑宣导热情，作计划透达目标，运技能执行思想，是我们今后应当努力进行的一个方向。简单些说，如何可以达到爱国而不害国的目的，岂不是师生的共同责任吗？

谈到本届年会的特点，我们第一要指出的就是五族的代表都到会了。记得第一届年会开会时，到会的只有满汉两族，以后每年加入一族，到今年西藏代表出席，可算是全家五个兄弟团圆了。我们深信五族教育之机会均等是五族合作、五族共和的基础。

第二，这次议案和讨论当中，有几件是关于国家百年大计的，我们断不能轻松放过。虽然我们所讨论的结果只是社会一部分的舆论，但舆论是事实之母，是不可不慎的。

第三，前几届年会的议决案，依赖政府或他方面实行者居多数。倘使政府或他方面因故搁置，则议决案失其所依，虽议等于不议，虽决等于不决。我们对于政府及他方面虽不能放弃发表正当舆论之责，但最重要的还是我们同人的本身。凡我们本身单独或共同可以改进之事，似应得到我们最优先之注意。

第四，我们今年开会的地点是山西。山西是中国义务教育策源地。这次，山西同志赞助本社年会的将近二百人。他们对于此地实施义务教育多是亲见目睹、躬亲其事的人，必定对于我们有很好的指教。我们从山西应当带回去的礼物很多，但最重要的就是山西厉行义务教育的精神。我们能得到这种精神，才无负于山西之行。

## 注释

① 中华教育改进社第四届年会于1925年8月17日至23日在太原山西大学举行，社员及来宾到会者2000余人。

② 上海惨杀案　指“五卅”惨案。

# 在中华教育改进社第四届年会上的社务报告*

从去年至今年，为中国最不幸的一年。天灾人祸，内忧外患，纷起叠来。教育界亦陷于不幸时期，无法发展。本社能于今日安然在此地开会，实为各省教育界人士互助之力。

中国教育可分两方面观察：一方面觉得困难；一方面仍向前努力。困难实为努力之机会。

本社宗旨载诸社章。一为调查教育实况；二为研究教育学术；三为力谋教育发展。

本社社员现有机关社员一百五十余，个人社员二千余人。从前开会，社员仅限于汉、满、回三族，今年则蒙古、西藏均有代表莅会。聚五族兄弟于一堂，以谋教育之改进，实为莫大幸事。

本社所表现精神有二：一为合作精神；二为科学精神。本社现在所办理之事业，可以特别提出者：一为科学教育；二为乡村教育。其详见诸本社所编之《社务报告》①，请诸君参阅。

## 注释

① 该《社务报告》载《新教育》第11卷第2期（1925年9月，中华教育改进社第四届年会专号）。署名：章洪熙。

---

* 本篇系陶行知1925年8月17日的报告，摘自《年会开幕纪事》，载1925年9月《新教育》第11卷第2期。

# 在中华教育改进社第四届年会学术会议上的报告*

（一）本社与省教育会联合会[①]推定代表五人，出席世界教育会议。兹接凌冰先生来函，报告此次会议情形，特将原函附复，以示一斑。

知行吾兄：

我们昨天晚上由爱丁堡来到伦敦，一切诸称顺适，你可放心。此次世界教育会议，到会者一千数百人。英美之代表几占百分之九十。我们只有五个人，形式上未免太难堪了。日本也有十个代表。此次选举结果，我国被选为董事者二人，日本只一人。郭先生[②]被选为董事，任期二年。冰被选为董事，任期四年。郭先生仍被推为董事部副会长。一切详情另外有详细报告，我不必再写了。

此次会议规则，禁止会员讨论政治及宗教问题。所以上海事件[③]，我们实在是无法在会内提出。但是我们在会外竭力宣传，并散出印刷品多件（由此地中国学生会代办）。结果到会人十分满意。冰于上星期日（七月十九日）到弭战会讲演上海事件，听众颇皆动容。冰讲罢后，他们临时提议并

* 本篇系陶行知1925年8月21日在中华教育改进社第四届年会学术会议上的发言，摘自年会《学术会议记录》，记录者：程宗潮，章洪熙。又载1925年9月《新教育》第11卷第2期。

全体通过议案一件，要求他们的政府对于上海事件当予以公正之处理，并从速将领事裁判权交还中国。此外，我们对于他国代表私人谈话，或向各报馆记者谈话，俱能将此事真相，尽力宣传，给他们一个很深的印象。今将冰之讲演稿寄上一份，请你看看。并祝你健康。

弟冰上 七月二十九日

（二）代表范静生[④]先生报告中华教育文化基金董事会[⑤]分配原则，大意如下。

中华教育文化基金董事会分配款项原则：

本会所有事业，以中国驻美公使于民国十四年六月六日致文于美国政府所声明者为范围。现在会务方始，关于事业中之各项问题，尚待调查考虑。惟阅各方送到多数之请款意见书，属望甚奢，而收回赔款[⑥]为数有限。且经议定以赔款之一部分留作永久基金，庶赔款期满后，仍得以其息金办理必须继续之事业。因此，目前可以支拨之金额更属不多。本会甚愿就此有限之资力，进谋最大最良之效果。兹先就分配款项一端，议定原则如下：

1. 本会分配款项，概言之，与其用以补助专凭未来计划请款之新设机关，毋宁用以辅助办理已有成绩及实效已著之现有机关。

2. 有因本会补助，可以格外努力前进，或可以多得他方之援助者，是种事业，本会更应重视之。

3. 本会考虑应行提倡之事业时，对于官立，私立各机关不为歧视。

4. 本会分配款项，对于地域观念应行顾及，其道在注重影响普遍之机关，如收录学生遍于全国，或学术贡献有益全民者，皆在注重之列。

5. 本会分配款项，应规定期限，到期继续与否，由本会斟酌再定。

6. 本会分配款项，须先经干事长详慎审查，遇必要时，得征集专家意见或请其襄助审查。此次美国退回庚款总数为一千二百五十四万余元，就中本金六百一十三万元，本年七月交一百三十七万元。董事会对此款之支配，自应开诚布公，容纳众见，经专家讨论，然后以超然态度决定之云。

## 注释

① 省教育会联合会　指全国省教育会联合会，亦称全国教育会联合会。

② 郭先生　即郭秉文。

③ 上海事件　指“五卅”惨案。

④ 范静生　即范源濂。

⑤ 中华教育文化基金董事会　为保管和处置美国退还的庚子赔款而设立的机构。1924年9月17日成立于北京，由施肇基、顾维钧、黄炎培、蒋梦麟、周贻春、郭秉文、范源濂、颜惠庆、张伯苓、丁文江等与美国人孟禄等合组董事会，范源濂为董事长。

⑥ 赔款　指庚子赔款。

# 请组织国家教育政策委员会案*

**理由及办法：**

教育宗旨所以端教育之趋向，如何使教育宗旨继续实现，以图美满之效果，则赖有适当之政策。教育政策是时代之产物，故规定教育政策必须依据现代本国国情、本国国力、本国需求及与本国接触之世界潮流，方为无误。中国教育政策随教育当局而变。教育当局或以无政策来，无政策去，坐令国家教育飘泊无定。或有政策而偏于主观，将国家教育供个人之武断，其危险更大。故政策不可无，而规定政策尤应集思广益，并以客观之方法研究之。拟请董事会聘请人员组织国家教育政策研究委员会，担任下列事务：

（一）征集关于规定国家教育政策之意见，并引起关于此事之讨论。

（二）研究并编拟国家教育政策之草案，以备提交第五届年会。

（三）推举代表与全国省教育会联合会合作，并设法向该联合会提议，以谋一致进行。

（四）两团体议决后，即于适当时期向政府建议，并促其实现。

---

* 这个提案及以下3个提案均系在中华教育改进社第四届年会上由陶行知或陶行知领衔提出。本提案系陶行知所提。摘自年会《分组会议议案汇录》。又载1925年9月《新教育》第11卷第2期。

# 请发起并筹备中华女子教育促进会案*

**理由及办法：**

据最近统计，中国女学生数仅约占学生总数百分之五，离教育机会均等之目标太远，不可不有以促进之。本社女子教育委员会及女子教育组，原为提倡研究女子教育而设。但就近年经验言之，觉女子教育问题宜联合全国受过教育之女子作大规模之促进运动，似非少数同志所能解决。拟请本社女子教育组邀集本届到会女子教育同志，发起中华女子教育促进会，并负筹备之责，于一年之内成立，俾女子教育可以充分发展。

**附：中华女子教育促进会简章草案**

## 第一章

**第一条** 定名： 本会定名为中华女子教育促进会。

**第二条** 宗旨：本会以顺应时代潮流，促进中华女子教育上之机会均等为宗旨。

## 第二章 会 务

**第三条** 本会会务如下：

* 本案及附录的简章草案由陶行知、朱其慧、王伯秋同提。

（一）通信或实地调查各省女子教育状况。

（二）编译关于女子教育之书报。

（三）提倡女子教育事业之发展及学术之研究。

（四）其他关于女子教育改进事项。

## 第三章　组　　织

**第四条**　会员资格分二项：

（一）机关会员：女子学校及其他团体担任本会每年合组费二十元以上者。

（二）个人会员：女子研究学术或办理女子教育有成绩，及热心赞助女子教育，岁纳社费二元以上者。

合以上二项资格之一者，由本会会员三人以上之介绍，经董事会通过，得为本会会员。

**第五条**　董事部：本会设董事若干人，由机关会员公选，任期三年，每年改选三分之一。惟第一次选出之董事，任期一年、二年、三年者各三人，由董事会第一次开会时签定之。董事部长及其职员，由董事会选之。

董事会每年于选举之先，由董事会照定额加两倍推选候选董事，通信于各机关社员。欲于候选董事以外选举者，亦得听其自由。

**第六条**　执行部：本会设正副执行主任干事各一人。文牍、会计兼庶务干事各一人。研究、调查、编译、推广干事各若干人，均由董事部选任之。任期各若干年，执行本会一切事务。

**第七条**　特别赞助本会或助特别捐者，经董事会通过，得推为名誉会员或名誉董事。

## 第四章　职　　权

**第八条**　董事部之职权如下：

（一）规定进行方针。

(二) 筹募经费。

(三) 核定计划及预算、决算。

(四) 审定规则。

(五) 选任干事。

(六) 提出候选董事。

(七) 审定会员资格。

(八) 审定名誉会员、名誉董事之资格。

(九) 组织委员会。

**第九条** 执行部之职权如下:

(一) 编拟计划。

(二) 编拟预算、决算。

(三) 执行董事会议决事项。

(四) 总理本会一切进行事务。

## 第五章 经 费

**第十条** 本会经费以下列各项充之:

(一) 机关会员合组费。

(二) 个人会员会费。

(三) 特别捐。

(四) 官厅补助费。

## 第六章 会 议

**第十一条** 本会每年开全体大会一次，于暑假期举行，地点由前一年大会决定。

**第十二条** 董事会每年至少开会两次，其期间、地点由董事会自定之。

## 第七章 会 址

**第十三条** 本会总会设在北京。

**第十四条** 本会遇必要时，经董事会议决，得于各省省会设立分会。

## 第八章 附 则

**第十五条** 本简章有不适之处，经董事过半数以上或会员若干人以上之提议，大会到会会员四分之三以上通过，得修改之。

# 统一学校统计报告时期案*

**理由：**

学校统计，于教育实况之考察及筹策教育之改进，关系綦重。但各地方之教育统计，必须汇辑划一，编造迅速，方能获此功效。乃察近今我国之教育统计，就改进社调查各处最近教育统计，有十三年度统计已经发表者，有仅至民国七年者，其参差不齐之情形，可以想见。此系就时日迟速言之也。就统计所分年度之界限言，亦极不划一：有以每年寒假后至次一寒假为一年度者，有以每年暑假后至次一暑假为一年度者，甚至有并十数月为一年间之统计者。

兹为挽救此种积弊起见，特拟办法如下：

**办法：**

学校统计，依年度报告，自每年七月一日起，至次年六月三十一日止。公私立各校，应于年度终了十日内付邮报告县教育行政机关。县教育行政机关应于学年终了四十日内，汇齐各校报告付邮呈报省教育行政机关。省教育行政机关应于学年终了三个月内，汇齐各县及直辖学校报告付邮呈报教育部。教育部应于学年终了八个月内，汇齐各省区及直辖学校报告编辑付印。

---

* 本案由陶行知、薛鸿志同提。

# 请本社函请山西省行政官于山西省内指定一相当之县试办教育统计案*

**理由及办法：**

教育统计最宜精确详实，而后始能作改进教育之基础。然各地方各学校之事实，足资记录供参考者，项目繁简不一。宜迳取何项事实及应用何种格式记录，非先行试办研究不能骤言推行。山西省政教清明，凡百事业皆能为有秩序之发展。今年各组联席会议议决：对于开会所在地，应视人材能力作相当之贡献。本社去年年会所讨论之教育统计方案，似亦应商请山西省长指定办理教育统计最有成绩之一县协力试办。俟办有成效，再推行于全省以兼为他省所取法。

* 本案由陶行知，薛鸿志同提。原载1925年《新教育》第11卷第2期。

# 中国教育政策之商榷*

国家运用教育以达立国之目的时，在天然与社会环境中必遇种种助力与障碍。因助力与障碍而发生进行上之种种问题。解决此种种问题，必须预拟种种合乎实际情形之公式，俾能运用助力排除障碍以谋目的之贯彻。此种种公式谓之教育政策。中国教育政策因教育当局而变。教育当局或以无政策进，无政策退；或有政策而偏于主观，将全国之教育供一人之武断，流弊何堪设想！是宜集思广益，审查国情，确定全国公认之教育政策，以达国家建设之目的。今兹所提，实为个人之意见，志在引起教育同志之讨论批评，俾现代教育政策可以符合公意，早观厥成。此本讲所以出于商榷之意也。

**政策一**　正式学校教育为国家之公器，应超然于宗教、党纲之上。

**政策二**　培养国家观念、爱国实力及大国民之气概。

**政策三**　运用科学，征服自然，其道在选择有科学天才之儿童，加以特别训练。对于有科学天才之专家，予以研究机会，并以极尊荣之名誉，鼓励有关国计民生之发明。

**政策四**　训练人民，为本身及国家作最有效力及随机应变之组织。

---

*　本篇系陶行知1925年8月21日在中华教育改进社第四届年会学术会议上的演讲词。原载1925年9月《新教育》第11卷第2期。

**政策五** 灌输经济学识，俾人民明了经济学之基本原理，以应付现代之劳资问题。

**政策六** 对于已在职业界服务之人民，教以改良旧职业之学识技能。

**政策七** 厉行身教，以谋学风之整顿。

**政策八** 发展国民性及各省区人民之优点，以尽其特别贡献。

**政策九** 下级行政机关，应有自动进行之自由，并负切实办理之责任。高级行政机关，应建立最低限度之标准，并负督促指导、补助提倡、联络纠正之责。

**政策十** 用人以贤者在位、能者在职为标准。

**政策十一** 办理学务，必须有计划预算以为进行之指导。

**政策十二** 应兴应革事宜，必须根据客观的调查及分析的研究。

**政策十三** 增进并运用各种力量，以适应及改良各种需要。

**政策十四** 确定并保护渐进敷用之教育税，以应进化国家之需要。

**政策十五** 保护教育机会均等。

**政策十六** 各省区、蒙、藏，应逐渐设立大学，至少一所。吸收硕学通才，以为产生文化、整理文化及主张正谊之中心。先着手设立文化院，以植大学之基。

**政策十七** 培植蒙贤治蒙，藏贤治藏。并培植五族共和之公民资格，以谋国内民族之合作。

**政策十八** 提倡以乡村学校为改造乡村生活之中心，乡村教员为改造乡村生活之灵魂。其具体办法，应设试验乡村师范学校以实验之。

**政策十九** 本国大学毕业后，始准留学。留学时至少必须有一年游历各国，以减少未来领袖思想上不必须之冲突。

**政策二十** 用批评态度，介绍外国文化，整理本国文化。

**政策二十一** 扶助交通，以利教育之推行。

**政策二十二**　鼓励专家研究试验符合本国国情适应生活需要之各种学校教育，以作学校化学校之根据。

# 《新教育评论》创刊缘起*

人人都说，教育是国家所托命的。人人知道，教育问题是国民所应当关心的。可是一按实际，今日国内一般教育问题，曾受过国人的重视么？就在教育界自身，可曾有相当的言论机关，对于目前的重要问题，作一点忠实的评论和严正的主张么？我们就自己所知道的出版物说，当然不是绝无，可是未免太少了。我们感着这种言论的需要和自己不应诿卸的责任，因此联合同志，组织这个周刊，定名为《新教育评论》。我们想尽我们薄弱的能力，来引起大家对于教育问题的兴趣和注意。同时抱着抛砖引玉的希望，供给全国教育界一个公开的论坛。这个小小的志愿，或者是国人所同情而乐于赞助的。

我们编辑的方针，注重下列各点：（一）批评本国现时教育上之政策、主张与实施；（二）建议今后本国教育上各种革新的计划；（三）介绍和批评外国最近的教育制度和学说；（四）报告各地教育调查的结果。此外和教育有深切影响的问题，如关于经济、政治、社会和其他学术、思想各方面的，我们也想附带的讨论。至于各地方同志的通信商榷，尤其诚恳的欢迎。书报的介绍和批评，当然也占有相当的篇幅。

这里我们应得郑重声明的：我们在一切讨论里，不愿意参杂

* 本篇原载1925年9月《新教育》第11卷第2期。

任何个人的问题，也绝对没有任何党系的作用。我们只是根据着证明的事实和公认的原则，来作我们的批评和主张。我们大胆地说老实话；说错了，希望大家也一样对我们说老实话，加以订正。这样往复讨论，自会有比较的真理发现出来的。

我们不喜欢空谈什么主义，但是也有一个确定不移的观点。我们深信一个国家的教育，无论在制度上、内容上、方法上不应当靠着稗贩和因袭，而应该准照那国家的需要和精神，去谋适合，谋创造。同时我们又认定这个国家，如果是现代的国家，如果是现代世界的一个国家，那末他的教育，便不能不顺应着时代和世界的教育趋势，而随伴着竞进。这个趋势是什么呢？简单的说，便是现代国家的教育，要本着民治的精神、科学的态度，去建设他的制度，分析和估定他的内容，发明和实验他的方法，而考核他的效果。怎样在具体的问题中可以显示这种理想，并且企图他的实现，这就是我们在言论上的一个共同目的了。

发起人：赵廼传　陶知行　高仁山　查良钊
孟宪承　汪懋祖　王希曾

# 《新教育评论》之使命*

现在国内各界对于教育的关系，教育界对于国家的需要，都缺少充分的了解。不但如此，即教育界本身，也是隔阂很深，并无充分联络的机会。往往大学不知中学，中学不知小学，小学不知蒙养园；倒转来，亦复如是。而在教育界服务的人，办学的不知教学的；教此一科的不知教彼一科的；甚至同在一地，同教一科的人亦复不相闻问。这种闷起头来各干各的情形确有联络之必要。那应当联络中之最应当联络的就是试验学校与一般学校。试验学校是教育上新知识之来源；一般学校是应用此种新知识之场所。如何使这些新知来源和一般学校联串起来，是一种最重要的工作。试拿自来水来做个比方：试验学校好比是泉水，一般学校好比是用户，本刊不敏，愿意做座水塔，谁要水用，还愿为他通根水管。

中国教育在万难中奋斗：有的禁不起过分的压迫，归于破裂；有的禁不起世俗的诱惑，归于萎靡；有的愈败愈战，愈见其卓绝之精神。不知者以腐败两字抹杀中国一切教育，那以耳代目之教育行政者亦跟在后面附和，实在有点冤屈。就我所知道的，各地教育成绩可以互供参证的正自不少，所可惜的就是缺少充分沟通的机会。我们很愿意把这个周刊献给大家。如果大家不嫌他

* 本篇原题为《本刊之使命》，载1925年12月4日《新教育评论》第1卷第1期。

太小，肯到这里来交换经验，沟通思想，我们是很欢迎的。我们愿意大家借这个机会把个各干各的教育界渐渐地化为一个通力合作的教育界。倘使本刊出现之后，教育界多得一个有机体的联络，使他各部分的生命汇通起来，产生一个更圆满、更和谐的新生命，我们也就心满意足了。

我们沟通思想，交换经验的时候，因为种种关系，不免发生不同之见解，不得已而出于辩论。理愈辩而愈明，本刊即当作讲理的地方看也可。现在有些人论列世事，往往党同伐异，逞意气之争，以好恶、毁誉、利害与是非混作一谈。甚至是非可以制造，可以颠倒，可以买卖，把一般的阅者都弄得昏头昏脑，无所适从。至于顺带骂人几句，亦为今日言论界的通病。骂人虽可取快一时，但是设身处地一想，叫对方见了气得脸上发青或胀得满脸通红，又有什么趣味呢？我们只愿讲理：是的说是，非的说非；是非未明，决不轻下判断。彼此所见不同，必求其所以不同之故。我与对方同是寻求真理的人，谁寻着真理，双方都应当乐意承受。所以讲理的人应当“毋意，毋必，毋固，毋我”[①]，而“我”关尤宜打破，谩骂和强辩都是把“我”字看得太重的缘故。所以说理的人，必愿尊重他人的意见，反省自己的主张，同时更有服从真理的勇气。本刊旨在说理，凡和我们说理的，我们都很欢迎；倘寻人吵嘴，我们就要敬谢不敏了。我们愿在说理的时候顺带培养点浑厚的态度，减少些刻薄的风气。谅想这也是大家赞成的。

我们少数人的供献是很有限的。但平日研究，或有一得。此一得之见，或者是各方同志所愿闻的。且因每周出版的督促，同人益加奋勉，而不容稍有懈怠；如是即使无益于人，至少有益于己。倘此有益于己的，兼能有益于人，岂不是更好吗？所以本刊的旨趣乃是寓供献于研究之中。他的使命就在为教育界通通血脉，使大家呼吸些清新温润的空气，并给同志们一个努力切磋的机会。

## 注释

①"毋意，毋必，毋固，毋我"　见《论语·子罕》，指无私意，无必期，不固执，无私己。

# 学生的精神*

知行此次因全国教育联合会事来湘，今天得与诸君见面，这是很愉快的。知行是世界的学生，诸君是学校的学生，今天是以学生资格对诸君谈话。有些议论也许诸君是不愿听的。但是“忠言逆耳利于行”，诸君或者能够原谅。

我现在要讲的题目，就是《学生的精神》。在我未说这题目之先，有点意思对诸君说一说：现在中国许多学生及一般教员，有一个很大的通病，就是容易“自满”。不论研究何种学科，只有相当的了解，即扬扬自得、心满意足。尤其是在过教员生活的，觉得自己处在教师地位，不必再去用功研究了。中国“四书”上有两句话说：“学而不厌，诲人不倦。”这真是千古不灭的格言，并且是两句不能分开的话。因为要“学而不厌”，才能够做到“诲人不倦”。例如我们来教一班小学生，倘若自己全不加以研究，只照着别人编的书本，自己抄的老笔记，依样画葫芦的教去，当学生的固然不能受多大的益，当教师的也觉得不胜其烦，没有多大的趣味。如是的粉笔生涯，不能不厌烦了。倘若当教师的，自己天天去研究，有所得的，即随时输之于学生，如此则学生受益较多，即当教师者也觉得有无穷的乐趣。所以学生求

* 本篇系陶行知在湖南的演讲。记录者：谢文熙。原载1925年12月1日《国民日报·觉悟》。

学，固然要“学而不厌”，就是当了教员，还是要继续的“学而不厌”。这可说是我现在要讲的“学生精神”的先决问题。

现在开始来讲《学生的精神》了。学生精神大约分为三点：

### （一）学生求学须具有科学的精神

我们不论研究什么学科，总要看一个明白，想一个透彻，多发些疑问，切不可武断盲从。例如别人要我们信仰国家主义，我们必须明了国家主义的内容是否合于现代社会，才定信仰不信仰的方针。其他，社会主义亦然，无政府主义亦然……尤其我们研究科学之时，碰到一个问题来了，“知之则知之，不知则不知”。因为我们自己知道自己不知的地方，那还有能够知道的一日；倘若不知的而认以为知，那末，不知道的终究没有知道的日子了。这可说是自己斩断自己求学的机能。所以我们学生求学，第一步就要有科学的精神。

### （二）要改造社会必具有委婉的精神

我们在任何环境里面做事，不可过于急进。譬如园丁栽花木，倘只执一镰斧，乱砍荆棘，我相信花木亦必随之而受伤。务须从旁着想，怎样才能使荆棘去掉，那末，非用委婉的功夫不可。改造社会也是一样。尤其是我们学生，因为是领导民众的中坚分子，倘用乱刀斩麻的手段，必引起一般民众起畏惧之心，怎样还讲得社会改造？所以我们要社会改造，也需要用委婉的精神，走到民众前头，慢慢地领他们向前走，并且还要告示他们向前走的方法。如此才有社会改造的希望。不然，任你如何轰轰烈烈倡社会改造，社会还是不能改造的。

### （三）应付环境必具有坚强人格和百折不回的精神

我们处在任何环境里面，必抱有坚强人格，不可自由摇动，尤其到了利害生死关头之时，必富有“富贵不能淫，贫贱不能移，威武不能屈”的气概。这才算得一个真正的大丈夫，真正的国民。现在中国一班学生——其实不仅是学生——在普通情形的时候，各人的性格，好像没有多大的区别。但到危急存亡利害相冲的关头，就看得清清楚楚，各人露出自己的本来面目。中国民众的不能团结，这就是一个很大的原因。所以我们处在任何的环境里面，坚强不摇的人格及不屈不挠的精神，决不能少的，尤其在我们学生时代。我现在要举一段历史例子给诸君听，就是明朝的方孝孺先生，当燕王棣[①]篡位之时，使他草“即位诏”，他大书“燕王篡位”四字，因此被夷十族。当燕王篡位之时，势力胜过现在的任何军阀，但不能压迫方先生一笔锥。可见方先生的人格及不怕死的精神，真令人钦佩而尊敬，亦可证明读书人不可忘掉气节。

学生的精神，大概分为上列三点。我觉得在今日的学生中，是亟宜注意的。因时间仓卒，说得不周到处，请诸君原谅！

## 注释

① 燕王棣　即朱棣（明成祖）。

# 南开大学教授来京参观感言*

南开大学理科教授饶树人、邱宗岳、姜立夫、应尚德诸先生于本月二日到京，参观京中各大学理科。这是一件很可注意的事体。我国中小学教员举行校外参观，由来已久。至于大学教授在国内交相参观的事，确是绝无仅有，因此大学教授就缺少了一种观摩的机会。这是很可惜的。南开大学理科教授此举可以算为大学教授交相参观的发端。我很希望各大学各科教授接踵而起，举行此种有价值的参观。南开大学张伯苓校长并且把教授参观费列入预算，我想别的大学也有仿行之必要。教育行政机关如能拨些经费鼓励鼓励，那就更易收效了。

* 本篇原载1925年12月4日《新教育评论》第1卷第1期。

# 女师大与女大问题之讨论*

教育当局前以政治势力和主观意见将女子师范大学①一改而为女子大学②，那时教育界曾请收回成命，奈因事已定局，不易挽回，至为可惜。今女子师范大学果以累月奋斗之精神于十一月三十日取女子大学而改之，此可见凭藉政治势力及主观意见，在教育界开创之局面是最不稳固的。种如是之因，得如是之果，百无一失。此次女子师范大学之改革，只是给大家多加一次教训与警告而已。

国人所望于女子师范大学的，不仅在更换校名而在实事求是。女子师范大学学生除修习基础学科外，应具之要项有四：一、信仰国家教育事业为主要生活。二、愿为中学教员者，对于中学生之能力需要应有彻底之了解；那愿为师范学校教员者，于中学生外，还须了解小学生之能力与需要。三、对于将来担任之功课须有充分之准备，这准备包含中小学所需之教材、教法之研究、实习和参观。四、各人一举一动，一言一行，都要修养到不愧为人师的地步。此次改革好比是拿老题目做文章。诸君既已拿了得意的题目，最要紧的就是要做一篇切题的文章，创造一个名实相符的女子师范大学。

但现在石驸马大街十八号里面，不像从前那样单纯。除女子师范大学学生外，还有新招之女子大学学生。他们是为进大学来

* 本篇原载1925年12月11日《新教育评论》第1卷第2期。这是该刊组织的一次讨论，参加讨论的还有赵迺传、汪懋祖和高仁山。

的，他们不是为进师范大学来的，他们的求学目的也是不应当轻易变动的。他们的题目是女子大学，他们应当有个机会做篇切题的女子大学的文章。当学生的不应当强人从己，也不应当舍己从人。女子大学是应得设法保存的。

既要保存女子大学，那末女子师范大学又将何以自处？现闻女子师范大学当局有根据民国十二年的女子大学原案改组为女子大学之议。如果这样办理，那末女子师范大学同人这累月的奋斗可谓文不对题。他们的题目是女子师范大学，他们应当彻底的去做女子师范大学的文章。

双方目的既不相同，顾此失彼，究欠公允。那末，应该怎样解决呢？我的建议是：组织一个“联邦政府”，挂一块这样的牌子：

国立 女子大学<br>
　　 女子师范大学

渊明[③]诗说：“荣衰无定在，彼此更共之。”此理甚明，我愿人家务要特别留意。全校同学从此应当一团和气的携手。你们有共同的目的，这目的就是求实在的学问。对于关系全体的事还要和衷共济的商量，总以“己所不欲，勿施于人”[④]为标准。如此则一年来的纠纷，庶可告一结束；而全国女子最高学府的基础，也可渐渐的稳固了。这是我们所恳切期望的。

## 注释

① 女子师范大学　即国立北京女子师范大学。

② 女子大学　即北京女子大学。其前身为北京女子师范大学。1925年夏，因校长杨荫榆依附军阀政府迫害进步学生，掀起学潮，曾一度罢课停办。在广大社会力量声援之下，学生最终取得胜利。教育总长章士钊辞职，杨荫榆被撤，女师大宣告复课。同年11月，该校改组为北京女子大学，隶属北平大学。

③ 渊明　即陶渊明。

④“己所不欲，勿施于人”　见《论语·卫灵公》。

# 时局变化中之义务教育*

“国宪起草委员会”于十一日通过《中华民国宪法案》，内中有一条规定义务教育的地位。这部宪法将来能否成立，成立后能否实行，是另一问题；若单就义务教育一方面说，我们觉得这次所规定的却能适合我们最低限度之希望。

在先，西北边防督办冯玉祥于九日条陈治国方针十二事，其中有强迫教育一条。他此次条陈的内容尽有可以讨论的地方，但在军事倥偬的时候，能注意到国家万年大计之义务教育，确系难得的。

中山先生的《建国方略》分军政、训政、宪政三时期。从军政到宪政，路程有太平洋那样远，风浪也有太平洋那样汹。不坐“训政船”，那能渡得过呢？训政的使命是要造中华国民？要叫五族四万万人个个都做成真正的中华国民。他的具体方案是强迫的儿童教育，强迫的成人教育。他的入手办法是确定学税，培养师资，组织村政，征收“愚民捐”，并以教育普及之程度为行政官吏考成之标准。这件大事决非少数人摇旗呐喊所能奏效，是必得要全国群策群力才能办得成功的。

说到这里，我们不能不佩服山西人民对于义务教育之忠实努力。自从民国七年开始试办，到了现在，山西省一百学龄儿童中

* 本篇原载1925年12月18日《新教育评论》第1卷第3期。

已有七十多人在国民小学里做学生了。山西之下的第二个省份只有百分之二十余。可见真正实行义务教育的，算来只有山西一省。近日报载山西卷入内乱漩涡，这是很不幸的消息，我们希望他不确。这点刚刚萌芽的义务教育的生机是国人应当努力爱护的。

# 驳特定学区议*

孤桐[①]先生拟在关税附加税额之建设经费项下，筹划五百万元在京西颐和园一带，建一中央学区，使北京国立大学教育都容纳于此。这是他做教育当局最后的一个政策，事未实行，人已离职，原无急急辩驳之必要。但此种建议确系代表一部分人之见解，以后或有旧事重提之可能，故乘这个时候讨论一番，也是有益的。我读了他的特定学区的五条理由，虽然发生好多感慨，但根本上不能苟同。他倡议的宗旨，原想矫正今日京中大学教育之弊害。就吾所见，此诸多弊害有不必特定学区即可矫正的，有即特定学区而亦不能立时矫正的，也有因特定学区而转生他种弊害的。

他所举的第一个理由，就是学术中心，宜与政治中心分离。他说："以学术中心置于政治中心之地，两心相接，非混淆则抵触，无论何出，学均不利。"他以为把北京的大学都移到城外去就可算与政治中心分离了。这是太乐观的看法。自从五四以来，学生运动里面多半都有清华学生参与其间。清华学生既可从清华园里进城参与学生运动，中央学区的学生岂不能从颐和园进城参与学生运动吗？如果他真要做到政治中心与学术中心分离的境界，就应当把这个中央学区搬得远远的，搬到西山去，搬到西山

* 本篇原载1925年12月18日《新教育评论》第1卷第3期。

之西去。或者有人要说：清华学生是北京学生勾引进城的，倘使北京没有国立八校学生，清华园和颐和园的学生亦没有进城的趣味了。我们要晓得除去清华外，北京有大学专门学生一万三千三百八十八人，国立八校学生只有五千一百三十二人（根据民国十二年调查报告）。国立八校学生虽搬到颐和园去，还有其他大学专门学生八千八百九十人在京里做他们的内应呢！所以把大学搬到颐和园去，就以为学生从此不能干预政治，未免过于自信。德国之柏林大学，法国之巴黎大学，日本之东京帝国大学，以及好多别的大学，都是设在政治中心之地，未闻有如吾国之学潮，亦未闻有何不利于学术之表征。政府当局不能贤明，社会领袖麻木不仁，学校教授不能专心学术，这三件事是学潮之根本原因。假使贤者在位，能者在职，政事清明，学生安能无风作浪？假使社会领袖关心国事，能负监督政府之责，则学生自无冲锋之必要。又假使教授能专心从事指导学术之研究，则学生精神有所寄托，更无余暇以从事于无谓的风潮了。这是说学生运动自有来历，特定学区不是解决学潮的办法，也不是提倡学术的根本办法。孤桐先生很称赞英伦大学之政学划分。但政学划分是要跟着时势走的。假使英伦政治变成了中国政治那样腐败，那时我们可以晓得英伦大学学生究竟闹不闹风潮？倒过来说，假使中国政治长久如此腐败，而京中大学的学术已可与英伦大学比骋，那时我们可以知道京中大学学生是否不闹风潮了，学术应当超然于政党之外，自不待言。以政侵学与以学侵政都是不幸的现象，都是应当避免的。我看了孤桐先生称赞厄北淀大学②学生反对该校推举内阁总理爱斯葵为名誉校长的言论，心中非常欢喜。因为这句话出于以总长兼校长者之口，我相信是一种觉悟之表示了。只要学界的人或政界的人肯下此决心，中国教育就有希望了。这是不必特定学区就可以做得到的。倘使当事者不能根本觉悟，那末就把学校搬到千万里之外去，京中何尝不可设驻京办公处呢？只消做到遥领两个字，千万里外之学校里，就免不了掀天之波浪了，何况乎颐和园之近呢？

第二点，孤桐先生不赞成校址与市廛相混。他甚至于有“一出校门即去学万里”之惧怕。这种意见固也包含了些真理，但未免太笼统了。吾不知孤桐先生心目中所谓之大学究竟是什么。我心目中之大学，一小部分是要在乡下办的，一大部分是必得要在都市里办的。试拿今日教育部直辖的北京国立学校来讨论，农业大学是应当在城外办的。他现在的位置还过得去，实无搬家的必要。工业大学要依性质在工业中心办的，北京固不相宜，颐和园更不相宜。医科大学如果他不是专门研究痨病，那末为了实习诊断研究病理起见，是应当在城里办的。两个师范大学如果训练乡村师范教员，自应在农村里开办，颐和园附近却不是理想的地方。至若现办的部分，为着试教参观起见，也是要在户口稠密的地方办的。法政大学设在政治中心正是得其所哉。美术学校是可以搬到城外去的。不过美术完全下乡也是有牺牲的。假使美术学校搬到颐和园去，当然能得好多益处，但古物陈列所及随时举行之展览会是不是辜负了呢？自然方面固然加了接触的机会，人生方面岂不要减少了了解吗？自然美术固可贵，人生美术更可贵，自然化的人生美术，人生化的自然美术尤其可贵。由此看来，现代美术岂可终身做乡下佬？最后，剩下了一个北京大学和一个女子大学。北京大学是个复杂的机体，我们要分析一下才能明白他的内容。北京大学除心理、天文两系还没有独立外，共分三组十六系：第一组为数学、物理、化学、生物、地质五系；第二组为国文、英文、法文，德文、俄文五系；第三组为哲学、教育、历史、政治、法律、经济六系。第一组五系可以在乡下过独立生活。第二组五系设在城里比较好些，但必不得已后四系可以下乡，国文系似乎不宜下乡，倘要下乡，怕非把琉璃厂等等一同带去不可。第三组六系多半是要靠着人生做他的内容的。颐和园左近有什么人生？这六系是断断乎不可下乡的。所以即就北京大学而论，搬到城外也怕要得不偿失。女子大学简单得多，他的现有各系也可以照上述原则解释。

至于学校要有明秀的环境，自不待言。但舍近求远，也可不必，比如先农坛、天坛、清宫、景山、北海、南海一类的地方，尽可酌量拨作各种学府之用。拿这些地方来做国立学府，总比做别的事用有意思些。近处实在无法可想，再从别处想法也不为迟。

英国宿舍制度为天下冠，这是我们应当取法的。但统一宿舍问题是不必特定学区才能解决的。近如协和医学院，远则南开大学的宿舍，不是办得很好吗？私立学校能如此，国立学校何尝不可如此？其所以不能如此的缘故，一因办学者无计划；二因教育当局不能为经济上的援助。只要经费有着落，教职员精神贯注，何不可一举而成？岂是要特定学区才能办得到呢？

说到甘桥[③]、牛津[④]二大学之“醇风”，这是他们七八百年的历史的势力养成的。我们要想有甘桥、牛津之学风，断非短少时间内所能勉强造成。物质环境不过是许多历史势力中之一种，即使特定学区是个正当的办法，他对于学风养成也只能有一部分的贡献。

孤桐先生末了说：“京内各校，鸟衔狗续以成之，应需设备，无一可言，或者如天之福，有款当前，衔焉更衔，续然复续，斯仍为因陋就简之局，不离事倍功半之讥，别起宏规，庶臻完善。”京内各校的校舍，确应根本改造。但必定要在颐和园左近“别起宏规”，把京中国立学校一齐搬了出去，使学术与人生离婚，我是不敢赞成的。“别起宏规”是应当看各校的情形，各选合宜地点去办的，不应当囫囵的拿一个特定学区来笼罩一切大学。孤桐先生本想合并八校（结果似有九校产生），消极方面行不通，转过头来倡特定学区之议，简直是一个合并八校的积极方略。所以特定学区与合并八校是一而二、二而一的计划。北京八校一小部分应当合并，我是赞成的。全部的合并，不但是做不到，即使能做到，也是有害的。要用特定学区来合并八校更是有害的。北京八校之由合而分，由分而复，有他历史上不得不然之情形，也有事不必需而可以用精密计划避免之情形。现在再要把分过家的人凑合起来叫他们同居，也得要把他们在历史上演进演退的情形详细考查一番，然后可以知道他们是否还有完全同居之可能。如今这番工夫没有做，凭空创一个囫囵的合并八校论，又凭空创一个囫囵的特定学区议，未免令人发生一种隔靴擦痒的感想。

总起来说，我赞成他的请款计划，我赞成他的保款办法，我也赞成他的主张用这笔款来为京中大学别起宏规。我所不能赞成的只是拿一个囫囵的中央学区笼罩京中一切的国立大学教育。大学是造就学者和领袖的地方，不是剃度和尚的地方。我们要大学培养与国计民生有关系的学者领袖，不要大学培养避世的隐士、出世的僧尼、不知世事的书呆子。我们要学生认识人民，人民认识学生。我们要到民间去的学生，不要到天上去的学生。倘使因为环境不好即思迁移，那末，城里不好搬到乡下，中国不好搬到外国，外国不好，再搬到什么地方去呢？学问之道无他，改造环境而已。不能把坏的环境变好，好的环境变得更好，即读百万卷书有何益处？

## 注释

① 孤桐　即章士钊。

② 厄北淀大学　通译亚伯丁大学，在英国苏格兰，1494年创办。

③ 甘桥　通译剑桥大学，1209年创办。

④ 牛津　英国历史最久的大学，1168年创办。

# 内蒙革命与教育*

内蒙国民党近在张家口开第一次代表大会，发表宣言十四条，于中华民国前途，内蒙前途，人道前途，都有极大关系。现在要把他们列举于下：

本党制定力行事项：

一、凡在中华民国领土内之各民族，各有民族自决权。

二、中华民国国民打倒外来帝国主义，扑灭内部残暴军阀，建设真正民权政府之时，我内蒙民众亦应设立民权自治政府。

三、凡我民众，不分性别，均有自由参加国政之权。

本党于最短期内应办之事项：

一、取消王公之专政制度。

二、各旗政权移交于人民时，以民选制度行之。

三、设立全内蒙蒙民代表会议。

关于经济事项：

一、凡为王公札萨克①等统领之土地，均须移归于民选机关。其有蒙、汉杂处之土地，应互相协定维持各方利益之办法。

* 本篇原载1925年12月25日《新教育评论》第1卷第4期。

二、凡保护蒙古土地利益之事项，均由民选机关执行之，并设法废除蒙古地方现行之一切虐政。

三、停止各旗人民代王公偿还中外商人一切债务，而归原欠债人自行偿还。

四、设立协合公司，以发展民生。

关于教育、信教事项：

一、以国家财力，设立蒙文平民大中小三级及各种专门学校，实行强迫教育。

二、教育贫寒平民子弟，不收学费。

三、设备平民卫生局及办理各种慈善事业之处所。

四、人民信教自由，但藉教愚惑人民及勒索财物者，一律禁止之。

我读了这十四条宣言，觉得有三个意思要发表：

一、蒙古与内地各省言语不同、文字不同、宗教不同、生活状态不同、社会习惯不同，应当有不同的政治组织以适应他的特别需要。中华民国政府应当依据民族自决的原则，给他一个充分自治的机会。具体些说，为谋民族合作起见，中国应设联邦政府，内蒙应做这联邦政府中之一邦。我们不但应当如此看待内蒙，凡和内蒙具有同样特性的区域都应当如此办理，方能巩固五族共和的基础。外蒙既已自建国民政府，内蒙又起而要求自治政府，我们还能不警醒吗？

二、中华民国已经成立了十四年，还有世袭的王公，我国的政治革命，可算太不彻底了。现在内蒙继外蒙而起，要自动的取消王公之专制，西北边防督办冯玉祥于本月九日亦有同样的主张，诚为可贺。查内蒙六七百万人当中除去汉人之外只有三种人：一是王公札萨克一流的贵族，二是喇嘛，三是奴才，叫做博果勒。喇嘛之外，王公札萨克以下的一切人民都是奴才，奴才的奴才，奴才的奴才的奴才。奴才的生命、家属、马牛羊及一切的财产都是王公的，都是由王公操纵的。王公要他活就活，要他死就死。内蒙人民处于这种情形之下，还有什么活路走呢？只有一条！这条路就是做喇嘛！做了喇嘛，就可以不当兵，不纳税，不做奴才。所以做父母的总把他们最聪明最爱惜的儿子送到喇嘛庙里去做喇嘛。内蒙蒙民男子十人中有六人是喇嘛；内蒙的俊秀，不愿做奴才的俊秀，都做喇嘛了。除做喇嘛之外，只有给王公们做鱼肉。所以世界的奴才制度，再也没有比内蒙惨酷而有系统了。中华民国而不能废除内蒙王公，解放内蒙奴才，不但是有违共和政体，简直大背人道了。

从一个专制的内蒙变到一个自治的内蒙，固要运用政治的方略，但最要紧的还是要从培养领袖、训练公民入手。关于这点，内蒙革新同志已经特别注意，可谓远见。但现在内蒙教育幼稚，无庸讳言。张家口新办的强迫平民教育，大有参考的价值。总之，内蒙革命应与内蒙教育同时并进，方能解除蒙民之倒悬，而创造一个名实相符之“中华联邦共和国”中之自治内蒙。

## 注释

① 札萨克　蒙语，意为总管。清代官名。民国建立后，仍沿其旧制。

# 学做一个人*

我要讲的题目是：《学做一个人》。要做一个整个的人，别做一个不完全、命分式的人。中国虽然有四万万人，试问有几个是整个的人？诸君试想一想："我自己是不是一个整个的人？"

《抱朴子》[①]上有几句话："全生为上；亏生次之；死又次之；不生为下。"

但是何种人算不是整个的人呢？依我看来，约有五种：

（一）残废的——他的身体有了缺欠，他当然不能算是整个的人。

（二）依靠他人的——他的生活不是独立的；他的生活只能算是他人生活的一部分。

（三）为他人当做工具用的——这种人的性命，为他人所支配，没有自己独立的人格。

（四）被他人买卖的——被贩卖人口所贩卖的人，就是猪仔；或是受金钱的贿赂，卖身的议员就是代表者。

（五）一身兼管数事的——人的一分精神只能专做一件事业，一个人兼了十几个差使，精神难以兼顾，他的事业即难以成功，结果是只拿钱不做事。

* 本篇系陶行知1925年11月27日在南开学校的演讲词。记录者：高中勾秉镩。原载1926年2月28日《生活周刊》第1卷第19期。

我希望诸君至少要作一个人；至多也只作一个人，一个整个的人。作一个整个的人，有三种要素：

（一）要有健康的身体——身体好，我们可以在物质的环境里站个稳固。诸君，要作一个八十岁的青年，可以担负很重的责任，别作一个十八岁的老翁。

（二）要有独立的思想——要能虚心，要思想透彻，有判断是非的能力。

（三）要有独立的职业——要有独立的职业，为的是要生利。生利的人，自然可以得到社会的报酬。

我觉得中学生有一个大问题，即是“择业问题”。我以为择业时要根据个人的才干和兴趣。作事要有快乐，所以我们要根据个人的兴趣来择业。但是我们若要作事成功，我们必要有那样的才干。

我曾作了一首白话诗，说人要有独立的职业：

滴自己的汗；吃自己的饭。
自己的事，自己干。
靠人，靠天，靠祖先，都不算好汉。

现在我们专讲“学”和“作”二个字，要一面学，一面作。“学”和“作”要连起来。英语Learn by doing[②]，也就是这个意思。我们要应用学理来指导生活，同时再以生活来印证学理。

将来诸君有的升学，有的就职业，但是为学的方法全要研究。学农的人要有科学的脑筋和农夫的手；学工的人，也要有科学的脑筋和工人的手。这样他才可以学得好。

我希望到会的个人，是四万万人中的一个人。诸君还要时常想：

中国有几个整个的人？

我是不是一个整个的人？

## 注释

①《抱朴子》 是一部谈“神仙方药”和“养生延年”的书。东晋葛洪著。葛洪（284—364)，字稚川，号抱朴子，丹阳句容人。

② Learn by doing 意为“在做中学”。

# 四年前的这一周*

四年前的这一周——自民国十年十二月十九日至二十六日，是近年中国教育界最可乐观的一个时期。

那时实际教育调查社于调查九省教育之后，邀集各地教育界代表七十余人到京开会，讨论改进教育之方案。到会的有奉天、广东、福建、四川、浙江、江苏、山东、河南、山西、直隶等省的代表。老前辈中如严范荪①先生等都亲自出席。现在回想到那时会场上一团和气的情形，真要令人认为黄金时代了。那时大家痛恶门户之见、派别之分，都愿意牺牲己见，力谋合作。社会团体如新教育共进社，新教育杂志社、实际教育调查社的当事人，都自动的要把三个机关合并为一个机关，结果就于二十三日产生了中华教育改进社。这种决心，到现在几乎没有机会再见了。现在教育界的四分五裂是无可讳言的。一校之内，同事变成仇敌；顷刻之间，朋友变成冤家；那疏的远的泛的所谓教育界同人更不必说了。大家拼命的夺饭碗，争地盘，斗意气，那真正从事于主张之争的实已如凤毛麟角了。我们看见今日教育界这种私欲暴露的凶相，那能不回转头来羡慕四年前的太和气象呢？

教育讨论会里讨论的题目虽有十几个，但听众受刺激最深的无过于“教师专业问题”。当孟禄先生演讲教师兼课兼差的流弊

---

* 本篇原载1926年1月1日《新教育评论》第1卷第5期。

时，全场为之肃然，甚至于有流眼泪的。好一幅教师忏悔图！但是拿那个时候的兼课兼差情形和现在比，却又是天渊之隔了。那时北京的教师兼二三个学校的功课，每周干二三十个钟头，每月得薪金四五百元，已算是少见的，舆论对于他已经是啧有烦言。现在的情形却大不相同了。我未叙兼课兼差的现状以前，要略述他的背景。现在教师兼课兼差也有可以原谅的地方。这四年当中，大米价钱涨了百分之二十四，白面价钱涨了百分之五，猪肉价钱涨了百分之二十五，煤球价钱涨了百分之八十一。虽然今年因为时局关系，物价要特别加高，但这几年的生活程度确系增加了好多。生活程度虽然逐渐增高而教师薪金却逐渐拖欠，这是教师的最大困难。民国十年年底，北京大学只欠发薪金一个月，本年年底已欠发薪金十二个月了。师范大学这四年来的情形，相差更远。民国十年，该校实收款项除完全照预算开支外，还有些余款还债。到了本年十二月，教员薪金连去年十月的还没有发齐，简直被政府拖欠了十四个多月了。如果任其自然，教育界没有自己努力另筹款项，那现在北京国立学校怕要有两年的积欠了。在这种情形之下，教师如何能够维持生活？不能维持生活，如何能够维持专业的精神？所以四年前之兼课兼差应由教师独自负咎，现在之兼课兼差以及连类发生的一切恶影响，应由政府与教师共同负责。但四年之中短少十二个月或竟至十四个月薪金，每年平均短少三个月或三个半月，兼课兼差也不应当到现在这种的地步。此刻北京一个人兼四五处有薪职务是常见的。甚至有人在一个学校里领取等于两份专任职的薪金。每月薪金总额竟有超过一千元的，几乎要叫总长们瞠乎其后。钟点不够分配，就设法迟到早退，或轮流请假，或拣学生不能到班的时候上课。教师专业的精神可算堕落到极点了。我们再不猛省，再不回头，真是要叫教师专业精神宣告破产了。

上面所叙述的：一是四年前本周教育界所表示的通力合作的精神，二是四年前本周教育界互相勉励的教师专业的精神。这两种精神业已消磨殆尽，最堪痛心。现在将到年终，我希望教育界同人把以前种种怏怏的一笔勾消，好去共同的创造一个新纪元，给教育界一个新生命。我们要晓得做教师的如不能放弃权利争斗或不能维持专业精神是最可耻的。四年前的猛省、忏悔、决心，何时能再发现呢？

## 注释

① 严范荪　即严修。

# 师范教育下乡运动*

上月十四、十五两日，江苏省立师范分校联合会在黄渡举行第二届常会，他们的附属小学也组织了一个联合会，于十五日举行成立典礼。这两件事是关心乡村教育的人应得注意的。

中国的师范学校多半设在城里，对于农村儿童的需要苦于不能适应。城居的师范生平日娇养惯了，自然是不愿到乡间去的。就是乡下招来的师范生，经过几年的城市化，也不愿回乡服务了。所以师范学校虽多，乡村学校的教员依然缺乏。做教员的大有城里没人请才到乡下去之势。这种教员安能久于其职，又安能胜乡村领袖之重任呢？江苏义务教育期成会袁观澜、顾述之二先生觉得乡村教师需要之急，而培养之法更不能不改善，所以发起每个师范学校在乡间设立分校，以为造就乡村师资之所；每分校并设附属小学一所，以资乡村师范学生之实习。现在一师、二师、三师、四师，五师都设有分校和分校的附属小学。这个师范分校联合会和分校附小联合会就是这些师范学校的分校和分校附小组织成功的。他们的宗旨在联络、研究，共谋各该校教育上之改进及乡村教育之发展。我国师范学校以合作及研究精神图谋乡村教育之发展的，实以此为起点。

这次分校联合会共总商议了四十一个案件，内中有好几个案

* 本篇原载1926年1月8日《新教育评论》第1卷第6期。

件都是很关重要的。这次会议最出色的一件事，就是各种乡村教育问题之分门研究，如公民科、史地科、国语科、数学科、教育科、农业科、理科、音乐科、图画手工科、体育科、童子军，各门的课程大纲，及农场作业分配，推广农村教育，学业成绩考查法，训育、健康教育、师范生实习等问题，都有委员会负责研究。这种分门的研究总比囫囵的空谈要切实些。

我以为，乡村师范学校负有训练乡村教师、改造乡村生活的使命。师范学校在乡村里设分校，在乡村的环境里训练乡村师资，已经是朝着正当的方向进行了。我们的第二步办法，就是要充分运用乡村环境来做这种训练的工夫。我们要想每一个乡村师范毕业生将来能负改造一个乡村之责任，就须当他未毕业之前教他运用各种学识去作改造乡村之实习。这个实习的场所，就是眼面前的乡村，师范所在地的乡村。舍去眼面前的事业不干而高谈将来的事业，舍去实际生活不改而单在书本课程上做工夫，怕是没有多大成效的。我们不要以为把师范学校搬下乡去就算变成了乡村师范学校。不能训练学生改造眼面前的乡村生活，决不是真正的乡村师范学校。

江苏师范分校尚属试办性质，他的效果，尚难预测。但他们对于乡村教育那点通力合作、分门研究及实地试验的精神，却是很宝贵而为全国师范学校所应取法的。

# 《蒙古教育之方针及其办法》一文按语*

郭道甫先生是内蒙人，曾任呼伦贝尔海拉尔中学校长，现任内蒙国民党中央执行委员会秘书长。他此次来京，对于内蒙的改革，曾发表了好几篇宣言，很多切要的议论。一天，我们会面的时候，我就问他对于内蒙教育之意见，他在本刊发表的这篇文字就是一个答案。我们在这篇文字上，可以看得出蒙古人自己关于教育之主张与要求，这篇文字确可代表蒙古革新派之教育理想。

前年七月，中华教育改进社在南京开第三届年会，成立了一个蒙古教育组，讨论蒙古教育之方针与办法。那时郭道甫先生也曾出席。我现在要把那次议决的蒙古教育方针写出来给大家参看：

(一) 养成五族共和公民资格；

(二) 培植蒙贤治蒙；

(三) 保持蒙古民族之独立性；

(四) 依据现在生活状况，图谋适应社会进化之需要。

试把这四条方针与郭道甫先生所提的三条比较一下，我们觉得只有养成五族共和之公民资格一条没有包括进去。郭道甫先生或者以为这条是当然的事实，不必大书特书。读了他中段的理

* 本篇系为郭道甫著《蒙古教育之方针及其办法》一文所加的按语。原载1926年1月15日《新教育评论》第1卷第7期。

论，就晓得我的设想是有根据的。郭先生说：“如吾人认定蒙古确为中国之一部，则应当提高蒙古人民之程度，使其与其他民族同尽立国之义务，亦同享立国之权利，此种工作非教育不能成其功。”看了这段话，就可想见郭先生对于养成五族共和的公民资格一条实在是赞成的。不过这条与民国前途关系太大，在教育方针里特别提出来总是有益的。我对于中国各民族运动有两句话贡献：共和不忘自治；自治不忘共和。不知道甫先生以为如何？

# 清华学校问题*

清华学校[1]教务长张彭春氏之突然辞职，确实给我们一个很大的刺激。我们觉得这是一件很不幸、很可惜的事情。

这两三年来因有曹校长[2]、张教务长[3]与教职员之锐意改革，大体上清华学校确已向正当方向进行。其中最可注意的有张氏建议之三个重要政策：一是学校与游学[4]完全划分，停招旧制之留美预备班。二是建立新校，完全以在本国造就本国领袖人才为目的。三是游美学额之给予，完全公之全国各大学之毕业生，以公开考试定之。这三条政策，我们认为是清华学校最切中时代需要之改革。大家正在希望全校协力将此政策实现的时候，忽得最初主张者辞职的消息，自然免不了大失所望。局外人不但失望并且怀疑。所要怀疑的就是，清华学校现在的环境倘无彻底改造，是否允许此项政策的充分实现？姑以第二条政策来做个例，我就听了许多的批评。外间一谈到清华学校，就联想到“安乐”、“享福”、“娇养”、“软教育”。有人甚至于说，清华现在环境不但不能造就中国领袖人才，且要毁坏中国领袖天才。这些主观的、零星的评语，当然不能做判断一个学校的根据。我希望如天之福，这些话都是捕风捉影。万一属实，那清华学校同人就应猛省，就应谋根本的改造。

---

* 本篇原载1926年2月12日《新教育评论》第1卷第11期。

这些评语究竟是虚是实，谁能解答？谁能解答而无顾忌？谁解答而能取信于人？我以为清华本身改造和征信国人，都要有一个彻底的调查，以明他的真相。第一，这种调查要有超然的人担任，要有与清华学校素无利害关系的人担任。第二，这种调查是要专家担任的，调查那一部分的事业或生活就要有那一门的专家担任。第三，这种调查是要有系统的。凡清华学校全部的组织、职教员、课程、学生和毕业生活动、经费状况、校舍设备、校工等等，都应当详细调查。第四，这种调查是要客观的。与其听主观的舆论，不如搜客观的事实。总起来说，解决清华问题的出发点，是要有一个超然的、专家的、客观的、系统的调查。清华的问题关系国家很大，清华同人和全国国民都不应当将他轻轻的放过。清华学校到了现在已有“自知”和“使人知”之必要了。彻底的调查，早办一天，则根本改造可以早一天实现，而国人对于清华教育之怀疑也可以早一天消除，岂不是一举两得吗？

## 注释

① 清华学校　1911年，清政府用美国所退庚子赔款开办的一所留美预备学校。1925年后逐步办成大学。1928年正式命名为国立清华大学。

② 曹校长　指清华学校校长曹云祥。

③ 张教务长　即张彭春。

④ 游学　即留学。

# 尊重公有财产*

凡是公共团体必须有公共财产，方能实现他的公共生活，举办他的公共事业。无论团体大小、生活繁简、事业多少，必须有点财产做他的经济基础。这点财产或是本团体里的人自己出的，或是外面捐来的，但一归本团体所有，即成为大家共同的财产了。例如学生自治会是学生组织的公共团体；学生每人出一元钱和拿钱为本会置办的东西合起来就可算为学生自治会的公有财产。既是学生自治会的公有财产，每个学生对于他就得要十分尊重。保管的人务要把他保管得十分稳妥；支配的人务要把他支配得十分适宜；使用的人务要把他使用得十分当心。我们对于自治会的公有财产应当如此，即对于一校、一村、一市、一县、一省、一国的公有财产也应当如此。

凡团体活动要切实，必须有计划；计划要切实，必须有预算；预算要切实，必须有决算。所以尊重公有财产的第一件要事，就是要有预算和决算。没有决算，则预算蹈空；没有预算，则计划蹈空；计划蹈空，则便宜行事，甚至应当用钱的地方或竟不用，不应当用钱的地方或竟浪用。结果既不能量出为入，又不能量入为出，必至一塌糊涂。且我们既属团体中人，对于本团体之资产、负债、收入、支出，都应当明白，管事的人应当把预算

* 本篇原载1926年4月16日《新教育评论》第1卷第20期。

决算一齐公开。中国中央政府从民国八年以后就没有预算，更谈不到决算，所以弄到如同天天过三十晚一样。我们从学生自治会做起，自治会的职员都要为我们预备一个公开的预算决算。由此类推，做一件公共的事，必须有一个公开的预算和决算。村政、市政、县政、省政、国政，都要有公开的预算决算。太阳光所到的地方必无微生物。要免公有财产的损失，最要紧是要有公开的预算决算。到处要求一个公开的预算与决算，是公民的一种重要的责任。

预算既成之后决算未成之前，要有清楚的帐目。帐目根据预算又为决算所根据。预算决算只是大纲，帐目则非详细不可。管理公有财产的人务须收支有据，逢帐即录。一日必结一日之总，一月必结一月之总，决不可懈怠，决不可拖延。他要做到随时可以交帐的地步，才算无负于公家的付托。如果一天一天的拖延下去，事后记忆必难周到。错出不过赔钱而已，错进就难免侵吞公款的嫌疑，这是万万不可不谨慎的。再，凡是银钱进出，必须经两个人看过签字。这个办法一则可以免去嫌疑，二则可以预防作弊，经管公款的人务须遵守。最后，一切帐目及决算，必须有专家的审查，每半年或一年审查一次皆可。没有经过专家审查的决算帐目是不能取信于人的。这些工具手续的目的在使帐日清楚，以免公款之损失。凡属公共团体之一分子，皆负有要求他们实现之责任。

公有财产中之一部分就是公有的物品。这些公物是给人公用的。公物比私物容易损坏，就是因为用的人对于公物不加爱惜。公园的花木随意乱折；图书馆的书随意乱翻；还有人希望流芳百世，到处题名，以至名胜都被糟踏。学生出外旅行的时候尤其容易犯这个毛病。殊不知这就是损坏公物，不是公民应有的习惯。这种坏习惯如不斩草除根，让它蔓延出来，渐渐的可以盗卖公产，甚至于可以盗卖国权。做公民的一方面要自己爱惜公物，一方面对于损坏公物的人还要一致反对。我们应当爱护公物如己物。

最后，我们每个人有两种资格：一是私人；二是公共团体的一分子。我们应当把这两种资格所包含的任务分得清清楚楚。即就财产一项而论，个人的私产和团体的公产是应当有很分明的界限的。我国人应当痛改的一个习惯就是公私混杂。政界中人，有的连家里用的煤炭，妇女们用的首饰，也要在公家开帐。学校中人，有的写私信也要用公家的信纸信封。甚至于有人把公款放在家，记在自己的帐上。结果，始而混杂，继而挪移，继而亏空，终于公家破产，个人信誉扫地。公私之间应当划条鸿沟，绝对隔离，不使他有毫厘之交通。私帐混入公帐，公帐混入私帐，就是混帐。公民不但自己不混帐，并且要反对一切混帐的人。

总起来说，一公开的预算，二清楚的帐目，三爱护公有物品，四划分公私界限，是尊重公有财产的四种主要办法。“苟非吾之所有虽一毫而莫取”[①]，做公民的不可无此精神。莫取之义有三：一不愿取，二不可取，三不敢取。使人不敢取是刑法之事，使人不可取是会计严谨之事，公民教育之事乃在使人自得一种不愿取之精神。要晓得一个人爱国不爱国，只须看他对于公有财产之态度，只须看他对于公有财产有没有不愿取之精神。

## 注释

①“苟非吾之所有虽一毫而莫取”　见苏轼《前赤壁赋》。

# 我之学校观*

学校的势力不小。他能教坏的变好，也能教好的变坏。他能叫人做龙，也能叫人做蛇。他能叫人多活几岁，也能叫人早死几年。

学校以生活为中心。一天之内，从早到晚莫非生活，即莫非教育之所在。一人之身，从心到手莫非生活，即莫非教育之所在。一校之内，从厨房到厕所莫非生活，即莫非教育之所在。学校有死的有活的，那以学生全人、全校、全天的生活为中心的，才算是活学校。死学校只专在书本上做工夫。间于二者之间的，可算是不死不活的学校。

学校是师生共同生活的处所。他们必须共甘苦。甘苦共尝才能得到精神的沟通，感情的融洽。国家大事，世界大势，亦必须师生共同关心。学校里师生应当相依为命，不能生隔阂，更不能分阶级。人格要互相感化，习惯要互相锻炼。人只晓得先生感化学生，锻炼学生，而不知学生彼此感化锻炼和感化锻炼先生力量之大。先生与青年相处，不知不觉的，精神要年轻几岁，这是先

* 本篇原载1926年11月5日《微音》月刊第29、30期合刊。文后有程本海的编者按："陶先生这篇文字，是一个活学校的宣言书。在共和国家里面，无论什么地方，都可适用，尤其是我们徽州的学校，应当特别注意。我希望家乡学校读了这篇文字之后，要自己问问：'我这个学校是死的，还是活的？'如果是死的，就要叫他复活，如果是活的，就是叫他更加活，叫他长生不老。我们一致的要求是：徽州从今以后只有活学校，没有死学校。我们还要进一步要求活的学校去共同造一个活的徽州。"11月10日《民国日报》上海版转载。

生受学生的感化。学生质疑问难，先生学业片刻不能懈怠，是先生受学生的锻炼。这是不可避免的，也是好现象。总之，师生共同生活到什么程度，学校生气也发扬到什么地步，这是丝毫不可以假借的。李白诗说："黄河之水天上来，奔流到海不复回"。这好比是学生的精神。办学如治水，我们必须以导河的办法把学生的精神宣导出去，使他们能在有益人生的事上去活动。倘不能因势利导，反而强事压制，那末决堤泛滥之祸不能幸免了。

康健是生活的出发点，亦就是学校教育的出发点。学问、道德应当有一个活泼稳固的基础，这基础就是康健。俗话说"百病从口入"，同志们务必注意，办学校是要从厨房、饭厅办起的。

生活之发荣滋长须有吸收滋养料的容量。学校教职员必须虚心，学而不厌。我以为不但教师要学而不厌，就是职员也要学而不厌，因为既以生活为学校的中心，那末各种事务都要含有教育的意义。从校长起一直到厨司、校工，各有各的职务，即各有各的学问要增进。增进之法有二：一是各有应读之书必须读；二是各有应联之专家同志必须联。一个学校要想有美满的生活，必须和知识的泉源通根水管，使得新知识可以源源而来。

学校生活只是社会生活一部分。学校不是道士观、和尚庙，必须与社会生活息息相通。要有化社会的能力，先要情愿社会化。

学校生活是社会生活的起点。远处着眼，近处着手，改造社会环境要从改造学校环境做起。全校师生应当以美术的精神共同改造学校环境。凡应当改造的，一丝一毫都不肯轻松放过，才能表现真精神。师生不能共同改造学校环境而侈谈社会改造，未免自欺欺人。

高尚的生活精神不用钱买，不靠钱振作，也不能以没有钱推诿。用钱可以买来的东西，没有钱自然买不来；用钱买不来的东西，没有钱也是可以得到的。高尚的精神如同山间明月、江上清风一样，是取之无尽，用之无穷的。没有钱是一事，没有精神又是一事。有钱而无精神和无钱而有精神的学校，我都见识过。精神是不靠钱买的。精神是在我们身上，我们肯放几分精神，就有几分精神。不关有没有钱，只问我肯不肯把精神放出来。

我们要学校生活长得敏捷圆满，就得要把他放在光天化日之下。太阳光底下可以滋长，黑暗里面免不掉微生物。所以我主张学校要给人看。做父母的、管学务的，以及纳教育税的人，都要看学校。要学校改良，做校长的、做教员的，都要欢迎人参观批评，以补自己之不足。学校放在太阳光里必能生长，必能继续不断的生长。

我对于学校悬格并不要高，只希望大家把学校办到一个地步——情愿送亲子弟入校求学，就算好了。前清往往有办学的人不令子弟入学，时论以为不恕。现今主持省县教育者，亦颇有以子弟无好学校进为虑，甚至送入外人设立学校肄业，真正令人不解。我要有一句话奉劝办学同志，这句话就是："待学生如亲子弟。"

十五、九、二十

# 《燕子矶小学》序*

我自从参观燕子矶小学以后，觉得这里充满了生活力，可以担当乡村教育改造之向导，于是就做了一篇《一个用钱少的活学校》，希望引起全国同志的觉悟，去共谋全国乡村教育之根本改造。继而建议于本社①董事部与江宁县教育局约定，以他充作本社特约第一试验乡村学校，以为本社实行改造乡村教育政策之出发点。从此我们的关系日益亲密。我亲眼看他继续的努力，征服自然，改造社会。我亲眼看他整理燕子矶公园②，建筑通俗图书馆，组织新农村。我亲眼看他同化别的学校。我亲眼看他联合志同道合的学校，从事课程的研究。我亲眼看他和尧化门小学与江宁县立师范学校，共谋乡村师资之改进。看着这种种设施就觉得他的精神，只是一个“长”字。因为他是“活”的，所以能长。凡是不长的东西，就快要死了。因为他继续的长，所以他能继续的活。我希望全国的小学都有燕子矶小学的精神，个个长生不老，个个不断的向前进，向上长。

中华民国十五年十一月二十四日陶知行

* 本篇原载《燕子矶小学》，该书为中华教育改进社丛刊之六，丁超编，1928年10月商务印书馆出版。

## 注释

① 本社　指中华教育改进社。

② 燕子矶公园　以南京东北郊长江岸边山岩突起若飞燕凌空的燕子矶为主体，包括观音阁和沿江12个岩洞。利用天然胜景辟为公园，是著名游览区。

# 中华教育改进社特约试验燕子矶乡村小学*

本校试验适于乡村生活之教材及教法，并注重养成学童尊崇劳作及服务社会之精神，以供各地乡村小学之参考；并试行以学校为社会一切活动之中心，以为乡民协力改进全乡之教育的、社会的、道德的、物质的、乡政的及经济的生活之集合所。

### 甲　已实现之计划

一、添设小商店，以供学童练习簿记，接待宾客，认识商品，研究物产之来源等。

二、添辟工作室，购置简单必需之工具，聘请普通之工师，利用本乡之原料，试制日常应用之器物，以当实用艺术之研究。

三、开辟学校园，养成学童重视农艺耕作之习惯，及爱好自然之精神。

四、栽植树苗，以增益学校及乡村社会环境之美感。

五、开办平民学校，以教育本乡不识字之成人。

### 乙　计划中之事业

一、组织小学同学会，以联络离校学生，而继续维持所受教

---

* 本篇原载《燕子矶小学》，该书为中华教育改进社丛刊之六，丁超编，1928年10月商务印书馆出版。

育之精神。

二、开办补充学识及职业技能之补习教育。

三、添设后期小学，以增进学校对社会应尽之职责。

四、编练童子军，以推广学生服务社会之效力。

五、提倡乡镇公园，以增进居民正当娱乐之机会。

六、开办乡村通俗图书馆，以收社会教育之功效。

七、举行恳亲会、展览会，以实现学校与家庭之联络

八、采制水陆物产标本，以为乡土教材之供给。

# 在燕子矶小学乡村公园落成典礼上的祝词*

燕子矶小学不独为当地父老所器重，他的内容、组织和办法，也可以为全省全国的小学取材了。来校参观的人，北至奉天①，南至广东，西至四川，都没有不知有此燕子矶小学的。鄙人今天到了这里，抱了十二分的愉快，两种的希望，来和大家谈谈：

第一，希望将来一个燕子矶小学都用“二”的数目乘起来，由一而二，二而四，而八，而十六，而三十二，而六十四，而一百二十八……的燕子矶小学。如此普及下去，这是我希望的一种。第二种呢？办一个好的学校，如同一个人做一天的好人一样，那是容易的。但是要维持下去，就如同一个人终身作一个君子人一样了。所以维持一个好的学校，那就很难了。那么燕子矶这个学校所以能继续到现在的，恐怕也是江宁县教育行政人员的能力和燕子矶社会上维持的能力，才有这样的光明呢！所以希望燕子矶乡村的人，要把这个学校当作自己的学校，还要希望当地的绅士及为商的人，都要敬重这个学校，并且希望与丁校长②合作。须知这个乡村公园的成功，也是大家帮助所作成功的。所以这种合作的精神，要继续的发展下去，那也是一种可庆的事情。

---

* 本篇系演讲记录稿，摘自《燕子矶小学》一书的《燕子矶小学乡村公园落成》一文。

## 注释

① 奉天　旧省名。辖区相当今辽宁省大部分、内蒙古一部分和吉林一部分，治所在奉天府（今沈阳市）。1929年改名辽宁省。

② 丁校长　即丁超。

# 教育改进社特约乡校教师研究会成立纪事*

十五年十一月二十一日午后二时，中华教育改进社特约乡村学校在明陵小学开第一次研究会，是会由陶知行发起。是日到会者有明陵小学发起人王伯秋，改进社陶知行、赵叔愚、邵德馨、丁超，本县教育委员徐作人，尧化门小学教职员宋鼎、吉德梁、毛石麒、张正林，燕子矶小学江希彭、毛瑞芝、钟秋荣、业春镛、曹伯庚，笆斗山小学蔡竹荪、刘松年，明陵小学王燮，宁师校学生白启祥。王伯秋致开会词，略谓今天乡村学校开乡村教育研究会的成立大会，在中国教育史上开一新纪元。这会的组织，在研究乡村教育改进的方针和步骤。长此继续进行，前途希望无穷。今日中国农人居多，我们苟能努力研究，农村教育的种种切要问题，可以逐渐解决，并推广至一省一国。所以今天的会，希望能有巩固的基础。诸位的学校办好了，将来同事方面，社会方面，都被诸位陶熔，中国教育前途极有希望。但我有三个提议：（一）农村学校教师一方面教学生，一方面间接的教学生的家人，或者每星期每月邀他们来用种种的娱乐如留声机一类东西，助他们的兴趣，渐渐输入需要的知识；（二）组织巡回图书馆，图书由四校合购，轮流阅览；（三）组织乡村教育成绩展览会，促进社会一般人的注意。

* 本篇原载1926年12月3日《新教育评论》第3卷第1期，系陶行知所写的纪事。

陶知行提议：特约乡村小学成绩展览会借明陵小学校舍做会所，成绩品须注意朴雅及应用两方面。

赵叔愚提议：留声机用旅行留声机，取其轻便，戏片采取通俗历史片。除留声机外，如幻灯影片、农民足球会、演讲会这些事情，每月要定一个程序，叫做学校生活历。

陶知行提议：幻灯由农村生活改进会借用，留声机由我同王伯秋先生合办。

宋鼎提议：前次尧化门与燕子矶各开一农民同乐会，到者近千人，除幻灯外，还有乐器、笑话等。预料将来发展的前途，拟请介绍金大、东大①、农科改进社的帮助，如化装讲演、活动影戏等。俟寒假期内，再组织一大规模的灯会。

邵德馨提议：最好用幻灯而不用留声机，因为留声机音小，在人多的地方，难生效力。

丁超提议：现在我们研究的却是社会活动方面，但我们内部教学方面还不甚圆满。我们常常多出去参考人家的设施，要请改进社帮助进行。

陶知行提议：今天这个会，目的是在分工研究，共同改进。这里面有三件事：一、是读书，二、参观学校（参观费我去筹），三、分科研究，把研究所得的编为教材。

赵叔愚提议：根据丁先生提议，我想四个特约乡村学校教师可以成立一研究会。

陶知行提议：研究会每月一次，四校轮流举行，推一个书记，一个主席。现把各人就个性喜欢研究的科目，分别签名。

当时分别签名如左：

自然　吉德梁，业春镛；

农事　钱向志，张正林，毛石麒，王燮；

国语　丁超，蔡竹荪，吉德梁，钟秋荣，刘松年，毛石麒，曹伯庚；

算术　江希彭，王燮；

艺术　宋鼎，毛瑞芝；

公民史地　毛瑞芝，吉德梁；

童子军　丁超，毛瑞芝，宋鼎；

小学行政　蔡竹荪；

农事指导员　邵德馨；

小学行政指导员　徐作人。

赵叔愚提议：研究会成立，我们可以常常请各科专家指导讲演。

陶知行提议：下一次研究会值月校是尧化门，时间在阳历十二月十九日，雨天顺延。至一星期餐费，在明陵即由明陵小学担负，其余四校由改进社补助。

赵叔愚提议：研究会要订一个简章，要规定出甚么时候开会，开会时间多长，研究些什么。

陶知行提议：研究会简章请赵叔愚先生拟订，成绩展览要把以前的发展，现在的情形，未来的计划，用有系统的适当的文字表示出来，使人观感。

最后陶知行报告《我们的信条》，计十八条。又，研究中华教育改进社招待乡村教育参观团办法。闭会已四时许。

**注释**

① 金大、东大　指金陵大学和东南大学。

### 附一：特约乡校教师研究会第二次开会纪事

十五年十二月二十五日下午三时，中华教育改进社特约试验乡村小学校在尧化门小学开第二次研究会。计到会者，除燕子矶、尧化门、明陵、笆斗山四校教职员外，另有新加入的无锡开原一校潘一尘、陆静山、姚子克，另有江宁县教育局长孙阆仙，教育委员徐作人，中华教育改进社陶知行、赵叔愚诸君出席指导。

主席宋鼎报告：略谓今天是第二次开会，因举行宣誓典礼的关系，到会者很多，但是天气很冷，招待不周，先向诸位道歉。现在有三件事报告：第一是这次开会，又加入无锡开原一校。第二是前次各会员分任的各科研究，已订有纲要，正在分途进行，待下次再报告诸位。第三是于十六年一月一日，中华教育改进社将有乡村教育丛讯出版，希望诸位会员尽期前充分投稿。至于今天开会，诸位有意见请随时提出。

赵叔愚提议：宣读研究会简章，经诸会员逐条讨论修改后通过。

丁超提议：开原一校希望下次研究会在无锡开原一校。经大众讨论照行。开会期在十六年一月十五日。

潘一尘提议：无锡小学校有四百个之多，这次所以希望在开原一校开研究会，因有许多人旁听，藉此可以促进大众注意。

丁超提议：请赵先生订一个读书会应读的教育书目。

赵叔愚提议：各种教育书目已整理过，不过各种报章杂志所载有价值的文章，还没有整理，诸位愿意读的书，可以随时通信给我。

陶知行提议：赵先生所订的做为初稿，以后各会员分工阅读，各人加以批评，何种可选择，何种有价值，然后集起来，俾全国从事乡村教育的人，都有的参考。

陶知行提议：各会员到无锡的经费，由改进社筹出，以免又加重各会员的负担。于十六年一月十二日去，十三、十四两日参观。

赵叔愚提议：下次到无锡去的秩序怎样预定，结果推举五校校长拟定。

潘一尘提议：以后鄙校可以住二三十人，至于诸位到鄙地。

一切我们都可招待，不过到无锡的日期，请预先通信告诉我们，我们好预备。

陶知行提议：以后每次开会，应先宣读信条；分科研究，应逐科报告。

潘一尘提议：我以为研究会维持继续开下去，可以半年开一次，时间为一星期，可以长期讨论。

宋鼎提议：根据潘先生的话，南京有一个研究会的组织，无锡可以再有一个研究会的组织。

丁超提议：潘先生这个提议，原是因为劳力费时，开原一校已经有一种乡村教员的组织，再联合南京的组织，每半年可以合开一个大会。

孙阆仙提议：若每月开一次会，恐怕支持不下去，待第五次研究会在燕子矶小学终了后，要另筹办法。

（原载1927年1月16日《乡教丛讯》第1卷第2期）

## 附二：乡村教育同志会成立会纪事

十二月二十五日，中华教育改进社特约乡村学校同人，在尧化门小学开第二次教师研究会。将散会，陶知行起立报告中华教育改进社拟组织乡村教育同志会，并拟有简章十一条。宣读毕，赵叔愚继续发言，大致请大众讨论，如认同志会有组织之必要，究应何时成立，并如何实行组织？后由丁兆麟提议，先将研究会作一结束然后即接开乡村教育同志会成立大会。全场一致赞成，遂通过简章十一条，并继续讨论征集同志办法。当时签名加入者，计有：陶知行、赵叔愚、丁兆麟、孙阆仙、徐作人，乔启明、吴国栋、潘一尘、毛瑞芝、宋鼎、蔡竹荪、王夔、钱问智、吉德梁、张正林、姚子克、陆静山、业春镛、曹伯庚、刘松林、江希彭、毛石麒、高茂林等23人。

（原载1927年1月1日《乡教丛讯》第1卷第1期）

## 附三：特约乡校教师研究会第三次会议纪事

本研究会成立至今，曾经开了三次会议，第一次是在南京明陵小学开会的；第二次是在南京尧化门小学开会的，第三次会议则在无锡开原一校举行。前两次的会议情形已在本刊第一第二两期中记述过了，现在且择要记述第三次会议的经过情形。

此次会议的日期是在今年一月十五日，但本会会员如南京燕子矶小学、尧化门小学、笆斗山小学、明陵小学诸校的教师和学生已于一月十二日的上午来到无锡了。他们的所以先期而来，是含有参观、游历，并与锡城诸校互相观摩的意思。

此次开会，到会人数实在不少，除上列南京附郭诸小学的师生三十人外，到会者有省教育厅长江问渔，省教育会长袁观澜，中华教育改进社主任干事陶知行，东大教授赵叔愚，助教盛朗西、邵德馨，省视学章伯寅，宝山教育参观团宋维敬、曹增祺，无锡教育局长蒋仲怀，第三师范校长陈谷岑，竞志女学校长侯葆三，三科主任许少仙及县立诸校的校长教师等共计百余人。宾主齐集，济济一堂，相聚而谈乡村教育实际的问题，改进的意见，其中乐趣，自有为局外人所不及料的。我怎样向关心乡教、爱读本刊的读者来报告这里面的一些消息呢？太详细了，则本刊篇幅在所不许！太简括了，又未免有遗珠之恨。无已，只得按着日程一一择要记述而已。

一、欢迎南京友校（1月12日晚）（略）

二、参观开原一校（13日上午）（略）

三、参观开原四六两校（13日下午）（略）

四、开原小学联合游艺会（13日晚）（略）

五、开原一校校友招待来宾（13日晚）（略）

六、参观及游览（14日）（略）

七、开原一校游艺会（14日晚）（略）

八，研究会开会（15日上午）

会场在无锡开原一校，到会者除明陵、笆斗山、尧化门、燕子矶诸小学及开原一校职教员外，有江教育厅长、陶知行、赵叔愚、侯葆三、章伯寅、陈谷岑先生等，凡一百余人。陈为主席，升旗唱国歌毕，复共同宣读《我们的信条》。嗣主席致词，略谓：中华教育改进社特约乡村学校教师研究会第三次会议即在无锡举行，无锡教育界同仁实感荣幸之至。此次会议程序原来是根据本会第二次会议的议决案，由分科研究的研究员，逐科报告研究心得的。今因时间短促，来宾甚多，必各有许多关于乡村教育的实际问题要提出讨论，所以研究报告一项，改由各人著为论文在《乡教丛讯》上发表。今天的会呢，专请大家提出并讨论乡教实际的问题。嗣大家发表意见甚多，兴致极浓，至两小时许才散会。

（原载1927年2月1日《乡教丛讯》第1卷第3期，署名晓邨）

# 中华教育改进社设立试验乡村师范学校第一院简章草案*

**第一条**　本院宗旨：在根据中心学校办法，招收中等以上各级学校末年级生加以特殊训练，俾能实施乡村教育并改造乡村生活。

**第二条**　本院培养人才以下列三事为目标：

一、农夫的身手，

二、科学的头脑；

三、改进社会的精神。

**第三条**　本院教育，以中心学校生活为训练之中心，现在已经特约者，有燕子矶、尧化门、明陵三处小学，此外仍有两处正在筹备中。

**第四条**　本院现设课程如下：

甲、中心学校活动教学做，共三十学分：

一、国语教学做；

二、公民教学做；

三、历史地理教学做；

四、算术教学做；

五、自然教学做；

---

* 本篇原载1926年12月17日《新教育评论》第3卷第3期，署名陶知行。又载1927年1月1日《乡教丛讯》第1卷第1期。

六、园艺农事教学做；

七、体育游戏教学做；

八、艺术教学做；

九、童子军教学做；

十、其他学生活动教学做。

乙、中心学校行政教学做，共三学分：

一、整理校舍教学做；

二、布置校景教学做；

三、设备教学做；

四、卫生教学做；

五、教务教学做；

六、经济教学做。

丙、分任院务教学做，共六学分：

一、文牍教学做；

二、会计教学做；

三、庶务教学做；

四、烹饪教学做；

五、洒扫整理教学做；

六、缮写教学做；

七、招待教学做。

丁、征服天然环境教学做，共十六学分：

一、科学的农业教学做；

二、基本手工教学做；

三、卫生教学做；

四、其他教学做。

戊、改造社会环境教学做，共五学分：

一、村自治教学做；

二、平民教育教学做；

三、合作组织教学做；

四、乡村生活调查教学做；

五、农民娱乐教学做。

**第五条**　本院设院长一人，商承主任干事总理本院一切进行事宜。

**第六条**　本院设指导员若干人，指导学生依照课程实地工作。

**第七条**　本院只用校工一名，担任挑水烧锅事务，其余一切操作皆列为正课，由学生躬亲办理。

**第八条**　本院学生名额依中心学校学习容量而定，暂以二十名为限，招收下列各种程度之学生培养之：

一、初级中等学校第三年学生之有农事经验者；

二、高级中等学校第三年学生之有农事经验者；

三、大学第三年学生之有农事经验者；

四、在职之教育行政人员及教职员之具有上列各项相等程度者。

**第九条**　本院入学考试项目如下：

一、农场操作一日；

二、智慧测验；

三、作文一篇；

四、常识测验。

**第十条**　第八条一、二、三项投考生应缴学业证明书；第四项投考生应缴学业证明书及服务证明书。

**第十一条**　本院修业期限暂定为一年。

**第十二条**　本院修业期满，如学业成绩合格，先给予修业证明书，俟服务半年经过考查，确能依据本校精神办学者，得给予毕业证书如下：

一、初级中学程度学生给予初小教师证书；

二、高级中学程度学生给予高小教师证书；

三、大学程度学生给予师范学校教师证书；

四、各级教师证书之外得依据特殊才能之表现加给各级校长及乡村教育辅导员证书。

**第十三条** 本院上级程度学生有辅导低级程度学生之义务。

**第十四条** 本院不收学费，但收膳宿杂费，详数另定之。

**第十五条** 国内学校末年级学生有志从事乡村教育者，若该校无此项训练，得保送合格学生投考本院学习。毕业后或由该校凭本院报告，给予各该学校之证书，或由该校与本院合发证书均可。

**第十六条** 本院不放暑假，星期日放半天，寒假放半个月；中秋、端午、清明，均各放一天；国庆纪念①、孔子诞辰②，云南起义纪念日③、本校成立纪念日，均应作有教育价值之活动。

**注释**

① 国庆纪念 1911年（辛亥）10月10日武昌起义爆发，清政府解体。1912年1月1日在南京成立中华民国临时政府，后定10月10日为国庆节。

② 孔子诞辰 孔子生于周灵王二十一年十月庚子。1919年10月17日，北京政府内务部通告："本年10月20日，即夏历八月二十七日，为孔子诞辰节，所有文武各机关各团体均放假庆祝，悬灯结彩，并准各项人员前往孔子庙自由行礼。"

③ 云南起义纪念日 1915年12月25日蔡锷联合反袁各派，在云南通电反对袁世凯称帝，并组织护国军讨袁。次年3月22日袁氏宣布撤销帝制。6月6日，在全国一片反对声中，袁世凯病死。护国运动终获胜利，后将蔡锷起义之日定为纪念日。

## 附一：中华教育改进社在沪开乡村教育讨论会追记

中华教育改进社于十二月十二日下午二时，邀集在沪社员，在职工教育馆内开乡村教育讨论会。到者有袁观澜、黄任之、陶知行、赵叔愚、穆藕初、邹秉文、贾季英、杨聘渔等三十余人。首由陶知行报告：乡村教育系改进社所认为最重要之事业，现拟有提倡计划，急待讨论，而大会为期尚远，故邀集在沪社员开会，共同讨论云云。次赵叔愚报告：改进社拟设试验乡村师范学校第一院计划，拟有草案，逐条说明。大意谓乡村教育至关重要，欲提倡推广，最扼要者在训练人才，故本社前年有拟办试验乡村师范学校之计划，以时局不定，迄未见诸事实。后曾特约南京燕子矶小学、尧化门小学及明陵小学三处，为试验乡村小学，至乡村师范现拟先办第一院为入手云云。次陶知行讲述中国乡村教育之根本改造。讲述毕，由到社社员分别讨论乡村教育计划而散。

（原载1927年1月16日《乡教丛讯》第1卷第2期）

**附二：苏教厅复中华教育改进社函**

迳启者，接准公函，内开：以贵社拟在南京神策门设立试验乡村师范学校第一院，定于下年春季开学，附送简章，嘱为赞助，等因准此。查贵社为改进乡村教育师资及试验师范学校制度起见，拟在南京神策门外设立试验乡村师范学校第一院，事关改进乡村教育师资，自当尽力赞助，除将简章存备查考外，相应函复，即希察查。江苏教育厅，十二月卅一日。

（原载1927年1月16日《乡教丛讯》第1卷第2期）

# 南京安徽中学生长程序*

**第一时期**　力谋现在初级中学与高级中学内容之充实，基础之稳固。

（一）依据青年及现代实际生活，运用科学方法，彻底改造本校之课程、教材、教法，以实现适合国情之中学教育，并准备为将来大学师范院之第一中心中学。

（二）依据效率原则、协作精神，改造本校之组织系统及行政方法。

（三）依据美术精神，师生共同从事改造学校环境，以为改造社会之起点。

（四）筹加经费至适当限度，以谋最经济，最有效之进行，并建立本校永久稳固之基础。

**第二时期**　创设经济的、平民的、适合国情的中心小学及中心幼稚园。

**第三时期**　创设女子中学，以谋男女教育机会之均等，并准备为将来大学师范院之第二中心中学。

**第四时期**　俟中心小学及中心幼稚园办有成效，即在男女两中学内正式设立师范科，以培植有生活力的小学及幼稚园教师。

---

* 本篇系1926年12月19日所拟，署名陶知行、姚文采。摘自《十年来之南京安徽中学》。原题为《本校生长程序》。南京安徽中学即南京安徽公学。

**第五时期** 俟第一、第二中心中学办有成效，即创办大学。先设师范院，依据中心中学办法，造就有生活力的中等学校师资。

**第六时期** 设立各科学院，以完成大学之组织而培植各种事业之领袖人才。

**第七时期** 创设研究所，培养有独创力之学术人才，以开拓知识之领土，而增进人类之幸福。

上述程序，拟于本校三十周年，即中华民国四十二年前使之完全实现。

**本校三十周年之未来观**

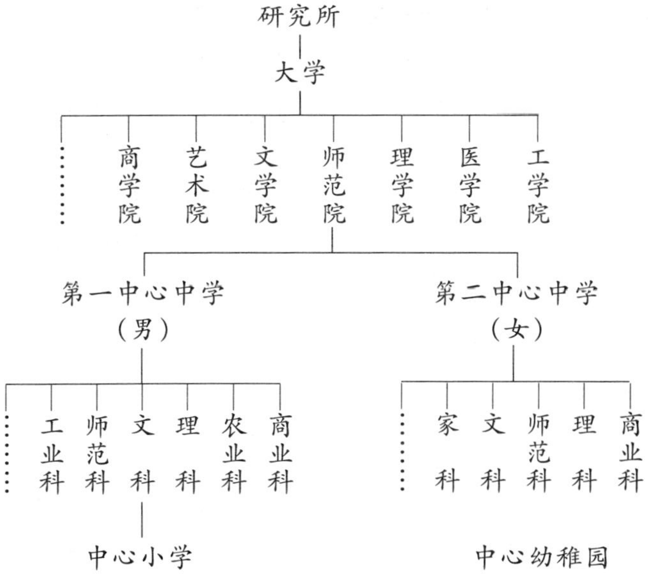

# 我们应当向谁拜年*

今天是元旦，我们应当向谁拜年？请大家想一想。我们充饥的油盐菜米面是从那里来的？我们御寒的棉花丝绸是从那里来的？我们安居的房屋所用的木石砖瓦是从那里来的？都是从乡下来的，都是乡下人的血汗换来的。我们今天不应该下乡拜年，下乡送礼，下乡报恩吗？我们今年不应当为乡下同胞做点事吗？我们今生不应当化点钱，尽点心，用点力，为乡下同胞减少些痛苦，增加些幸福吗？

十六年夏历元旦

* 本篇原载1927年2月1日《乡教丛讯》第1卷第3期。

# 中国乡村教育之根本改造*

——在上海青年会的演讲

今天所要讲的，是关于我们中国的根本问题，便是中国乡村教育之根本改造。中国估算有一百万个乡村，如欲教育普及，一个乡村至少有一个学校，一个学校至少要一位教员，而且要好教员。但是，中国向来所办的教育，完全走错了路：他教人离开乡下向城里跑，他教人吃饭不种稻，穿衣不种棉，盖房子不造林。他教人羡慕繁华，看不起务农。他教人有荒田不知开垦，有荒山不知造林。他教人分利不生利。他教人忍受土匪、土棍、土老虎的侵害而不能自卫，遇了水旱虫害而不知预防。他教农夫的子弟变成书呆子。他教富的变穷，穷的格外穷；强的变弱，弱的格外弱。像这种教育，大家还高唱着要教育普及，真是痴人说梦。其实，这种教育决不能普及，也不应该普及。前面是万丈悬崖，同志们务须把马勒住，另找生路。生路是什么？就是建设适合乡村实际生活的活教育！

不过，活的乡村教育，必须要有活的乡村教师。活的乡村教师必须有三个条件：第一有农夫的身手；第二有科学的头脑；第

* 本篇是陶行知1927年1月3日在上海基督教青年会的演讲。在这个演讲中，陶行知继1926年12月所写同名文章之后，进一步论述了乡村教育的根本改造问题。原载1927年4月《中华教育界》第16卷第10期。笔记者程本海在发表本文时，附后记说："陶知行先生这篇演词，是于1月3日应徽社所请，在青年会演讲，约一时半之久。态度恳挚，听者无不动容，足见其感人之深。这篇笔记，经陶氏校阅并改正多处，应在这里附志谢忱——笔记者识。"

三有改造社会的精神。他的功效：一年能使学校气象生动，二年能使社会信仰教育，三年能使科学农业著效，四年能使村自治告成，五年能使活的教育普及，十年能使荒山成林，废人生利。这样，教师就是改造乡村生活的灵魂。活的乡村教育要有活的方法，活的方法就是教学做合一：教的法子根据学的法子，学的法子根据做的法子；凡事怎样做就怎样学，怎样学就怎样教。比如种田这件事，要在田里做，就要在田里学，也就要在田里教。活的乡村教育要用活的环境，不用死的书本。他要用环境里的活势力，去发展学生的活本领——征服自然、改造社会的活本领。他其实要叫学生在征服自然、改造社会上去运用环境的活势力，以培养他自己的活本领。活的乡村教育要教人生利，他要叫荒山成林，叫瘠地长五谷。他教人人都能自立、自治、自卫。他要教乡村变为西天乐国，村民都变为快乐的活神仙。

以后看学校的标准，不是校舍如何，设备如何，乃是学生生活力丰富不丰富。村中荒地都开垦了吗？荒山都造成了林吗？村道已四通八达了吗？村中人人都能自食其力吗？村政已经成了村民自有、自治、自享的活动了吗？这种活的教育，不是教育界或任何团体单独办得成功的，我们要有一个大规模的联合，才能希望成功！那应当联合中之最应当联合的，就是教育与农业携手。中国乡村教育之所以没有实效，是因为教育与农业都是各干各的，不相闻问。教育没有农业，便成为空洞的教育，分利的教育，消耗的教育。农业没有教育，就失了促进的媒介。倘有好的乡村学校，深知选种调肥、预防虫害种种科学农业，做个中心机关，农业推广就有了根据地、大本营，一切进行，必有一日千里之势。所以第一要教育与农业携手！那最应当携手的虽是教育与农业，但要求其充分有效，教育更须与别的伟大势力携手。教育与银行充分联络，就可推翻重利；教育与科学机关充分联络，就可破除迷信；教育与卫生机关充分联络，就可预防疾病；教育与道路工程机关充分联络，就可改良路政。其他不胜枚举。

总之，乡村学校是今日中国改造乡村生活之唯一可能的中心！他对于改造乡村生活的力量大小，要看他对于别方面势力联络的范围多少而定。乡村教育关系三万万六千万人民之幸福！办得好能叫农夫上天堂，办得不好能叫农夫下地狱。

现在我们在南京已经开始进行了，决定创办一所试验乡村师范学校。他的目的，是依据乡村实际生活造就乡村学校教师、校长、辅导员的地方。因为要有好的学校，先要有好的教师。好的教师有生成的，有学成的。生成的天才不可多得，简直是凤毛麟角，恐怕一百万位乡村教师当中，有九十九万九千九百位是要用特殊的训练把他们培养成功的。有了好教师，就算是好的乡村学校；好的乡村学校，就是改造乡村生活中心。现在中国有极少数乡村学校确是朝着这条路走，他们的精神，确是要令人起敬。如南京燕子矶小学、尧化门小学、明孝陵小学和无锡开原一校[①]等，都是著有成绩的乡村中心小学。中心小学以乡村实际生活为中心，同时又为试验乡村师范的中心。平常师范学校的小学叫做附属小学，我们要打破附属品的观念，所以称他为中心小学。中心小学是师范学校的主脑，不是师范学校的附属品；中心小学是师范学校的母亲，不是师范学校的儿子；中心小学是太阳，师范学校是行星。师范学校的使命是要传布中心学校的精神方法和因地制宜的本领。我们这个学校正在积极筹备，决定三月十五日开学——开学期即为开工期——所要考的有五样东西：（一）农事或土木工操作一日；（二）智慧测验；（三）常识测验；（四）作国文一篇；（五）三分钟演说。该校各科教师都称为指导员，不称为教员，他们指导学生教学做，他们与学生共教，共学，共做，共生活。不但如此，高级程度学生对于低级程度学生也要负指导之责。我们准备了田园二百亩供师生耕种，荒山十里供师生造林，以最少数经费供师生自造茅草屋居住。每个茅草屋居住十一个人——十位学生和一位指导员。里面有阅书室、会客室、饭厅、盥洗室、厕所，屋外后面附一个小厨房，厨房之后有一小菜园。但是，茅草屋没有造成之前，大家都住在童子军式帐篷里，谁的茅草屋没有造好，谁都要住在帐篷里。十一个人都要受住茅草屋指导员的指导，按照图样建造一个优美的、卫生的、坚固的、合用的，省钱的茅草屋。个个人都要参加，都要动手。教师不但是教书，学生不但是读书，他们是到这里来共同创造一个学校。从院长起以及到学生，谁不能造成茅草屋，谁就永久住在帐篷里。所有一切建筑都是茅草屋，除宿舍外，还有图书馆、科学馆、教室、娱乐室、操室、浴室、陈列所、医院、动物院以及指导员家属住宅，都要逐渐使他们成立，但总依据茅草屋的形式建筑。简括说起来，试验乡村师范的精神，可以拿本校校旗之意义来代表：旗之中心有一个小圆圈。里面有个“活”字代表所要培养之生活力；圈外有个等边三角，代表教学做三者合一；三角上面有一个“心”字放在当中，表示关心农民甘苦之意；左边有一支笔，右边有一把锄头；三角之外有一大圆圈放射光芒，好比是太阳光；四面有一百个金色星布满全旗，代表一百万个学校，改造一百万个乡村，使个个乡村都得到光明，合起来造成中华民国的伟大的光明！

总之，乡村教育的生路是：我们要从乡村实际生活产生活的中心学校，从活的中心学校产生活的乡村师范，从活的乡村师范产生活的教师，从活的教师产生活的学生、活的国民。

临了，我还要把我们上月在南京开会②所议决通过的信条也顺便说一说：（一）我们深信教育是国家万年根本大计；（二）我们深信生活是教育的中心；（三）我们深信健康是生活的出发点，也就是教育的出发点；（四）我们深信教育应当培植生活力，使学生向上长；（五）我们深信教育应当把环境的阻力化为助力；（六）我们深信教法学法做法合一；（七）我们深信师生共生活共甘苦为最好的教育；（八）我们深信教师应当以身作则；（九）我们深信教师必须学而不厌才能诲人不倦；（十）我们深信教师应当运用困难，以发展思想及奋斗精神；（十一）我们深信教师应当做人民的朋友；（十二）我们深信乡村学校应当做改造乡村生活的中心；（十三）我们深信乡村教师应当做改造乡村生活的灵魂；（十四）我们深信乡村教师必须有农夫的身手，科学的头脑，改造社会的精神；（十五）我们深信乡村教师应当用科学的方法去征服自然，美术的观念去改造社会；（十六）我们深信乡村教师要用最少的经费，办理最好的教育；（十七）我们深信最高尚的精神是人生无价之宝，非金钱所能买得来，也就不必靠金钱而后振作，尤不可因钱少而推诿；（十八）我们深信如果全国教师对于儿童教育都有鞠躬尽瘁死而后已的决心，必能为我们民族创造一个伟大的新生命。这十八则就是“我们的信条”。

我已经随便的讲了不少，如今再具体的作一结束如下：我们教育同志，应当有一个总反省，总忏悔，总自新。我们的新使命是要征集一百万个同志，创设一百万个学校，改造一百万个乡村。我们以极诚恳的意思，欢迎全国同胞一齐出来，加入这个运动，赞助他发展，督促他进行，一心一德的来为中国一百万个乡村创造一个新生命，叫中国一个个的乡村，都有充分的新生命，合起来造成中华民国的伟大的新生命！

## 注释

① 南京燕子矶小学、尧化门小学、明孝陵小学和无锡开原一校等均为中华教育改进社特约试验乡村学校。

② 指1926年12月25日中华教育改进社在南京尧化门小学召开的特约乡村试验学校第二次研究会。这次会议将同年11月21日第一次研究会通过的《我们的信条》列为誓词，举行了立志乡村教育的宣誓典礼。

# 告来本院应试的同志*

我们先要向诸位表示欢迎，欢迎诸位是我们的同志。

现在诸位要来了，心中必定要问问究竟要在什么时候来报到？住宿在那儿？膳食又怎样？应试的办法如何？诸位来到本院应试，人地生疏，必然有许多事情要问我们，我们又不能一一招待诸位。无已，只得把这些事写出来告诉诸位。

（一）诸位须于三月十日以前，来到燕子矶小学报到。这小学，是你们知道的，是本院第一中心小学。

（二）诸位往燕子矶去：（甲）由下关去的——可在下关雇黄包车，直往燕子矶小学，相距十五里，随身可带行李，车价每辆共约小洋五六角。此路太狭小了，夜行不便车行，你们要走这条路，当在白天的时候。（乙）由南京城内去的可由神策门去——由神策门至燕子矶相距约十二里，黄包车亦可通行。

（三）诸位寄宿，即可在燕子矶小学，铺盖自备，宿费不取。膳食可由附近新农村饭馆包办，每天费洋三角。

（四）听说燕子矶小学的小朋友，要在三月十日的晚上，开个欢迎会欢迎诸位咧。盼望诸位备答词，并参加献技以为同乐。

（五）我要把考试日程告诉诸位了：

第一天——三月十一日（随带毛笔、铅笔、墨盒）上午：

* 本篇原载1927年3月1日《乡教丛讯》第1卷第5期。

八~十 国文；十~十一 常识测验；十一~十二 智慧测验。下午：一时半 演说及辩论。

第二天——三月十二日 上午：九~十二 垦荒及施肥。下午：一时半~四时半 修路。

（六）三月十三日 揭晓。

（七）三月十四日 办理入学手续。

（八）十五日 开课。

临了，还要告诉诸位：本校誓与村民共休戚。村民既须在枪林弹雨之下耕种，吾校断不因时局不靖[①]而辍学，故投考开课均照公布之日期办理，决不变更。诸位还有什么别的问题要问我们呢？请告诉来，我们愿尽力向诸位解答。

试验乡村师范学校校长 陶知行

第一院院长 赵叔愚

**注释**

① 指北伐革命军已进逼南京之际，盘踞南京的直鲁军阀褚玉璞仍图负隅顽抗，战事即将爆发。

# 试验乡村师范学校的两个特点*

本校特异于平常的学校有两点：一无校舍，二无教员。大凡一个学校创立，总要有房屋才能开课。我们在这空旷的山麓行开学礼，实在是罕见的。要知道我们的校舍上面盖的是青天，下面踏的是大地，我们的精神一样的要充溢于天地间。所造的草屋，不过避风躲雨之所。本校只有指导员而无教师。我们相信没有专能教的老师，只有比较经验稍深或学识稍好的指导，所以农夫、村妇、渔人、樵夫都可做我们的指导员，因为我们很有不及他们之处。我们认清了这两点，才能在广漠的乡村教育的路上前进。

* 本篇摘自李楚材的《第一次开学礼记》，转引自杨效春的《晓庄一岁》，1928年7月上海儿童书局版。

# 北齐庙会期内之农民教育运动*

庙会在中国乡村中具有很伟大的势力，不但表示村民的宗教活动，并是村民交易之市场，娱乐之场所，以及别种群众生活之中心。他的教育价值之大，无人否认。但运用庙会的机会而施行裨益农民本身之教育，实以北齐庙会为起点。

定县[①]北齐村于五月二十日至二十四日举行韩祖庙庙会，特把二十二日全日让出作为平民教育工作之期。这天到会的有五十八村的村长、二千余平民学校学生和村民六七千人。中华平民教育促进会[②]特派职员赴会举行同乐会及演讲会，以唤起村民对于本身教育之兴趣。所以这次的庙会，除了上述之效用外，又做了村民本身教育之中心了。

村民本身需要什么教育？平民教育促进会的答案是：一、消除文盲；二、普及农业科学；三、培植公民资格。普及农业科学一项是新近加入的。这项事业在冯君梯霞领导之下正在勇猛进行。他的目的在增进农民的生产力。为着表示科学农业的效用起见，翟城村[③]的人民已经指定一千三百亩公地供平民教育促进会充作试验农场之用。农场的奠基礼就于二十三日在翟城村举行。我问到普及农业科学的具体办法，冯君说由刘泛弛、陆理成二君研究，一并把中国农业应当运用科学方法改良的事举了五十六件

* 本篇原载1927年5月6日《新教育评论》第3卷第23期。

给我听，我觉得非常切实。倘能以毅力恒心进行，必能为农民本身造福。农业科学以服事农民，指导他们增进生产为主旨，故冯君提出一句警语，叫做“打倒贵族式的农业”。这个趋向是很好的。我曾向他建议补充一句警语，就是“提防书呆子的农业”。

平民教育促进会和教育改进社④所进行的乡村教育，出发点虽不同，但确是相成的。他们同是努力要运用科学方法建设适合本国生活之教育。他们现在极力要避免的就是对于外国制度之盲目的、囫囵吞枣的抄袭。北齐庙会期内的农民教育运动就是适应本国情形办学的一个好的例子。我们希望各地同人，都能充分运用这种固有的组织，从事真正裨益人民的活动。

## 注释

① 定县　属河北省。中华平民教育促进会为推行平民教育，于1926年选定在该县建立平民教育实验区。

② 中华平民教育促进会　教育团体。为了推行平民教育，1923年6月，陶行知、朱其慧等发起组建南京平民教育促进会；同年8月在北京成立中华平民教育促进总会，朱其慧为董事长，晏阳初为总干事。接着在20个省区设立分会。

③ 翟城村　中华平民教育促进会定县平民教育实验区所在地。

④ 教育改进社　即中华教育改进社，教育团体。1921年由实际教育调查社、新教育共进社、新教育杂志社合并组成，总社设在北京。蔡元培、范源濂、郭秉文等为董事，陶行知为主任干事。该社以调查教育实况，研究教育学术，力谋教育改进为宗旨，在当时新教育运动中起过一定的作用，曾设乡村教育委员会研究和推进乡村教育。

# 十三人*

西方以十三为不吉利，这话说来很古。耶稣生前有十三位门徒，内中有一位叫做犹大。耶稣后来钉死在十字架上，就是犹大害他的，所以西方习俗以十三为凶数。十三日不做喜事，旅馆里没有十三号房间。可是，近来科学家都不信这一回事，克伯屈先生回国偏偏拣了五月十三日。说到我们学校，这个“十三”的数目可算特别的多了。本校开学为三月十五，那时正是国民革命军攻取南京的时期，四路交通断绝了三路，所以只有十三名学生。第三中心小学在晓庄于六月十六开学，正当农忙时期，恰巧也是十三位小学生。十八晚农民夜校开校又是十三位。好像这“十三”的数目和我们是有因缘的。

* 本篇发表时，署名韵秋，原载1927年7月1日《乡教丛讯》第1卷第13期。晓庄试验乡村师范学校开学时有从各地来的学生13人，即：谢纬棨（湖北武昌，原名宗晖）、戴伯韬（江苏丹阳，原名戴邦杰）、操震球（安徽安庆）、李楚材（江苏常熟）、王琳（浙江兰溪）、程本海（安徽绩溪）、王洞若（江苏丹徒，原名义田）、陈昌嵩（江西赣县）、李相维（安徽桐城）、裴志发（江西）、葛尚德（江苏宝山）、徐企周（江苏宝山）、季雪云（江苏常熟）。

# 农夫的身手*

农夫的身手是本校第一个教育目标。我们师生都是认清了这个目标来的。以本校的目光看来，对于农事懈怠，简直是反革命。希望大家有则改之，无则加勉。我当尽我的能力为大家排除一切困难，使大家对于农事可以充分学习。从今以后，有农事教学做之日，免去其他粗工。俟新请工人来到，有农事教学做之日，烹饪也免学。农事之后必需洗澡，浴盆不敷，必须购置。现今太阳正烈，每人必须有草帽，才能下田工作，否则中了暑是很危险的。种田如打仗，必须有器械，才能成功。夏天在田里与太阳奋斗的惟一工具是草帽，没有草帽要想和太阳奋斗，是如同当兵没有盒子炮①，那得不败？以后须是每人至少要备一个草帽。各种准备都齐全了，倘还有懈怠的表示，那士各有志，尽可不必勉强。本校旗帜鲜明得很，我们大家所干的是乡村教育的革命。从事乡村教育革命必须有农夫的身手，反对农夫的身手，就是反革命。

## 注释

① 盒子炮　即驳壳枪，是一种能够连续射击的手枪，因枪盒是木制的，射击时可以把枪装在木盒上，以此作为托柄，故俗称盒子炮。

---

* 本篇系陶行知1927年7月19在晓庄师范寅会上的演讲记录。原载1927年8月1日《乡教丛讯》第1卷第15期。

# 杭州市教育局创办西湖中心小学计划书草案*

**一、性质**

本校性质为乡村小学。

**二、宗旨**

本校依据科学的方法、艺术的态度试办乡村小学，俾能成为改造乡村实际生活之中心，改造他村小学之中心，并为将来训练乡村教师之中心。

**三、校址选择**

为透达上项宗旨起见，本校校址之选择应依照下列标准：

甲、自然环境壮丽，

乙、人民多数务农；

丙、学龄儿童充分，

丁、交通便利。

**四、**依据上列标准观察本校校址，以灵隐寺前之地点最为相宜。此地为西湖第一名胜，以北高峰为背景，前面为小涧，山青水秀，有声有色，自成局势，不与庙宇相混。学生四分之三来自农家。如欲在西湖开办乡村小学，实以此地为第一。

**五、教师资格**

本校为施行有实效之乡村教育起见，所聘教师须合下列资格：

* 本篇原载1927年8月1日《乡教丛讯》第1卷第15期，原署陶知行、丁超代拟。

甲、须有农夫的身手；

乙、须有科学的头脑；

丙、须有改造社会的精神。

**六、工具**

生活教育必须有生活工具。工具不充分，则生活无有表观。本校教学做应有下列各种工具：

（一）图书；（二）理科仪器标本；（三）农具；（四）木工具；（五）泥水工具；（六）油漆工具；（七）医药卫生工具；（八）乐器（包括留声机一架）；（九）体育运动工具；（十）烹饪工具；（十一）裁缝工具；（十二）扫除工具；（十三）绘画工具，（十四）饮食工具；（十五）普通工具。

**七、编制**

第一时期，一、二、三、四年编为单级，五、六年级编为复式；第二时期，编为三个复式；第三时期，编为六个年级之完全小学。

**八、试验**

本校为计划实行试验起见，应组织试验委员会，由本校教师及特约校外专家组织之。

**九、建筑**

本校暂仍用旧校址开学，同时在新选校址开始建筑。两个月内须建成校舍四座，余二座应于一年造成。本校一切建筑，一面应与自然环境谋和谐，一面须与将来杭州试验乡村师范成一系统。建筑标准应适合教育、卫生、美术、经济、耐久五种原则。

# 晓庄试验乡村师范学校创校旨趣*

我们中国现在正是国民革命的势力高涨之秋。惟既有国民政治上的革命，同时还须有教育上的革命。政治与教育原是不能分离的，二者能同时并进，同时革新，国民革命才有基础和成功的希望。

本校是于本年三月开学，当时宁地战事[①]风云正急，三路交通，俱已断绝。而各同学冒危险，自上海、镇江，安徽、浙江、江西相继前来，本校遂得于枪林弹雨中如期开学。自开校迄今，屡经战事及其他变故，故现在设备及其他一切，俱觉不很完备。

本校的办法，是主张在劳力上劳心。本校全部生活，是“教学做”。教的法子根据学的法子，学的法子根据做的法子。我们的实际生活，就是我们全部的课程；我们的课程，就是我们的实际生活。我们每天早晨五时有一个十分钟至十五分钟的寅会[②]，筹划每天应进行的工作，是取一日之计在于寅的意义。寅会毕，即武术。本校无体操课，即以武术代。上午大部分时间阅书。所阅之书，一为学校规定者；一为随各个人自己性之所好者。下午工作有农事及简单仪器制造、到民间去等。晚上有平民夜校及做笔记、日记等。这是本校全部大概的生活。

---

* 本篇是陶行知1927年8月14日在晓庄试验乡村师范学校的演讲。记录者：葛尚德。摘自《南京市教育局长及各校长参观本校记》。原载1927年9月1日《乡教丛讯》第1卷第17期。

现在有一点我们应当注意的，就是以前的教育，都是像拉东洋车一样。自各国回来的留学生，都把他们在外国学来的教育制度拉到中国来，不问适合国情与否，只以为这是文明国里的时髦物品，都装在东洋车里拉过来，再硬灌在天真烂漫的儿童的心坎里，这样儿童们都给他弄得不死不活了，中国也就给他做得奄奄一息了！我从前也是把外国教育制度拉到中国来的东洋车夫之一，不过我现在觉到这是害国害民的事，是万万做不得的。我们现在要在中国实际生活上面找问题，在此问题上，一面实行工作，一面极力谋改进和解决。本校全体指导员及同学，都是抱有这样一个目标，所以毅然决然的跑到这个荒僻的乡下来。我们认定必须这样，将来中国的新教育才能产生呢！

以上是报告本校大概情况。敝校创办伊始，有许多不对的地方，现在请各位来宾先生们详细的批评和指导。

## 注释

① 宁地战事　指当时北伐革命军分三路向盘踞南京之军阀实行总攻击。

② 寅会　我国古代记时的方法采用“地支”，又称“十二支”，以此作为十二时辰的符号，寅时相当于早晨的三时至五时。晓庄试验乡村师范学校规定每天早晨五时为寅会，取“一日之计在于寅”之意。寅会由师生轮流主持。

# 中国乡村教育运动之一斑*

## ——中国代表致送坎拿大[①]世界教育会议报告之一

### 一、中国乡村教育为什么值得注意?

中国是著名的农业国。据最普通的估计，中国农民占全国人口总数的百分之八十五，这就是说，全国有三万万四千万的人民住在乡村里，所以乡村教育是远东一种伟大之现象。凡关心世界问题的人们，决不至忽略这种的大问题——无论办得好不好，中国的乡村教育关系全世界五分之一的人民。

### 二、中国现在的乡村学校

中国现在的乡村学校，老实说起来，确实不能适应乡村的需要。他们给儿童唯一的东西是书本知识，他们从来不知道注意到农人的真正的需要。这样教育，使农村社会减少生产量，使农人富的变穷，穷的变得格外穷。这使人最不满意。所以改造农村教育的呼声，到处都可以听得到了，一个新纪元正在放射曙光咧!

### 三、新运动志在建设与创造

最近几年来，中华教育改进社拟订了改造中国乡村教育的计划，要使乡村教育适应中国乡村生活的需要。办这样教育的人们，都抱着研究的态度、科学的精神，以实际乡村生活，做他们

---

* 本篇系中国代表致加拿大世界教育会议报告之一。原为英文稿，由张宗麟译成中文。原载1927年9月27日《教育季刊》第3卷第3期。

探险的指南针。他们下了决心不再墨守旧法或抄袭舶来货，去重演削足适履的把戏。

现在中国正在产生新生活，占全国最大多数的农民自当得着相当训练去参加这种新生活。从前的旧传统和外国制度已经不适用，非抛弃不可，那新的方法更不期然而然的要产生了。所以中国现时的乡村教育运动是适应新农民生活需要而来的。这种新运动，可以很肯定的说，是志在建设和创造的。

**四、实现新运动的三个时期**

这种新运动要想整个地实现出来，须分三个时期：第一时期——也可以说是最重要时期——是试验期。在这时期里，我们要设立各种试验学校去试验关于乡村教育种种方法和材料。第二时期是训练期。根据试验所得的结果，训练许多合于乡村生活的教师和其他有效的人才。第三时期是布种期。依据受过训练人才的多寡从事推广，使乡村学校可以布满全国。

**五、中心小学是什么?**

这个新运动的出发点是开办中心小学。我们所以叫它为中心小学的意义有三：第一，以乡村生活为学校生活的中心；第二，以学校为改造社会的中心；第三，在这所学校本身已经办得有成绩了，可作训练师资的中心。现在中华教育改进社有三个中心小学：第一中心小学在燕子矶，是特约的，这所学校有六级，是一所单式编制的完全小学；第二中心小学在尧化门，也是特约的，他是用复式编制的；第三中心小学是自办的，叫作晓庄小学，是单级小学，全校只有一位教师。

以上三个中心小学，虽然因为各地需要的不同，而办法也有许多差异，但是他们确有几个共同之点：

第一，他们对于教育与人生有共同的信仰。他们以乡村生活为学校生活的中心，同时以学校为改造乡村的中心，并为小的村庄与大的世界沟通的中心。

第二，他们对于方法有共同的原则。他们的信条是："在劳力上劳心"，"手到心到"，以实际的工作为教学的中心。

第三，他们深信工具是教育的要素。人生教育须在人生工具上求实现。真的教育是教人发明工具，制造工具，运用工具。明了这点，就可以知道，书籍不过是人生工具的一种，不是人生唯一的工具。

第四，全校的费用是很经济的。他们的经费与邻近小学比起来是差不多的。他们要试验出最经济的标准，使各处的小学都很容易做到。因为在中国的教育经费现状之下，费用少的好小学比费用多的好小学，效力要大得多。

第五，学校既是乡村的中心，教师便是学校和乡村的灵魂。教师的人格影响于学生和乡村人民很大。他们有三个共同的资格：

（一）他们有农人的身手，他们都能够做农人的工作。第一，他们因此可以了解农民的困苦艰难和一切问题，并且容易做他们的朋友，帮助他们。第二，他们有了农人的身手，便可以利用闲暇时间做园艺等工作，像他们这样低额薪俸，种园一事，不无小补。第三，他们有了农人的身手，在乡间便有用武之地，因此便多办学之乐而少办学之苦。

（二）他们有科学的头脑。他们是虚心的，好观察和尝试。他们对于科学农业和科学上其他的新发明，都感到浓厚的兴趣，并且他们很切心希望把这些科学常识介绍给农人。这是乡村教师最应当有的态度。如此，才能控制一般农民社会的守旧性。

（三）他们有改造社会的精神。他们把自己的小学变成发电机，拿电力送到农家去，使家家发出光明来。虽然全校只有一个教师，也不觉得孤单寂寞。因为每个学生都是活的电线，把学校和社会连接起来了。我们深信学校的唯一功效，就是能使全数村民都能安居乐业，爱乡救国。

六、中心小学的活动

要想把中心小学整个的表现出来，最简单的方法是叙述他们一天的活动。乡村儿童真是像早起的小鸟，寻常在六点钟的时候都到学校里来了。他们第一件活动是整理学校。教师和学生同做，抹桌、扫地、擦窗……每个人担任一处地方，大家一齐做起来，不消半小时，把全校都收拾得清洁可爱了。在轻视儿童做实际生活的人们看起来，以为我们的中心小学教学生做下贱的工作。但是，同时也有人说："这种学校因为教育经费不裕，不得不自己操作，倒获得了生活上必需的技能。"

第二是晨会。晨会里的活动有升旗、唱歌、校长或教师谈话，散后学生方才到课堂里去。"清洁检查"是极重要的，教师和年长的学生共同执行，检查学生的脸部、眼睛、牙齿、手指等等。倘若在家里洗得不干净的，就罚他在学校洗干净。

这些活动完毕以后，就开始别种活动。无论读法、算术、写法，都和乡村生活或其他教材联络的，这些学校要乘各种机会运用文字到实际生活需要上去。例如：有一个不识字的乡人，要求学校替他写一封信，教师就请年长的学生来写。经过教师的修正，便选那最好的交给乡人。这样的写作都给相当的分数。

放午学半小时之前，教师或年长的学生，用故事式体裁对学生报告国家大事，或乡民须合作的事情。这种报告必须学生回去说给家里人听，再将家里人听了以后的反应报告到学校里来。

我们可以用灭蚊子的方法来做自然科的例子。教师事前指导学生搜集各种蚊子各期变化的标本，装在玻璃瓶里，逐步加以说明。因此儿童知道蚊子的变化和人生的关系。同时教师又指导学生知道吃蚊子的虾蟆等等动物，认他们为友军，从事扑灭蚊子的运动。

园艺是重要活动之一，有两种工作：学校设计与家庭设计。在这里我们必须叙述实行这种工作的困难。第一，农民反对教师率领儿童做学校园艺工作。他们说："我们送孩子来是读书的，不是做工的。”许多乡村教师所以失败，就是这个缘故，我们是预先料到的。事先，我们邀请了许多学生的父母，对他们说：“我们想教儿童根据地上的出产，教他们读，教他们写，教他们算，使他们所能种的都会读、会写、会算，所以要种园。地上的出产他们可以带回家去，或是卖给人家。”经过这样解释，父母都赞成学校的举动了，学校的计划也就前进无碍。第二个困难是发生于单级小学里的。单级小学里学生的年龄、能力都参差得很多，在田里当然发生困难了。但是我们用了分工法做去，各个儿童都依着自己的能力忙于自己的工作，困难竟减少了。

手工科包含修理校具、校舍和制造教具、校具。教师带着学生做木工和泥水工，是学校很重要的手工。简单的科学器具，也是自己做的。

卫生科是巡回医生来指导的。学校教师跟着医生做检查沙眼、布种牛痘等简单医术，成效都很好。这几所学校里每人都有单独的手巾、牙刷，茶杯。我们希望不久再添聘巡回看护士。

团体的设计，可以用欢迎会来做例子。学生知道有学问的客人来了，一群学生和一位教师便开一个谈话会，筹备怎样欢迎客人。他们推举一个学生作主席，一个学生作纪录，编拟开会节目，指定各人的工作。他们又推定二个学生写请柬，二个学生送信邀请客人。以上的工作在半小时以内都做完了。过了一刻，客人来了，依着拟定的秩序单——致欢迎词，奏乐，来宾演说，致答词，全体唱歌……一件一件的实行下去。临了，学生还替全体摄了一张影。

校舍是公开的，给全体村民公用。信用合作社、农产物展览会、村民武术会、村民结婚的礼堂和赛会的会场，都可以借用学校的校舍场地。到了夜里还开办村民夜校，夜校也是教师来主持的。

中心小学的教师实在太忙了，到了夜里当然要想休息，所以另外想出方法来办理夜校。一个乡村里，必定有几个很能干、很肯为公众服务的人，教师就请他们来帮忙。这个计划倘若实行以后，就可增加很多的良教师，在燕子矶试验这个方法，成效很好。现在我们要编一种农民千字课，专为乡民用的，每天化一小时的工夫，四个月以后，大都能读平民报，写普通的信。这样做去，乡村学校不但能给儿童教育，也可以教成人呢！

### 七、乡村中心幼稚园

在中国乡村里，幼稚园格外来得需要。农忙的时候，农妇异常忙碌，她要帮助种田，要做饭煮茶，还有其他的家事。在这个时候，年长的儿童都可以帮助做事。六岁以下的孩子，真是她的累赘物了。倘若有一个地方替她看孩子，她们真是要感激不尽了。有的时候，在小学里的子女被叫回去陪弟妹；有时候，做母亲的拿了一条小凳子，抱着一个小孩子到小学里来，请教师替她看小孩子。她唯一的要求，只要求教师看顾这个孩子，不要让他走动。这是何等可怜呀！我们因此也可以知道乡村幼稚园是何等重要呀！

乡村幼稚园除了为幼稚儿童造幸福以外，还可以节省农忙时农妇的精力，又可以间接帮助小学生减少缺课——因为有许多小学生的缺课是要在家里看管弟弟妹妹，所以乡村幼稚园的功效比城市幼稚园还要大。但是寻常幼稚园的办法，实在不能够移到乡下来。中国寻常城市幼稚园犯了三个大病——贵族的、外国的和浪费的病。倘若我们要办乡村幼稚园，非根本的把幼稚园变成平民的、中国的和省钱的不可。我们已经开始研究了，也已经有些把握了。去世不久的陆慎如[②]女士，曾经发愿为办乡村幼稚园努力。我们此后是要本着她的牺牲精神，照着预定的计划做下去。

### 八、试验乡村师范学校

试验乡村师范设在晓庄，和第三中心小学邻近，距第一中心小学五里（一哩半路），第二中心小学十里。我们所以创办这所学校的目的，是要养成有乡村领袖能力的教师，目的有三：

（一）养成农人的身手；

（二）养成科学的头脑；

（三）养成改造社会的精神。

这个学校的校训是“教学做合一”：教的法子根据学的法子，学的法子根据做的法子。例如农事是要在田里做的，就须在田里学，也就须在田里教。这是合一的方法，与寻常所用的分割方法不同。按寻常的方法，师范生先受了三年半的普通训练，到了最后半年开始实习，毕业以后方才是真的做教师。我们的学生，开始就教儿童，学生们就在真切的、负责的和有指导的环境之下做先生，所以他们不但要自己学习，并且要同时学习教人，他们是以教人者教己。我们深信某件事能够教人家了解，自己方才可以算得真切的了解。我们依据这个方法，很严格的指导每个师范生到各个中心小学里去负一星期的完全责任。

全部的课程包括了全部的生活：一切课程都是生活，一切生活都是课程。我们不知道什么是课内活动和课外活动的。全部活动——教学做——可以分为五个部分：

（一）中心小学活动教学做　这部分教学做占全数时值之半。寻常师范有附属小学实习的一科，这种办法，和师范学校缺少有机体的关系。小学乃是师范的中心，先须有很好的中心小学，才能有很好的师范学校。中心小学好比是母亲，也是发电机。

中心小学活动教学做可以分做六组：国语算术组，公民组，卫生组，自然组，园艺组，游戏娱乐组。每组各设研究指导员。师范生每人可以选择一组或两组做研究指导员的助手。每个指导员研究所得，必须将经过情形和学生讨论，指导他，观察他，帮助他。小学教学做指导员由校长聘请，对于该工作负完全支配之责任。

（二）分任院务教学做　全校的文书、会计、杂务、卫生等工作，都是指导员指导学生做的。全校只有一个粗工担任挑水，其余的工作都是学生和指导员分担的，甚至烧饭、炒菜也是自己做的。烧饭的工作，在乡村教师是很重要的，因为学生们倘若送到一所没有校工的新学校里去，那末就非自己动手做饭不可了。

（三）征服自然环境教学做　这项包括科学的农业、造林、基本手工、卫生和其他教学做。

（四）改造社会环境教学做　这项包括村自治、民众教育、合作组织、乡村调查和农民娱乐等教学做。这项教学做，从学校三里路四周着手做起。每一个小村有二位去担负责任。现在已经有了十二个小村在计划中了。我们无论什么事都是以做为教学的中心的，所以这件事就算是社会工作。乡村调查，我们不在教室里学的，乃是要到十二个小村里去实行调查的。又如合作社，也是要依照各种原则，实行去组织的，不是空讲的。其他的教学做都是如此的。

二人担任一个小村庄的方法，我们希望他们和这个村庄里的人民做极要好的朋友，做一条学校与村庄通电的电线。有了这根活电线，一切的改造工作，都可以极便利的进行了。

（五）学生自动的教学做　这部分活动都是学生自动计划和决定的。大部分是关于个人的事情。

此外，晓庄师范学校里还有几个特点：学生只用书，不读书。他们在图书室里看书，不在课室里上书。他们看到书的难处才去问指导员。他们为生活而用书，不为书籍而读书。这是特点之一。

指导员和学生都是农人的样子，有时赤着脚，穿了草鞋干。学生从入学考试的一天起，就必须做农事。我们深信，我们倘要想感化农人，必须自己先受农人感化。这是特点之二。

指导员和学生只有很少的区别，他们的界限实在是分不清楚的。每个人都是教做，也都是学做。“会做的教人，不会做的跟人学”，是我们的座右铭。

学生毕业时是没有文凭的，要到毕业以后，服务了半年，有了好的成绩，方才给他证书。学生与学校的关系，虽是离校以后在社会上服务了，还是要很密切的。我们要设巡回指导员来维持学校与学生的永远关系。

**九、试验幼稚师范院**

在试验师范学校里，我们还要设幼稚师范院。该院以中心幼稚园活动为教学做的中心，招收乡村的女子学习。乡村小学教师的夫人、未婚妻或亲戚，尤为欢迎。该院有最显著的几个特点：

（一）可以培养许多幼稚教师，适应乡村间需要幼稚园的渴望。

（二）可以为乡村间受教育的女子们开一个新的职业之门。

（三）倘若乡村教师的夫人或未婚妻能受此种教育，将来夫妻同在一乡从事教育，可以有下列五点好处：

1. 乡村教师在乡间服务的幸福可以增进；
2. 夫妻同做教师，家庭的收入可以增加；
3. 因此乡村教师的服务期可以延长；
4. 乡村间有了女教育家，乡村妇女教育可以格外推广；
5. 这位教师的家庭，就可以组织成一个模范乡村家庭。

有了以上的种种理由和需要，所以幼稚师范院的开办，虽然有许多困难，我们还要设法使他实现的。

**十、乡村教育研究部**

乡村教育研究部由试验乡村研究指导员和名誉研究员组织而成，研究关于乡村教育的各种问题，以谋乡村教育实际问题的解决。大学校的学生可以来做研究员的助理。我们希望该研究部在最近期内可以充分发展，好做中国乡村教育之指针。

**十一、其他事业**

以上所说的中心学校、试验乡村师范和乡村教育研究部是中国乡村教育运动的主要工作。此外还有几种附带的事业，也来说明一下。

（一）招待参观　改进社为便利远道来校参观者起见，曾在少数优良学校里设备床位，以便参观者作长时期的观察。这个方法，可以使乡村教育运动扩大得更快、更远。

（二）乡村教育同志会　该会有会员千人，曾议决乡村教师信条十八条，发行两星期刊物一种，即《乡教丛讯》，现在销数有二千份。

（三）乡村学校辅导员　改进社请了一位办乡村学校著有成绩的教师，做乡村学校辅导员。乡村学校要想谋学校之改进，可以先派校长或教师到中心小学来实地观察，再由辅导员去考察该校的实际状况；然后他们合拟改进的方法，由校长和教师进行，辅导员则随时前去帮忙。

（四）乡村治疗所　晓庄创办一个乡村治疗所，医生除了看乡人疾病以外，并训练师范生简单的医药卫生常识与检查中心小学儿童的疾病。

（五）乡民武术会　晓庄附近的十二个乡村里的农人倘欲受武术训练，都可由师范学校武术指导员教以相当之武术。

（六）合作社　尧化门小学宋调公先生已经办了一所小规模的合作社，成绩很好。不久在晓庄也要创办一所。我们希望把范围逐渐扩大，训练农民自己组织。

## 十二、结　论

以上所说各节，不过是中国乡村教育运动在南京——中国新都——的简要报告。以我们的能力所及，在广州、武昌、成都、北京、奉天、昆明各地，不久都要举办。我们最后的希望是各省各县都有这样的乡村教育做改造事业的中心。因为我们最后的目标是培养一百万个乡村教师，使全国一百万村庄都得到新生命，合起来造成中华民国的新生命。

## 注释

① 坎拿大　国名，现通译为加拿大。

② 陆慎如　负责筹办晓庄师范燕子矶幼稚园的指导员。

# 政治家与政客*

昨天有一位同学对我说，他虽是终身要办乡村教育，但是若有机会，他很愿意干一度政客生活，以谋乡村教育之发展，如做县知事一类之职务。我说："我愿你做政治家，不愿你做政客。"其实他的本意是愿做政治家，不是愿意做政客的，因此我们就把政治家和政客的分别详细的讨论了一番。我觉得这个问题是很重要的，所以要拿他来和大家谈谈。政治家的存心只是一个诚字，一伪就变为政客了。政治家的动机是为公众谋幸福的，有所私就变成政客了。政治家的进退以是非为依据，若随利害转移，就变为政客了。政治家的目光注射在久远，若贪近功，就变为政客了。政治家为目的而择手段，政客只管达他的目的而不择手段。政治家是"富贵不能淫，贫贱不能移，威武不能屈"；政客就不然，他的主张，随富贵而变，随贫贱而变，随威武而变。孔子说："政者正也。"政治家以"正"为家；政客是"正"之客，自外于"正"的人。政客只怕天下不乱，政治家一心只求天下之治平。政治家与政客起初之相差只在念头之一转，但是到了表现出来，简直有白的黑的一样的分明。我愿大家做一村的政治家，不愿大家做一村的政客。我们勉励吧！

---

* 本篇是陶行知1927年10月26日在晓庄试验乡村师范学校寅会上的演讲。原载1927年11月1日《乡教丛讯》第1卷第21期。

# 本校产生时的催生娘娘*

今天要同大家谈谈本校产生时候的情形。这里有一位本校产生时候的"催生娘娘"、"送子观音"，大家是不能不知道的。

在去年三月里，我曾经读了一本书，叫做《人间词话》，是王静安①先生著的。书里有这样一段话：

"古今之成大事业大学问者，罔不经过三种之境界。

那三种境界呢？他说：

"一、昨晚西风凋碧树，独上高楼，望尽天涯路。"

这是说为大事者，先天下之忧而忧，要从高远处去望他。

"二、衣带渐宽终不悔，为伊消得人憔悴！"

这是说看清了人民的隐痛之后，要时时刻刻记念他，就是为他牺牲了一切，终不懊悔！

"三、众里寻他千百度，回头蓦见，那人正在灯火阑珊处。"

这是说，从各处各地要寻个解决，只有我们百折不回的去找他，终有一天出人不意的遇着。

---

* 本篇是陶行知1927年11月7日在晓庄试验乡村师范学校寅会上的演讲。记录者：操震球。发表时记录者改题为《年年今日》，并加按语说："这是陶校长在十六年十一月七日寅会里的一篇讲词，原名叫《本校产生时的催生娘娘》，为哀悼王静安先生而讲的。今天已经是我们纪念王先生逝世的两周年了，记者亦曾亲受教于王先生之门，回忆往事倍感神伤，爰将本词检出发表，藉表哀思，并告后来的诸同志。"转引自方之与严编《晓庄之一页》第285—286页，上海儿童书局1934年4月出版。

我读了这一节书后，大受感动，将那时正在徘徊歧路的态度打破了，立刻起来施行我的计划。王先生今年已经在昆明湖自尽了。我听到这个消息，非常悲痛！

王先生与我虽只一面之缘，是那年范静生[②]先生因为要调和梁任公[③]与胡适之[④]两先生的意见，曾备了一席酒，请王先生和我还有其他的几位先生作陪客。在这一席上，我们虽没有深谈，王先生也不一定晓得我，但他的精神，对于我的事业，影响终是很大的。

今天我要将这几句话提出来同大家讲讲，就是希望我们从事乡村教育的同志，都要经过这种境界，并在每年王静安先生忌日的时候，细细的将这几句话念念。

**注释**

① 王静安　即王国维。
② 范静生　即范源濂。
③ 梁任公　即梁启超。
④ 胡适之　即胡适。

# 要使全国个个乡村都有一个幼稚园*

第一次我觉得乡村里有设立幼稚园之必要，是宋调公君告诉我：农忙时往往有母亲一只手抱着小孩子，一只手拿着凳子，到学校里来托先生给她看管。她只求先生守着小孩子不给她走开，她就感激不尽了。又一次看见一位母亲在田中做事，对面地下放一个筐子，里面坐着一个小孩子，这孩子便是她的儿子。又一次我遇了一个小学生，我问他为什么不进学校，他说现在田里很忙，他要帮助妈妈带小妹妹。受了这三次感触，我便想创办乡村幼稚园。

……恰巧舍妹文渼来信和我商量家母六旬寿辰家庆的办法，我忽然下了一个决心，要在这一年内把她老人家给我的最好的精神开始充分的表现出来，为她老人家祝寿。我想来想去，没有想到办法。一天豁然觉悟到家母最爱的是我的第四个小孩，称他为蜜桃。因为家母之爱蜜桃，就联想到天下的像蜜桃的小孩，立刻决定要使全国个个乡村都有一个幼稚园为儿童造福，并立志要在这一年之内把第一个乡村幼稚园成立。……

* 陶行知1927年创办的南京燕子矶幼稚园，是中国第一个乡村幼稚园。这是1927年11月11日他在该幼稚园开学典礼上的讲话。原载1928年《乡教丛讯》第2卷第4期。

# 把小孩子送到学校里去*

昨晚孙总理周游晓庄十二村乡，他见到三等小朋友，他心里就有三种感触。第一种人家的小孩子，在家里不但能读书识字，并且会运用书中的道理。这些小孩子会写信，会看信，会认契据，会记帐目，会看报，能懂国家大事。孙总理看了这种人家小孩，他喜欢极了，就说："活人读活书，字字如真珠。"第二种人家的孩子，在家里像木鸡一样，整天的读《百家姓》、《三字经》……总理听了不耐烦，便说；"活人读死书，愈读愈变迂。"第三种人家的小孩子却不同了，一天到晚只会打架，相骂，偷东西，做种种不长进的事。总理见了气极，对他们家里人说："活人不读书，不如老母猪。"但最后总理还是希望大家把小孩子送到学校里去，读活人的书，做活人的事，过活人的生活。这样看来，小孩子最紧要的是进学校。

* 本篇是陶行知1927年11月12日在晓庄试验乡村师范学校纪念孙中山诞辰61周年大会上的演讲。陶行知在演讲中假托"昨晚孙总理周游晓庄十二村乡"的故事，阐述他关心儿童教育的主张。原载1928年8月16日《乡教丛讯》第2卷第15期。

# 晓庄试验乡村师范的第一年*

“南洋有个财主，带了五十万银子来，要在晓庄开洋学堂咧。”“学生也肯打赤脚种田，这倒奇怪！”“他们自己扫地，抹桌，烧饭，洗碗，还不是和我们一样的苦吃苦做。”“晓庄的先生们就要到我们那里去办学堂了，刮刮叫，我们要用锣鼓炮竹去欢迎他们咧。”这些话是我在这一年当中亲耳听来的。晓庄学校在农民心目中曾经过这几度的变化。

但是山左的松树营，山后的三元庵，到现在还是怀疑我们。不能怪他们深闭固拒，只怪我们没有充分努力。我们应当用爱与诚来感化他们。我们今后要以这两处地方的反应来测量我们的爱与诚。

去年今日我们在这里开学，房子一无所有。本来只要有先生和学生便是一个学校，学校是不限定要有房子的。那些有四十二套桌椅一个大讲台的场所，未必是真学校。但是有房子总比较要便利些。从没有房子的去年到有五六座房子的今年，物质上的进步总算是可以自慰的。但是我们必须自问：“我们对于无房可住的同胞的同情心，还有去年那样的热度吗？”我们能保持去年那样的同情心，才算不辜负这些房子。我们切不可给安乐把我们软

* 本篇是陶行知1928年3月15日在晓庄试验乡村师范建校一周年纪念会上的演讲词，载当天出版的《乡教丛讯》第2卷第5期，广州《教育研究》于1928年5月号（第4期）转载。

化掉。倘使因为有了这些房子而减少了我们奋斗的精神，那末有房子还是不如没有房子好。这样说来，进步倒可成为退步。倘是我们不留意，这是可能的。

我们这个学校是师生共创共有的学校，不是一个人所创所有的学校。因为有了这个条件，所以军阀压不坏，炮火轰不散，土豪劣绅推不倒。没有校长、院长，也可以渡过存亡关头。倘若不是同志的结合，那末，不毁于枪炮也要毁于陷告，早已夭折了。我们今日之所以能有一周纪念固靠这一点，将来是否能有百周纪念、千周纪念、万周纪念，也都要靠着这一点。

共同生活在安徽公学①已经实行了几年，再经晓庄这一年的试验，我们对于这个原则的信念便益加坚固了。本校不但是师生共生活，连校工也是和大家共生活的。在不实行共同生活的学校里，教师自教师，学生自学生，校工自校工，一校之内分成三个阶级。既有阶级，便免不了风潮。不但坏教员能引起风潮，教员虽好，不与学生共生活，也就不知道学生的问题，不知道随时帮助他们解决，积久成多，一旦爆裂起来，也是不可收拾。我们大家共生活，自无阶级之可言，那因阶级隔阂而发生的问题也就消灭于无形了。校内一发生问题便立刻知道，立刻解决，那末，积久爆裂的危险也就可以预防掉了。积极方面，与学生共生活，日久便成为学生的朋友；与校工共生活，日久便成为校工的朋友。大家由相亲而达到相知相爱，自然可以造成和乐的境界。但是有形式的共同生活，有真正的共同生活。形式的共同生活难免同床异梦。真正的共同生活必须大家把人格拿出来互相磨擦，各人肯以灵魂相见才算是真正的共生活。否则虽是日出共作，日入共息，中间却是隔了一个太平洋。我们共同生活之有无价值，全看这种意义之存在与否以为断。

教学做合一是我们的根本主张。经过这一年的试验，我们知道他是一个最有效力的方法。从冯玉祥练兵以及到绑票匪教徒弟都是不知不觉的采用教学做合一的办法，所以最有效力。中国一般学校教育为善不足，为恶也不足，都是因为教学做分家的缘故。所以用一般学校的形式来训练人才，决不会发生很大的效力，也决不能彻底的采用教学做合一的办法。一面要实现教学做合一，一面又要顾到一般学校的形式，实属绝对不可能。数月前我们得了一个方法叫做艺友制，简括说来，他是用朋友之道来训练同志学做教师或别种艺术。这才是真正的教学做合一。

中心小学也是我们的一种主张。但是挂了一个中心小学的牌子，未必就是真正的中心小学。真正的中心小学是师范学校训练小学教师的中心，同时以实际生活为他自己的中心。建设中心小学是本校一年来最困难的问题。我们试验的成败全在这一个问题上。全国乡村里的学校以单级为最多，这问题又可缩小为单级中心小学问题。倘使我们不能建设一个活的单级中心小学去培养乡村单级小学教师，我们便不会成功。一年来我们改变了好多办法，都没有满意的结果。最近似乎找到了一条光明之路。指导会议②议决：请五位指导员各人指导一位学生，单身匹马，因地制宜，用最少的经费去创办一个单级小学。现已成立二所，其余三所③定于本月内完全成立。这件事我认为是乡村师范教育最有关系的一着。一，师范学校指导员既负责去指导创办小学，他的兴趣方法必定是要受小学同化。师范学校指导员受了小学化才能与小学打成一片，否则师范自师范，小学自小学，真正的中心小学是跑不出来的。二，师范生既是单独去负责创办单级小学，那末单级小学活动教学做便是真的去干了。真的去干才能得到真本领，这是一定不移的道理。

我们的院务教学做，简单说来便是用学生学做职员。教务、文牍、会计、庶务等等都由学生担任。我们起初纯粹采取轮流办法，又因时局关系，指导员不能一贯指导，所以缺少衔接。本学期改为个人继续负责，大家轮流学习，推行以来，很是有效。本校现在事务方面之进步，多由于这个改革。只要有指导员指导，个人继续负责，学生分任事务是可以行的。

乡村幼稚园在这一年中已由理想而成为事实。燕子矶幼稚园由十数人加至三十余人。晓庄幼稚园虽在散村之中开办，亦即有十余人，可见乡村对于幼稚园有一种自然的需要。我们所最引为憾事的就是：幼稚师范院招考而应者寥寥。我现在要奉告从事妇女运动的太太小姐说：“乡村妇女占全国妇女百分之八十五。世界上最需要你们的帮助的便是这些人。你们最能帮助她们的方法便是做幼稚园教师，代她们教小孩子。代她们教小孩子便可进一步去做她们的朋友和导师。二千六百万乡村幼儿在那儿呼喊，可听见了没有？八千五百万乡村妇女在那儿用手相招，可看见了没有？我们这里并不像你们心里想的那样苦。为何不来试他一试？”

我们虽是注重儿童教育，但从来没有忘记了成人。我们开始就立了一个信念：要想化农民，须受农民化。我们大家都抱着一个跟农民学的态度。起初有一种功课，叫做到民间去。后来大家觉悟到这个名词不妥当，便改为会朋友去。恰巧创办了一个中心茶园，我们便可以随时约几位农友来喝喝茶谈谈心，这才是结交朋友最自然的方法。中心茶园开幕之后，邻村未染嗜好之青年农友都到这里听书下棋了。老太太们以为这是防避儿孙赌博豪饮的好法子，个个都为中心茶园捧场。这是出于我们意料之外的成功。

最近我感觉到以上所述都是属于次要的。乡村教育之能否改造，最要紧的是要问我们肯不肯把整个的心献给乡村儿童。《毛毛雨》歌词依我们听来，不是情人的要求，乃是乡村儿童对着小学教师的呼喊。倘使我们肯把整个的心捧出来献给乡村儿童，那末，无论如何困难，必有达到目的之一日。否则天天背诵教学做合一，也是空的。我今天要代表乡村儿童向全国乡村小学教师及师范生上一个总请愿：“不要你的金，不要你的银，只要你的心。”

## 注释

①安徽公学　安徽旅宁同乡会和同学会为了帮助安徽青年到南京求学，于

1923年秋联合创办。校长陶行知，副校长姚文采。

② 指导会议　晓庄试验乡村师范学校称教师为指导员，指导会议即指导员会议。

③ 现已成立二所，指吉祥庵小学和万寿庵小学；其余三所，是三元庵小学、神策门小学和黑墨营小学。参见本卷《我们开办小学的原因》。

## 附：本校三年内之进行计划

**中心小学**

十六年春　三所

十六年秋　三所

十七年春　八所

十七年秋　九所

十八年春　十所

十八年秋　十所

**中心幼稚园**

十六年春　一所

十六年秋　二所

十七年春　三所

十七年秋　四所

十八年春　八所

十八年秋　十所

**学生**

十六年春　十五人

十六年秋　三十人

十七年春　六十人

十七年秋　九十人

十八年春　一三〇人

十八年秋　一六〇人

**建筑**

| | |
|---|---|
| 十六年春 | 借用校舍 |
| 十六年秋 | 晓庄小校　一所 |
| | 犁官　一所 |
| 十七年春 | 樱花村　一所 |
| | 桃花村　一所 |
| | 宿舍　一所 |
| | 燕子矶幼稚园　一所 |
| | 乡村澡堂　一所 |
| | 食力厅　一所 |
| | 问江亭　一所 |
| 十七年秋 | 农艺馆　一所 |
| | 工场　一所 |
| | 宿舍　三所 |
| | 艺术馆　一所 |
| | 畜牧场　一所 |
| 十八年春 | 科学馆　一所 |
| | 宿舍　二所 |
| | 图书馆　一所 |
| | 晓庄医院　一所 |

**田地**

| | |
|---|---|
| 十六年春 | 一〇〇亩 |
| 十六年秋 | 一二〇亩 |
| 十七年春 | 一五〇亩 |
| 十七年秋 | 一八〇亩 |
| 十八年春 | 二五〇亩 |
| 十八年秋 | 二五〇亩 |

**教育设施**

十六年春　注重培养创办中心小学之人才

十七年春　创办单级中心小学多所，以试验各种情形下之乡村小学教育

实行艺友制

十七年秋　举办循环指导毕业生办学

注重培养创办乡村师范之人才

十八年春　开办乡村教育研究所

**事业**

十六年春　红十字会

乡村医院

乡村教育先锋团

《乡教丛讯》

十六年秋　民众夜校

到民间去

提倡乡村公共卫生

扩广农业新知识

十七年春　修路　自修从学校到大路之路，参加、提倡修理从神策门修到观音门之路

中心木匠店

中心茶园

民众运动场

民众戏台

乡村医药卫生

石印厂

织袜厂

晓庄救火会

联合农人研究村自治

十七年秋　修路　从学校通到五里路以内之四周村庄织布厂

十八年春　设立苗圃提倡造林

十八年秋　开办合作社

# 我们开办小学的原因*

我们预定在这一个月内开办五个小学，现在居然能够一一实现了：一个是吉祥庵小学，一个是万寿庵小学，一个是三元庵小学，第四就是此地神策门小学；再等四五个钟头，老五也要产生了，这老五就是黑墨营小学。

我们所以要开办小学的原因：

一、我们的国家是中华民国，但是现在却没有中华国民，所以实在有些名不符实。中华民国至今已十七年了，但是国民能够知道中华民国，能够写中华民国四个字的实在很少。我们现在所以要开办中心小学，就是要使国民能认识中华民国，能够为中华民国努力。

二、一个人有手、有足、有口、有鼻……我们现在要开办小学的第二目的，就是要使儿童们的手、足、口、鼻……得其所用。

三、我们在这小学里还要办成人教育，使成人也能懂得道理，这是我们办小学的第三目的。

---

* 本篇是陶行知1928年3月26日在神策门中心小学的讲话摘要。摘记者：葛尚德。引自《创办神策门中心小学经过》。原载1928年4月15日《乡教丛讯》第2卷第7期。神策门即和平门，现为中央门。

# 共同为中国乡村教育立一基础*

我们这里开会是时常举行的，但是没有这一次格外快乐，因为宝山师范诸位同志给我们很好的印象。虽然只能在短时间和我们过共同生活，但是我知道他们早在那里实行这种主张了。……我记得两年前，这个学校还没有开办时，我曾到宝山师范去演讲过，就把“教学做合一”的理论，早在他们那里播下种子了，如今也在发芽抽枝的时期。我很希望我们两校像兄弟一般，携着手共同为中国乡村教育立一基础起来……

* 1928年初，江苏省宝山县立师范学校管校长带领学生40余人，到晓庄试验乡村师范学校参观学习多日。本篇是陶行知1928年4月23日在欢送会上的讲话纪要。记录者：程本海。摘自程本海《在晓庄》，1930年1月中华书局版。

# 乡村小学师范学校标准案*

**理由**

（一）乡村需要教师，多于都市五六倍，故都市所养成教师之数，不足以应付乡村之需要。

（二）都市里所造就之师资，不愿下乡服务。即使下乡服务，也过不惯乡下生活，并无助于乡下人。一到乡下，便觉得有苦无乐，故不能久于其职。

（三）在乡村里所设的师范学校，天天所过的是乡村生活，所得的是解决乡村生活的本领，在乡下很有用武之地，自能忍耐乡下之苦，而欣赏乡下之乐。

（四）学校设在乡村里，挂了乡村师范的招牌，不限定就能造就适合乡村生活的教师，所以必须树立标准，以责成效。达到标准的，才能名符其实。

**办法**

乡村小学师范学校应合下列之标准：

* 1928年2月17日，经国民政府会议通过，由大学院（即后来的教育部）于5月15日—28日在南京召集全国教育会议。陶行知作为安徽省区两代表会员之一参加了会议并担任提案预备委员会初等及中等学校教学组委员、普通教育组审查委员会委员，5月24日下午在大会追悼高仁山的会议上发表演说。会议期间陶行知提出了12项提案。此案和其他人的七个提案合并为“整顿师范教育制度案”，5月19日上午普通教育组审查组提出审查报告，5月21日上午大会整理通过。原载《全国教育会议报告·乙编（成立案）》，商务印书馆1928年8月版。

（一）乡村小学师范之宗旨，在培养乡村儿童和人民所敬爱之导师，其目标如下；

1. 农人的身手：

2. 科学的头脑，

3. 艺术的兴趣，

4. 改造社会的精神。

（二）方法须采取“教学做合一”。

（三）师生须共同生活。

（四）训练应以小学为中心。此种小学为师范之主体，应称为中心小学，不得仍用附属小学之名。

（五）中心小学：应有完全小学至少一所；复式小学至少二所；单级小学，每师范生八人应有一所。

（六）师范指导员必须小学化，每人应负责指导师范生，办理一所中心小学。

（七）师范学校所在地五里路周围之学校，应划归师范生做教学之用。一切办法，应由师范学校主持。

（八）学生男女兼收。

（九）农场，每学生至少须有六分地，为自己耕种之用。

（十）“每学生和乡村儿童、人民数人，结交为朋友”，应作为毕业重要条件之一。

（十一）师范学校应选定中心村庄，为学生练习村自治之根据。

（十二）师范学校应设中心茶园、民众学校或其他机关，使师范生练习实施成人教育。

（十三）乡村师范应用最少之经费，办最有效率之教育。

（十四）乡村师范应引导师范生，将整个的心，献给乡村儿童和人民。

# 调查全国幼稚教育案*

**理由**

我国从前幼稚园，多为外人代办，全国并无统计。为自办幼稚园计，为考查幼稚教育现状计，急需有调查办法。

**办法**

大学院①派遣全国教育调查员时，增加幼稚教育调查员一人。

**注释**

① 大学院　1927年，当时国民政府仿法国教育制度，改教育部为大学院，仍为教育行政机关。取消省教厅，分全国为若干大学区，规定每区设大学，以大学校长总管所在区的教育，隶属大学院。

* 此案连同以后四案以及陈鹤琴的两个提案合并为“注重幼稚教育案”，陶行知的这五个提案在该案的序列为一、二、四、六、七。5月22日上午大会通过。原载《全国教育会议报告·乙编（成立案）》。

# 各省各县各市实验小学设立幼稚园案

**理由**

（一）幼稚园之重要与需要，已有极显明之事实。

（二）各省、各县、各市，因经费关系，不能各小学皆设幼稚园。然而在实验小学，幼稚园为必需之事业，必须创办。

**办法**

（一）通令全国，十七年度起实行。

（二）每所幼稚园开办费约二百元，经常费年约三百六十元，令各县列入田税附捐用途预算。

# 推广乡村幼稚园案

**理由**

（一）乡村幼稚园，是乡村社会普遍的、永久的需求。农忙时，农妇忙得天昏地黑，那里有空来管小孩子？如果有了乡村幼稚园，便能节省农妇好些精力。与其开幼稚园帮助城里太太，抛下小孩子去打麻将，倒不如帮助采桑娘子照应儿女，使得她可以多养些蚕，多生点利。

（二）农忙时，幼儿无人照应，父母往往令稍长儿女辍学回家，陪小弟弟小妹妹玩。如果有了乡村幼稚园，便可以减少小学儿童之缺课。

（三）乡村小学教师办小学，夫人办幼稚团，便可造成夫妻学校，减少乡村教师之寂寞，树立乡村家庭之模范。

（四）乡村幼稚园倘能推广，便可为乡村受过教育的妇女开一职业上之出路。

（五）乡村幼稚园是乡村妇女运动之惟一的中心，要想彻底去干乡村妇女运动，非从乡村幼稚园入手，便不能成功。

**办法**

（一）教育研究所应研究创造平民的、省钱的、适合国情的幼稚园，使幼稚园在乡间易于设立。

（二）每省区应先试办一乡村幼稚师范。依据中心幼稚园办法，训练乡村幼稚园教师。

（三）乡村幼稚园不易单独设立。故最初办法，应多招现任乡村教师之夫人、未婚妻、近亲训练之，方能造就一人，便得一人之用。

（四）乡村幼稚园不限定要房屋。倘使无校舍，便可在露天里办起来。天晴开，雨来散，有何不可？

# 各省开办试验幼稚师范案

**理由**

（一）幼稚教育为国民教育之基础，又为农工社会的家庭所急需，近年来幼稚园数日增，将来必极发达，政府必须有相当机关培植师资。

（二）全国若能令各县区创办幼稚师范，实为最善之事。然而国家财力有限，一时恐难完全办到，所以不如每省创办试验幼稚师范一所。一方面培植幼稚园师资，又一方面可以供给全省幼稚园各种材料与方法，使全省幼稚教育改进。

**办法**

（一）财力较裕之省，如江苏、浙江等省，可以独立创办。

（二）财力较难之省，可以附设在女子中学师范部内。

（三）从十七年度开始实行。

（四）学校内部详细办法，如学生应否男女兼收及课程等等另订。

# 审查编辑幼稚园课程及教材案

**理由**

（一）十六年来[①]幼稚园课程及教材，迄无标准。

（二）全国所有幼稚园课程与教材，多半是从外国来的，不很适合国情。

**办法**

（一）大学院聘请专门人才，搜集国内已有之幼稚园课程与教材并严格审查。

（二）大学院特约试验幼稚园，从事试验编辑幼稚园教材方法与课程。

（三）在京都创办试验幼稚园，聘请专门人才从事编辑试验。

**注释**

① 指1912年1月1日成立南京临时政府以来。

# 试验乡村师范学校幼稚师范院简章

**第一条** 本院宗旨，在根据中心学校办法，造就乡村幼稚园及幼稚师范学校教师，俾能与乡村儿童妇女共甘苦，以谋乡村儿童妇女幸福之增进。

**第二条** 本院培养人才，以下列四事为目标：

（一）看护的身手；

（二）科学的头脑；

（三）儿童的伴侣；

（四）乡村妇女运动之导师。

**第三条** 本院教育以中心学校生活为训练中心。本院中心学校分三种：一为乡村蒙养园；二为乡村幼稚园；三为乡村小学幼稚园。于二年内次第设立，以为训练之根据。

**第四条** 本院现设课程如下：

（一）中心蒙养园活动教学做；

（二）中心幼稚园活动教学做；

（三）中心小学幼稚园活动教学做；

（四）分任院务教学做；

（五）儿童文学教学做；

（六）园艺教学做；

（七）自然科学教学做；

（八）美术教学做；

（九）音乐教学做；

（十）家庭教学做；

（十一）医药卫生教学做；

（十二）乡村妇女运动教学做；

**第五条** 本院设院长一人，商承校长，总理本院一切事宜。

**第六条** 本院设指导员数人，指导学生依照课程实地工作。

**第七条** 本院只用校工一名，担任挑水烧锅事务。其余一切操作，皆列为正课，由学生躬亲办理。

**第八条** 本院学生名额，依中心学校学习容量而定。暂以十四名为限。招收高级小学修业完毕，新制初级中学修业完毕，大学二年修业完毕之学生，及在职教师之有相当程度者培养之。

**第九条** 本院入学考试，项目如下：

（一）园艺操作二小时；

（二）做儿童点心一件；

（三）智慧测验；

（四）常识测验；

（五）作国语文一篇；

（六）说儿童故事一则。

**第十条** 第八条所列各级学生，应缴学业证明书。在职教师，应缴学业证明书及服务证明书。

**第十一条** 本院修业期限，暂定为二年。但得依据各人学力，酌量伸缩。

**第十二条** 本院修业期满，如学业成绩合格，先给予修业证书。俟服务半年，经过考查，确能根据中心学校精神办学者，得给予毕业证书如下：

（一）初级中学程度学生，给予蒙养园、幼稚园及小学幼稚园教师证书。

（二）高级中学程度学生，给予蒙养园、幼稚园及小学幼稚园主任教师证书。

（三）大学程度学生，给予幼稚师范学校教师证书。

**第十三条** 本院高级程度学生，有辅导低级程度学生之义务。

**第十四条** 本院不收学费，每学期只收膳费三十二元，杂费十元。

**第十五条** 本院不放暑假，星期六放半天，寒假放半月。其余例假，均应作有教育价值之活动。

**附：注重幼稚教育案**

**理由**

见附列各案。

**办法**

（一）大学院派遣全国视学时，应派有幼稚教育专家一人。

（二）通令全国，十七年度起，各省各县各市实验小学及师范附属小学应设立幼稚园。

（三）教育研究所，应研究创造平民的省钱的适合国情的幼稚园。

（四）每省区，应就环境适宜之地，开设幼稚师范学校。或就各省之师范（或高中师范科）内，添设幼稚师范科。以培养专门人才，供给良好师资。（乡村幼稚园，不易单独设立。故最初办法，应就可能范围以内，多招现任乡村教师之夫人、未婚妻，或近亲，训练之，方能造就一人得一人之用。

附陶拟乡村师范幼稚院简章，留供大学院参考。

（此案是根据陶行知的以上五个提案和陈鹤琴的两个提案由大会综合而成的）

# 小学目标案*

**理由**

中国学生，愈学愈弱，愈教愈懒。陷在迷信的环境而不能觉悟，遇了丑陋的事情而惯于苟安。在人中做人，又不会团结，以至达成“一个和尚挑水吃，两个和尚抬水吃，三个和尚没水吃”的怪现象！要想纠正这些堕落的趋向，必须明定小学教育目标，以为小学教育方法之指导，并树立一切教育的基础。

**办法**

（一）小学教育应培养手脑双全、志愿自立立人的儿童。其目标如下：

1. 康健的体力；
2. 劳动的身手；
3. 科学的头脑，
4. 艺术的兴趣；
5. 团体自治的精神。

（二）由中华民国大学院通令全国小学校，以资遵守。

* 此案与郑宗海的提案合并为“请订初等教育目标公布全国案”。5月19日上午普通教育组提出修正，5月26日上午大会通过。原载《全国教育会议报告·乙编（成立案）》。

# 编制小学生活历案*



**理由**

生活历是一种生活日程，亦即实施生活教育之切要工具。人有定期生活与无定期生活。无定期者，暂置弗论。其有定期者，自宜按期序列，组成系统，以为因时施教之依据。故生活历系有定期生活之系统，亦即有定期教学之系统。依生活历以办教育，则此历谓之教育历亦可，谓之生活教育历亦无不可。定期生活，复可区为定季、定日、定时数种。观日出，赏夕阳，定时之生活也；五月一日纪念劳工，十月十日纪念国庆，定日之生活也；栽树，养蚕，割稻，种麦，定季之生活也。生活历皆为之序列，使一切教学做，有所遵循。古人为政，贵在不违农时，故颁历书。教人亦然——教当其时，则事半功倍；失其时，则事倍功半，或竟全失其效。故办学贵在不违人时。生活历，实为建设生活教育最重要之引导。无生活历，则顾此失彼，茫无所从；有生活历，则一切课程、教材、教法、工具，皆可纳入轨范之中，而与生活发生有机体之关系。

**办法**

（一）由大学院将关于人类及全国进化之切要生活，依照时

* 本提案于5月19日经普通教育组审查会及5月26日大会照原案通过。原载《全国教育会议报告·乙编》。

令，编为全国儿童生活历，颁布全国。

（二）由各省、各区、各县教育行政机关将各该省、区、县特殊生活，依照时令，编为省、区、县儿童生活历，颁布全省、全区、全县。

（三）最后由本校教师，依据本地实际生活，并参合上述生活历，编一本校应用之儿童生活历，并活用之，以充分培养本校儿童之生机。

# 设立教育研究所案*

**理由**

中小学教育为国家根本大计，必须运用科学方法，分析研究，实地试验，方能免入歧路。吾国办教育的人，多半是为外国教育制度拉东洋车，一国拉厌了，又换一国，到底是拉来干吗？我们应当觉悟，惟独用科学的方法，才能建设适合国情的教育。

**办法**

由大学院设立教育研究所，聘请专门人才，分工研究。所中一大部分的工作，是要研究试验中小学教育的。

* 本案经普通教育组审查会主张保留，大会议决成立。原载《全国教育会议报告·乙编》。

# 减少校工以实现劳动教育案*

**理由**

（一）劳动教育的目的，在谋手脑相长，以增进自立之能力，获得事物之真知，及了解劳动者之甘苦。要想达到这个目的，非师生共同动手做事不可。

（二）现在一般学校里用的听差、斋夫、老妈子太多，把我们自己动手做事的机会剥削已尽，天天教我们受人服侍而不高兴服侍自己。他们教我们越学越懒，他们把我们化成双料少爷和双料小姐。

（三）斋夫、听差、老妈子多数都是年富力强可以生产的人，在学校里服侍少爷小姐惯了，渐渐的受了同化，成为游手好闲的懒人。我们应当解除他们这种无聊的职务，使他们可以从事生产的工作。

（四）减少用人，便是节省经费，便可移耗费的钱作有用的事。

**办法**

（一）凡是服侍教员、学生而妨碍师生自己动手做事的听差、

* 此案经5月28日大会决议，交大学院备考。6月28日大学院院务会议议决编入参考各案之列。原载《全国教育会议报告·丙编（参考案）》。

斋夫、老妈子，一律于最短期间内解除职务，另谋生计。

（二）各级教育行政长官对于各级学校关于此项之预算，应注意其有无减少。

（三）视学员到各校视察时，应注意此项校工是否已经减除

我们深信上拟办法，为实现劳动教育必经之路，倘不认真做去，则劳动教育均要等于空谈。

# 改革乡村教育案*

**理由**

（一）中国农民约有三万万四千万，占人口百分之八十五。我们要想建设新中国，必须用教育的力量，来唤醒老农民，培养新农民，共同担负这个伟大的责任。

（二）现在中国的乡村教育，不合于乡村实际生活。中国的乡村教师，多是书呆子；中国的乡村学校，多是书呆子制造厂——把好好的农民子女，继续不断的变为不事生产的废人。这种教育倘不彻底改革，则旧的力量不能维持，新的力量不能产生，我们的民族恐怕要日益贫弱，以至于灭亡。

**办法**

（一）大学校乡村教育系应：1. 指定乡村数处，以为研究乡村教育问题之中心；2. 开办或特约乡村师范一处，以为训练乡村师范教师之中心；3. 指定县教育局一处，以为训练乡村教育行政人员之中心。

（二）乡村师范学校应设在乡间。并应：1. 依据中心乡村小学办法，以训练乡村小学校教师；2. 依据中心乡村幼稚园办法，

* 此案大会未议，大学院认为可供参考。原载《全国教育会议报告·丙编（参考案）》。

以训练乡村幼稚园教师。

（三）乡村小学教师应按照下列目标训练之：1. 农人的身手；2. 科学的头脑；3. 艺术的兴趣；4. 改造社会的精神。

（四）乡村幼稚园教师应按照下列目标训练之：1. 看护的身手；2. 科学的头脑；3. 艺术的兴趣；4. 儿童的伴侣；5. 乡村妇女的朋友和导师。

（五）乡村小学应以乡村实际生活为中心；应有校园，使学生得有“在劳力上劳心”的机会。

（六）乡村幼稚园应为平民的、省钱的、适合国情及乡村生活的。

（七）乡村成人教育应注重农暇工艺、改良茶馆及民众学校三种办法，不可专靠学校形式之教育。

（八）改良私塾，应由附近中心小学负责邀集优良塾师，依据“教学做”办法，切实训练引导改良，专靠演讲讨论，是无补实际的。

# 请大学院呈请国民政府划出地方数处献与人类俾抱有改造社会理想之学者得以运用科学方法实现极乐世界俟试有结果再行从事推广以收大同之效案*



**理由**

（一）现今科学昌明，一草一木、一虫一菌之微，我们都知道要运用试验，以求真知。独把笼罩渗透人生一切之政治经济活动，竟挥于实验范围之外，诚属最大之憾事！

（二）柏拉图、马克思、克鲁泡特金一类的人，所提倡的学说，虽各有超越之见解，但其中难免有书呆子的幻想。假使这些人各能得到一个小的地盘，供他实验，则他们的思想必定可以格外正确，他们的贡献也必定可以格外丰富。马克思虽以科学的社会主义名家，但他所谓之科学，多半是书本的科学，而不是实验的科学。吴稚晖先生说中国行“共产主义”还要二百年，行“无政府主义”还要二千年。中国政治是不是这样演进，他老人家这话是否正确，也非实验不可。

（三）无论在什么社会里面，总有几种主张同时要求实现。与其任他秘密进行，防不胜防，不如让他在一定范围之内，公开实验。

* 本案大会决议保留，保留意见为：“不在教育会议范围之内，留供内政部推行自治制之参考”。原载《全国教育会议报告·丁编（附录）》。

（四）现在政治家，大则以世界为试验品，小则以一国为试验品，不但人民牺牲太大，而且主持的人能发不能收，倒不如先行小试，较有把握。

（五）我们既可划出东交民巷为各国公使行使他国主权之所，何不可以划出几个小小的试验社会，给社会科学家去实地试验人类进化的现象，增进人类生活的幸福？

（六）政治社会活动，不是标举几个主张便算了事。理想能否实验，全靠方法。方法是一面实验、一面发现的东西，决不是凭空可以造得出来的。

**办法**

（一）每个实验社会最小须有一百方里的地方，但最好不超过一县的范围。

（二）每个实验社会对内对外应有完全无上的主权。

（三）每个实验社会应严守中立。

（四）每个实验社会实验期暂定为一百年，但不得延长。在实验期内，非本身解散或失去中立性质，中华民国不得收回。

（五）每个实验社会之发起人，应将实验计划书征得本社会内大多数成年人民之同意，送请中华民国大学院转呈国民政府核准成立。但一经成立，即享有完全无上之主权，以处理境内之政事及办理境外之交涉。

# 在燕子矶幼稚园落成典礼上的讲话*

今天是燕子矶幼稚园举行落成典礼日子。

这个房子是晓庄师范开办的，献给燕子矶小朋友们。这是我们中国第一个乡村幼稚院。不但献给燕子矶的小朋友们，应当把它献给全国的小朋友们。我们今天有一个好机会，就是我们的副董事长王云五先生也来参加这盛会，是很难得的。现在请王云五先生演说。

最近全国教育会议议决：初级中学以上增加军事训练一项，初中以下为童子军的训练。我看童子军的办法，就是教学做合一的办法。我们要想改进，学校有进步，都要有童子军训练才好。

童子军是练习团体生活的，不能上阵去打仗，和军事训练是不同的。童子军的功课在中国有修改之必要，但比较外国其他功课在中国的是适合些。有一点尤觉重要，就是童子军很适合儿童

* 本篇是1928年5月27日陶行知在燕子矶幼稚园落成典礼上的四段讲话。第一段是开场白；二段是答丁兆麟提的“小学生不能骤然练习军事训练”问题；三段是回答潘一尘问“童子军和军事训练有何分别”；四段是会议结束时，就张宗麟提议成立“童子军研究委员会”，潘一尘表示反对，提议“当场推举总教练去实行”而讲的；表决结果，马绍季当选为总教练。摘自《燕子矶幼稚园落成典礼——小学活动设计会第十三次会议记录》，记录者：程本海。又载同年7月15日《乡教丛讯》第2卷第13期。

团体生活的训练。我们晓庄生活，差不多是整个的童子军训练。

参合会场上的意见，可用一个起草委员会的名义，或推举总教练一人，付表决。

# 祭赵院长叔愚兄文*

叔愚兄……叔愚兄……

我此刻站在你面前和你谈心，你可知道吗？怎会不知道呢？你是千真万真的活在我心里，你一定知道我在这里要和你谈心。

最后一次见面，你在病床上对我说，你病好了，要搬到培克夫人[①]家里去住几天，因为你顶喜欢吃她弄的西餐。这句话我是牢牢的记在心里的。我今天亲自拜托培克夫人弄了几样西菜来请你尝尝。不要客气，请凑热吃，这的确是培克夫人亲手弄的。你可知道吗？怎会不知道呢？你是千真万真的活在她心里，你一定知道这菜是她亲手弄的。你在病院里和我谈起你的新人生观，说是以后你要立志做一个康健快乐、肯做事的人。你连上去便说："晓庄要注意卫生啊！"我第二天便把你的新人生观说给全校同志听，要他们保重身体。你可知道吗？怎会不知道呢？你是千真万真的活在晓庄每个同志的心里，你一定知道他们谁是谨守你的规劝，不敢稍有疏忽的。你近一年来思想的结晶是："做工，求知，管政治。"我要把你这个理想介绍给全国农民，使他们都成为你的信徒。你可知道吗？怎会不知道呢？你是千真万真的活在三万万四千万农民的心里，你一定知道谁已经接受了你的指导。嫂夫人念念不忘桃花村[②]艺术化，她唯一的希望是要我们把桃花

* 本篇原载1928年10月1日《乡教丛讯》第2卷第18期。

村做成一个可敬可爱的地方。她病危时，我去看她，她对我说："叔愚因我生病，不能专心助你办学，我心里很不安。但是我活时虽不能为晓庄努力，死了做鬼也是要保护晓庄的。"她说这话时，你正在她身边流着泪，该还记得。我们现在要把整个的晓庄付托给你和嫂夫人照应，望你们接受我们这番恳切的付托。叔愚兄！我怎么听不见你回音呢？你可是真的死了吗？不然。你决不会死。死之一字是不可思议的。我深信你和嫂夫人在我心里活着，在晓庄同志心里活着，在中国农民心里活着。倘使不在我心里活着，怎能使我心头悲酸酸的要说出你所要我说的话呢？叔愚兄！你没有死，你永远不会死，你还是我的一位活朋友。不期而至，清风故人。你和嫂夫人常来谈谈心，好吗？一定来啊！叔愚兄……保重……

十七年十月

**注释**

①培克夫人　即卜凯夫人。

②桃花村　晓庄试验乡村师范学校的女生宿舍。

# 今后中华民族的使命*

我有一种脾气，要回想以往的事，是很痛苦的；想未来的事，是非常快乐的。所以，我很喜欢谈未来的事。

今年的国庆纪念①和去年的国庆纪念不同之点，就在去年的国庆纪念的时候，北伐还没有完成，今年国庆纪念的时候，北伐已经完成了。但是现在在形式上北伐虽则已经成功了，而我们真正的国民革命还没有成功呢。刚才我们在唱《国民革命歌》的时候，我们只唱了第二首，没有唱第一首歌。我以为第一首歌现在还是应当要唱的。我们现在仍是要“努力国民革命”，仍是要“齐奋斗”哩！

我们站在教育的立场上，我们应当把教育的力量来建设新中国，我们的使命是要唤醒民众，使民众团结起来！

教育的力量与别种力量不同之点，就在教育的力量是能够达到个个民众的内心里头去的，他能够使民众自己从“心里”发出一种力量来自己团结的。别的力量不能达到内里而只是外面的，他像绳一样，只能把东西捆起来，绳子一断就散了。所以我们可以说，现在国民革命还没有成功，因为中华的民众还不能自己团结起来。现在我们只有努力教育，用教育的力量来建设新中华！这是我今天所要讲的第一点。

---

* 本篇是1928年10月10日陶行知在晓庄学校纪念会上的演讲。记录者：季雪云。原载1928年11月30日《乡教丛讯》第2卷第22期。

还有第二点要说的。譬如我们现在南京要到北平或天津去，是不能一直去的，一定要绕道而到北平或天津。这是什么道理？因为我们的济南，现在还是给日本人占据住。

现在我们要叫日本人回日本去，只有我们自己先团结起来，才能够叫他回去。

听说，日本有很多架飞机。他们只要把十分之一的飞机飞到南京来，我们的中华民国就会根本动摇。这是我们应当注意的。我们要下一个决心，用教育的力量使民众团结起来，叫日本人回到日本去。

我们晓庄学校的理想，是要用教育的力量来叫日本人自己回到日本去，是要用教育的力量来建设新中华民国！所以现在日本方面很注意我们。最近我有一位朋友新从日本回来，他说，日本人已在注意晓庄学校的理想和办法，文字方面如《支那之理想学校》等，已有几篇发表。

假使我们晓庄学校不能叫日本人停止横蛮的行动，不能叫日本人回到日本去，那么晓庄学校便算失败的。

我们要叫日本人回到日本去，并不是帝国主义的思想。因为我们只是叫日本人回到日本去，不是要压迫日本民族，打倒日本人。只叫日本人回到日本去含有两层意义：一、叫日本的坏人回到日本去重受本国的教训，不敢再到中国来害中国人；二，叫日本的好人带了民主思想和大同理论回到日本去从事日本人的心理改造，使得他们把日本民国建设好了，可以做我们的同志，通力合作的去建设大同世界。

今天我所讲的归纳起来，可以分为两点：

（一）我们要用教育的力量建设新中华；

（二）我们要用教育的力量，叫日本人回到日本去改造日本。

十七年双十节

## 注释

① 国庆纪念　1911年（辛亥）10月10日，爆发了武昌起义，推翻了帝制。中华民国成立后，定这一天为国庆纪念，亦称双十节。

# 《破晓》序*

《破晓》是楚材[①]在晓庄摸黑路之自述。他编著成功后，要我替他做篇序，我从头到尾读了一遍，觉得好像是看活动影片，有趣得很！最有趣的，是我自己也是这套活动影片中的一个角色。看自己和朋友所演的活动影片，当然是一桩最有趣味的事。是的，《破晓》是楚材和他的伙伴在晓庄所过生活之写真——晓庄化之楚材写真，也是楚材化之晓庄写真。

说得确切些，《破晓》不是写真而是传神。我读的时候，感觉到楚材的心灵和晓庄的精神在纸上活跃。

《破晓》虽有三十多篇小品文字，但在这里面你可以看出一个一贯的人生观。这个人生观是什么？不是别的，是诗。充满晓庄的只是诗——诗的神，诗的人，诗的事，诗的物。晓庄是一部永远不会完稿的诗集。他不是个学校，若拿个学校的名目来找晓庄，一定要迷路、失望。如果硬要派他算个学校，他最多只能承认是个诗的学校。可是要拿五言、七言、古诗、律诗、白话诗这些名目去找晓庄，又要迷路、失望了。他所有的是“诗生活”、“生活诗”。除了这种诗以外，他别无长物。只有诗能说明晓庄生活的一切。

---

* 《破晓》系晓庄学生李楚材自述的著作，1932年9月由上海儿童书局印行，1933年4月再版。本文原载1929年1月30日《乡教丛讯》第3卷第2期。按作者末注查实，写作时间应为1928年11月24日早2时。

楚材写入学垦荒考试说：

白粉线一方方的划好，各人手里都拿着山锄，号笛一响，大家向荒芜的山上垦去。汗从额角上背上渐渐渗出，于是把棉衣脱去，依旧不息地垦掘，流着热汗。汗发出水蒸汽，像白雾般在眼前。喘着气，呼呼地在喉间作响。不一会，锄柄上有红色粘着，心里非常害怕。这是什么咧？原来，是从薄脆的手皮里所浸出的鲜血呀！血！不管。要做一件事，要使一件事做得好，总要流汗，总要流血。

这是我们对于流血的态度。“血！不管。”没有诗的人生观，能说得这样有力吗？

在陆家避难的时候[②]，遇了大雨，楚材写屋漏说：

晚上，冷冰冰的水点，从茅草的破坏处滴到脸上，往往惊醒。喔！有趣！

只这“喔！有趣！”三字，已把寻常被人讨厌的屋漏通身诗化了。

一次将要绝粮，全校只剩一元钱，大家处之泰然，他说：

不！我们倘然饿死，也是为乡村教育而死。我们预备着牺牲，即使这时不饿死，别的时候也会饿死，时时会使我们饿死，处处会使我们饿死。以前从事乡村教育的死者很多了，我们虽然死，我们的事业和精神是不会死的，永久的遗留在世上。

同学们这次所受的困苦，比我十八岁流落在苏州的时候，我和我的表兄把衣服当得三百文过一日还要难些。但他们会拿一个不朽论去自慰慰人，立时便把“饿死”这件事彻骨的诗化了。他们甚至于深信他们饿死了之后不是变为饿鬼，必定是无疑的变成饿神。

楚材写养羊的故事说：

在一个冬天，小羊从母羊肚里诞生，一共是两个，软绵绵的非常可爱，引动了同学的好奇，聚着围观。但是这个可喜的消息，却造成了悲哀的结局：不知怎的引动了豺狼的胃口，在另一个晚上，只听得惨痛的号叫，把两个白嫩的小羊劫去了；第二个晚上，连母羊也夺了去。只剩那可怜的公羊，在夕阳西坠的时候，号着鼓盆之歌，动那西河之痛，非常凄惨的。

这是人对物的同情，也只有诗意可以说明。我们觉得自己煮的生饭是有特别香味的。我们以为土匪来了便是土匪自动上学。晓庄的粪也似乎失了本来的真味而许人亲近。这些除了诗的态度以外，又有什么可以说明呢？

楚材写高大哥[③]最有精彩，在诗人的目光里，高大哥混身都是诗。倘我们用佛眼来看他，他何尝不是位弥陀佛呢？毕竟佛眼不常开，诗神也大意了些。高大哥乃不能容于晓庄，于今不知流落到何方去了！也许他已投到比晓庄更有诗意的地方而被引为上宾；也许到处遇着俗人，终身被人侮弄。总之，高大哥之去，非但是高大哥之不幸，也是晓庄的大不幸啊！诗的晓庄而不能给诗的高大哥一回旋之地，实为我们终身之大遗憾。

虽然缺了一大块，但晓庄毕竟还是个诗境，不是个别的东西。在晓庄一切诗化：困难诗化，所以有趣；痛苦诗化，所以可乐；危险诗化，所以心安；生死关头诗化，所以无畏。这是建设的达观主义，也可以说是创造的乐天主义。我很愿意介绍楚材的《破晓》，因为在这里面，大家可以看见这主义已经起身，正在梳妆台前照着镜子，欣赏他自己的美丽咧。

达尔文《物种起源》出版六十九周年纪念日早二时

## 注 释

① 楚材　即李楚材。

② 晓庄学校于1927年3月建校时，无校舍，师生暂借燕子矶小学住宿。后因北伐革命军进军南京，在战火中，师生散居周围农友家中。陆家，指农友陆健祥家。

③ 高大哥　即高祥发。

# 中国的乡村社会欢迎你们*

我早就认定乡村教育的不普及，就是没有好的乡村教师。并不是干乡村教育的人，没有一个好的；只因从事乡村教育的人，没有好的伴侣。没有好的伴侣，就不能发生力量去干！乡村教师的待遇方面，是很薄很薄。既是精神上物质上都得不着安慰，所以好的教师都不愿意在乡村干了，宁可离开乡村，朝向城里政界或军界去乱混。剩下来的人，多半不能干乡村教育，或竟不肯干乡村教育。这样中国乡村教育能普及吗？即使普及了，亦非国家之幸，民众之福。

你们既有这种意思，那很好！我要奉劝你们，认定了这个问题就不要怀疑，勇敢的进行：勇敢的把你们的夫人带来，一同向乡村教育瞄准。勇敢，不要怀疑，中国的乡村社会，正在恳求你们了，希望你们了，欢迎你们了。——我愿意尽我的力量帮助你们实现。

---

* 本篇系陶行知与黄公弼、朱泽普1928年12月17日的谈话记录，摘自朱泽普《陶校长勉励我们努力》一文，原载1929年11月30日《乡教丛讯》第3卷第20期。

# 同向乡村教育瞄准*

昨天晚上，我在农艺馆和黄君公弼、朱君泽普谈起一个问题①，很重要，很重要！我觉得有提出和诸位同志研究的必要。

诸位同志的婚姻问题，新式解决的固属不少，而旧式的恐怕还是很多。不管是新式的旧式的，是已婚的是未婚的，都可以带来，同向乡村教育瞄准。新式的当然是受过教育，可以在师范部训练；旧式的可以办妇女班，专教她们读书。已婚的可以在农家住，过村魂生活，一点困难都没有。诸位同志认清了这个问题，就不要怀疑，希望勇敢的带来。办乡村教育的，如果能实现夫妻学校，则乡村妇女运动也容易着手了。我很愿意筹划一笔经费，盖许多小房子，使带来一个魂，就可以实现他们的村魂生活。朱君、黄君就预备组织村魂生活了。只要大家肯带来，经济、居住，毫不成问题。

不要以为旧式妇女不识字，就难办到。不识字是很容易解决的事，不识字和没有知识更是不成问题。因为没有读过书，当然是不识字。知识虽不能遗传，而智慧是能遗传的。不识字与师范毕业生有什么分别呢？假如是有智慧的有天才的，读一本书胜过读三年书，进步一定是很快的。知识是学来的，只要有智慧，一

* 本篇系陶行知在1928年12月18日寅会上的演讲，记录者：朱泽普。原载1929年11月30日《乡教丛讯》第3卷第20期。

定能学得许多知识，包你不要三五年，便可以与师范生相比。若果说不识字、没有知识、不懂道理，就读不成书，这种观念就错误了。因为不识字，正所以要教她识字；因为没有知识，正所以教她学得知识；因为不懂道理，正所以教她懂道理。

希望大家革除这种错误的观念。凡是新式旧式已婚未婚的夫人，都勇敢的带来吧！一同向乡村教育瞄准！希望同志努力进行，我愿尽我的力量解除诸位的困难问题，帮助诸位实现。

## 注释

① 一个问题　见《中国的乡村社会欢迎你们》。指已婚或未婚的青年男女同到乡村去办夫妻学校，过村魂生活。

# 图书馆之真意义*

今日各省皆有代表，知行以会员资格出席，极为愉快。图书馆事业之进步可分为三时期：一为藏书时期，即收罗与庋藏；二为看书时期；三为用书时期，即书为人所用，而非人为书所役，此时期实为图书馆之新纪元。治外交者，不可不用外交书籍；从事政治者，不可不用政治书籍；作工者，不可不用做工之书籍；做农者，不可不用做农之书籍。世上有两种人生活极无意义：一为读书而不做事，一为做事而不读书。此两种人之生活各有所偏，均属毫无意义。敝校①现在造一小规模之图书馆，其名似嫌太长，名为"书呆子莫来馆"。盖专为用书而设，非为书呆子而设也。余常谓酒迷、色迷、财迷与书迷实同一意义。酒迷为酒所迷，色迷为色所迷，财迷为财所迷；而书迷亦同样为书所迷，换言之，即为书所役。图书馆之设置，对此点须特别注意，不然即失去图书馆之真意义矣。

**注释**

① 敝校　指晓庄学校。

* 本篇为1929年1月28日在南京金陵大学科学馆召开的中华图书馆协会第一次年会上的演讲。这次年会由著名图书馆学家李小缘主持。会上陶被选为15人组成的执行委员之一。原载《中华图书馆协会第一次年会报告》。

# 地方教育与乡村改造*

教育就是生活的改造。我们一提及教育便含了改造的意义。教育好比是火，火到的地方，必使这地方感受他的热，热到极点，便要起火。“一星之火，可以燎原”，教育有这样的力量。教育又好比是冰，冰到的地方，必使这地方感受他的冷，冷到极点，便要结冰。教育有力量可以使人“冷到心头冰到魂”。或是变热，或是变冷，都是变化。变化到极点，不是起火便是结冰。所以教育是教人化人。化人者也为人所化，教育总是互相感化的。互相感化，便是互相改造。

社会是个人结合所成的。改造了个人便改造了社会，改造了社会便也改造了个人。寻常人以为办学是一事，改造社会又是一事，他们说：“办学已经够忙了，还有余力去改造社会吗？”他们不知道学校办的得法便是改造社会，没有功夫改造社会便是没有功夫办学，办学和改造社会是一件事，不是两件事。改造社会而不从办学入手，便不能改造人的内心；不能改造人的内心，便不是彻骨的改造社会。反过来说，办学而不包含社会改造的使命，便是没有目的，没有意义，没有生气。所以教育就是社会改造，教师就是社会改造的领导者。在教师的手里操着幼年人的命运，便操着民族和人类的命运。

---

* 本篇原载1929年2月《地方教育》第1期。

寻常人又以为改造社会是要多数人干，决不是少数教师所能胜任的。尤其在穷乡僻壤中的小学有时只有一位教师，更觉得单身匹马不能有所作为。他们说："教师岂能独脚戏？"说这话的人忘记了他的四周都可以找着同志。孔子说："十室之邑，必有忠信。"又说："德不孤，必有邻。"这是孔子的经验谈。乡村虽小，必定可以找得着几位黄泥腿的领袖和我们合作。只须找着一两位，进行起来便能事半功倍。不但如此，同志便在眼前，一个个学生都可以成为活龙活虎的小同志。只要教师们放下孤高的架子，改造乡村的忠实同志正多着咧。

寻常人又以为改造社会是劝人家干或替人家干。这两种方式都是表面的工作。劝人戒烟、戒赌，或是劝人爱人、爱国，都是自己用嘴说说，便要人家负实行的责任，当然是没有多大效验的。有些人见他没有多大效验，便改变方针，替人家干。这样一来，受替代的人便难免发生惭愧，如不惭愧，便要发生依赖。自己居于高尚的地位，而令人惭愧；或自己处于赈济的地位，而令人依赖，都不是好法子。替人家干还含有一个不稳固的因子，就是到了终局，难免人存政举，人亡政息。那末，社会改造究竟要采取什么方式？依我看来只有团结同志，共同去干，方能发生宏大久远的效力。真团体是要从扫除公敌、图谋公益、发挥公意上创造出来的。

寻常人最后还有一个误解，就是误认读书为教育，只要提到教育，便联想到读书认字。他们以为一切教育都从读书认字出发。他们只管劝人家识字读书，不顾到别的生活需要。识字读书是人生教育的一部分，谁也不能否认。但是样样教育都硬要从教书入手，走不得几步便走不通了。乡村里面十岁以上大多数的儿童教育，大多数的成人教育，都要从经济及娱乐两方面下工夫，读书认字只好附带在这里面去干。倘使一定要从读书认字出发，怕是多数人不能接受，那末，对于改造社会的影响，便是很有限了。

上面所说的几点，都证明地方教育及乡村改造的成败，是靠着人才为转移。所以培养乡村师资是地方教育之先决问题，也就是改造乡村的先决问题。不在培养人才上做工夫，一切都是空谈。现今各县对于乡村教育及乡村改造已有浓厚的兴趣，但是对于一县的乡村师范，每年只肯化数千元。固然也有多化的，但是寥若晨星。我们要想达到运用教育改造乡村的目的，必须出代价去培养教师，去培养教师的教师。江苏加征亩捐是个最好的机会，我以为在这义务教育萌芽时期，这笔钱应当多用于培养教师，少用在开办新校。教师得人，则学校活；学校活，则社会活。倘使有活的教师，各办一所活的小学，作为改造各个乡村的中心，再以师范学校总其成，继续不断的领导各校各村前进，不出十年，必著成效。依我的愚见看来，这是地方教育根本之谋，也是改造乡村根本之谋。

# “田汉”欢迎田汉*

今天我是以“田汉”的资格欢迎田汉。晓庄是为农民而办的学校。农民是晓庄师生的好朋友。我们的教育是为种田汉而办的教育。我们犁宫[1]前的一副对联，说明我们办学的态度：“和马牛羊鸡犬豕做朋友；对稻粱菽麦黍稷下功夫”。所以，我是以一个“种田汉”代表的资格在这儿欢迎田汉……

## 注释

①犁宫　晓庄学校礼堂名。

* 原载1980年7月25日《人民日报》。系戴自俺回忆1929年1月23日南国社到晓庄学校首次演出时晓庄师生及农友举行欢迎会上陶行知的欢迎词。田汉致答词：“陶先生说，他是以‘田汉’的资格欢迎田汉，实不敢当！我是一个‘假田汉’，陶先生是个‘真田汉’，我这个‘假田汉’能够受到陶先生这个‘真田汉’以及在座的许多‘真田汉’（指农民）的欢迎，实在感到荣幸！我们一定要向‘真田汉’学习……”。

# 定于一*

今天是中山先生逝世四周年纪念。中山先生一生最大的发明就是三民主义①，最大的组织就是国民党。中山先生说：三民主义就是救国主义。我个人觉得三民主义的确是救国主义，在现在的中国的确只有三民主义才能挽救。但是这个三民主义要怎样才能挽救中国呢？从前孟子说："天下恶乎定？定于一。"②大家能够信仰一个主义，大家的思想由一个主义来统一，然后这个主义才能发生力量，才能挽救中国。现在我们要救中国，只有信仰三民主义，只有服从中山先生遗留的能奉行三民主义的国民党。而且只有真的三民主义才可以救中国，只有三民主义的真正信徒，才能发生力量去救中国。

我们从前看戏看过一幕包公案，当着审案的时候，忽然有了两个包公，一个是真的，一个是假的，那个假的便是妖怪。主义也同样有真有假，党员也同样有真有假；只有真的三民主义才能救中国，只有真正的党员才能救中国。什么是真的三民主义呢？什么是真的党员呢？真的三民主义只有一本，只有中山先生所遗留的一本，其余什么人解释的都是假的，都是靠不住的。什么党员才是三民主义的真正信徒呢？中山先生说：主义是一种思想，

---

* 本篇是陶行知1929年在晓庄学校举行的孙中山逝世四周年纪念会上的演讲。记录者：戴自俺、孙铭勋。孙中山卒于1925年3月12日。原载1929年4月30日《乡教丛讯》第3卷第6期。

一种信仰，一种力量。我们要辨别他是不是一个真正的三民主义信徒，我们只消看他是不是由内心的思想发生出来的信仰去产生力量。要是不是由内心的思想发生出来的信仰，那么他根本连思想都没有了，还能发生什么力量？所谓“有诸内形诸外”。内部有了信仰，才能发生力量，有了力量才可以救中国。要由内心的思想去信仰三民主义所发生出来的力量，才可以救中国。吴稚晖先生说：“中国人从前是忘八，现在是忘九。从前有孝、悌、忠、信、礼、义、廉、耻八个字，一般无耻的人，就叫做忘八；现在有九个字，是‘你不好，打倒你，我来做’。但是一般人只知道你不好、打倒你、我来做，来做什么，他就不知道了，这叫做忘九。”

真正的三民主义信徒，是“你不好，打倒你，我来做”。所以我们要辨别他是不是真正的三民主义的信徒，我们就是考察他是不是在认真为民众做。要是有信仰去发生力量来为民众做实地的工作的，才是真正的三民主义的信徒，才可以救中国。国民党是要为农民解除痛苦的，党员是要到民间去的，我们在乡村里看到这些到乡下来的党员，是不是真正的在为民众做，是不是真正的在为民众解除痛苦？若果他到乡下来住了三个月或五个月，你问他为民众做了几件有利益的事，为农民解除了些什么痛苦，他能一一答复的，那就是能够做，那就是能够信仰三民主义去发出力量来为民众做，那就是三民主义的真正信徒。若果你问他来干什么，他说来参观；你问他为农民兴办了几件有利的事，解除了些什么痛苦，他说正在计划。那末，他就是个假党员，就是个妖怪，就是来揩国民党的油，就是挂羊头卖狗肉。我们用这个标准去辨别谁是不是三民主义的真正信徒，是很容易的。

我今天再借这个机会，来同大家谈谈办乡村教育的教师。这里不是主张教学做合一的吗？要怎样做便怎样学，怎样学便怎样教。教师、学生、工人，大家都是一样的：教学做并不是单刀匹马的独自学、独自做或者独自教，并不是一味的呆学，并不是一味的死教，也不是一味的蛮做，是要在劳力上劳心。在劳力上劳心，就是教学做合一的注脚。中山先生在几十年前就开始革命，他也是教学做合一的。他革命就是做；他因为革命要有高深的学问，便努力学，他越革命越努力学，因此学问也越长进；同时他又引导许多青年革命，便是教。有一个小学教员曾经问过我说："我们到乡村去做教员，单独一个人去做，岂不是孤陋寡闻吗？"我告诉他："只要你是真心实意的去办乡村教育，那么同志多得很。许许多多的农人，他可以作你的同志；许许多多的小朋友，他可以作你的很好的同志。假使你不与农人合作，不与许多小朋友合作，那才是单枪匹马，才是孤陋寡闻，才不会收一毫的成效。"我想，假使中山先生来做乡村教师，他也是一定这样办。把许多农人集合起来做同志，把许多小朋友集合起来做同志，大家合作，那一定能够办成一个很好很好的乡村学校。我们要以乡村学校做改造乡村社会的中心，我们要与农人、小朋友做同志，要这样才可以发生很大很大的力量。这种力量，才可以改造中国、改造社会、改造世界人类以入于大同。假使你是以整个的心献给乡村教育，努力与农人、小朋友合作，就无论在国家、在社会、在世界都可以发生这种力量。我们要改造中国、改造社会、改造世界，要实现大同之治，我们唯一的希望就是这种三民主义的真正信徒，能够以整个的心贡献给乡村教育的这种教师。

## 注释

① 三民主义　孙中山提出的中国资产阶级民主革命的纲领，即民族主义、民权主义和民生主义。初期的三民主义还没有一个彻底反对帝国主义和封建主义的纲领，是旧三民主义。后来，孙中山在俄国十月社会主义革命胜利的影响下和中国共产党的帮助下，认识到中国革命要得到胜利，必须以俄为师，唤起民众，确定了联俄、联共、扶助农工的三大政策，并在1924年《中国国民党第一次全国代表大会宣言》中重新解释了三民主义。这就是以三大政策为实质的新三民主义或真三民主义。

②定于一　见《孟子·梁惠王章句上》：孟子见梁襄王，出，语人曰："望之不似人君，就之而不见所畏焉。卒然问曰：'天下恶乎定？'吾对曰：'定于一。'"

# 这一年*

晓庄学校头一年摸黑路的经过，已经在一周纪念刊[①]上发表过。现在我要从同志们在第二年所探获的结果里，拣那含有普遍性的报告出来，以供大家参考，并求指教。

**（一）二亲原则**

我们自从跳进实际生活中去工作，便觉得真正的教育，必须使学者和人民万物亲近。与人民亲近是“做人”的第一步，与万物亲近是“格物”[②]的大门口。专在书本上学“做人”“格物”的道理，究嫌隔膜。所以我们要把汗牛充栋的书本移在两旁，做我们生活的助手，不可使他们立在中央，把我们和人民、万物的关系离间掉。

**（二）教学做合一**

我们时常听见这样的批评：“教学做合一，好是很好，怕初级中学以下的学生不容易行。”我们现在可以答复：“教学做合一不但初级中学能行，小学也能行，就是幼稚园也无不可行。”本来，教学做合一只是生活法。既是生活法，那末，凡是活人都

* 本篇是陶行知为纪念晓庄学校建校二周年而写的。原载1929年3月15日《乡教丛讯》第3卷第3期第1号晓庄学校《二周纪念特刊》，后在《地方教育》发表时，改题为《第二年的晓庄》。

是能行的。只须看看晓庄幼稚园小朋友所种的菜，这种问题是不必辩论了。教学做合一的制度最须要考核。在这一年之终，我们已经找到了具体办法去考核成绩，以后进行自可比从前更有把握。

### （三）集团的中心

我们开始便主张以乡村小学做改造乡村社会的中心。倘使单凭一个光棍的小学去改造社会，力量当然薄弱，收效也是很慢。不过倘使小学教师转个念头，把好村民以及小学生都当为合力作战的同志，力量也就不孤了。如果进一步，把一县或一区的中心小学团结联络起来，而以一乡村师范总其成，那末，力量既然集中，收效自可加速。这种集团的中心，本校正在试验着。

### （四）乡村幼稚园

幼稚园为乡村最需要的一种教育，已由理论而得到实际的证明。这一年中，晓庄幼稚园、尧化门幼稚园、万寿庵幼稚园、和平门幼稚园，继燕子矶幼稚园而起，不久便可以普及到中心小学所在之村庄。这是乡村儿童教育的基础，乡村妇女教育的大关键，应当切实推广的。

### （五）生活教育的五目标

生活教育的目标，分析开来，在乡村小学里，应当包含五种：一、康健的体魄；二、农人的身手；三、科学的头脑；四、艺术的兴趣；五、改造社会的精神。我主张以国术[③]来培养康健的体魄，以园艺来培养农人的身手，以生物学来培养科学的头脑，以戏剧来培养艺术的兴趣，以团体自治来培养改造社会的精神。园艺、生物、团体自治已稍有成效可睹，国术与戏剧尚待试行。

### （六）大家一同干

民众活动有三种方式：一是劝民众干，二是替民众干，三是和民众一同干。晓庄取第三种方式，和民众一同干。我们觉得劝民众干是自己处于旁观地位；替民众干是令民众处于旁观地位，更有人存政举、人亡政息之弊。惟独加入民众当中做一分子和他们一同起劲的干，才是最有效的民众活动。

### （七）经济中心的乡村妇女教育

乡村妇女教育若从文字入手，往往失败。晓庄开办乡村妇女教育失败过三次，引起不少人的灰心。但是抱着屡败屡战的精神，我们便决定改变方法，以生利训练为中心，而以文字和别种训练为副。现在试验期短，尚不能有具体成效，但似乎是一条比较可以走得通的路。

### （八）民众的武力

从前晓庄五里以内有烟馆二十六所，新年赌博遍地皆是，匪警也是常有的。但是自从联村自卫团组织以来，民众的武力造成，公安局及驻军联盟缔结，四十里周围之烟赌匪患便一扫而空。试以赌博为例，茶馆一有赌博，小学生便潜去参观。学校一年教不好的孩子，赌场一天可以把他教坏。那末，造成民众武力以扫除那毁坏教育工作之恶势力，怕也是我们应当注意的一件事吧。

### （九）戏剧力量的伟大

南国社[④]同志第一次到晓庄来的那一天是最可纪念的。那天晚上我们看见革命的艺术初次下乡与革命的教育携手。不久，我们便成立了晓庄剧社，把农民生活捧上舞台。阴历正月从元旦起演了五天。连赌场烟馆的民众，都被我们吸收来了，这是多么痛快的事啊！而且受着公演的压迫，演员对于音乐、文学、国语、应对以及种种人生艺术，都可借以一日千里的前进。我们深信戏剧有唤醒农民的力量。从心头滴下来的眼泪是能感动人的。

### （十）想到而没有做到的

我们还有几件想到而没有做到的事情，写出来请乡村教育同志注意。一是县知事训练的重要。县长为亲民之官，在历史上享有特别重要地位。现在以县为自治单位，这个位置是要格外显得重要了。有了好的县长，乡村教育同志一年可以干出十年的成绩；没有好的县长，十年做不出一年的事业。培养两千位好县长，中国乡村教育，不，中国的建设，可算是干成一大半了。二是农暇副业的重要。中国农人全年约有五个月空闲没得事做，假使能乘这个机会训练他们些副业，那末，他们的生计立刻可以好些。三是如何训练农民享受工业文明的利益而不致被他淘汰。中国虽是以农立国，但趋势是向着工业文明前进的。如何叫机器为农人做工而不致把农民吞掉，是乡村教育一个顶大的问题。

最后，我还要说去年所说过的一句话：要想完成乡村教育的使命，属于什么计划方法都是次要的，那超过一切的条件是同志们肯不肯把整个的心献给乡村人民和儿童。真教育是心心相印的活动。唯独从心里发出来的，才能打到心的深处。

## 注释

① 一周纪念刊　指1928年《乡教丛讯》晓庄学校建校一周年纪念特刊。

② 格物　推究事物的道理。出自《礼记·大学》：“致知在格物，物格而后知至。”

③ 国术　即武术。

④ 南国社　剧作家田汉于1925年创建，设有文学、戏剧、音乐、电影等部门，以戏剧为主。1930年因参加左翼戏剧活动被国民党当局查封。

# 对于乡村教育及本校赞助人之总致谢*

全国乡村教育运动开始进行之时，本校开始筹备之时，也就是东南战事紧急之时。中华教育改进社原有事业之经费来源，至此几乎完全断绝。四处凑合起来，可以为新事业发动之用的不满一千元。但是我们深信乡村教育是立国之大本。本这主张，走乡村教育一条生路，国内抱有相同之信念的必不止我们少数几个人，只要我们忠实的向前干去，必定有许多人起来和我们共同努力。这信念的确没有令人失望。首先壮我们的胆子，继续作本校雄厚的后盾的便是程霖生先生。他认识我们是由于江彤侯先生之介绍。允许改进社变更补助费用途，使本校经常费得立最低限度之基础的，就是中华教育文化基金董事会干事长范静生先生。会中本身经费困难万分，而肯在本校产生之始极力济急的，是江苏义务教育期成会同志及会长袁观澜先生。特别设法发放江苏国库补助费，俾改进社得以进行开创本校的，是江苏教育经费管理处钟叔进、卢绍刘、刘北禾三先生。国民政府首先以行政财力鼓励本校，俾本校经常费增进来源的，是第四中山大学行政院程伯庐院长、南京特别市教育局陈剑修局长、陈鹤琴课长。拨给公债实现本校乡村计划，为本校今后开一新纪元的，是中华民国大学院

* 本篇原载1929年3月15日《乡教丛讯》第3卷第3期第1号二周纪念特刊。文后附有《本校收到特别捐及补助费志谢》单。

蔡孑民院长。冯焕章先生、浙江大学、安徽教育厅为发展乡村教育起见，特对本校捐建浙江、安徽、甘肃、陕西、河南五馆，以备学生留校学习。霍守华先生为便利乡村教育研究起见，特对本校捐建乡村图书馆一所，以便同志参考。吴蝶卿先生为提倡乡村艺术起见，特对本校捐建艺术馆一所，以便同志研究。潘哲人先生为提倡乡村卫生起见，特捐建乡村疗养院一所，以便乡民及同志休养。中华职业教育社为改造乡村教育起见，特与本校合设农艺馆、中心茶园、中心木作，以资试验。王儒望、刘鸿生、高君珊、俞庆棠、毕云程诸先生和他的朋友，皆曾予本校以经济的助力。此外缪云台先生允许改进社在富滇银行立透支办法，颇能应济本校缓急之需；陈陶遗先生省长前拨款五百元与改进社开办之乡村幼稚园，亦归本校主持办理，作训练之中心。张莼鸥先生捐助改进社一百元推广乡村教育费，也加了不少力量，使本校早日实现。中华教育改进社、商务印书馆、中华书局和安徽教育厅，都捐给本校好些图书，很是合用。中华科学仪器公司丁佐盛先生借无线电话一架在本校展览。王云五先生捐测量仪、缝纫机各一架，都增加我们对于科学的兴味。朱葆初先生头半年尽义务为本校规划建筑；秉农山、吴研因、许士骥、广石巷、徐仲迪、乔启明诸先生尽义务在本校任课，都应当受我们的感谢。南国社田汉、田洪、左明诸先生及来宁同志，对于晓庄剧社极有贡献，我们是应当感谢的。顾季高、牛徐亦蓁、赵仲则、刘绍裘、洪范五、朱蓁庐、施凤笙、黄惊顽、马崇淦、潘竞民、杨味余诸先生，在规划、事务或提倡上都给了我们很多的帮助。农友董云龙、陈金禄二先生，驻军刘文起，美国瑞二连附也给了我们很有价值的助力。此外精神上还有许多朋友帮助了我们。我们在这里一齐道谢。还望大家继续帮助，使本校可以继续发展。

# 为农人和儿童谋幸福*

若果你要在南方请教师到江北去办学校吗？则每月的薪水，至少至少，没有三十元，人家是不愿意去的！而一个学校，至少也要三个教师才够用！那么，教师的薪水，一年就要花去一千多元！你还有多少经费可以作别的用途呢？这都不说，若果教师是好的，那也不要紧。不过，你倘若请了一个传统的教师去，办一个传统的学校，仍然在那里去培植一般双料少爷和双料小姐，对于地方不惟无益，而且有害！那么，你把这一千多元的租息和房屋来开办学校，本来是件好事，但结果不是反而弄成坏事了吗？我这里的学校，是以培植一般乡村农人和儿童所敬爱的教师为目的。我这里所培植出来的教师，能努力办事，能吃苦耐劳，能和农人和儿童做成好朋友。而且，所办的学校是新学校，不是旧学校。他们是为劳苦大众谋幸福；不是为资产阶级做奴隶。他们是把学生培植成为能够生产的劳动者；不是把学生培植成为只知消费而且加倍消费的双料小姐与双料少爷。他们一定能够把这件事办得合你的意；不会把这件事弄坏了来遗害地方的。我就在我的

* 本篇出自孙铭勋《古庙活菩萨》，1934年1月上海儿童书局版。这是1929年春陶行知的两次谈话，由孙铭勋记录的。第一次是对淮安河下镇莲花街新安（徽州的另名）会馆管理财产的吴俊卿讲的。讲后第二天，陶行知在晓庄学校寅会上宣布了此事。当时吴廷荣、蓝九盛、李友梅三人自告奋勇出征。第二次谈话即寅会后与他们三人讲的。新安小学因此于1929年6月6日诞生。

学校里征求三个人去帮你的忙吧。他们去的时候，对于待遇方面，每月只拿八元钱的伙食费，此外没有什么薪水，你老先生以为如何？

你们此次到淮安去，是一支远征的军队。你们是到那里去创造，不是到那里去享受。你们是去为农人和儿童谋幸福，你们三人要能够和衷共济，凡事都以农人和儿童的利益为前提。这是我所希望于你们的第一点。

我们是树起新教育的旗帜，和旧的传统教育奋斗。我们是要在教育上革命，进而办一种革命的教育。你们若果到那里去仍然办一种传统的学校，那你们就不必多此一举，而晓庄也就不必需要这种远征的军力。你们要抱着我们的主张到那里去开疆拓土，到那里去作一种新教育的试验。将来，我们的主张能够在那荒凉的江北去发芽，抽条，开花，那你们三人便是第一次最荣幸的使者。这是我所希望于你们的第二点。

你们到那里去，是为那里的农人和儿童办学校，这个学校开办起来，马上就是那里的全体农人和儿童的共有物，不要把它看成你们三人或者此外的任何一人的私有品。你们要和当地的农人联合起来，共同设法，以谋学校之进展。你们要训练当地的农人能够起来自己保护自己的学校，又要培植你们的学生能够起来办理他们自己的学校，然后这种新教育的力量才能永远推动，永远产生新的效力。这是我所希望于你们的第三点。

# 《在晓庄》序*

晓庄以十三位同志开校，本海是最先来和我商议加入乡村教育战线的。他和我本是好朋友，我到上海，时常与他会面。十五年之末，试验乡村师范的计划草成，我带到上海来筹备，于是我们有长期间的接谈。因此他对于乡村教育之改革运动，有最深切之了解与信仰。他的家累，他的经济压迫，朋友的冷淡态度，都阻止他前进；但他深信乡村教育为救亡大计，所以毅然决然排除一切困难，加入我们的战线。他给陆费伯鸿①先生的信说：

> “近有一重大发展，方放射其光芒于吾国教育界中，足以使吾国奄奄垂毙之教育，立获一勃勃之生机。以晚之浅识测之，吾国此后之教育方针，行将依此潮流而一变其历来之趋向。”

这是何等坚强之信念！引他参加乡村教育运动便是这种信念，将来能使他对于乡村教育有所贡献的也靠着这信念之发扬光辉。

十六年八月在全国学生会中，他提出了一个议案：“要完成

* 本篇是陶行知为程本海所著《在晓庄》一书写的序，书中原题为《陶序》。《在晓庄》，1930年1月中华书局版。

国民革命，须厉行乡村教育”。霹雳一声，把“你不好，打倒你，我来做”而忘了第九字[②]的朋友们的注意，都吸收到乡村教育上来了。他主张扩大乡村教育革命联合战线。他说：

> “乡村教育问题至为繁剧，且与土豪劣绅处处短兵相接，非有农人身手，菩萨心肠，科学头脑，哲人目光及大无畏精神之青年男女踊跃加入，万难成功。所以希望全国学生界忠实同志们，依据才能兴趣正式或随时加入乡村教育革命战线，齐心奋斗，以竟全功。”

他在晓庄头一年的精神完全献与这件事。他唤醒了不少的青年，增加了不少的生力军。

著者为人和蔼，不但同志爱他，农人也爱他，最爱他的是小朋友。他在农人和小孩子当中结交的朋友特多，这是他在晓庄最有精采的生活，也是他最有意义的生活。我们在这本书中所得到的最大的安慰，便是他和农友、小朋友的谈心。

他是一位勇于任事的人，在出发前，他有一首自勉的诗：

战鼓响了！
血钟鸣了！
振作你的精神，
准备你的身手，
充实你的子弹，
奋勇的，
忠实的，
出发前方去干！
干！干！！干！！！

他拼命的干。现在病了，还是要干。我很希望他此后恢复康健之后，要把一生的事，匀在三十年里从容的干，不要把一生的事，挤在三年当中急急的干。有时，不干的干比干的干还要重要的多啦。

陶知行　十八、四、二十八，西湖

## 注释

① 陆费伯鸿　即陆费逵。

② 指忘了“你不好，打倒你，我来做”这句话中的第九个字——“做”。

# 哥伦布探得新大陆*

哥伦布是一个探险家。他当时要想去探东印度，领了几百个人，乘着大船，渡过大西洋，结果探得现在的美洲。我今天来把哥伦布船中同去的人，来说一说。船中的人可分为四种：第一种人是没有见过海和船的，要想乘着海船去玩玩风景；第二种人是要想法捞些鱼，取些珍珠宝贝，好回去养老；第三种人是海盗，看你们船上有干粮银钱，想来干一下；第四种人是真正想去探新大陆的。

我们在这里干乡村教育，所说“摸黑路”三字，就是探险的意思。这个“摸黑路”，并不是一点没有路径，乱撞乱跑，一味蛮干的。我们摸黑路，都抱了一种目的、一种新道理和新路径在。

譬如哥伦布船上的四种人：专去看风景的，有风景看，觉得很舒服，没有风景看，就不高兴；如遇了大风浪，反要埋怨同船的人，叫人家连累了他。想去捞鱼的人，一来船走得很快，捞不到鱼，就是捞到的鱼，随时吃掉，不能带回去；况且那个海船，天天向前进，不看见回头，越离越远，就不耐烦了。海盗是看见你船上有什么，他就要抢什么，是想不劳而获的。第四种是意志

* 本篇是陶行知看了浙江湘湖乡村师范学校来信后的讲话。记录者：庞雄。原载1929年5月15日《乡教丛讯》第3卷第7期。

坚决，不避艰苦的忠实同志！遇到那三种人，应当竭力劝告，使得他们也能明了，这不是耗费光阴、徒劳无功的，到了相当的时期，一定有很好的结果。

哥伦布的探险，他有两种目的：一、他承认地球是圆的；二、向西面走，一定可以还原。他知道爱斯兰的地方，有人回来过的。

我们在这里干乡村教育，也有很大的目的。目的是什么？就是居在乡下的农民，他的数目有三万万五千万之多，把他们弄好，非懂得他们种种情况不可。要想懂得他们种种情况，非亲他们不可。要亲他们，非跑到乡下和他们在一起过生活不可。在这里的同志，我相信都是很忠实的，好比哥伦布海船上第四种的人，一、二、三种的人是完全没有的。所以我们要有团体，要结实，要大家联合起来协力去干。最近湘湖乡师发生的风潮，叫“摸黑路”三字是耗费青年的光阴。这个可说是乡教中的几个海盗玩出来的把戏，他们都是想不劳而获的。

总之事业的成功，有迟有速，不能固定的。譬如那种事业不是短时间可以成功的，那末寿命短的，虽然耗了一生的精力，恐怕自己还不能亲眼看到；寿命长的呢？或许可以亲眼目睹。

我恐怕诸同志看了湘湖乡师寄来的信，对于“摸黑路”三字要发生怀疑。所以今天特为提出来，加以说明，希望诸同志慎重考虑！

# 文渼指导之遗志*

文渼指导是我的亲妹，我的益友，我的导师。她与我不是平常的兄妹可比。她知我最深，我知道她最切。我现时不忍回顾她的生平。她的传，除我以外没有第二人能写；但我一念到她的既往，心都要碎了，如何能写？此愿只好等到将来再还罢。最后一次我去看她，她已不省人事。她没有遗嘱，但是她有很坚决显明的志愿可以叙述：

一、她到晓庄后，最心爱的便是那些勤俭活泼的"香姑"[①]。她一见她们，心中便有说不出的快乐。为了她们，她曾创设了晓庄农暇妇女工学处。她主张农村妇女教育应以生利活动为中心。试行虽不久，但是她与我都深信这条路是走得通的。她病中时常挂念着她们，恨不得立刻病愈，起来领导她们进行。把晓庄农暇妇女工学处办好，再把这种制度推行出去。使个个"香姑"都得到生活的教育，是她遗给我们的第一个志愿。

二、她深信进行乡村教育最有效力的办法是夫妻学校。因此，她对于乡村教育同志的夫人或未婚夫人抱有莫大的希望。她主张受过学校教育的，应在师范学校里训练；未曾受过学校教育的，应在工学处先立基础再图上进。她对于已经投来的几位同志夫人或未婚夫人都表示十分敬意，深望她们学成之后都能回去实

* 本篇原载1929年6月15日《乡教丛讯》第3卷第9期《追悼陶文渼先生专号》。

现夫妻学校。她第二个遗志是使个个乡村教育同志的夫人或未婚夫人都能得到活的教育。倘使有一位没有活的教育，都是我们后死者的责任。

三、她心中的乐园便是晓庄。她以为天下再没有比晓庄再好的地方。她欣赏晓庄的一切。她知道晓庄的短处，但她以为这些短处只是时间的问题。她听见朋友的批评，非常的心痛，因为他们所见到的短处，都是她所见到的，只因身体生病不能有贡献，所以心痛。她深深的自信，只要病好了，一个月内，便能补充我和同志们未能补充的缺陷，和大家共同造成一个美的晓庄。假使有志愿的有她的本领，有本领的有她的志愿，我们晓庄何至有这样大的缺陷？现在炼石补天的人已经去了，我们能不合起来做一个女娲氏吗？

四、五柳村[②]是她的实验家庭。她治家是有目的、有计划的。她要创造一个卫生的、科学的、经济的、艺术的和爱的家庭，献给乡村教育同志参考。她是五柳村的灵魂。她在我们个个人心中活着，指导我们，督促我们完成她的计划。我们十分忠实的接受她的遗志，努力继续她未完成的工作。

五、自从她的丈夫[③]去世以后，她的惟一志愿是帮助我做个有益人类的人。我所以能够专心为社会做事，全靠她治家得宜，免去我内顾之忧。这或者是多数朋友所知道的。但是有许多重要事业是由她鼓励我发动的，除我以外，便没有人知道了。我十年来的事业，她没有一件不曾给我很大的影响和帮助。我成功，她为我欢呼；我失败，她给我安慰；我走错了路，她拉我回头；我走向生活，她勉我前进。没有她便没有我。从此，我的生命已经残废了一部分。但是瞎子可以专精音乐，聋子可以专精图画。我只希望因为一部分的残废可以完成另一部分的使命。我愿她在我心里活着，仍旧帮我做个有益人类的人。活的时候少，死的时候多。那末，有益人类的意义，不就是使一切人有生之乐无生之苦吗？倘使我的见解不错，就请大家对着这个方向努力罢。

十八年六月八号

## 注释

①香姑　即乡村姑娘。

②五柳村　陶行知晓庄寓所，取名“五柳”，系用他家乡歙县黄潭源“五柳堂”之名。

③指文渼的丈夫张枝一。张枝一，安徽歙县人，系陶行知在歙县崇一学堂和南京金陵大学的同学，因病早逝。

# 对《把各幼稚园集合成一个独立的学院案》的意见*



现在五院①会议已经结束，我要用校长的权力来召集全体会议。但这些提案有重新审查的必要，请大家散会，出去散步几分钟，呼吸新鲜空气，再来讨论。现在请张宗麟先生在这里审查提案，排定次序，五分钟后，听到钟声，请大家来继继开会。

一个人对于一件事之感觉，分灵与理二种。有时是灵的方面感觉到赞成或反对，有时是理的方面赞成或反对，而灵与理不一定是一致的。灵的方面，只可感不可说，有时是想不通的。理的方面，是凭理智而判断，可以说出理由来，是可以用脑筋想得通

* 本篇是1929年9月29日陶行知在晓庄学校全体会议上的讲话。第一段是上午开会前讲的，第二段是下午2时会议结束时的总结发言。9月28日下午4时后，为乡村教育先锋团团部会议。7时以后开五院联席会，主要讨论孙铭勋、戴自俺提出的《把各幼稚园集合成一个独立的学院》的议案（见附件）。开始陶行知不赞成，说：“就事实来说，我们应该赞成，就道理来讲就不行。因为这样一来，它要扰乱整个的组织系统，我们不能如此，只好想法来避免这种事实。”讨论至晚12时休会时仍无结果，陶说；“大家回去再好好的考虑一下，明天再说。”第二天开会时，陶问孙、戴：“你们这个提案，我真想不通，你们可想通了没有?”又说：“你们这个提案我不能赞成。但我可以想法子避免现在的事实，求经费独立。我也可以想法满足你们的需要，增加指导员，增加经费，可是不能成立独立的学院。”陶在谈话的最后说：“今天这个会议能不能接收这个提案，还是问题。因为五院联席会议中，决不能产生学院。要在全体大会中才能产生。”接着开全体会议，陶行知总结发言后，决议表决通过。10月1日陶行知召开指导会议，提议院名为“蟠桃”，正式宣告“蟠桃学园”成立。院址设在燕子矶，园长徐世璧。讲话摘自孙铭勋、戴自俺《晓庄幼稚教育》，1934年3月上海儿童书局版。

的。关于这个议案，他们二位昨夜征求我的意见，他们一直谈到十二点钟过。我对于他们的议案，自从昨夜他们开始对我说了以后，在我的灵的方面，已经是表示赞同。又经提议者一番热忱的话把我触动了，我尤其表示十二分的赞同。但是在理的方面，我是不赞成的。昨夜想了一夜，在我的脑子里没有想通，真想不到一个比较好的解决办法。今晨又同他们二位谈了一个多钟头，我也是想不通，也是想不到一个好的解决办法。在我的脑海中，这灵与理的交战，不知战了若干时间。经散会后的这短时间的回旋，我忽而想通了，忽而得到一个解决的办法了。这个办法，是可以伸缩的，是有充分的自由性的。我们晓庄的事业非常之多，而范围也非常之广。乡村幼稚园是我们要努力而尚没有办法的一件事业。民众学校也是我们要努力而尚没有办法的一件事业。此外，还有中心茶园，还有乡村中学、乡村大学……我们此次改组，产生学院，他的范围固然是很广，他可以包括上面的一切东西。但是，他也可以伸缩自由。一个中心茶园可以成一个学院，一个民众学校也可以成一个学院。若是一个院长对于这些事都有兴趣，都有能力，他就可以完全包办。若是他对于某一部分没有兴趣，没有能力，就可以划分出来单独办理。以我的意见，现在这个议案，可以这样通过："学院是单独成立一个，但地点不一定。"学院没有在的地方的幼稚园，看看那个院长能否包办？如能包办，就划归该地的学院，但指导的责任还是归幼稚学院。如不能包办，那就划归幼稚学院。如我现今在和平门，我是各样都愿意试验一下，所以对于幼稚园我也不放弃。但幼稚学院成立以后，指导的责任，是要由幼稚学院负担。如通过了，这个学校究竟设在什么地方，是要指导会议才能决定。请大家发表意见。

## 注释

① 根据1929年9月15日《乡教丛讯》第3卷第15期刊载的《十八年七月八日的全体会议记录》，会议主席为陶行知、张宗麟，记录徐鸿仪，会上讨论张宗麟提出的“谋注重研究减轻事务培养有特长的乡村导师并试验小学中心活动”的议案，决定将晓庄的全部事业分设为五个学院。和平学院院长陶行知；万寿学院院长邵仲香；小晓学院（晓庄幼稚园在内）院长潘一尘；吉祥学院（燕子矶幼稚园在内）院长张宗麟；三元学院院长陆静山。五院即指此。

## 附：把各幼稚园集合成一个独立的学院案

什么事？

把各幼稚园集合成一个独立的学院。

什么理由？

1. 幼稚园不是小学的附属品，不应附属于小学；
2. 有负专责的指导员指导；
3. 研究及试验可以集中；
4. 恢复改组时的大会议决案。

什么办法？

独立。

（出处同前）

# 欢迎克伯屈先生*

克伯屈先生是设计法的发明者。设计法在教育史上占有很重要的地位，现在发明者来了，我们应该怎样的欢迎？杜威先生的教育哲学，是世界上公认的，而根据这个理论找出具体的方法，去实现这个理论，予教育界一个伟大的贡献的，就是克伯屈先生发明的设计法。

克先生到中国来，已经是第二次了。在初次来华时，晓庄学校正在筹备期间，先生对待我们的态度，非常表示诚意。因为那时期，正值国内清党，沪宁路线不通，有许多不安的现象，所以不能来到晓庄。那时先生心里，非常纳闷！这一次来华考察我国的教育，有许多朋友对我说："先生这次因为时间短促，只要看我们晓庄学校。"但在华时间不久，要放洋出席汎太平洋会议，匆促来晓，愈觉难能。我们只有表示十分欢迎的诚意。我们深信，现在世界上能够给我们最有价值的指导的怕只有克先生。这不是平常的开会，倒是一个四代同堂的家庭会：因为先生是我留美时的老师，今天我与师范同学、小朋友，都聚集一堂，这不是四代吗？（大家鼓掌）一家团圆是人生最有意思的生活。

---

* 本篇系1929年10月15日陶行知在晓庄学校欢迎克伯屈的讲话。记录者：徐鸿仪、宋恩鸿。克伯屈演讲时，陶行知亲任翻译。原载1929年11月30日《乡教丛讯》第3卷20期。

## 附：克伯屈先生演讲词

这学校，是我这几年天天所思而想要看到的一个学校。今天来到这里是非常快乐的事情！

我班上的学生，有好多民族的代表，世界上五十九国，除美国同学以外，大多数同学都是中国来的。我对于任何地方的教育，有试验性质的学校，是非常关心的。到一个地方总要留心考察，详细调查，看那一个学校有试验精神。对于教育的试验，我曾在书本上研究过，实地上考察过，如墨西哥、印度、欧洲、苏俄各国。这次到中国来看这学校对于教育上有什么贡献。

现在的世界已到了新时代，一切思想潮流多是很激烈的在那里变动，各种现象也多在那里继续不断的变化，这是很值得我们关心的。我们生在这不断变化的时代，我们都是参加这不断变动时代的分子。我们要特别注重农业，因为农民最受压迫，是我们教育界要特别关心的。从前有钱的人，总不大关心无钱的人。现在有钱和无钱的人，同在一社会过那共同生活，大家对于社会都要有相当的贡献，对于彼此共同生活，各人也应有丰富的高尚的贡献。从前社会是不大变动的，传下来的风俗习惯，学校要把它们一代一代传下去。这许多风俗习惯都载在书本上，学校的使命就是要传递书本上的知识。现在的时代不同了，各种事情都在那里变动得很快，所以学校不能沿用以前书本上的知识，要以生活来引导，要实观生活，依照实际生活的方法来实现生活的教育。以中国而论，最多数是农民，世界上变动最受影响的也是农民，所以教育的力量要教农民思想变动，以产生更好的社会、更好的家庭，以实现理想的生活，领导他们有更好的普遍的变动。我看这个学校负有特殊的使命。要研究乡村生活，用那种教育才合乎乡村需要，才能引导乡村适合现在的变动。同时要引导全国学校，使这一种教育普遍的传布到全国去；教全国采取适合乡村需要的教育，以变动他们的生活。诸位在校研究，我觉得是很幸福的！大家在这学校，不读死书本，是在生活上直接接触。办教育用这种生活，可负引导农民的使命，使合乎现代的思潮。就是小朋友，也是很幸福的。因为不是过那呆板的固定的生活，是顺应世界变化的生活，这也是很幸福的！这个运动，这个学校，不是一个人、或少数人所能创造出来。在这里的指导员、同学、小朋友，都要作运动的一分子。如大家肯努力，恐一百年以后，大家要回过头来纪念晓庄，欣赏晓庄！这就是教育革命的策源地。假使大家不能和衷共济、通力合作，那是不会成功的。要学校成功，运动成功，大家要认定这是自己的运动，自己的事业，共同努力，才能成功。这学校发起人，与我有特殊关系，因为在我班上做过学生。这种发明，觉得很有价值。所以看着这一种运动，我是特别快乐。我曾到各处找这一种运动的地方，找一种试验的学校，找有科学根据的试验，现在却给我找到了一个。它的实施的方针和办法，以及发动的理想，进步的过程，都合乎我的标准。这也可以代表整个民族的精神，我所以特别快乐！我希望诸位足迹所到的地方，都要宣传这一种理想的学校，提高农民的地位及生活，使其更丰富更高尚。我们无论到什么地方，都应当尽力宣传，使他们起了伟大的信仰，生出伟大的力量来！我希望能够多活几岁，能够亲眼看见这种学校的精神充分传布到中国。到了那时，我回想今天相聚一堂的情形，实有无限的快乐！

我现在无论到什么地方，都要宣传在中国的晓庄有一个试验学校，把这里的理想和设施宣传出去，使全世界人知道。这里的小朋友和师范同学，如愿意把这种生活的照片或说明，也许订成一本书，给我带去，告诉我们美国的小孩子；我也很愿意找一个美国的学校，把生活的照片或说明送给你们，使那里的小孩子与这里的同学，常能通讯交换知识。这种国际上小孩子通讯交际，很是有意义的。但不知道大家愿意否？假使诸位考虑一下，今天愿意送给我照片少许，我带到美国去，鼓励他们的兴趣，就可发动两国文化上的交换！

今天承诸位开了一个盛大的欢迎会，给我相当的机会发表一点意见，这是很感谢的。谢谢诸位！

（出处同前）

# 今日之幼稚园*

我对于幼稚教育是个门外汉，不配谈什么。各位既要我说话，我只有一件事向各位报告。此次我的老先生克伯屈(Kilpatrick)先生来参观各国的教育，当然也来参观中国的教育；参观中国的教育，当然也来参观我们晓庄的教育。他对于我们中国的幼稚园有一个批评，我们晓庄自然不能例外。他的批评是怎样的呢？他说；"现在中国的幼稚园，还是在二十五年以前的幼稚园。"我听了他这个批评，当然也就起了两个反应：第一个反应是承认他这个批评有一部分是对的；第二个反应是为我们的幼稚园辩护。我为什么会发生出这样的两个反应呢？现在我拿来向大家报告一下：

第一，我反对他这句话。我只承认他的批评有十分之三点三是对的，其余十分之六点七是不对的。什么叫做十分之三点三是对的？什么叫十分之六点七不对呢？这话怎么讲呢？我在当时就问他："中国的幼稚园还是在二十五年以前的幼稚园，当然不是今日的幼稚园，究竟什么叫做二十五年以前的幼稚园，什么叫做今日的幼稚园呢？"他说："二十五年以前的幼稚园，就是一切都是机械的，同是一律的天天在那里拍拍手，走走圆圈，一个教

* 本篇是1929年10月28日陶行知在晓庄学校幼稚教育研究会上的讲话。记录者：戴自俺。摘自《蟠桃学园》一文。原载1930年4月12日《乡村教师》第11期。

师在那里弹着琴，……总之，一切活动，都是机械的，千篇一律、万篇一律、一成不变的。”我当时就对他说：“你这个说法，我们这里的幼稚园确实也是这样。但是，这也才是一小部分，还有其他的一大部分你还没有看到，我可以带你去看看。”于是我就带他到晓庄幼稚园的农场上去看小朋友所种的东西。后来，我又带他去看燕子矶幼稚园的。他说；“啊！这些我在外国倒还没有看见过，这是很好的一种办法。”后来，我又向他说，“我们这里所办的幼稚园，要适合下面的三个目标：

“第一是要平民化。现在的幼稚教育，多数是操纵在贵族阶级及智识阶级的手里，我们这里是要把幼稚教育从贵族阶级、智识阶级的手里夺出来，普遍到平民阶级。进一步我们还要把贵族阶级、智识阶级、平民阶级打成一片。我们这里的幼稚园，不是为什么部长、总长的小孩子办的，我们是为农工阶级的小孩子而办的。我们也不是只徒喊口号，而是见诸实行的。你看，我们幼稚园里的小朋友不一个个都是农家的小孩吗？

“第二是要经济化。‘我们深信乡村教师要用最少的经费办理最好的教育。’这是我们的信条之一。这个意思就是说，我们要用少的金钱办出好的教育，不是用很多很多的钱把一个幼稚园弄得非常华贵。幼稚园要想在平民阶级里普遍起来，自非省钱不为功！

“第三个目标是要适合于乡村儿童生活的。我们不要搬洋货，也不要骛时髦，只求适合于乡村儿童的生活。我们的主张是这样，我们的办法是这样。你如果赞成我们的主张，愿意和我们努力的话，我希望你们哥伦比亚大学在放假的一年——他们是六年之后放假一年——有一个幼稚教师到我们此地来走一遭，那么我们就可以打成一片，共同努力了。”

他说：“我很赞成你们的主张，我愿意努力。”

克伯屈先生给予我们这个批评，是我再三的要求他，要他不辜负此行而才说的。假若今天我不将这个批评转达给大家，也就辜负了大家今天要我在这里来说话的厚意！我把这个意思转达出来，就是要使得大家格外的努力。我们一方面在这里干，我们一方面还要吸收别人的经验，我们要把英国的、法国的、日本的、意大利的、美利坚的……一切关于幼稚教育的经验都吸收进来，我们来截长补短冶成一炉，来造成一个“今日之幼稚园”！要造成今日之中国幼稚园，就是从今日起我们就要下功夫！

# 《谈心集》序*

《谈心集》是什么？是白君启祥的情书。现在写情书的多着咧，有什么稀奇？沉醉的一个钟头写一封，清醒的每天写一封是再也不会少的了，比着白君四五天写一封岂不更加来得热情？悲哀的用眼泪写，激昂的用指血写，比着白之淡墨白描岂不更有声有色？我写序文倘得在那些热闹场中占一地位，岂不倍觉风流？现在偏要与白集作伴，还是自甘寂寞，还是别有境界，令人依依不舍呢？既是情书，则必有爱人。白君之爱人是谁？这是大家所急要知道的。白君的爱已经给小孩子夺去了，小孩子是他现在唯一的爱人。《谈心集》是从他的心灵里呕出来献给小孩子的。他离开了他的小学生，便悬念着他们，便想到他们一定悬念着他，便要把自己所想说的话一起写给他们，不写出来便觉得难过——这都是由于一点精诚的爱心。平常的教师一下了课，便你是你，我是我，与学生漠不相关。白君乃抛弃了教师的尊严，先生的架子，以哥自居，看小学生如弟妹，发挥他的爱的教育。《谈心集》是他的爱的教育所留下的痕迹，也是他们师生间所留下的可宝贵的纪念。

* 本篇原载1929年11月15日《乡教丛讯》第3卷第19期。

# 教学做合一测验*



**（甲）是非法**

您以为对的就在括弧内画个"+"，不对的画个"-"。

（一）教学做合一是王阳明先生发明的。（　　）

（二）教学做合一是以学为中心。（　　）

（三）做的法子根据学的法子，学的法子根据教的法子。（　　）

（四）事怎样做就怎样学，怎样学就怎样教。（　　）

（五）教学做合一是把一切活动分成教的方面，学的方面，做的方面。（　　）

（六）农事教学做是我们的课外作业。（　　）

（七）教学做合一的理论赞成劳心者治人，劳力者治于人。（　　）

（八）小孩子只是学做合一，不是教学做合一。（　　）

（九）用嘴讲演便是教；用耳听讲便是学；用手干事便是做。（　　）

（十）孙中山先生带着党员实行革命就是革命教学做。（　　）

（十一）上海绑票匪带着徒弟绑活财神不是绑票教学做。（　　）

---

* 本篇原载1929年11月15日《乡教丛讯》第3卷第19期。

（十二）知是行之始，行是知之成。（ ）

（十三）教学做合一是从具体归向原理，从片段走向系统。（ ）

（十四）教学做合一注意身体的操劳，忽视精神的创造。（ ）

（十五）亲知不是了解闻知之必要条件。（ ）

（十六）设计教学做是生活法之一部分。但是设计教学法不一定是生活法。（ ）

（十七）用筷子吃面，用匙羹喝汤，都是生活的好法子。（ ）

（十八）道尔顿制也都是教学做合一。（ ）

（十九）艺友制[1]就是徒弟制。（ ）

（二十）艺友制是彻底的教学做合一。（ ）

**（乙）选择法**

将对的一项前的数目字写在括弧里。

（一）教学做的两种写法，那种是对的：

1.（教学做） 2.（教）（学）（做） （ ）

（二）教学做合一是：

1. 道尔顿制 2. 设计教学法 3. 生活法 （ ）

（三）教学做合一理论第一次有系统之叙述是在：

1. 民国八年 2. 民国十五年 （ ）

（四）真正的做是：

1. 劳力 2. 劳心 3. 在劳力上劳心 4. 在劳心上劳力 5. 劳心与劳力并重 （ ）

（五）在劳力上劳心是：

1. 发明之母 2. 老八股之友 3. 洋八股之父 （ ）

（六）可以跳出教学做合一的法掌的只有：

1. 孙悟空 2. 鲁滨逊 3. 小孩子 4. 隐士 （ ）

（七）先生的责任是：

1. 教学生　2. 教学生学　3. 教学生做人　4. 教学生做把戏　（　　）

（八）教学做合一是：

1. 最值钱的教育　2. 最有效的教育　3. 最好的教育　（　　）

（九）知识：

1. 是安根在经验里的　2. 是安根在书本里的

3. 是安根在专家演讲里的　4. 是安根在玄想里的

5. 是安根在自然里的　（　　）

（十）为着要了解哥伦布的探险，下列数种经验要算那一种最重要？

1. 航海遇过大风暴雨　2. 在小河里坐过顺风船

3. 在泰山上玩过　4. 妈妈告诉过我坐船是有趣的事

5. 书上看见过一只船　（　　）

（十一）书是为着：

1. 给人读的　2. 给人看的　3. 给人听的　4. 给人用的（　　）

（十二）帮助白鼻福尔摩斯破的血手印的杀人案要算下列那种力量最大？

1. 侦探教科书　2. 徒弟　3. 警察　4. 消息灵通

5. 平日留意手套铺的招牌　（　　）

（十三）要了解三八主义，下列数种办法要算那种最为扼要？

1. 听大学教授演讲　2. 看社会学中之劳动问题

3. 在中国纱厂里做过一个月工　（　　）

（十四）下列各种方法中要算那种与教学做合一切近，

1. 道尔顿制　2. 五段教授[②]　3. 设计法　（　　）

（十五）晓庄各种生活中以那种为最合教学做合一原则：

1. 烹饪教学做　2. 农事教学做　3. 防匪教学做

4. 国文教学做　5. 小学活动教学做　6. 农民运动教学做　（　　）

（十六）可行艺友制的地方是：

1. 普通中学　2. 普通师范　3. 有一艺之长的教师的学校

（　　）

**（丙）填写法**

把缺少的字填在圈里。

（一）教育法的演进有三时期：

1. 教〇法　2. 教〇法　3. 教学〇

（二）把教授法改为教学法的主张在〇〇〇〇〇〇〇〇〇校务会议中不能通过

（三）首先赞成教学法是〇〇〇〇〇〇

（四）教学做合一的理论是民国〇〇年成立的

（五）教学做合一是〇件事不是〇件事

（六）在做上教的是〇〇；在做上学的是〇〇

（七）种田这件事是要在田里〇的，便须在田里〇，在田里〇

（八）一个活动对事说是〇，对己说是〇，对人说是〇

（九）为种稻而讲解，讲解也是〇，为种稻而看书，看书也是〇

（十）〇〇县立师范把教学做改为做学教

（十一）会的〇人，不会的〇〇〇是天天有的现象

（十二）在劳力上劳心的主张是要把〇〇〇〇〇一切化除

（十三）征服天然势力创造大同世界是立〇〇〇〇上的

（十四）为学而学不如为〇而学之亲切

（十五）不愿拜小孩子做〇〇的人不配做小孩子的先生

（十六）《墨辩》分知识为〇知、〇知、〇知三种

（十七）亲知是〇〇〇〇出来的

（十八）我们必须有个人经验做基础才能〇〇或〇〇人类全体的经验

（十九）以一知万的○是安根在自己经验里，有了这个○才能收知○之效

（二十）错用○○，错用○○，错用○○，错用○○，错用○○，错用○○，都会叫人做错，即会教人学○，教○

（二一）过什么○○用什么书

（二二）王木匠与达尔文有个不同之点，王木匠把○○化成○○，达尔文用○○产生○○

（二三）接知如接○

（二四）才烫了手又冰了脸，那么，○与○更能知道明白

**教学做合一参考材料**

《中国教育改造》：

甲、《教学合一》

乙、《教学做合一》

丙、《在劳力上劳心》

丁、《以教人者教己》

戊、《答操震球之问》

己、《艺友制的师范教育》

《乡教丛讯》：

甲、《答朱端琰先生》（第三卷第一期）

乙、《行是知之始》（第三卷第十二期）

《湘湖生活》：

《教学做讨论会记》（第二期第三期）

《教学做合一讨论集》（印刷中）

上列材料除末一项外，应运用测验作引导，尽本星期日看完，于下星期一上午十时齐集大会堂实行测验。

## 注释

① 艺友制　凡以朋友之道教人艺术或手艺的形式，陶行知将其定名为艺友制。

② 五段教授　德国赫尔巴特学派所主张的一种关于课堂教学阶段的理论。即将课堂教学分为：预备、提示、联想、总结、应用五个阶段，通称“五段教学法”。

# 关于晓庄学校幼稚教育的十一项提案*

（一）现任指导员一律不得辞职。

（二）增设迈皋桥幼稚园一所。

（三）购置世界幼年教育书籍及工具并陈列之。

（四）翻译《Pre-School Education》①（1929）。

（五）出版《幼稚教育论文》第二集。

（六）编辑儿歌一百首。

（七）编辑儿童故事一百首。

（八）编辑儿童游戏五十种。

（九）创造儿童玩具十种。

（十）编辑儿童口算一册。

（十一）编辑《幼稚园课程标准草案批评》一册

## 注释

① 译作《学前教育》。

* 本篇原载1930年4月12日《乡村教师》第11期。为了一齐过有计划的生活受有计划的教育，1929年末晓庄各团体及个人制定1930年的《晓庄一年计划》。这是12月25日在和平门幼稚园召开的幼稚教育研究会上讨论晓庄幼稚教育进行计划时，陶行知提的提案并获得通过。晓庄被封以后，方与严编《晓庄一年计划》（1933年1月上海儿童书局出版），将本篇收入作为蟠桃学园计划的附录。

# 晓庄学校民国十九年的计划大纲*

**一、关于学校组织方面：**

（一）改学院为学园①；

（二）增设乡村初级中学，称为劳山学园；

（三）成立乡村教育研究所；

（四）增设民众教育研究的机关，称为蟠龙学园；

（五）重定学校名称——晓庄学校②。

**二、关于方法改进方面：**

（一）扼要指导，严格考核（须用统计的方法）；

（二）新生录收根据长期参观成绩及水平线学科考试；

（三）编拟乡村小学幼稚园、初级中学、师范学校课程标准草案；

（四）凡工具宜集中及多数人可以同时举行之教学做，应召集各学园同志于每星期日到晓庄举行；

（五）实行小学教师职业分析，编订水平线学科标准；

（六）实行试验区社会调查；

（七）试验小厨房办法。

**三、关于建筑设备之扩充方面：**

* 本篇原载1930年2月1日《乡村教师》创刊号，署名陶知行拟。这是1929年12月26日晓庄学校指导会议决定起草的。

（一）完成各学园之建设；

（二）完成生物馆之陈列；

（三）完成卫生馆之陈列；

（四）完成艺术馆之陈列；

（五）完成农艺馆之陈列；

（六）建筑理化馆并设备理化仪器及完成无线电、电灯、电话等，共计三万元；

（七）扩充图书至二万卷，并将教育图书另辟成教育图书馆；

（八）建筑小剧场及电影院；

（九）修建晓庄范围内之道路，

（十）开辟中心农场；

（十一）布置校景。

**四、关于增聘人员方面：**

（一）增聘指导员二人；

（二）增聘本校同志五人；

（三）增聘研究员三人。

**五、关于工具制造方面：**

（一）自制儿童玩具；

（二）自制简单工具；

（三）改良农具。

**六、关于编辑方面：**

（一）晓庄乡村师范用书出十种；

（二）晓庄乡村幼稚园用书出五种；

（三）晓庄乡村小学用书出二十种；

（四）晓庄乡村初级中学用书出五种；

（五）晓庄民众用书出二十种；

（六）《乡村教师》周刊出四十八期，推广到二万份；

（七）乡村教育研究丛刊出三种；

（八）晓庄剧社丛刊出二十种；

（九）晓庄概况。

**七、关于离校同学之进修方面；**

（一）寒暑假回校一个月；

（二）通讯讨论；

（三）指导员访问。

**八、关于改造社会方面：**

（一）与工程研究所水利局等机关合作，引长江之水以灌溉北固乡之田；

（二）与卫生部合作，提倡开井以裕饮水之源；

（三）与源盛布厂合作，设立织布厂以替代失败之白丝行及没有事做之农暇；

（四）与农学院合作，以谋本乡农林之改进；

（五）与卫生部合作，以谋本乡康健之进步；

（六）与教育部合作，以谋本乡教育之普及；

（七）与省政府合作，以谋本乡村治之试验；

（八）与卫戍司令部合作，以谋本乡秩序之安全；

（九）与省农民银行合作，以谋信用合作社之发展；

（十）与市政府合作，以谋交通之便利；

（十一）与党部合作，提倡减租运动。

**九、关于经济方面：**

拟筹款十万元。

## 注释

①“1930年计划”改“学院”为“学园”，其意为培养人才幼苗之园地。

②将“晓庄试验乡村师范学校”重定名称为“晓庄学校”。

# 生活即教育*

今天我要讲的是“生活即教育”。中国从前有一个很流行的名词，我们也用得很多而且很熟的，就是“教育即生活”(Education of life)。教育即生活这句话，是从杜威(John Dewey)先生那里来的，我们在过去是常常用它，但是，从来没有问过这里边有什么用意。现在，我把它翻了半个筋斗，改为“生活即教育”。在这里，我们就要问：“什么是生活?”有生命的东西，在一个环境里生生不已的就是生活。譬如一粒种子一样，它能在不见不闻的地方而发芽开花。从动的方面看起来，好像晓庄剧社[①]在舞台演戏一样。“生活即教育”这个演讲，从前我已经讲了两套，现在重提我们的老套。

第一套就是：

是生活就是教育，不是生活就不是教育；

是好生活就是好教育，是坏生活就是坏教育；

是认真的生活，就是认真的教育，是马虎的生活，就是马虎的教育；

是合理的生活，就是合理的教育，是不合理的生活，就是不合理的教育；

---

* 晓庄学校于1930年1月16日至2月7日举行全国乡村教师讨论会，本篇系陶行知在会上的演讲，记录者戴自俺、孙铭勋，原载1930年3月29日《乡村教师》第9期。

不是生活，就不是教育；

所谓之生活，未必是生活，就未必是教育。

第二套是第二次讲的时候包括进去的，是按着我们此地的五个目标加进去的，就是：

是康健的生活，就是康健的教育，是不康健的生活，就是不康健的教育；

是劳动的生活，就是劳动的教育，是不劳动的生活，就是不劳动的教育；

是科学的生活，就是科学的教育，是不科学的生活，就是不科学的教育；

是艺术的生活，就是艺术的教育，是不艺术的生活，就是不艺术的教育；

是改造社会的生活，就是改造社会的教育，是不改造社会的生活，就是不改造社会的教育。

近来，我们有一个主张，是每一个机关，每一个人在十九年度里都要有一个计划。这样，在十九年里，我们所过的生活，就是有计划的生活，也就是有计划的教育。于是，又加了这么一套：

是有计划的生活，就是有计划的教育，是没有计划的生活，就是没有计划的教育。

我今天要说的，就是我们此地的教育，是生活教育，是供给人生需要的教育，不是作假的教育。人生需要什么，我们就教什么。人生需要面包，我们就得受面包教育；人生需要恋爱，我们就得过恋爱生活，也就是受恋爱教育。准此类推，照加上去：是那样的生活，就是那样的教育。

与"生活即教育"有联带关系的就是"学校即社会"。"学校即社会"也就是跟着"教育即生活"而来的，现在我也把它翻了半个筋头，变成"社会即学校"。整个的社会活动，就是我们的教育范围，不消谈什么联络，而它的血脉是自然流通的。不要说“学校社会化”。譬如现在说要某人革命化，就是某人本来不革命；假使某人本来是革命的，还要他“化”什么呢？讲“学校社会化”，也是犯同样的毛病。“社会即学校”，我们的学校就是社会，还要什么“化”呢？现在我还有一个比方：学校即社会，就好像把一只活泼泼的小鸟从天空里捉来关在笼里一样。它要以一个小的学校去把社会上所有的一切东西都吸收进来，所以容易弄假。社会即学校则不然，它是要把笼中的小鸟放到天空中去，使它能任意翱翔，是要把学校的一切伸张到大自然界里去。要先能做到“社会即学校”，然后才能讲“学校即社会”；要先能做到“生活即教育”，然后才能讲到“教育即生活”。要这样的学校才是学校，这样的教育才是教育。

杜威先生在美国为什么要主张教育即生活呢？我最近见着他的著作，他从俄国回来，他的主张又变了，已经不是教育即生活了。美国是一个资本主义的国家，他们是零零碎碎的实验，有好多教育家想达到的目的不能达到，想实现的不能实现。然而在俄国已经有人达到了，实现了。假使杜威先生是在晓庄，我想他也必主张“生活即教育”的。

杜威先生是没有到过晓庄来的。克伯屈先生在是到过晓庄来的。克伯屈先生离了俄国而来中国，他说：“在离莫斯科不远的地方，有一个人名夏弗斯基[2]的，他在那里办了一所学校，主张有许多与晓庄相同的地方。”我见了杜威先生的书，他说现在俄国的教育很受这个地方的影响，很注重这个地方。他们也主张生活即教育，社会即学校。克伯屈先生问我们在文字上通过消息没有？我说没有。我又问他：“夏弗斯基这个人是不是共产党？”他说不是。我又问他：“他不是共产党，又怎么能在共产党政府之下办教育呢？”他说：“因为他是要实现一种教育的理想，要想用教育的力量来解决民生问题，所以俄政府许可他试验，他在俄政府之下也能生存。”我又对他说：“这一点倒又和我相合，我在国民党政府之下办教育，而我也不是一个国民党党员。”这是克伯屈先生参观晓庄后与我所谈的话。

现在我们这里的主张，已经终于到了实现的时期了，问题是在怎样实现。这一点，可以分作三个时期：

第一个时期，是生活是生活，教育是教育，两者是分离而没有关系的。

第二个时期，是教育即生活，两者沟通了，而学校社会化的议论也产生了。

第三个时期，是生活即教育，就是社会即学校了。这一期也可以说得是开倒车，而且一直开到最古时代去。因为太古的时代，社会就是学校，是无所谓社会自社会、学校自学校的。这一期也就是教育进步到最高度的时期。

其次，要讲生活即教育与社会即学校，有几方面是要开仗的，而且，是不痛快，是很烦恼，而与我们有极大的冲突的。

第一，在这个时期，是各种思潮在中国谋实现的时期，中国几千年来的传统教育所支配的许多传统思想都要在此时期谋取得它的地位。第二，是外来的各种文化，如德国以前是以文化为中心的。这种文化，胡适之先生曾说是一种Jantade man的文化，是充满着绅士气的。第二是英国的。

现在先说中国遗留下来的旧文化与我们的生活即教育是有冲突的。中国从前的旧文化，是上了脚镣手铐的。分析起来，就是天理与人欲，以天理压迫人欲，做的事无论怎样，总要以天理为第一要件。

他是以天理为一件事，人欲为一件事。人欲是不对的，是没有地位的。在生活即教育的原则之下，人欲是有地位的，我们不主张以天理来压迫人欲的。这里，我们还得与戴东原[3]先生的哲学打通一打通：他说，理不是欲外之理，不是高高的挂在天空的；欲并不是很坏的东西，而是要有条有理的。我们这里主张生活即教育，就是要用教育的力量，来达民之情，顺民之意，把天理与人欲打成一片，并且要和戴东原先生的哲学联合起来。

与此有联带关系的就是“礼教”。现在有许多人唱“礼教吃人”的论调，的确，礼教吃的人，骨可以堆成一个泰山，血可以合成一个鄱阳湖。我们晓得，礼是什么？以前有人说，礼是养生的，那是与生活即教育相通的。这种礼，我们不惟不打倒，并且表示欢迎。假若是害生之礼，那就是要把人加上脚镣手铐，那是与我们有冲突的，我们非打倒不可。因为生活即教育，是要解放人类的。

再次，中国以前有一个很不好的观念，就是看不起小孩子。把小孩子看成小大人，以为大人能做的事小孩也能做，所以五六岁的小孩，就要他读《大学》《中庸》。换句话说，就是小孩子没有地位。我们主张生活即教育，要是儿童的生活才是儿童的教育，要从成人的残酷里把儿童解放出来。

还有一点要补充进去的就是书本教育。从前的书本教育，就是以书本为教育，学生只是读书，教师只是教书。在生活即教育的原则之下，书是有地位的，过什么生活就用什么书，书不过是一种工具罢了。书是不可以死读的，但是不能不用。从前有许多像这样的东西，是非推翻不可的，否则不能实现“生活即教育”。

现在外面传进来的思潮，也有许多与我们是冲突的。以文化做一个例吧，以文化做中心的教育，它的结果是造成洋八股。文化是人类创造出来的，固然是非常的宝贵，但它也不过是一种工具而已，不能拿作我们教育的中心。人为什么要用文化？是要满足我们人生的欲望，满足我们生活的需要。电灯是文化，我们用了它，可以把一切东西看得更明白。无线电是文化，我们用了它，可以更便利。千里镜是文化。我们用了它，可以钻进土星、木星里去。……所以文化是生活的工具，它是有它的地位的。我们不惟不反对，并且表示欢迎。欢迎它来做什么呢？就是满足我们生活的需要。有些人把它弄错了，认它做一种送人的礼物，这是不对的。文化要以参加做基础，有了这参加的最低限度的基础，才能了解，才能加上去。生活即教育与以文化为中心的教育的不同，就是如此。

还有训育[4]与生活即教育的理论怎么样？生活即教育与训育把训与教分家的关系怎样？生活即教育与社会即学校如何实现？小学里如何把它实现出来？假使诸位以为是行得通的，最好是每一个人拟一个方案来交给我，那一部分可以实现，我们就拿那个地方当一个社会实现出来。

现在我举一个例说：去年因为天干，和平学园因为急于要水吃，就开了一个井。井是学校开的，但是献给全村公用，不久就发现了两个大问题：

（一）每天出水二百担，不敷全村之用。于是大家都起早取水，后到的取不到水。明天又比别人早，甚至于一夜到天亮，都有取夜水的。到天亮时，井里的水已将干了。群聚在井边候水，一勺一勺的取，费尽了气力，才打出一桶水。

（二）大家围着取水，争先恐后，有时甚至用武力解决。

这种现象，假使是学校即社会，就可以用学校的权力来解决，由学校出个命令，叫大家照着执行。社会即学校的办法就不然，他觉得这是与全村人的生活有关系的，要全村的人来设法解决，于是就开了一个村民大会，一共到了六七十个人，共同来做一个吃水问题的教学做。到会的人，有老太婆，也有十二三岁的小孩子，公推了一位十几岁的小学生做主席。我和许多师范生，就组织了一个诸葛亮团，插在群众当中，保护这位阿斗皇帝。老太婆说的话顶多，但同时有许多人说话，大家听不清楚，而阿斗皇帝又对付不下来。这回，诸葛亮用得着了，他就起来指导。结果，共同议决了几件事：

（一）水井每天休息十小时，自下午七时至上午五时不许取水。违者罚洋一元，充修井之用。

（二）每次取水，先到先取，后到后取。违者罚小洋六角，充修井之用。

（三）公推刘君世厚为监察员，负执行处分之责。

（四）公推雷老先生[5]为开井委员长，筹款加开一井，茶馆、豆腐店应多出款，富户劝其多出，于最短期内，由村民团结的力量，将井开成。

这几个议案是由阿斗会议所通过的。这就是社会即学校的办法。由此，我有几个感触：

（一）民众运动，要以对于民众有切身的问题为中心，否则不能召集。

（二）社会运动，非以社会即学校，则不能彻底实行。而社会即学校，是有实现的可能的。

（三）不要以为老太婆、小孩不可训练，只要有法子，只要能从他们切迫的问题着手。

（四）公众的力量比学校发生的大，假使由学校发命令解决，则社会上了解的人少，而且感情将由此分离。

（五）阿斗离了诸葛亮是不行的，和平门吃水问题，倘无相当指导，可以再过四五千年还没有解决。

（六）做民众运动是要陪着民众干，不要替民众干。训政工作要想训练中华国民，非此不可。

这就是以小学所在地做学校的一个例，其余的例很多，不必多举。社会即学校要如何的实现，请大家一样一样的做个方案，二次开会的时候再谈。

这是证明“生活即教育”与“社会即学校”是相联的，是一个学理。

关于“生活即教育”，我现在再来补充一套。我们是现代的人，要过现代的生活，就是要受现代的教育。不要过从前的生活。也不要过未来的生活。若是过从前的生活，就是落伍；若要过未来的生活，就要与人群隔离。以前有一部书叫做《明日之学校》，大家以为很时髦的，讲得很熟的。我希望乡村教师，要办今日之学校，不要办明日之学校。办今日之学校，使小学生过今日之生活，受今日之教育。

## 注释

①晓庄剧社　晓庄学校师生组织的戏剧团体，成立于1929年初，陶行知任社长，是中国最早的话剧剧团之一，与南国剧社、复旦剧社齐名。

②夏弗斯基　通译沙茨基。

③戴东原　即戴震。

④训育　德国赫尔巴特把教育工作分为管理、教育和训育三个部分。训育，一般指对学生行为、习惯的训练与控制。中国自清末兴办学堂以来，传统教育所实施的训育，是强化以统治阶级的思想意识来影响学生，对学生的思想行为，从精神上进行严格的控制。

⑤雷老先生　即雷万民。

# 我今年的计划*

**一、时间分配：**

（一）六天工作一天玩；

（二）晓庄学校每周十二小时工作；

（三）和平学园每周十二小时工作；

（四）中华教育改进社每周六小时工作；

（五）乡村教育同志会每周六小时工作；

（六）五柳村每周六小时工作；

（七）农暇妇女工学处①每周一小时工作；

（八）晓庄剧社每周六小时工作；

（九）饮食每周十二小时；

（十）行路每周十二小时；

（十一）睡觉每周五十六小时；

（十二）自由活动每周三十九小时。

**二、生活举要：**

（一）和全体同志共同实现晓庄学校今年的计划；

（二）晓庄学校今年的计划中分任的事项：

甲、聘任人员；

* 本篇是陶行知订的1930年个人计划，出自方与严编《晓庄一年计划》。

乙、筹款五万元；

丙、《乡村教师》周刊投稿四十八篇；

丁、编著剧本十种；

戊、寅会演讲五十次；

己、与同志讨论人生问题；

庚、亲复乡村教育同志信七百封；

辛、《晓庄战报》投稿九十六篇；

壬、创作儿歌五十首，并编辑《乡村小学》及《乡村师范教学做指导》各一册；

癸、指导“试验村”②之进行，并联络各方面之力量，以实现社会改造之计划。

（三）进行中华教育改进社社务；

（四）进行乡村教育同志会会务；

（五）赞助义务教育方案实现；

（六）赞助成人补习教育方案实现；

（七）指导五柳村家庭教育；

（八）个人之著译工作：

甲、编《知行诗歌集》；

乙、编《知行白话文集》；

丙、编《知行演讲集》；

丁、著《农人传》一篇；

戊、著《大同之路》；

己、译书三十万字。

（九）种园一分；

（十）学烧菜四样；

（十一）学骑马；

（十二）偕同晓庄剧社巡游中国南北中三路大都市邻近村庄；

（十三）向传统教育最后之遗孽——训育——进攻；

（十四）看书一千八百万字；

（十五）写《锄头歌》一百幅，赠送国内乡村师范或乡村小学每县一幅；

（十六）还债一千元；

（十七）研究：

甲、研究面包问题；

乙、研究恋爱问题；

丙、研究如何引导农业文明而渡到工业文明及大同之治；

丁、研究“生活即教育”，“社会即学校”，“教学做合一”等的理论如何彻底实现。

## 注释

① 农暇妇女工学处　晓庄学校专为实施对农村妇女进行普及教育而建立的组织。

② 试验村　陶行知当时计划以一村或一乡作为普及教育，培养乡村工作建设人才，教农民“做工、求知、管政治”，实行村民自治之试验。并报江苏省民政厅，经批准，以晓庄学校所在之北固乡作为试验之地。

# 《乡村教师》宣言*

“生长三家村，苦守五家店。知己遍天下，终身不相见。”这不是我们乡村教师所共感的烦闷吗？《乡村教师》周刊的志愿就是要消灭这种烦闷。他要打破空间，使不能相见的朋友可以谈心。我们的警语；“小的村庄愿与大的世界沟通”，是永远不可忘记的。周刊便要负起这个使命。世界的沟通，在人的沟通；人的沟通，在心灵的沟通。全世界乡村教师有了谈心的机会，然后小的村庄与大的世界乃有沟通的希望。有人问：“小的村庄为什么要与大的世界沟通？”世界是一个大剧场，人生便是演戏。个人的活动无论如何独立，只是历史剧中之一幕。没有沟通，则布景、化装不能和谐，悲欢歌舞不能中节。我们必定要深刻的知道自己和配角所演的剧情，才能做出好戏来。乡村教育运动只是一出历史剧，全世界的乡村教师都同是这一出戏中的演员。这周刊里有我们的剧本，有我们的导演。这里可以找得出艺术生活的过程。这里可以找得出那愿意我们艺术更进一步的批评。这里可以找得出演员心头滴下来的泪痕，也可以找得出装哭者涂在眼睛上的残唾。总说一句：这个周刊便是我们乡村教育运动的一出永远

* 本篇是陶行知1930年为2月1日出版的《乡村教师》创刊号写的发刊词。原题为《本刊宣言》。《乡村教师》周刊系1929年12月17日中国乡村教育先锋团举行大会决定筹办的，并选举陶行知、操震球、方与严、胡尚志、石俊、董纯才、易铁夫等7人为委员，组成委员会。24日推定陶行知为委员会主席，方与严为总编辑，程本海为总经理。1930年4月7日晓庄学校被勒令停办，《乡村教师》出至11期亦随之停刊。

不会闭幕的历史剧的写真。这出戏是“心的力”的表现。没有“心的力”，不但是演不出好戏，根本就没有这出戏的可能。周刊的使命是要从笔头里透出心头的力量，来完成这部永远不会脱稿的杰作。穆罕默德说：“假使你有两块面包，你得用一块去换一朵水仙花；因为面包是身体的粮食，水仙花是灵魂的粮食。”这是再好也没有的人生观。可是看一看我们这出戏里面的主角——中国的农人和乡村教师——只有一块面包！换了水仙花，肚皮就得挨饿；不换水仙花，精神又要枯萎。倒不知穆罕默德如何指示我们才好？朋友们！眼前摆着水仙花，嘴里有面包吃，这是再好也没有的生活。我们可有这种福气？先要问：我们可有这种力量？力量是有的，藏在每一个人的心里。散开来，如同一点点的小雨，连渴也不能止；合起来，便如耐亚嘎拉瀑布①，能产生一千六百万匹马力，推得动世界上所未能发明的伟大的机器。我们再也不要把力量藏到小己的荷包里。《乡村教师》周刊是我们的耐亚嘎拉，我们应当把各人心灵里的力量流到这里来，构成乡村教育的大瀑布。从这瀑布里所发出来的力量，可以教我们有面包吃又有水仙花看。这力量可以教农人自己从时代的车轮底下爬起来。这力量可以教农人做机器的主人，不做机器的奴隶。这力量可以扫除伪智识，推动教育革命的法轮。这力量可以打破人间的隔阂，创造一个四通八达的大通世界。这力量是一出历史剧的原动力，可以推着历史向前转动。这力量可以变成不可思议的大，也可以变成不可思议的小。假使我们各人仍旧把他收藏在一己的打算上，那末，只有一个雨点的力量，连一粒芥子也推不动。他只好闭着眼睛吃饭，或是饿着肚皮看水仙花罢！

## 注释

① 耐亚嘎拉瀑布　通译尼亚加拉瀑布，在北美洲尼亚加拉河上，宽1420米，落差约50米，是世界著名瀑布之一。

# 生活即教育*

## ——答操震球问

问：为什么要主张“生活即教育”，反对“教育即生活”？

答：教育可说是书本的，与生活隔绝的，其力量极小。拿全部生活去做教育的对象，然后教育的力量才能伟大，方不致于褊狭。我们要拿好的生活去改造不好的生活，拿整个的生活去解放褊狭的生活。

“教育即生活”是拿教育做生活，好教育固然是好生活，八股的教育也就造成八股的生活。“生活即教育”根本上可以免除这种毛病，虽然它的流弊也有拿坏生活作教育的，但就教育立场说，其效力仍是极大的。

“生活即教育”，教育极其广阔自由，如同一个鸟放在林子里面的；“教育即生活”，将教育和生活关在学校大门里，如同一个鸟关在笼子里的。

“生活即教育”，是承认一切非正式的东西都在教育范围以内，这是极有力量的。譬如与农民做朋友，是极好的教育，平常都被摈弃在课程以外。其他有效力的东西，也是如此。当然，生活中一部分是有目的的，就是有目的的教育；一部分是合理的，就是合理的教育。

“生活即教育”，是叫教育从书本的到人生的，从狭隘的到广阔的，从字面的到手脑相长的，从耳目的到身心全顾的。

* 本篇原载1930年2月1日《乡村教师》创刊号，署名“操震球问　陶知行答”。

# 社会即学校*

——答操震球问

问：为什么要主张“社会即学校”，反对“学校即社会”？

答：我们主张“社会即学校”，是因为在“学校即社会”的主张下，学校里面的东西太少，不如反过来主张“社会即学校”，教育的材料，教育的方法，教育的工具，教育的环境，都可以大大增加，学生、先生也可以更多起来。因为在这样办法下，不论校内校外的人，都可以做师生的。“学校即社会”，一切都减少，校外有经验的农夫，就没有人愿去领教；校内有价值的活动，外人也不得受益。

问：如上所言，坏的社会也可以做学校吗？

答：坏的社会，我们也要认识，也要有所准备，才能生出抵抗力，否则一入社会，便现出手慌足乱的情状来。

* 本篇原载1930年2月1日《乡村教师》创刊号，署名“操震球问　陶知行答”。

# 实施义务教育初步计划*

## 一 目标

本计划之目标，在使全国学龄儿童得受初级小学四年之教育。但对于农村或城市中贫寒儿童，得酌量变通（注一）或缩短（注二）其在校期间，而以补习学校（注三）或“自修制度”（注四）补足其应受之义务教育。

## 二 期限

拟于五年之内完成全国训练师资之机关；并于同时期内开办城市及乡村义务教育实验区各一千五百处（注五），俾全国各重要县分，对于义务教育皆得开始作小规模之试验。以后逐年推广，至第二十年之末，全国一律实施四年之义务教育。

## 三 目前亟需解决之问题

第一，如何使全国学龄儿童一律入学？

---

* 本篇原载1930年2月15日、22日《乡村教师》第3、第4期，原无署名。陶行知在《普及教育运动小史》中说：“民国十九年春天，我曾一度草成一个二十年内成的普及教育计划。这计划曾由教育部提出，全国教育会议通过。”1929年6月国民党第三届中央执行委员会第二次会议通过振刷政治决议案，由中央政治会议决定成立教育方案编制委员会。教育部遂聘陶行知等15人为委员，陶为7名常委之一。陶还担任义务教育组主任，负责方案起草工作。这个“初步计划”是全国教育方案的组成部分，当提交第二次全国教育会讨论时，陶行知因被通缉，未能参加会议。

实施四年之义务教育，依人口十分之一比例计算，应有学龄儿童四千三百万（注六），除去业已入学者不计外（注七），尚有三千七百万人未得受教育之机会。加以二十年内，人口自然增加，学龄儿童至少须增三百万，合计之则为四千万。此四千万学龄儿童，依市乡人口分配，城市约占百分之十五，乡间约占百分之八十五。当前之第一问题，即如何使此四千万儿童全体入学？

第二，所需教师如何养成？

每一教师担任教育学生四十人（注八），则全国须增教师一百万人。然而教师不能人人皆在小学终身服务。假定每五年更换五分之一，则二十年内将换去教师十分之八。在开办之初，教师人数太少，不能不延长服务年限，使更换之数减少一半，即此一百万教师中，二十年内换去四十万人。故二十年内必须造成教师一百四十万人，始能敷用。目前亟须解决之第二问题，即如何于二十年内养成教师一百四十万人？

第三，所需校舍及教室中之设备如何增置？

每一教室容纳四十人（注九），则全国须增教室一百万间、添置教室设备一百万套。有人建议，学校采用葛雷制（Gary System）[①]，每教室容纳学生两班，则教室可以减少。但按诸实际，葛雷制只能于工商发达、人口集中之都市内行之。若在人烟寥落、交通不便之乡市内行之，则每班学生人数减少，不但不能节省教室，且需增加教员，殊不经济。今城市中学童人数，仅占全体百分之十五。即令城市中学校一律采用葛雷制，亦只能减少教室百分之七左右。而葛雷制实行以后，学校教室不复能用以开办成人补习教育，更难希望其成为社会改革之中心（Social Center）[②]，故得不偿失。是以本计划仍拟增加教室一百万间。但如何筹集巨款，建筑此多数之教室，并添置其中必需之设备，实为目前急须解答之第三问题。

第四，所需经费如何筹措？

每一儿童入学，公家至少每年担任经费七元（注十），欲使四千万儿童入学，每年须增经费二万万八千万元，而建筑教室、培养师资所需之款尚不在内（注十一）。此大宗之经费，如何筹措，中央与地方对于义务教育经费之担负如何分配，是为目前应行解答之最重要之问题。

### 四　培养师资及使儿童分期入学办法

第一，实施义务教育，所需培养之一百四十万教师中，百分之十五在城市小学服务，约须二十万人左右，由都市中现有之师范学校及高中师范科负责训练之。其余百分之八十五，皆须服务于乡村小学，约计一百二十万人左右，由各县所设县立师范负责训练之。

第二，都市师范学校之师资，由现有之师范大学或各大学教育学院，及大学内与训练师资有关系之学院及专修科负责训练之。

第三，县立乡村师范学校之师资，由省立乡村师范学院及乡村师范专修科（以下略称专修科）负责训练之。

第四，省立乡村师范学院及专修科之师资，由国立义务教育学院负责培养之。

第五，县立乡村师范学校大县单独设立，小县联合设立。全国共设一千五百所，于五年之内完全成立。所需之乡村小学师资一百二十万人，由此一千五百所师范学校分头训练，平均每所必须养成教师八百人。自第六年起，每校每年应有毕业生五十三人。此项师范学校招收高小毕业生，加以三年训练（此为最低限度，参看第十一条）。此三年之内中途退学者必多，大约须有学生一百二十人，方能产生毕业生五十三人充当乡小教师。目前过渡办法，应招收私塾教师加以训练，以应急需。每年平均须有二百人，由县立乡村师范学校负责办理。

第六，每一县立乡村师范，平时训练学生一百二十人，至少须有教师十人。一千五百所师范学校，共须教师一万五千人。此一万五千人中，每五年更换五分之一，则十五年内须更换十分之六。但最初设校不多，更换之教员亦必减少，故十五年内实际约须换去教员十分之四。故为补充此更换之教员计，须加造师资六千人。两共须有二万一千人，始能使各县立师范之师资不致感觉缺乏。

第七，培养此二万一千人，须在各省特设乡村师范学校及专修科二十七所。每所平均必须培养七百七十七人。内中之一万五千人须于第四年年底以前培养成功，俾各处县立师范均能于第五年之始，完全成立。从第二年起至第四年止，每年须培养五千人。二十七省，每省每年平均须养成一百八十人，三年共五百四十人。

第八，省立乡村师范学院及专修科所需之教师五百四十人，由国立义务教育学院分两年养成之。每年培养二百七十人。以后每年须继续培养一百人，以补缺额，并提高研究之程度。

第九，国立义务教育学院及实验区，于第一年之始设立。该院专收大学毕业生，予以一年之训练，分发各省充当乡村师范学院及乡村师范专修科教师，亦得充当各省义务教育行政人员。中央义务教育实验区应分两处，一在城市，一在乡间，供该院学生之实地试验，并为推行全国义务教育之基础。

第十，各省特设之乡村师范学院及乡村师范专修科并省立义教实验区，于第二年之始开办之。该学院招收大学二年级已经修了之学生，使受两期之训练。第一期在校求学一年，即派赴各乡村师范学校充当教员。服务二年之后，再回校肄业一年，授予学士学位，准其充当乡师校长、教员及教育行政人员。乡村师范专修科附设于省立乡村师范学院之内，招收高中毕业生，予以一年之训练，给予修学证书，派充各中心小学教职员、各乡教育委员，或乡村师范助教。此后每年暑假必须入学研究，修满三暑假后，即可授予乡村师范专修科毕业文凭。

各省义务教育实验区亦应分为城市及乡村两处，以供学生实习并为推行全省之基础。

第十一，县或县联合设立之乡村师范学校，分为三期开办。第三年、第四年、第五年之始，各成立三分之一。即自第三年起至第五年止，全国每年添设县立师范学校五百所，城市及乡村义务教育实验区各五百处。

县立乡村师范招收初中毕业生，修学二年之后，派充乡村小学教员。以后每年暑假必须入学，修满两年之后，给予乡师毕业文凭，准其充当中心学校正教员，及各乡教育行政人员。乡村师范亦得招收高小毕业生之年龄在十五岁以上者，修学三年之后，派赴各乡村小学充当助教。服务两年并修满两暑期学校后，再回校肄业一年，然后重出服务，充当乡小教师；再过二年，并修学两暑假，得授予正式师范学校或高中师范科毕业文凭及中心小学教师执照。

第十二，第五年年底义务教育师资培养机关及各省市乡义教实验区普遍设立。自第六年起，合现有省立师范学校及新设之县立乡村师范学校，每年造就师资九万人。其中减去退职教师一万五千人，每年净增教师七万五千人。增设小学七万五千班，教育儿童三百万。至第十八年，全国小学已可普遍设立。至第二十年，全国可以实施四年之义务教育矣。

第十三，于开办各级师资训练机关之外，更须举办下列各事：

甲、登记全省各师范学校及各师范讲习所毕业生，劝其分赴各小学服务。凡未有工作之师范毕业生，一律由教育厅分发各县，充当小学教员。

乙、励行《师范毕业生服务规程》。凡曾受师范教育者，必须在小学校服务三四年。

丙、凡非正式师范学校毕业之教员，一律重加检定。取其学识经验合格者，分别聘用，以补师资之不足。并规定教员暑假修学办法，切实执行，俾其学识时有进步。

丁、凡检定不合格之小学教员，分别送入县立乡村师范学校，使受一年二年之师范教育，俾成合格之教师。

戊、考试私塾塾师。凡及格者准其暂充乡村小学教师，并使于暑假中补受师范教育。其考试不及格之私塾塾师，则劝其入县立乡村师范学校，受二年以上之师范教育。

## 五　增加教室之办法

实施义务教育全国须增教室一百万间。全国一千九百十五县，平均每县须增教室五百余间，目前财政困难，地方上恐无力建此多数之教室，故不得不采用下列各种办法：

甲、利用全国人民家庙。中国人富于家属观念，每一家族恒有一家庙（或称祠堂）。公家可借用家庙之一部分开办学校，同时担负修理该家庙之责任，彼此互有利益，或为人民所乐从。

乙、利用学宫书院及其他公共场所。此事各地多已实行。以学宫书院等办学校，应无反对者。

丙、利用一切庙宇寺观。一切庙宇，皆应以其一部分，作为公家办学之用。此与收没庙产不同，且较僧道自办学校流弊为少。

丁、奖励私人捐助房屋或捐资建筑校舍。富人所建别墅往往终年关闭，只供二三看守者之利用。倘能捐助或借出一部分开办学校，于地方极有裨益。公家应劝导提倡，并予以相当之奖励。至于捐资建筑校舍，议奖尤应从优。

戊、由公家筹建一种极经济而能耐久之校舍，并订定一种简单而适用之设备标准，供各地方之采用。凡中央及国库所拨之补助费，应以其一部分，作为建筑校舍之用。

约略估计，用旧式房屋改建一教室，至少需款二百元。每教室内所需各种设备，亦需三百元左右。故每开一班，共需开办费五百元。

## 六　筹措义务教育经费办法

公家理财，应量出为入。兹特拟就今后二十年内义务教育经费支出预算如下页表：

现在财政困难，欲筹巨额之义务教育经费，殊非易易。为目前计，宜以俄国退还之庚款[③]余额九千七百六十七万余元作为担保，发行公债五千万元。其中以二千万元作为各国立大学之经费，其余三千万元，全数拨作中央补助义务教育经费。此款应先存入国家银行，分三年拨发，第一年二百万元，第二年一千一百万元，第三年一千七百万元。第三年并颁于盐税项下拨助二千万元，关税项下拨助一千万元，以凑足四千六百余万元之数。自第四年起，中央补助义务教育经费应完全由盐税项下拨付，不足之数，则由省及市、县分筹。

查民国十一年时，我国所收盐税，每年已达一万万元以上。若加整顿，所收尚不止此数。盖全国食盐消耗额，照专家估计，每年至少可达四千五百万担（且有谓可达六千万担者）。按照民国七年所定税率，每担应纳盐税四元。故每年所收盐税，至少应有一万八千万元。现在盐政积弊甚深，食盐每担在内地有征银十元以上者，而私盐漏税者数量亦复不少。将来若能取消引岸，就场征税，根本撤销一切积弊，每担一律纳洋五元，则每年可收盐税二万二千五百万元（若依食盐六千万担计算，则达三万万元）。倘能将新增之一万二千五百万全数拨作义教经费，则中央可任义教经常费全部百分之四十五左右，省与县、市之担负更可减轻矣。食盐为人人必需之品，故盐税之担负实普及于全国人民。教育亦为人人应享之权利，故义务教育之实施，亦必须普及于全国人民。以全国人民普遍担负之盐税，办全国人民享受之义务教育，其理亦当。现在财政当局尚未将省税及市、县地方税划分清楚，故省与县、市分担义教经费之办法，此处难作精密之讨论。兹姑定为自第四年起，义务教育经费由中央担任百分之四十五，省担任百分之十，地方担任百分之四十五。并应竭力鼓励私人兴

### 二十年全国实现四年义务教育支出预算表

| 时间 | 事业 | 预算 开办费 | 预算 经常费 | 预算 总计 | 附注 |
|---|---|---|---|---|---|
| 第一年 | 国立义务教育学院 | 100万元 | 20万元 | 127.8万元 | 中央义务教育试验区以一百教师普及四千儿童为标准，每班开办费五百元，每生费用七元。 |
| | 中央义务教育试验区 | 5万元 | 2.8万元 | | |
| 第二年 | 继续第一年事业 | | 22.8万元 | 1156.8万元 | 乡村师范学院及专修科每所开办费二十万，经常费十万。<br>省市义务教育试验区每班开办费及每生费用与上项同。 |
| | 省特市乡村师范学院及专修科三十所 | 600万元 | 300万元 | | |
| | 省立义务教育试验区六十处 | 150万元 | 89 万元 | | |
| 第三年 | 继续第一、二年事业 | | 406.8万元 | 4616.8万元 | 师范每所开办费四万，经常费二万，县义务教育试验区每班开办费及每生费与上项同。<br>私塾教师训练班每班开办费及经常费各二千元。 |
| | 县立乡村师范五百所 | 2000万元 | 1000万元 | | |
| | 县设义务教育试验区一千处 | 750万元 | 420万元 | | |
| | 县设私塾教师训练班五百班 | 20万元 | 20万元 | | |
| 第四年 | 继续第一、第二、第三年事业 | | 1846.8万元 | 6056.8万元 | |
| | 如第三年增设 | 2770万元 | 1440万元 | | |

续表 1

| 时间 | 事　业 | 预算 | | | 附　注 |
|---|---|---|---|---|---|
| | | 开办费 | 经常费 | 总　计 | |
| 第五年 | 继续第一、第二、第三年事业 | | 3286.8万元 | 7496.8万元 | |
| | （仍如第三年增设至此师范培养机关及试验区普及） | 2770万元 | 1440万元 | | |
| 第六年 | 继续第一至第五年事业之经常费 | | 4726.8万元 | 10576.8万元 | 义务教育学生每班开办费五百元，经常费二百八十元。 |
| | 养成75 000教师，增加75 000班学生 | 3750万元 | 2100万元 | | |
| 第七年 | 继续第一年至第六年事业之经常费 | | 6826.8万元 | 12676.8万元 | |
| | 养成75 000教师，增加75 000班学生 | 3750万元 | 2100万元 | | |
| 第八年 | 继续第一年至第七年事业之经常费 | | 8926.8万元 | 14776.8万元 | |
| | 自本年后每年养成教师75 000，增加75 000班 | 3750万元 | 2100万元 | | |
| 第二十年 | 全国四年义务教育实现经费 | | | 39976.8万元 | |

（**编者注：**原表是以元为单位）

学，以减轻地方之担负。至地方所任义务经费，可由下列各税源中筹措之：

甲、田赋附税。江苏等省业已举办亩捐，收数亦甚可观；但为防止滥征起见，附税数目应有限制。最好附税之数不致超过正税十分之三；唯以前定案业已多于十分之三者，可仍其旧。

乙、土地税。将来平均地权④见诸实行，政府本可按照法令增收地税。且土地登记之后，地价若增，所增数目，应归公家，即可全数拨作义务教育经费。

丙、契税附加。河南、江苏等省业已试行，但附加之数不可超过契税百分之四。

丁、房捐。亦应以其一部分作为义务教育经费。

戊、屠宰税。各县所征屠宰税亦应截留百分之四十左右以作义务教育经费。

己、营业税。亦应提出一部分作为义务教育经常费。

庚、遗产税附加。遗产税虽有归中央征收之议，但地方亦可酌量征收附税，以作义教经费。

（注一）所谓“变通在学期间”乃指放麦假、办半日学校等而言。

（注二）当国库空虚，师资缺乏，乡间农民复须儿童帮助工作之时，欲使全国学龄儿童一律入学四年，毫无间断，事实上恐难办到。故拟定一种变通办法，凡应受义务教育之儿童，得依其家庭境况，任择下列五种入学方式之一。

甲、入正式小学四年。

乙、入正式小学三年，以后改入补习学校，每晚修学二小时。俟修满二年，即可认为初小毕业。

丙、入正式小学二年，以后转入补习学校，每晚修学二小时，修满四年，亦得认为初小毕业。

丁、入正式小学一年，以后入补习学校，每晚修学二小时，修满六年，亦得认为初小毕业。

戊、凡入正式小学，一年之内不能毫无间断者，可以每年入学半年。两年之后，再入补习学校，完成其初小教育。

总之正式小学一年，等于补习教育二年；正式小学半年，等于补习教育一年。凡不能继续入正式小学者得入补习学校，补足其应受之教育。但学龄儿童至少须入正式小学一年，或继续在校，或分为两个半年入学，均无不可。

（注三）此补习学校，系为不能入正式小学之儿童而设，所授课程之内容与初级小学相同。唯将一年之功课分作两年教授。除每晚上课两小时外，须指定功课令学生在家自修，以补教室作业之不足。

（注四）所谓“自修制度”，即将应习课程，令儿童在家自修，由学校加以考试，如能及格则免除其入学义务之一部分。

（注五）现在全国共有一九一五县。每县设立城市及乡村义务教育实验区各一处，则全国应有上述两项实验区各一千九百十五处。但贫瘠县份，得联络二县以上合设实验区一二所，故本计划中仅规定于五年之内，全国设立城市及乡村义务教育实验区各一千五百处。

（注六）前大学院曾于民国十七年制就调查表格，通令各省、市教育行政机关详查学龄儿童人数。原限于十七年年底呈报。无如北伐初告成功，军事结束未久，各省对于学龄儿童之调查，延未举行。截至十八年九月为止，只有南京特别市一处，已将学龄儿童确数报部，其余各省、市均无确实报告。故目前欲知全国学龄儿童人数，只能根据全国人口约数，加以估计。在欧美各国，大约每六人中有一学龄儿童，但中国儿童之“学龄年期”，暂定为六岁至十二岁期间，实较欧美为短。而义务教育又暂以“使全国学龄儿童得受初小四年之教育”为目标，故人数更可减少。兹暂假定为每十人中，有应受义务教育之学龄儿童一人。

各省、市调查户口之工作，尚未完成，全国人口，究有几何，未有详确之报告。据民国四年前北京国务院统计局估计，全国人口为三七七，六七三，四二四。民国十四年邮务管理局估计，全国人口为四三六，〇九四，九五三。民国十七年，海关估计全国人口为四四八，二三一，〇〇〇。兹参考各种地志，觉上述邮务管理局所估计之数，较为近似。

若依四万万三千六百余万人口推算，则全国学龄儿童共有四千三百六十万余人。尚有三千七百十九万余人，未得受初等教育之机会。如欲实施义务教育，即须使此三千七百余万学龄儿童入学。

（注七）照民国十三年以前统计，全国学龄儿童已入学者，有六百四十余万人。现在入学人数或已增加，但尚未有详确之统计。

（注八）兹据调查所得，将民国十三年以前各省小学教员，每名所教学生人数，列表于下：

**全国小学教员平均每名所教学生数一览表**

| 省别 | 初级小学 | 高级小学 | 初等职业学校 | 平均数 |
|---|---|---|---|---|
| 北平（旧京兆区） | 二五.五〇 | 三八.四〇 | 八.六〇 | 二四.二〇 |
| 河北 | 二八.二〇 | 二三.〇〇 | 七.三〇 | 一九.四〇 |
| 辽宁 | 三四.〇〇 | 二三.五〇 | 一三.五〇 | 二三.七〇 |
| 吉林 | 三六.七〇 | 二一.五〇 | | 二九.一〇 |
| 黑龙江 | 二九.五〇 | 一八.五〇 | 一三.六〇 | 二〇.五〇 |
| 山东 | 二九.二〇 | 一九.二〇 | 一〇.五〇 | 一九.六〇 |
| 河南 | 二六.〇〇 | 一八.八〇 | 九.八〇 | 一八.一〇 |
| 山西 | 三〇.八〇 | 二〇.二〇 | 一〇.一〇 | 一〇.四〇 |
| 江苏 | 二四.四〇 | 一二.六〇 | 七.七〇 | 一四.九〇 |
| 安徽 | 一八.一〇 | 一二.九〇 | 八.六〇 | 一三.二〇 |
| 江西 | 二二.八〇 | 一三.五〇 | 六.〇〇 | 一四.一〇 |
| 福建 | 一七.九〇 | 八.四〇 | 六.二〇 | 一〇.八〇 |

| | | | | |
|---|---|---|---|---|
| 浙江 | 二二.八〇 | 九.九〇 | 八.一〇 | 一三.六〇 |
| 湖北 | 一九.三〇 | 一五.四〇 | 六.一〇 | 一三.六〇 |
| 湖南 | 二一.八〇 | 一四.七〇 | 四.九〇 | 一三.八〇 |
| 陕西 | 二三.一〇 | 二一.五〇 | 七.二〇 | 一七.二〇 |
| 甘肃 | 四二.〇〇 | 一六.七〇 | 一一.九〇 | 二三.五〇 |
| 新疆 | 二六.七〇 | 一六.七〇 | | 一四.五〇 |
| 四川 | 二六.四〇 | 一二.三〇 | 三.五〇 | 一四.七〇 |
| 广东 | 二二.八〇 | 一三.九〇 | 七.二〇 | 一四.六〇 |
| 广西 | 二三.九〇 | 一六.一〇 | | 二〇.〇〇 |
| 云南 | 二七.七〇 | 二一.九〇 | 六.二〇 | 一八.六〇 |
| 贵州 | 一八.二〇 | 一二.五〇 | 五.〇〇 | 一一.七〇 |
| 热河 | 二二.五〇 | 一五.八〇 | | 一八.一〇 |
| 绥远 | 二四.五〇 | 一八.五〇 | | 二一.五〇 |
| 察哈尔 | 五一.四〇 | 四四.七〇 | | 四八.五〇 |
| 总平均 | 二六.一〇 | 一八.五〇 | 八.一〇 | 一七.六〇 |

根据上表则初小教员每人平均可教学生二十六名左右。今就教员管教能力限度计算，每一教师至多可教初小学生四十名。则使四千万儿童入学必须增加教员一百万余人。假定二十年中有教员四十万人退职，则非造就师资一百四十万人不可。据中华教育改进社民国十四年统计，全国共有师范学校一百九十五所，每年毕业生总计不满一万人。又师范讲习所及专修科一百〇六所，总计每年毕业生至多亦不过五千人左右。欲于二十年内养成一百四十余万小学教师，诚非别开门径不可。

（注九）根据民国十三年以前各省教育统计，城市小学与乡村小学平均计算，每一初级小学所容学生人数如下表：

**各省初级小学校每校学生平均数**

| 省名 | 人数 | 省名 | 人数 |
|---|---|---|---|
| 北平及旧京兆区 | 三〇.〇〇 | 河北 | 三〇.二〇 |

| | | | |
|---|---|---|---|
| 辽宁 | 四〇.二〇 | 吉林 | 四八.四〇 |
| 黑龙江 | 一三.六〇 | 山东 | 三二.四〇 |
| 河南 | 三〇.三〇 | 山西 | 三六.一〇 |
| 江苏 | 五一.一〇 | 安徽 | 三四.一〇 |
| 江西 | 四六.三八 | 福建 | 五一.八〇 |
| 浙江 | 四二.二〇 | 湖北 | 三七.九五 |
| 湖南 | 三〇.九〇 | 陕西 | 二八.二〇 |
| 甘肃 | 四六.四〇 | 新疆 | 三六.五〇 |
| 四川 | 三一.九〇 | 广东 | 四三.〇〇 |
| 广西 | 三四.〇〇 | 云南 | 三二.八〇 |
| 贵州 | 三五.二〇 | 热河 | 二四.六〇 |
| 绥远 | 二六.七〇 | 察哈尔 | 五五.六〇 |
| 总平均 | 三六.五九 | | |

照上所列，每一校舍仅容学生三十六七人。如欲实施义务教育，则每校容纳学生之数，非尽量增加不可。兹姑假定每一教室平均容纳学生四十人，则使三千七百十九万儿童入学，至少须增加教室一百万间。

（注十）民国十三年以前，全国小学学生每名每岁公家所担经费一览表：

| 省别 | 初级小学 | 高级小学 | 初等职业学校 | 平均数 |
|---|---|---|---|---|
| 北平及旧京兆区 | 五.二四 | 一三.二七 | 三五.七九 | 一八.一〇 |
| 河北 | 三.四三 | 二三.〇五 | 三九.五〇 | 二一.九九 |
| 辽宁 | 三三.五三 | 一六.〇八 | 三一.八五 | 一七.八二 |
| 吉林 | 一一.三八 | 三一.〇六 | | 二一.二二 |
| 黑龙江 | 六.九七 | 二一.五七 | 三七.一六 | 二五.二三 |
| 山东 | 二.三七 | 一三.五一 | 二八.〇一 | 一四.六三 |
| 河南 | 一.九八 | 一四.四四 | 二〇.一三 | 一二.一八 |
| 山西 | 二.一五 | 一一.九七 | 一〇.六二 | 八.二五 |

| | | | | |
|---|---|---|---|---|
| 江苏 | 六.四〇 | 二六.〇〇 | 四六.三四 | 二六.二五 |
| 安徽 | 五.〇九 | 二〇.四九 | 一八.二一 | 一四.六〇 |
| 江西 | 三.四四 | 一七.五七 | 四六.三八 | 二二.四六 |
| 福建 | 六.二九 | 一九.三七 | 二三.一九 | 一六.二八 |
| 浙江 | 三.五八 | 一六.三七 | 三八.二〇 | 一九.二〇 |
| 湖北 | 二.三五 | 一七.三六 | 三七.九五 | 一九.二二 |
| 湖南 | 四.七一 | 一五.〇六 | 三七.二八 | 一九.〇一 |
| 陕西 | 二.二二 | 一七.二〇 | 二八.八一 | 一六.〇八 |
| 甘肃 | 一.四六 | 九.〇三 | 二五.一〇 | 一五.二〇 |
| 新疆 | 二一.一四 | 三五.六九 | | 二八.四二 |
| 四川 | 二.三二 | 一六.一七 | 四八.〇一 | 二二.一七 |
| 广东 | 五.五九 | 二〇.三〇 | 二六.一八 | 一七.三〇 |
| 广西 | 三.五八 | 一四.五五 | | 九.七〇 |
| 云南 | 三.一一 | 一〇.二一 | 一三.〇一 | 八.七八 |
| 贵州 | 三.七三 | 一〇.六九 | 三三.三三 | 一五.九一 |
| 热河 | 七.一六 | 三二.九一 | | 二〇.〇四 |
| 绥远 | 四.八〇 | 二四.七四 | | 一四.七七 |
| 察哈尔 | 四.三四 | 二七.八三 | | 一六.〇九 |
| 总平均 | 五.〇二 | 一九.四八 | 三一.二五 | 一八.五八 |

根据上表，初小学生每名每年须由公家担任经费五元余，高小学生每名每年十九元余，初等职业学校每名每年三十一元余。今义务教育暂定为四年，故经费只须照初小计算。民国十三年以前，初小学生每人每年仅由公家担任经费五元已足。但各省、市自归国民政府统治以后，小学教员之待遇大率提高，小学之设备亦较前改善，故公费需要额因之增加。照目前实况，初小学生每人每年至少须由公家担任经费七元。若使四千万儿童一律得入初等小学，则每年公家非增加义务教育经费二万八千万元不可。此种巨款如何筹措，实为编制义务教育方案时最重大之一问题。

（注十一）现时财政困难，新添之教室，恐难自行建筑，只好借用民房，加以修理，使其中光线空气均合于教室之用。大约每增一新班，约须开办费五百元（房屋修理费、校具购置费及其他行政费用，一并包括在内）。倘培养教师一人，公家须担负经费二百元，则养成教师一百万人，须款二万万元。实际上，恐尚不止此数也。其详细预算，文中另行开列。

## 注释

① 葛雷制　美国渥德（William Albert Wirt，1874—1938）于1908年在葛雷市所创的一种教学制度。特点是减少各学科教学时间，增加游戏和劳作等活动，尽量利用学校设备，并废除寒暑假，星期日也不休息。葛雷学校用二重编制法教学，将全校学生分为两部分，一部分在教室上课，另一部分则分在图书馆、体育场、工厂，商店和公共食堂等场所进行各项活动，上下午对调。

② Social Center　即社会中心之意。

③ 庚款　庚子赔款的简称。

④ 平均地权　孙中山三民主义之民生主义的纲领之一，是孙中山所主张的解决中国土地问题的方针。

## 附：实施义务教育初步计划提要

（一）目标

一、使全国学龄儿童（失学的四千万人）都受四年的义务教育。

二、贫寒儿童得变通或缩短在学期间，以补习教育或自修制度，补足其应受的义务教育（办法详原计划附注）。

（二）期限

一、在五年内完成全国师资训练机关，同时开办城市及乡村义务教育实验区各一千五百处。

二、以后逐渐推广，到二十年末，全国实施四年的义务教育。

（三）目前问题

一、如何使全国四千万失学儿童于二十年内全体入学。

二、如何在二十年内增加一百四十万教员。

三、如何增加教室一百万间，教室设备一百万套。

四、怎样筹措每年二亿八千万元的经费（建筑教室和培养师资的经费还在外）。

（四）培养师资及使儿童分期入学办法

一、城市小学教师约须二十万人左右，由都市里现在的中等师资机关负责训练。乡小教师约一百二十万左右，由全国各县于五年设立乡村师范共一千五百所，负责训练。平均每所养成八百人。第六年起，每校每年平均应有毕业生五十三人。

二、都市师范学校师资由现有师范大学或各大学教育学院等负责训练。

三、全国县立乡村师范学校师资共需二万一千人，由各省设立乡村师范学校及师范专科共二十七所负责训练，从第二年起到第四年止，每省每所须养成一百八十人。

四、省立乡村师范学校及专科师资，需五百四十人，由国立义务教育学院分两年负责养成，每年培养二百七十人；后每年继续培养一百人，以补缺额。

五、国立义教学校及实验区。第一年就开始设立实验区两处，一城、一乡，供学生实验，并作推行全国义教基础。

六、省立乡村师范学校、乡师专科及省义教实验区，应在第二年开始时开办，也应分城乡两实验区。

七、县乡师分三期开办。第三年、第四年、第五年各成立三分之一。从第一年起到第五年止，全国每年添设县师五百所，城市及乡村实验区各五百处。

（附注：上三项师范生程度，详筹设各级各种师资训练机关计划提要。）

八、从第六年起，每年净增教师七万五千人，可以增小学七万五千所，教儿童三百万人。到第十八年，全国小学普遍设立，第二十年义教完全实施。

九、除训练师资外，更办下列各事：甲，登记全省师范毕业生，令充小学教员；乙，厉行《师范毕业生服务规程》，必令服务二年到五年。丙，检定非正式师范毕业的小学教员：丁，训练不合格的教员一年或二年；戊，考试塾师，及格的准充小学教员，不及格的使入县师补习二年。

（五）增加教室办法

一、利用全国人民家庙。

二、利用学宫、书院及公共场所。

三、利用一切庙宇寺观。

四、奖励私人捐屋或捐款兴筑校舍。

五、由公家筹建极经济而又耐久的校舍。

（六）经费预算

一、二十年总支正额为三，九六六，四三〇，〇〇〇元（细目计划）。

二、中央、省、市、县分担教育经费。假定第二年中央与各省各半，从第三年起，中央任百分之四十五。

三、鼓励私人兴学，以减轻地方担负。

（原载《第二次全国教育会议始末记》，
1930年上海江东书局出版）

# 实施成年补习教育初步计划*

本计划的目标，在使全国青年及成年失学的民众，得受一种补习性质的短期学校教育。这种补习教育很为重要，但在我国学制系统上没有占一定的地位，为便利起见，简称为“成年补习教育”。成年补习教育，本兼含公民识字训练及职业训练两种。本计划系初步计划，拟在训政①的六年内，尽先完成公民识字训练的重大工作。至于职业训练，可以参照《全国教育方案》中《中等教育及社会教育方案》内关于职业教育部分。今将计划拟具如次：

## 一　原则

（甲）公民识字训练，应用最少金钱最短时间，使一般民众有识字，读书及运用四权②的能力。

（乙）公民识字训练，先从集团人民办起，逐渐推广到散居人民；先从富庶地方办起，逐渐推广到贫瘠地方；除天灾及有特别情形区域外，不得延缓。

（丙）受公民识字训练者之年龄，应自满十二岁起至五十岁止。

---

* 本篇原载1930年4月5日《乡村教师》第10期。此计划曾经陶行知担任常委的全国教育方案编制委员会通过，是全国教育方案的一个组成部分，并提交第二次全国教育会议讨论。讨论时将方案编成提要。见本文附录。

（丁）公民识字训练，不但不识字者须负学习义务，即识字者也须负教人的义务。

（戊）公民识字训练之施行，应行最严密之考核。

（己）公民识字训练，既立基础之后，应予以继续长进的机会。

## 二　目前急切问题

（甲）应如何使全国失学民众入学？全国不识字的民众约占全人口百分之八十〔注一〕，全国人口假定估计为四三六，〇九四，九五三人，那末根据种种关系，加以特殊原因〔注二〕，可以把既识字、不识字与应受补习教育者数目，分析如下表：

（子）既识字者约百分之二十，共计八七，二一八，九九〇人。

（丑）不识字者约百分之八十，共计三四八，八七五，九六二人。

1. 五十岁以上者约百分之十三.三三，共计五八，一三一，四五七人。

2. 学龄儿童约百分之十，共计四三，六〇九，四九五人。

3. 六岁以下之孩童约百分之十，共计四三，六〇九，四九五人。

4. 盲聋哑等残废及有精神病或神经病者约百分之〇.二五，共计一，〇九〇，二三七人。

5. 应受补习教育者约百分之四八.四二，共计二〇二，四三五，二七七人。

根据此表，将识字与不识字民众分析如下。

观上表，晓得应受成年补习教育的人数，为二万万零二百余万人，几占我国民众全数之半。这是我们成年补习教育的对象之总数。应该怎样使此种不识字的民众，能识字、能读书、能看报、能算数，那便是首先应该筹议的。

（乙）所需师资应如何养成？办理成年补习教育，应该与实施义务教育同时并进，才有种种利用的机会，就是师资能借助的也不少。不过在义务教育没有完全普及以前，每年有不少失学的学龄儿童，因年龄增长而暗中加入青年失学数量以内。所以在推行义务教育的进行中，即使凡是小学都兼作成年补习教育的机关，凡是小学教员都兼作成年补习的教员，也至多只能抵销每年增加的数量。这二万万零二百四十多万的失学者，要另找师资，才能有解决办法。假定二万万零二百四十多万失学者，分作六年完成公民识字训练，平均每年须训练三千三百七十四万人。每人受训练四个月，一年内可分三期训练，每次平均约一千一百二十四万人。每一教员轮教二班，每班平均以五十人计，即每一教员平均教一百人，约需教员十一万二千四百七十人。六年之内，教员须更换百分之十二（按照《义务教育计划》中估计，每年更换百分之二），共需教员约十三万五千人。此项巨额教师，应该怎样选择和怎样培植呢？

（丙）所需校舍及教室中设备如何？应受补习教育者，为二〇二，四三五，二七七人，照乙项估计，小学内所办成年补习教育，作为抵销每年增加的失学青年论，那末小学校舍教室，已日夜人满，不能再容。假定每教室容五十人，两班轮流使用，即每一百人需要一教室，教室数量恰与教员数十一万二千四百七十相等。大概单级民众补习学校，应用两间空气、光线适度，高低、小大适宜的房子，以一大间为教室，一小间为办事地点，这是无论如何不可少的。况且本部曾颁布《农业推广规程》〔注三〕，前大学院也曾通令各省、市利用固有机关、团体，与民众教育〔注四〕。将来势必把成年补习教育的校舍，成为社会改革的中心，那末，校舍一项自然也是一个问题。

（丁）所需经费如何筹措？据调查所得，养成一个民众学校毕业生，至少需费一元四角〔注五〕，依此，则二万万零二百余万人所需之成年补习教育经费，应为二万万八千三百四十余万元。师资养成的经费，尚不在内。如此巨额数目，自属筹措不易，这是不能不另行设计的。

### 三　失学成年人入学补习及培养师资办法

（甲）全国不识字而应受补习教育的人数，估计为二〇二，四三五，二七七人，识字者为八七，二一八，九九〇人，已如上述。只须每人教二人半，即可使之普及。所以对不识字者，应下强迫令，使之学习；对于识字者，应下动员令，使之教人识字。他们教人识字的义务，和当兵、纳税的义务同一重要。但是要把这二万万零二百余万个不识字人，都责成八千七百余万个识字人来平均分配去教导，事实上是不可能的。所以本计划是用班级制的公民识字学校，和非班级制的公民识字处来互相救济。

（乙）公民识字学校和公民识字处，是怎样的区别呢？家庭、小店铺及其他小规模组织的集团内之分子，如有不识字者，可由家内、铺内或本集团中之识字分子指导，不取班级上课形式，称为“公民识字处”，由附近小学校考核之。每处设处长一人，教员若干人，就附近小学校校长加聘。公民识字学校，设在军队、工厂、监狱及一切大机关，或有数十以上不识字者之地。其余不识字者，不入公民识字学校，则必须组织公民识字处。

（丙）公民识字学校的师资，由县立高级小学、县立师范、省立师范、高中师范科、军官学校及中等以上各校，附设班级，招收各本校全体学生，至少加以三星期之训练。并招收私塾教师，加以二个月之训练勉可适用。此项师资来源，约计如下〔注六〕：

（子）中等以上学校学生　二十二万

（丑）私塾教师至少　二十万

（寅）高级小学生　五十八万

上项小学教员不在内，理由见前第二节之（乙），其中（子）（寅）两项每年有二分之一或三分之一毕业出校，故虽有八十万人，实际每年只有五十万人可当成年补习的教员。私塾教师不能全用，择优秀者四分之一，约可得五万人。两共五十五万人，约当前面估计的教员需要数十三万五千的四倍，尽够轮替。更有下项公民识字的办法调剂补救，所以无论如何，总可敷用。

（丁）公民识字处教师，由自己家里、店里、机关里之识字分子充任，可分两种：

（子）小学生　七，〇〇〇，〇〇〇

（丑）识字成人　七三，〇〇〇，〇〇〇〔注七〕

上数的合计是八千万人。假定由这八千万个教师，各教二人，四个月计可教成一万万六千万人。识字处教师，由小学及私塾之改良者训练之，以二个月为期。如此办法，识字者怎么样教，应补习者便怎么样学，实不啻与不识字者同受公民训练。

（戊）教育部设中央公民识字指导员训练所，以首都公民识字运动为试验及训练中心，招收高中程度以上学生。每年分两期招生，每次招收八十至一百名，每半年毕业一次。毕业后陆续派赴各省长期指导，并负考核成绩的责任。如此，每半年每省得平均增加专任成年补习教育之责者三人，六年以后，每省可得三十余人，将来第二步计划进行时非常便利。

### 四　增加校舍设备的办法

实施公民识字训练所要的校舍，除公民识字处人数不多，较易筹划外，其公民识字学校，依上所述，每校至少需用房屋二间。除小学校兼用者以外，全国一千九百十五县，平均每县要五十八九所。在城市当然可以利用公共机关、慈善机关、中等以上学校。在乡村及小镇却不易设法。凉亭面积虽小，亦可利用。茶店虽有营业关系，亦可商借一二小时。万不得已，庙场的空地，在春秋晴天亦可设法利用。这是暂时的。一方面尽先在乡僻地方建筑小学校舍，把原来借作校舍的家庙、寺庙等让出，做为成年补习教育的场所。设备亦借原有的，若是空房，学生应自带坐具。此外并可奖励私人捐助房屋，或捐款建筑校舍，或由公家筹款建筑简单之民众教育馆或农民教育馆，兼办民众识字教育。

### 五　经费预算及其筹措方法

（甲）经费的预算。上述实施成年补习教育，其所需经费约为二万万八千三百四十余万元。此项数字，系从比例上预算得到的，究竟实需若干，不可不切实估计。兹根据本计划制定计算表如下：

实施公民识字训练经费预算表

| 科目 | 经费数 | 说明 |
|---|---|---|
| 第一款　实施公民识字训练经费 | 五六，五八七，四四〇 | 上列数目，是每年需要数。 |
| 第一项　印刷费 | 三，七〇六，一〇〇 | |
| 第一目　《千字课本》 | 一六八，七〇〇 | 假定每二人合用一本，每本三期轮用，二万万二百四十余万人约共需三千三百七十四万本。每本印费三分，共需一百另一万二千二百元。分六年，每年约需如上数。 |
| 第二目　《民众周刊》 | 二，七〇〇，〇〇〇 | 假定每三十人合用一份，约共需六百七十五万份，每份每期印费一分，每年四十期，计四角。共需如上数。 |
| 第三目　《识字国民证书》 | 三三七，四〇〇 | 每年训练三千三百七十四万人，每人一份，每份一分，合计如上数。 |
| 第四目　《爱国奖状》 | 五〇〇，〇〇〇 | 根据三节丁项，公民识字处教师有八千万人，假定内中每期有五分之一给奖，应预备奖状一千六百万张。每年三期计四千八百万张。兹以五千万张计，每张印费一分，共需如上数。 |
| 第二项　文具费 | 二，二五〇，〇〇〇 | 假定每份三班轮用，每年约需一千一百二十五万份，每份二角计，共约需上数。 |
| 第三项　教师薪水 | 三三，七四一，〇〇〇 | 依第二节乙项，公民识字学校教员数系十一万二千四百七十人，平均每人每年俸额三百元，共需如上数。 |

续表 1

| 科目 | 经费数 | 说明 |
|---|---|---|
| 第四项<br>中央公民识字指导员训练费 | 一五，〇〇〇 | |
| 第一目<br>经常费 | 一〇，〇〇〇 | 按三节戊项计划办理，每年每生平均训练费一百元，共需如上数。 |
| 第二目<br>开办费 | 五，〇〇〇 | 开办费共需三万元，六年内每年平均需如上数。 |
| 第五项<br>中央公民识字指导员薪水旅费 | 六六〇，〇〇〇 | 第一半年无。自第一年下半年起一百人，第二年起二百人，第二年下半年起三百人。照此递加，每人每月一百元，共计三百九十六万元。六年，每年平均如上数。 |
| 第六项<br>各县市训练识字教师经费 | 一，一四九，〇〇〇 | 全国共有一千九百十五县，以每县每年六百元计，合需如上数。 |
| 第七项<br>校舍经费 | 五，六二三，五〇〇 | 借用不必开支，唯照《义务教育计划》修理及开办设备费，约每所五百元。桌椅借用或由学生自备，需减少二百元，以三百元计，则十一万二千四百七十所共需洋三三，七四一，〇〇〇元。以六年平均分筹，每年需如上数。 |
| 第八项<br>维持费杂费 | 六，七四八，二〇〇 | 粉笔、灯火、茶水、办公用文具等，每校每月五元，每年需如上数。 |
| 第九项<br>预备费 | 二，六九四，六四〇 | 预备费照上列第一项至第八项总数百分之五计算，需如上数。 |

（乙）经费的筹措。上项预算是比较确实的数目（每年每生约需一元六角五分，连师资训练也在内，与前面估计之一元四角只出入百分之十六），但究应如何筹措呢？就性质说，既系充办理地方公民识字训练之用，似应由地方负担。但按照现在地方财

力情形，欲完全担负此费，事实上绝对不可能，自以由中央及地方分担为适宜。兹此照义务教育例，拟定分担标准如下：

中　央　担负全额百分之四十五。

省地方　担负全额百分之十。

县地方　担负全额百分之四十五。

依上述标准，得中央及地方所担负总额各如下：

中　央　每年应担负二五，四六四，三四八元。

省地方　每年应担负五，六五八，七四四元。

县地方　每年应担负二五，四六四，三四八元。

合　计　五六，五八七，四四〇元。

上项省地方应筹数，除蒙、藏、暨绥远、热河、察哈尔、宁夏、西康、青海等六省具有特别情形应另设计外，若由其余之江苏等二十二省分摊计算，每省每年平均约担负二十五万余元。又上项县地方应筹数，姑按全国现有县市数二千〔注八〕分摊，则每县每年平均应各筹一万二千五百余元。但各县人口、财力、环境等，俱各不同，那里能够一律呢？所以各县担负数目，又可假定如下表：

一等县　一万五千元—二万五千元。

二等县　五千元——万五千元。

三等县　五千元以下。

现在要问此款来源怎样呢？兹再将上述各级政府经费之来源，草拟如次：

（子）属于中央政府的：我国今日不欲举办公民识字训练，那就罢了。倘欲办这伟大的事业，以完成训政的工作，那么对于所需经费，就不可不抱最大之决心和毅力以筹措之。其来源如下：

（1）庚款　查庚子赔款，除已付数不计外，现欠数本利合计共为五亿多。依原定之三十九年分年摊还，从一九二二年起，到一九四〇年止（即民国十二年—民国二十九年），计十八年，每年应退还三千六百九十五万七千余两〔注九〕，就中拨出一部自能敷用〔注十〕。

（2）关税　据说关税增加后，每年收入数已由一万万二千万增至二万万元，这笔增收数，除提一部分抵充裁厘收入外，当可提出半数供教育费。在教育费中，除提一部分办理义务教育外，其余一部分当可敷政府按年补助地方办理公民识字训练所需经费。若此项亦难照行，则可举办下列之卷烟民教特税。

（3）卷烟民教特税　比年卷烟销数，增加无已，实属一种无聊销耗。但是能够吸食它的多属中人之家，多取不算为虐，并且符寓禁于征本旨。若政府严厉举办（指未办省区言）或加征（指已办各省区言），此区区每年二千五百余万元，不难筹到。

（丑）属于各省政府的：前述之每省每年负担二十五万元，系指平均数言，实则各省区大小贫富不同。若分别计算，则每年大省约需三十至四十万元，中省约需二十至三十万元，小省约需十万至二十万元。其来源如下：

（1）田赋附税。

（2）省公债以土地增价税收入作抵。

（3）其他。

因为数目不巨，故取给于上述三种，当易筹足。

（寅）属于县地方的：县政府在今后六年内，每年暂担负公民识字训练费五千元至二万五千元，已如上述。这项经费，可取给于下列各种：

（1）所得税。

（2）遗产税。

（3）孔庙财产之利息。

（4）逆产变价收入。

（5）已充公之庙产（限于淫祀）。

（6）土地增价税。

（7）境内官田、官地、官山变价招领费。

(8) 县公债。

(9) 其他。

以上各种若能切实举办，则县地方应负之费，亦可有着。

(卯) 其他　照上面所述的，系指交通便利、环境较良的江苏等省言。他若蒙、藏及绥、热等省情形特殊得很，财力尤虞不及，故所需的经费，以由政府完全负担为宜。其来源似可就卷烟民教特税项下，量予拨发。至此等地方之普及年限，亦宜量予延长，这是要附带声明的。

## 六　编辑公民识字教材办法

(甲) 教育部尽于短期内，编成《三民主义千字课》一部，俾常人能于四个月内，每天一小时修毕。

(乙) 前条所编课本，用混合编制法。附注音字母，藉以推行国语；其教材除注重三民主义外，兼及常识。

(丙) 教育部根据《三民主义千字课》第一本之字汇，及十分之二生字，编辑《民众周报》，俾修毕第一本千字课者，即能披阅。

(丁) 教育部根据《三民主义千字课》之字汇，及十分之二生字，编辑民众用丛书。

(戊) 以上出版物，准全国书坊翻印，俾易以廉价购买。

## 七　实施普及的手续

(甲) 组织专门负责的机关：各县、市于实行强迫前，应先组织公民识字训练委员会及分、支会并办事处等，为专门负责机关。其系统如下：

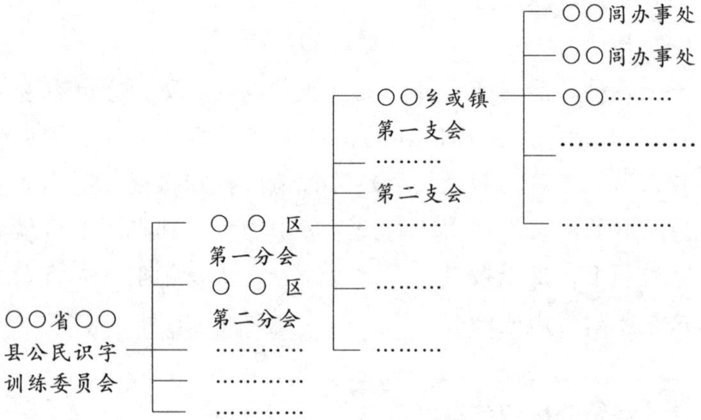


其系统即县设委员会，区设分会，乡镇各设支会，闾设办事处。每闾以最少一处为原则。至于各会、处组织，其委员人选如下表：

| 县委员会 | 区分会 | 乡或镇支会 | 闾办事处 |
|---|---|---|---|
| 县教育局长 | 区长 | 乡长或镇长 | 闾长 |
| 县长代表一人 | 本区教育会代表一人 | 本区教育会代表一人 | 由闾长延聘之本闾内识字公民二人 |
| 县党部代表一人 | 本区内党部代表一人 | 本区内各区分部合推之代表一人 | |
| 县教育局代表一人 | 由区长延聘之热心公民识字训练者二人 | 由乡长或镇长延聘之热心公民识字训练者二人 | |
| 由教育局延聘之热心公民识字训练者一人至三人 | | | |
| 合计五人至七人 | 合计五人 | 合计五人 | 合计三人 |

以上各会、处，除有特殊情形者外，均限于各该地方预定之实行强迫期前一律成立，并呈报省教育厅备案。其尚未实行区、乡、镇制者，暂以市乡董及村长负责。

（乙）分期调查　上项各机关成立后，即实施调查，调查之目标有二：

（子）本区内教师人数及姓名。

（丑）本区内不识字人姓名、住所及总数。

调查之实施暂按下列顺序：

（1）上项调查，从闾着手。由闾长尽该地方实行强迫期前两个半月，查明造册二份，一呈报本乡或镇支会，一存本闾。

（2）乡或镇支会须尽该地方实行强迫期前两个月，汇齐各闾呈报状况，造具简明总册二份，一呈报本区分会，一存本乡或镇。

（3）区分会须尽该地方实行强迫期前一个半月，汇齐所属各乡、镇呈报状况，造具简明总册二份，一呈报县委员会，一存本区。

（4）县委员会须尽县实行强迫期前一个月，汇齐所属各区呈报状况，造具简明总册二份，一呈报省教育厅，一存本会。

（丙）支配教者及被教者，并分别通知。

（子）届实行强迫期前一个月，各闾同时总动员。除被教者人数满五十人地方，堪以设校者应即设校外，其不便设校者，应即按教者一人被教者三人之标准，将教者及被教者姓名逐一支配，发出通知，并于本闾公告之。

（丑）教者不敷用时，得报请上级分会，请求调派合格之教师协助。

（寅）负有教人之义务者，倘确有特殊情形，经该机关主任或闾长之证明，得免除其义务。但须纳教人识字捐三元〔注十一〕，存闾办事处，为请人代教之费，否则绝不通融。

（卯）设本闾内教者过剩时，闾办事处应将多余之教师姓名及住所，造册呈报乡镇支会，以备调往教师不敷之他闾服务。

（辰）承领应用品分别支配。

## 八　预定的强迫时期及强迫后之考核

（甲）民国十九年七月一日下令，预告全国民众限二十五年十二月底以前，读毕《三民主义千字课》。九月一日下第二次预告令。

（乙）民国二十年一月一日起，首都市镇乡实行强迫。

（丙）民国二十一年一月一日起，各省省会市镇实行强迫。

（丁）民国二十三年一月一日起，一等县二等县市镇乡实行强迫。

（戊）民国二十五年一月一日起，三等县市镇乡实行强迫。

（己）民国二十五年十二月底，初步计划告一段落。

上项强迫期虽经分别规定，但各地方经费充裕、筹备容易者，得提前办理。其有特别情形（如灾匪区域），必须展期者，非经该省教育厅呈奉教育部核准，不得逾限。否则该主管长官，以渎职论。至实施强迫后，仍须严密考核，方能收效。其方法如次：

（子）自民国二十六年一月一日起，各机关、学校、团体、工厂、商店，一律不得雇用年在十八岁以上而不识字之人。

（丑）强迫令下后，应受公民识字训练者，如果确有特别事故，可向本闾办事处声请延期。经核准后，可发给延期证，交令收执。但有效期间，至多不得过四个月。

（寅）四个月学习期满后，须由教者报告闾办事处，呈报上级支分会，会同县教育局所派人员，实行考验。经及格后，给予被教者以识字国民证书；并给予教者以爱国奖状，同时解除其义务。

（卯）经过上项考验后，如被教者尚未及格，仍须由原教者负责补行教授，至考验及格为止。

（辰）在强迫期内，各地方进行状况，由县教育局派员随时抽查，并指导之。

（巳）强迫令下后一年，应由中央派员到省，省派员到县，县派员到区，区派员到乡镇、到闾、到邻抽验。达到百分之九十者，其负责及连带负责人，均记大功一次；达到百分之八十者，记功一次；不到百分之七十者，记过一次；不到百分之六十者，记大过一次；不到百分之五十者，免职。

〔注一〕 据中华平民教育促进会前数年的调查报告，笼统计算，全国民众至少有百分之八十是不识字的；识字的不过百分之二十。

〔注二〕 百分之八十不识字的，是指青年及成年民众。那么其中有六岁以下的孩童，应受幼稚园教育，及六岁以上十二岁以下的学龄儿童，应受义务教育，可不划在成年补习教育范围之内。又五十岁以上的老人，因智力体力的关系，不愿也不必再受定式的教育；其余患盲、哑、聋等残疾及有神经病或精神病者，应受特殊教育的，也一概可以除外。所以应受成年补习教育的，只有十二岁以上五十岁以下的普通青年及民众，这是可以断定的。但是五十岁以上的老人，十二岁以下学龄儿童，六岁以下孩童和患盲、哑、聋等残疾及有神经病或精神病的人，所占民众的成数，各有多少？又共有多少呢？因为我国没有确实的统计，不能确定其数目，只好凭比较可靠的估计去推测。大概五十岁以上的老年人数，约占百分之十三又三三强（查普通统计结果大多数数目，趋于中间，小数目散于两极端。今假定我国人寿，平均最高之数为六十岁，则一岁至十岁，及五十岁至六十岁，叫做上下阈，即两极端，为不可靠之数。自十岁以至五十岁为寻常状态，其极中点为总数，多数数目都集中于此。以我国人之不讲卫生及不明医学情形论起来，可以说三分之二的健康人，为十岁以上五十岁以下的人；三分之一的健康人，为十岁以下和五十岁以上的人。所以百分之六十六强的健康人，应在十岁以上五十岁以下的四十年内。此外百分之三十三强，归入十岁以下及五十岁以上之二十年内。但学龄儿童及孩童，照本计划估定，既共占百分之二十。故五十岁以上的老人数目之百分比为十三又三三强。又此数比孩童及一部分学龄儿童所占百分比为小，系因根据近年来外国人调查报告，我国儿童死亡率，比五十岁以上的老年人为低，所以如此推算）。学龄儿童占百分之十（照本部普通教育司所拟《义务教育计划》之估计）。六岁以下的孩童占百分之十（照六岁以上十二岁以下学龄儿童数比例而得，因学龄儿童期间为六年，六岁以下的孩童，自生以后，亦为六年，故比照估计）。此外患盲、聋、哑等残疾及有神经病、精神病者，约占百分之〇．二五（此项人数在我国尚没有统计，姑依某君陈请本部于教育方案编制委员会设立盲、哑、聋等教育组呈文内所举数目，及日本统计，至少有一百万以上之言，比照推算）。把上项百分数和合起来，实占民众总教育百分之三十三又五八。准此而谈，我国全体民众认识字的，有百分之二十；再加上五十岁以上的老人、学龄儿童、六岁以下的孩童、及盲、聋、哑等有残疾和有精神病或神经病者百分数之和三十三又五八，共计占了百分数之五十三又五八，均不在补习教育范围内。还有百分之四六又四二民众，是应受补习教育的人数之百分比了。

〔注三〕《规程》共二十条，十八年六月由本部会同内政、农矿两部公布施行。

〔注四〕十六年十月，前大学院以第七五〇号训令公布。

〔注五〕依调查所得，计养成一个民众学校毕业生，在江西省费二元一角六分（见《江西教育》第三卷第一期），在江苏省费二元五角（见《江苏省平民教育促进会报告》），其他尚有费三元以上的。将来大规模的推行，所费当然可以较省。照《义务教育计划》中估计，每一小学生每年需公家经费七元。在小学有两个月的假期，二年只做十个月算，即是一切经费除教职员薪水外，都是用十个月支配。成年补习教育每年十二个月，所需的办公杂费等为数应较多，酌加十分之二，作八元四角。这八元四角，可以教三期学生，每期平均为二元八角。但一期内两班同时交替，故实际每人共需一元四角。

〔注六〕此项数目，系根据《支那年鉴》内所调查者为标准。

〔注七〕我国识字人数据本计划估计，约为八千七百万有零。除去（1）识字学校教师五十五万人；（2）小学生七百万人；（3）小学教师一百四十万人；（4）确为事实所限不能尽义务者约二百万人；（5）六十岁以上老人及残废者外，其余之识字成人，可约计为七千三百万人。

〔注八〕现在全国有一千九百十五县，连同普通市合计，可依成数，假定为二千县，以便计算。

〔注九〕详见朱松林著《庚子赔款办学计划的原则》。

〔注十〕据第三届二中全会议决："就庚款全部拨用三分之二为铁道建筑经费，三分之一为水利及电气事业等建设经费案"，是庚款已另有用途，不能再作指望。但尚有可研究的："庚子赔款当完全划作教育经费"之规定，具载本党政纲对外政策第五款；若以之办理公民识字训练，自与政纲不悖，暂行移拨，或属可能。如谓铁道水利等事业，亦属急需，则可遵总理"借助外资，发展交通运输事业"之遗教（《民生主义》第二讲），在今后六年内，将办理上项建设事业等所需的经费，暂借外资，或募侨胞资本应用；自民国二十六年起，再行拨用庚款，似可双方兼顾。不过将二中全会议决原案，延期六年实行，但须呈请中央执行委员会，先行核准，再于下届中央全会开会时，提请追认就是了。

〔注十一〕一教师不服务，即应有三人失学。照预算每教一人，约需教员俸一元，三人合计三元。纳捐，可以延人代理。

## 注释

① 训政　孙中山所提建立“民国”程序的第二阶段。他把建立“民国”的程序分为军政、训政、宪政三个时期。主张在训政时期施行约法，由政府派出经过训练、考试合格的人员，到各县筹备地方自治，并对人民进行使用民权和承担义务的训练。凡一省之内全部的县已实行自治，就可结束训政，开始宪政时期。

② 四权　孙中山提倡的人民管理国家的权力，包括选举权、罢免权、创制权和复决权。

## 附：实施成年补习教育初步计划提要

一、总纲

（一）目标。在使全国青年及成年失业的民众得受一种补习性质的短期学校教育。拟在训政六年期内尽完成识字训练工作。

（二）原则。1. 以最少金钱，最短时间，使民众有识字读书及运用四权的能力。2. 先从集团人民办起，逐渐推广到散居人民，先从富庶地方办起，逐渐推广到贫瘠地方。3. 受国民识字调查者之年龄，应从满十二岁起到五十岁止。4. 不识字者负学习的义务，已识字者负教人的义务。5. 行政上应有很严密的考核。6. 既立基础以后，应有继续长进之机会。

（三）目前问题。1. 如何使全国失学的三亿零二百余万人能书算。2. 如何培养六年内所需教员十三万五千人。3. 如何增加十一万二千四百四十七所教室。4. 如何筹措二亿八千三百四十余万元经费。

二、失学成年人入学补习及培养师资办法

（一）家庭小店铺及其他小规模组织集团内的不识字分子，由同居的识字分子指导，称为国民识字处，由附近小学考核成绩。国民识字学校，设在军队工厂监狱一切大机关，或有数十以上不识字者的地方。

（二）国民识字学校师资，由县立高级小学、县立师范、省立师范、军官学校，及中等以上各校，附设训练师资班级，就各本校全体学生，至少加以三星期的训练，并招收私塾教师，加以二个月的训练，两共约可训练五十五万人，仅够轮替。

（三）国民识字处教师，以小学生和识字成人约八千万人充任，由小学校及改良私塾，各加二个月训练。

（四）教部设中央国民识字指导员训练所，以首都国民识字运动为试验及训练中心，招收高中程度以上学生，每年分期招生，每次招收八十至二百名。每半年毕业一次，毕业后派往各省，长期指导，并负考核成绩的责任。每半年每省得平均增加专任成年补习教育之责者三人，六年以后，每省可得三十余人。

三、增加校舍设备办法

（一）识字学校，每校至少需用房屋二间，除小学校兼用者外，全国一千九百十五县，平均每县要五十八九所。城市可利用公共机关、慈善机关、中等以上学校；乡村及小镇，暂用凉亭或借茶店，余时晴天利用庙场之空地，设备亦借原有者，若是空房，学生应自带坐椅。

（二）奖励私人捐助房屋或捐资建筑校舍，或由公家筹款，建筑简单的民众教育馆或农民教育馆。

四、经费预算及分配

（一）全部经费预算，实际共需三三九，五二四，〇〇〇元，以六年平均分筹，每年需五六，五八七，四四〇元（方案内附有详细预算表）。

（二）经费的分配。中央负担全额百分之四十五，每年应负担二五，四六四，三四八元。省地方负担全额百分之十，每年应负担五，六五八，七四四元（除蒙藏及绥远热河察哈尔宁夏西康青海等六省外，若由其余的江苏等二十二省分摊计算，每省每年平均约担负二十五万余元）。县地方每年担负数与中央同。全国现有县市以二千计算，平均分摊，每县每年平均应各筹一万二千五百余元；但各县人口财力环境，俱各不同，不能一律，又可假定为一等县一万五千元至二万五千元，二等县五千至一万五千元，三等县五千元以下。

五、编辑国民识字教材办法

（一）教部编《三民主义千字课》一部，使常人能在四个月内每天一小时修毕（《三民主义千字课》用混合编制法附注音字母兼及常识）。

（二）根据千字课第一本字汇及十分之二的生字，编辑《民众周报》。

（三）根据千字课的字汇及十分之二的生字，编辑民众丛书。

（四）以上出版物准全国书坊翻印，定价应极低廉。

六、实施普及的手续

（一）各县、市组织国民识字训练委员会，各区组织识字分会，各乡、镇组织识字支会，各闾组织识字办事处（人选详原计划表列）。

（二）分期调查本区内教师人数及其姓名，本区内不识字人姓名、住所总数，及按照下列顺序：1. 由闾长尽该地方实行强迫期前两个半月，查明造册，呈报乡镇支会。2. 乡镇支会于实行强迫期前两个月，汇齐各闾呈报状况，造册呈报本区分会。3. 区分会于实行强迫期前一个半月，汇齐所属各乡镇呈报状况，造册呈报县委员会。4. 县委员会于强迫期前一个月，汇齐所属各区呈报状况，造册呈报教育厅。

（三）支配教者及被教者并分别通知。1. 实行强迫期前一个月，各闾就被教者满五十人方才设校；不便设校者，按教者一人被教者三人的标准，把教者及被教者逐一支配通告。2. 教者不敷用时，报请上级分会请求调派。3. 负有教人的义务者，有特殊情形，经证明后，得免除义务，但须纳教人捐三元。4. 如本闾教者过多时，应当造册呈报支会，以便调往他处。5. 承领应用品分别支配。

七、预定的强迫时期及强迫后的考核

（一）十九年七月一日预告民众，限二十五年十二月底以前读毕《三民主义千字课》，九月一日第二次预告。

（二）二十年元旦起，首都市镇乡实行强迫。

（三）二十一年元旦起，各省会市镇乡实行强迫。

（四）二十三年元旦起，一等县二等县市镇乡实行强迫。

（五）二十四年元旦起，三等县市镇乡实行强迫。

（六）二十五年十二月底，初步计划告一段落。

（七）但各地方经费充裕，筹备容易者，得提前办理。有特别情形（如灾匪区域），必须展期者，非经核准不得逾限。

八、实施以后严密考核的方法

（一）二十六年元旦起，各机关学校团体工厂商店，一律不准雇用年在十六岁以上不识字的人。

（二）强迫令下后，有特别事情不能受识字训练者，可声明核准，有效期间，至多不得过四个月。

（三）四个月学习期满，由教者报告间办事处，呈报上级支分会，考验及格者，给识字国民证书，并给予教者爱国奖状，同时解除其义务。

（四）考验未及格的，仍须望原教者负责教授。

（五）在强迫期内，各地由县教育局随时派员抽查指导。

（六）强迫令下后一年，由中央派员到省，省派员到县，县派员到区，区派员到乡镇到间到邻抽验：达百分之九十者，其负责人及连带负责人，均记大功一次；达百分之八十者，记功一次；不到百分之七十者，记过一次；不到百分之六十者，记大过一次；不到百分之五十者免职。

（原载《第二次全国教育会议始末记》，
1930年上海江东书局出版）

# 晓庄三岁敬告同志书*



今日是何日？
当念三年前。
愿从今日起，
更结万年缘。

三年前的今日，老山下的小庄①出了一桩奇事。他们是来扫墓吗？香烛在哪儿！强盗来分赃吗？如何这样客气！他们是开学哟。开学？学堂在那儿!？连燕子都不肯飞来的地方，忽然这样热闹，奇怪得很！

不错，我们是来开学。说得更切些，我们是来开工。还不如说，我们是在这儿来开始生活。“从野人生活出发，向极乐世界探寻”，是我们今天所立的宏愿。学堂是有的，不过和别的学堂不同。他头上顶着青天，脚下踏着大地，东南西北是他的围墙，大千世界是他的课室，万物变化是他的教科书，太阳月亮照耀他工作，一切人，老的、壮的、少的、幼的、男的、女的都是他的先生，也都是他的学生。晓庄生来就是这样的一副气骨。

到了今天，已经是三周年了。说到可以看见的成绩，真是微乎其微。他所有的茅草屋，稍微有点财力的人，只要两个月就可

* 本篇原载1930年3月15日《乡村教师》第7期。

以造得成功。一阵野火，半天便可以把他们烧得干干净净。至于每个同志之所有，除了一颗血红的心和一些破布烂棉花的行李之外，还有什么可说？然而晓庄毕竟有那野火烧不尽的东西。这些东西的价值，也许只等于穷人家在天寒地冻时之破布烂棉花，也许就是因为这些破布烂棉花的力量，那血红的心才能继续不断的跳动，那怀抱着这血红的心的生命便能生生不已。我现在所高兴说的就是这些东西。

晓庄是从爱里产生出来的。没有爱便没有晓庄。因为他爱人类，所以他爱人类中最多数而最不幸之中华民族；因为他爱中华民族，所以他爱中华民族中最多数而最不幸之农人。他爱农人只是从农人出发，从最多数最不幸的出发，他的目光，没有一刻不注意到中华民族和人类的全体。在吉祥学园[②]里写了两句话："捧着一颗心来；不带半根草去。"晓庄是从这样的爱心里出来的。晓庄可毁，爱不可灭。晓庄一天有这爱，则晓庄一天不可毁。倘使这爱没有了，则虽称为晓庄，其实不是晓庄。爱之所在即晓庄之所在。一个乡村小学里的教师有了这爱，便是一个晓庄；一百万个乡村小学里的教师有了这爱，便是一百万个晓庄。虽是名字不叫晓庄，实在是真正的晓庄了。

晓庄三年来的历史，就是这颗爱心之历史——这颗爱心要求实现之历史。有了爱便不得不去找路线，寻方法，造工具，使这爱可以流露出去完成他的使命。流露的时候，遇着阻力便不得不奋斗——与土豪劣绅奋斗，与外力压迫奋斗，与传统教育奋斗，与农人封建思想奋斗，与自己带来之伪知识奋斗。这奋斗之历史，也就是这颗爱心之历史。晓庄没有爱便不能奋斗，不能破坏，不能建设，不能创造。个人没有爱，便没有意义，即使在晓庄，也不见得有贡献。所以晓庄和各个同志的总贡献——破坏与创造——如果有的话，都是从爱里流露出来的。晓庄生于爱，亦惟有凭着爱的力量才能生生不已咧。

我们最初拿到晓庄来试验的要算是教学做合一的理论了。当初的方式很简单。它的系统也就是在晓庄一面试验一面建设起来的。这个理论包括三方面：一是事怎样做便怎样学，怎样学便怎样教；二是对事说是做，对己说是学，对人说是教；三是教育不是教人，不是教人学，乃是教人学做事。无论那方面，“做”成了学的中心即成了教的中心。要想教得好，学得好，就须做得好。要想做得好，就须“在劳力上劳心”，以收手脑相长之效。这样一来，我们便与两种传统思想短兵相接了。一是孟子的“劳心者治人，劳力者治于人”的二元论。这种二元论在中国的力量是很大的。他在教育上的影响是：教劳心者不劳力；不教劳力者劳心。结果把中华民族划成两个阶级，并使科学的种子长不出来。二是先知后行的谬论。阳明[3]虽倡知行合一之说，无意中也流露出“知是行之始”之意见。东原[4]更进一步的主张“重行必先重知”。这种主张在中国教育上的影响极深。“知是行之始”一变而为“读书是行之始”，再变而为“听讲是行之始”。“重行必先重知”也有同样的流弊。请看今日学校里的现象，那一处不是这种谬论所形成。不入虎穴，焉得虎子。知识是要自己像开矿样去取来的。取便是行。中国学子被先知后行的学说所麻醉，习惯成了自然，平日不肯行，不敢行，终于不能行，也就一无所知。如果有所知，也不过是知人之所知，不是我之所谓知。教学做合一既以做为中心，便自然而然地把阳明、东原的见解颠倒过来，成为“行是知之始”，“重知必先重行”。我很诚恳的敬告全国的同志：“有行的勇气，才有知的收获。”先知后行学说的土壤里，长不出科学的树，开不出科学的花，结不出科学的果。

教学做合一的理论最初是应用在培养师资上面的。我们主张培养小学教师要在小学里做，小学里学，小学里教。这小学是培养小学教师的中心，也就是师范学校的中心，不是他的附属品，故不称他为附属小学而称他为中心小学。培养幼稚园教师的幼稚园和培养中学教师的中学，都是中心学校而不是附属学校。现在实行的学园制即是艺友制，每学园有导师、艺友及中心学校，更进一步求教学做合一的主张之贯彻。现今师范教育之传统观念是先理论而后实习，把一件事分作两截，好一比早上烧饭晚上请客。除非让客人吃冷饭，便须把饭重新烧过。教学做合一的中心学校就是要把理论与实习合为一炉而冶之。

教学做合一不是别的，是生活法，是实现生活教育之方法。当初，生活教育戴着一顶“教育即生活”的帽子。自从教学做合一的理论试行以后，渐渐的觉得“教育即生活”的理论行不通了。一年前我们便提出一个“生活即教育”的理论来替代。从此生活教育的内容方法便脉脉贯通了。

“生活即教育”怎样讲？是生活即是教育。是好生活即是好教育，是坏生活即是坏教育；有目的的生活即是有目的的教育，无目的的生活即是无目的的教育；有计划的生活即是有计划的教育，无计划的生活即是无计划的教育；合理的生活即是合理的教育，不合理的生活即是不合理的教育；日常的生活即是日常的教育；进步的生活即是进步的教育。依照生活教育的五大目标说来：康健的生活即是康健的教育；劳动的生活即是劳动的教育；科学的生活即是科学的教育；艺术的生活即是艺术的教育；改造社会的生活即是改造社会的教育。反过来说，嘴里念的是劳动教育的书，耳朵听的是劳动教育的演讲，而平日所过的是双料少爷的生活，在传统教育的看法不妨算他是受劳动教育，但在生活教育的看法则断断乎不能算他是受劳动教育。生活教育是运用生活的力量来改造生活，它要运用有目的有计划的生活来改造无目的无计划的生活。

生活教育既以生活做中心，立刻就与几种传统思想冲突。第一种传统思想与生活教育冲突的是文化教育。他以文化为中心。德国战前之教育即是以文化为中心。中国主张此说的也不少。依生活教育的见解，一切文化只是生活的工具。文化既是生活的工具，那能喧宾夺主而做教育的中心？第二种传统思想与生活教育冲突的是教、训分家。在现代中国学校里教、训分家是普遍的现象。教育好像是教人读书，训育好像是训练人做人或是做事；教育好像是培养知识，训育好像是训练品行；教育又好像是指所谓之课内活动，训育则好像是指所谓之课外活动。所以普通学校里，有一位教务主任专管教育；又有一位训育主任专管训育。某行政机关拟以智仁勇为训育方针，那末，教育方针又是什么呢？生活教育的要求是：整个的生活要有整个的教育。每个活动都要有目标，有计划，有方法，有工具，有指导，有考核。智识与品行分不开，思想与行为分不开，课内与课外分不开，做人做事与读书分不开，即教育与训育分不开。生活教育之下只有纵的分任，决无横的割裂。某人指导团体自治，某人指导康健是可以的。这是纵的分任。若是团体自治的智识是功课以内归教务主任管，团体自治的行为是功课以外归训育主任管，这就是生活的横的割裂，决说不过去。第三种传统思想与生活教育冲突的是教育等于读书。生活教育指示我们说：过什么生活用什么工具。书只是生活工具之一种，是要拿来活用的，不是拿来死读的。书既是用的，那末，过什么生活便用什么书。第四种传统思想与生活教育冲突的是学校自学校、社会自社会。从前学校门前挂着闲人莫入的虎头牌⑤以自绝于社会，不必说了，就是现在高谈学校社会化、或是社会学校化的地方，也往往漠不相关。生活即教育的理论一来，它立刻要求拆墙，拆去学校与社会中间之围墙，使我们可以达到亲民亲物的境界。不但如此，它要求把整个的社会或整个的乡村当作学校。与“生活即教育”蝉联而来的就是“社会即学校”。第五种传统思想与生活教育冲突的就是漠视切身的政治经济问题。我们既承认“社会即学校”，那末，社会的中心问题便成了学校的中心问题。这中心问题就是政治经济问题。我们最初定教育目标时对于政治经济即特别重视。赵院长⑥后来又作有力的宣言说：“生活教育是教人做工求知管政治。”江问渔先生近著《富教合一》和《政教合一》两篇文字，使生活教育之内容更为明显。我也作《富教合一后论》、《政教合一后论》、《政富合一论》，以尽量发挥三者之关系，终于构成政富教合一理论之系统。晓庄所办之自卫团、妇女工学处，现在向省政府建议设置之试验乡以及十九年度计划中之生产事业，都是想把政治、经济、教育打成一片，做个政富教合一的小试验。政富教合一的根本观念是要将政富教三件事合而为一。如何使他们合起来？要叫他们在“遂民之欲达民之情”上合起来。现在这三件事的中间有很大的鸿沟。它的根本原因不外三种：一是富人拿政治与教育作工具以遂富人之欲而达富人之情；二是政客拿富人之力与教育作工具以遂政客之欲而达政客之情；三是不肯拿教育给富人和政客做工具的教师们存了超然的态度，不知教人民运用富力和政治力以遂民之欲达民之情。我们要知道等到富力成为民的富力，政治力成为民的政治力，然后生活才算是民的生活，教育才算是民的教育。在教育的立场上说，我们所负的使命：（一）是教民造富；（二）是教民均富；（三）是教民用富；（四）是教民知富；（五）是教民拿民权以遂民生而保民族。我们要教人知道，不做工的不配吃饭，更不配坐汽车。我们要教人知道“朱门酒肉臭，路有冻死骨”是最大的罪孽。我们要教人知道富力如同肥料，堆得太多了要把花草的生命烧死。我们要教人民造富的社会，不造富的个人。从农业文明进到工业文明，我们要教农民做机器的主人，不做机器的奴隶。这种主张，不消说，不但和“先富后教”、教育不管政治一类的传统思想冲突，凡是凭着特殊势力以压迫人民，致使民之欲不得遂、民之情不得达的，都是我们的公敌。

最后，晓庄是同志的结合，我不要忘记了叙述。晓庄的茅草屋一把野火可以烧得掉。晓庄的同志饿不散，冻不散，枪炮惊不散。我们是为着一个共同的使命来的。这使命便是教导乡下阿斗做中华民国的主人。要想负得起这个使命，便不能没有特殊的修养。这是我们自己勉励的几条方针：

### （一）自立与互助

“滴自己的汗。吃自己的饭。自己的事自己干。靠人靠天靠祖上，不算是好汉。”这首《自立歌》，晓庄的人是没有不会唱的了。我们所求的自立，便是这首歌所指示的。但是自立不是孤高，不是自扫门前雪。我们不但是一个人，并且是一个人中人。人与人的关系是建筑在互助的友谊上。凡是同志，都是朋友，便当互助。倘不互助，就不是朋友，便不是同志。我们唱一首互助歌罢：“小小的村庄，小小的学堂，小小的学生，个个是好汉。好汉！好汉！帮人家的忙。”

### （二）平等与责任

在晓庄，凡是同志一律平等。共同立法的时候，师生工友都只有一权，违法时处分也不因人而异。我们以为，在同一的团体里要人共同守法，必须共同立法。但同志的法律地位虽平等，而责任则因职务而不同。职务按行政系统分配，各有各的职务，即各有各的责任。责任在指挥，当行指挥之权；责任在受指挥，应负受指挥之义务。

### （三）自由与纪律

晓庄团体行动有一致遵守的纪律，五十岁以上及对本校学术有特殊贡献的人，得由本校赠与晓庄自由章，不受共同纪律之限制。但这些纪律的目的，无非也是增进团体生活的幸福，防止个人自由之冲突。晓庄毕竟不但是个“平等之乡”，而且是个“自由之园”。晓庄以同志的志愿为志愿，以同志的计划为计划，以同志的贡献为贡献。晓庄虽然希望每个同志对于共同的志愿、计划是要有些贡献，但是乡村教育的范围广漠无边，除非是身在乡下心在城里的人，总可以找出一两样符合自己的才能兴味。大部分的生活都是供大家自由的选择。学园的成立是由于园长选同志，同志选园长，格外合乎自由的意义。试验自由是各学园的础石。晓庄所要求于个人的只是每个人都要有计划，要按着自己的计划进行。至于什么计划，如何实现，都是个人的自由。在理想的社会里，凡是人的问题都可以自由的想，自由的谈，自由的试验。晓庄虽然没有达到这种境界，但愿意努力创造这样的一个社会。这里含蓄着进步的泉源，这里孕藏着人生的乐趣。乡下人的面包已经给人家夺去一半了，剩下这点不自由的自由是多么的尊贵哟！

**（四）大同与大不同**

这又是一对似乎矛盾而实相成的名词。我们试到一个花园里面去看一看：万紫千红，各有它的美丽；那构成花园的伟观的成分正是各种花草的大不同处。将这些大不同的花草分别栽种，使它们各得其所，及时发荣滋长，现出一种和谐的气象，令人一进门便感觉到生命的节奏：这便是大同之效。晓庄不是别的，只是一个“人园”，和花园有相类的意义。我们愿意在这里面的人都能各得其所，现出各人本来之美，以构成晓庄之美。如果要找一个人中模范教一切人都学成和他一样，无异于教桃花、榴花拜荷花做模范。我们当教师的实在需要园丁的智慧。晓庄不但是不要把个个学生造成一模一样，并且也不愿他们出去照样画葫芦。晓庄同志无论到什么地方去，如果只能办成晓庄一样的学校，便算本领没有学到家，便算失败。没有两个环境是相同的，怎能同样的办？晓庄同志要创造和晓庄大不同的学校才算是和晓庄同，才算是第一流的贡献，才算是有些成功。

同志们！记牢了我们的使命是教导乡下阿斗做中华民国的主人。乡下阿斗没有出头之先，我们休想出头。乡下阿斗没有享福之先，我们休想享福。我们若是赶在农人前面去出头享福，只此一念便是变相的土豪劣绅。与农人同甘苦，共休戚，才能得到光明，探出生路。我们大家唱首《劳山歌》，为中华民国的主人努力吧！

老山劳；
小庄晓：
俺锄头，
起来了。
老山劳；
小庄晓：
新时代，
推动了。

## 注释

① 陶行知于1927年3月15日，在老山小庄（村）创办晓庄学校。后将“老山”改为“劳山”，“小庄”改为“晓庄”。陶行知在本文《劳山歌》中表达了他更名的思想。

② 吉祥学园　原名晓庄师范吉祥庵中心小学，创建于1928年春。后因晓庄师范各中心小学扩大，故将中心小学更名为学院。1930年又改“学院”为“学园”，其意为培养人才幼苗之园地。

③ 阳明　即王守仁。

④ 东原　即戴震。

⑤ 虎头牌　清代的衙门大门上都挂着虎头牌，上面写着禁止闲人擅入等字。这时的学校也仿效衙门，挂着闲人莫入的虎头牌。

⑥ 赵院长　即赵叔愚。

# 为组织试验乡推行村治呈民政厅文*

呈为呈请准予组织试验乡，以谋村治研究之精深，并图乡村工作人才训练之切实事。查村治推行之初，首重研究，我们不但要把它当做一件事业去做，并且要把它当作一个学问去探讨。但是村治的学问，不是凭空可以谈得出来的，必定要运用科学的方法，在一个适合的环境里，去一面干一面研究，才可以发现新的途径。所以，要想对于村治有精深的研究，必须有一个或数个乡村做它试验的根据。这是设立试验乡的第一个理由。在教育没有普及的社会里，乡村教师对于村治之进行，负有特殊之重要使命。假使有甲、乙、丙三个乡村，一同出发，别事如一，只有教师不同：甲乡没有教师；乙乡有教师，但是只会教死书；丙乡不但是有教师，而且是个彻底明了村治，又有热心、能力和乡村人民共同推动村治的教师，只要十年工夫，就可以看见很大的不同。甲乡十年如一日，仍旧是没有什么变化；乙乡多了许多不事生产的书呆子；丙乡已经成为二十世纪中华民国之健全分子，一个自有、自治、自享的乐园。所以，村治推行之初，乡村师范必须将村治列入正课，使未来之乡村之教师，都知道如何实现村治。但村治决不是单凭书本可以学来的，我们必须有参加村治的机会，然后可以得到引导村治的本领。我们干了村治的事，才算

* 本篇原载1930年3月29日《乡村教师》第9期。

是求了村治的学。我们要想对于村治有切实引导的人才，也必须有若干乡村做训练乡村工作人才之中心。这是设立试验乡的第二个理由。敝校系研究乡村教育及训练乡村教师的机关，对于研究村治及训练乡村教师，做推动村治的工作，抱有宏愿。所在地之北固乡人民，与敝校师生相处三年，深知无民权即无以遂民生而保民族。早思自选乡长，以副自治精神。无如格于手续，不能达到目的。如设试验乡，则应兴应革，宜缓宜急，皆不致过受拘束，而进步自可更快了。这是设立试验乡的第三个理由。有此三种理由，故恳请贵厅长指令江宁县长，将第一区之北固乡，完全划作试验乡，予以试验自由，归敝校指导进行。凡村民及乡镇邻闾长工作人员，皆归敝校负责训练，以期早日实现民有、民治、民享之乡村。上述意见，是否可行，尚希察核。详细计划当俟准予设立后续陈。敬呈江苏省政府民政厅厅长缪。

晓庄学校校长陶知行

中华民国十九年三月　日

## 注释

①缪厅长　即缪斌。

## 附：江苏省民政厅批文

江苏省民政厅批　字第三百四十三号

原具呈人晓庄试验乡村师范学校校长陶知行

呈请组织试验乡以谋村治研究之精深，并图乡村工作人才训练之切实由。

呈悉。该校长热心乡村自治，殊深嘉许。所请令行江宁县长将该县第一区之北固乡完全划作试验乡，归该校指导进行一节，应即照准。除令行江宁县县长遵照办理外，仰即拟具详细计划，克日筹备进行，并将计划报核。以后一切进行情形，仍随时呈报，并分呈该第一区公所转报县政府查考。此批。

中华民国十九年三月　日

江苏省民政厅厅长缪

监印秦恩培　校对王震阳

（出处同前）

# 护校宣言*

晓庄学校，被当局勒令停办了。被当局越过教育部而直接勒令停办了。被当局以秘密开会莫须有之罪名而勒令停办了。乡村教育之发祥地停办在乡村教育没有普及之前，是何等的痛心啊！中华民国的忠仆能以自己的生命换取中华民国之生命，又是何等的光荣啊！革命的教育摧残于所谓“革命政府”之手，是何等的令人难解，而又是何等的令人失望啊！但是晓庄的忧患的命运是自己造成的，无悔于心，更无怨于人。假使他所办的是假的教育，死的教育，残废的教育，奴隶的教育，我们可以担保他永远不会停办。就是中华民族亡了，他还是可以存在。无奈他要办真的教育，活的教育，健全的教育，主人的教育，那么随时随地都免不了要遭忌。三年三个月以来，我们孤军直入与张宗昌、褚玉璞奋斗，与土豪劣绅、贪官污吏奋斗，与乡下人之封建思想奋斗，与教育界之传统理论奋斗，与投机分子奋斗，与自己带来之伪知识奋斗，好多次都有全军覆没的危险。现在大难当头，朋友们很为我们忧虑，但在我们看来，这只是我们奋斗史剧中之一幕，而还不是最后的。这次当

---

* 1930年4月7日，国民政府首都卫戍司令部司令官谷正伦，奉命训令晓庄学校暂行停办。4月8日教育部派赵迺传、顾树森、姜绍谟、钟灵秀、吴研因为晓庄学校保管委员。当天陶行知起草了《护校宣言》，11日晓庄全体师生赴教育部请愿，散发了这个宣言，北京《京报》于5月17日发表，文前并载晓庄代表答记者问。

局断然以迅雷不及掩耳的手段停办晓庄学校，远因近因虽多，归总起来只是因为我们不肯拿人民的公器，做少数人的工具，不肯做文刽子手，去摧残现代青年之革命性。我们认清了教师之职务是教人学做主人。怎样才算是教人学做主人呢？过主人的生活，就是主人的教育。倘若嘴里读的是主人的书，耳朵听的是做主人的话，而所过的是奴隶的生活，在传统的目光看来，或可算是主人的教育，但依生活教育的观点看来，则断断乎要称它为奴隶的教育，或是假的主人教育。因为我们要教人学做主人，所以对于侵犯这主人地位的势力，都要问个明白，和它一决胜负。

同是中华民国的主人，而在铁路上的反映，说得好听些，是有超等主人、头等主人、二等主人、三等主人、四等主人的分别；说得不好听些，中华民国的铁路仍旧是满清的遗制，坐花车的主人，坐头等车的奴隶，坐二等车的是奴隶的奴隶，还有奴隶的奴隶的奴隶，只好如同牲口一样，拥挤在三四等车里。这种人为的等级在革命政府之下，应当不应当存在？我们在三月三十一日曾经这样问过[①]。和记洋行[②]是英帝国在首都施行经济侵略的机关，最近以高压手段打伤失业工人，并且两人因此失踪。这种惨无人道的情形，在革命政府之下，应当不应当纠正？中山先生遗嘱，是要我们废除不平等条约，但当局是一面喊着革命外交的口号，一面交换礼炮，允许日本舰队登岸，让侮辱中华民国的敌人去敬礼中山先生的陵墓。并且还让他们驶入长江上游，如入无主人之国。中山先生有灵，该是如何心痛啊？这种侮辱主权的行为，在革命政府之下，应该不应该忍受？我们在四月五日曾经这样问过。可是我们立刻被人反问了："你们晓庄的人，为什么不安心在乡下办教育，而要跑几十里路来干这种运动？"他们好像是说我们是有所为而来的，是有色彩的。那些不跑路，不说话，才是真正中华民国的主人咧。这个反问，便结果了晓庄。七日纪念周[③]，闻当局很严厉的说，国家的事有政府管，学生好管闲事，便是捣乱后方，便是反革命。教员不能制止，也是反革命。这样学校，非封不可。封闭几个学校不算什么事。晓庄便是这个态度下之第一个牺牲者。不过晓庄这个学校能不能封掉，确是一个疑问：

（一）晓庄是同志的结合，不是少数几个人的私有品。拘捕几个人，不能叫他根本摇动。

（二）晓庄的门可封，他的嘴不可封，他的笔不可封，他的爱人类和中华民族的心不可封。

（三）晓庄以社会为学校，小而言之，他是和平门外四十里周围的乡村;大而言之，便是整个的世界。他本来没有门，封条贴在那里？倘若社会可封，则晓庄可封。

（四）封闭晓庄的可能时期，怕是已经过了。在褚玉璞时代，晓庄是可以消灭的。过此以后，种子已遍撒全社会，在人所不到的地方，已经有了晓庄的生命。我们想不到人间有什么势力，可以把他们连根拔掉。

（五）我们要用和平奋斗的精神来创造自由平等的世界，捣乱后方、反动暴动种种恶名加到我们身上来，是不伦不类的。我们尊重人类的理性，我们承认凡是人类都是可以教的，就是以武力来压迫我们，我们还是一样的教他们去济弱扶倾。我们奋斗的工具是爱力不是武力，爱力如同镭之第三种射线，不是任何射线，不是刀剑所能阻碍住的。照这样说来，那末就没有方法可以克服晓庄吗？有，有，有。晓庄所干的是顺着时代革命的革命教育，真自由可以消灭我们不自由之呼声，真平等可以化除我们不平等之要求，更大的爱可以包含我们的爱，站在时代革命更前线的是我们的导师。

晓庄的同志，晓庄的朋友，大家一致起来爱护晓庄，爱护人权，爱护百折不回的和平奋斗，爱护教人做主人的革命教育，爱护向前向上进之时代革命，爱护自由平等的中华民国之创造，爱护人人有工做，人人有饭吃，人人有水仙花看的理想社会之实现。

## 注释

① 1930年3月，晓庄中心小学组织小学生到郊区栖霞山去春游，采集标本。因农民的子女无钱购买车票，小学生要求免票乘车，他们就此散发宣言。陶行知对小朋友这一创举表示支持，并赋诗鼓励。

② 和记洋行　英国资本家在南京下关开办的蛋厂。

③ 七日纪念周　南京国民政府规定，各机关、团体和学校每周举行一次背诵孙中山遗嘱的仪式，以示纪念，故称纪念周。

## 附一：蒋介石以“国民政府”名义对陶行知下的通缉令

为晓庄师范学校校长陶知行勾结叛逆，阴谋不轨，查有密布党羽，冀图暴动情事，仰京内外各军警、各机关，一律严缉，务获究办。此令。

民国十九年四月十二日

## 附二：南京市警备司令部的布告

照得晓庄师范学校违背三民主义，散发反动传单，勾引反动军阀（编者按：指冯玉祥），企图破坏京沪交通。本部为维持首都治安计，曾饬令暂时停办，以待整理，并商同教育部查照办理在案。此乃爱护学校之至意，原冀该校员生等悔悟前非，静候教育部办理。乃迭据报告，该校师生等执迷不悟，于教育部接收整理之际，竟敢非法组织委员会，发布宣言，四出诱惑，希图扩大反动风潮，实行破坏京沪交通，扰乱社会秩序，似此目无法纪，充满反革命思想与行为，实属不可救药。兹奉明令，将该校勒令解散，并查拿首要反动分子，以肃法纪而遏乱萌。除饬军警遵照执行外，合行布告周知。

民国十九年四月十二日

**附三：晓庄代表答记者问**

南京晓庄学校，为蒋中正封闭后，京沪报纸，禁止登载，平津各报，亦不得其详。该校代表刘世厚前日来平，记者昨日（十六）往访，详谈该校被难经过。谈毕，刘代表赠送护校宣言，兹将代表谈话及护校宣言，分志如下：

（问）先生来平有何任务？

（答）此来系代表学校，向中华教育文化基金委员会接洽拨款事。

（问）先生系晓庄职员，抑系学生？

（答）敝校不分职员与学生，一切均系教学做，敝人在校担任晓庄考核部长事。

（问）贵校封闭之原因究竟若何？

（答）说起来倒很简单，可分（一）远因，冯焕章先生去岁在南京时，曾自动为晓庄捐三千元，建了三幢茅草屋。蒋反冯，故疑心晓庄与冯关系密切。（二）近因，援助和记工厂工人失业，并反对日本舰队自由驶入长江事，向英日帝国主义示威游行。因均由晓庄学校发动，故触忌于蒋。

（问）此次封闭之经过如何？

（答）蒋介石系越过教育部，直接以手谕着卫戍司令部用武力干的。

（问）贵校有枪械吗？

（答）有，乃系联村自卫团，晓庄村自置，共有三十九支，以防土匪，而经过正式领照者。四月三日之游行，均系赤手空拳，完全和平办法。蒋后来诬为希图暴动，发言全系造谣。

（问）贵校现在情形如何?

（答）除本部之少数办公室驻有军队，工作暂减少外，其余八个学园，十八个小学，仍然照常进行。（按此类学园及小学系该校之基本）教部及改进社仍接济其经费。

言至此，记者遂□辞而去。

（原载1930年5月17日《京报》）

# 教育改进*

吾人不但须教育，而且须好教育。改进之意即在使坏者变好，好者变为更好。社会是动的，教育亦要动。吾人须使之继续不断的改，继续不断的进。

教育改进包含两方面：有关于教育方针之改进，亦有关于教育方法之改进。教育方针随思潮为转移，有因个人兴致而偶然变更者，亦有因社会大势所趋而不得不变更者。教育方法受方针之指挥约束，必须与方针联为一气。方针未定得准，方法不与方针一致，均与吾人以改进之机会。比如航海，必须先定准方向。方向不定准，无论方法如何敏捷，如何洽意，只是行错路，究不能达目的地。但空悬一方针，船身能否抵制风浪，水手是否十练勇敢，食料与燃料敷用几时，均未打算清楚，则虽有方针，亦难达到目的地。故方针不准，应当改进；方法不与方针一致，亦应改进。航海如此，办学亦应如此。

论到中国教育方针，自办新学[①]以来已经改变五六次。最初要吸收科学而又不忍置所谓国粹者于不顾，所以有“中学为体，西学为用”之主张，此种主张即是当时一种教育方针。光绪二十七年明定教育宗旨为忠君、尊孔、尚公、尚实、尚武。此种教育

* 本篇是陶行知为《教育大辞书》（朱经农主编，商务印书馆1930年7月版）写的辞条，载1021—1023页。陶为该辞书的特约编辑之一。

宗旨即表明其时之教育方针。民国元年，国体变更，教育方针因改为重在道德而以实利教育，军国民教育辅之，更以美感教育完成其道德。民国四年，申明教育宗旨，又改进为“注重道德，实利，尚武，并运之以实用”。民国八年，教育部组织教育调查会，该会建议“以养成健全人格，发展共和精神为教育宗旨”。所谓健全人格须包含：“一、私德为立身之本，公德为服务社会国家之本。二、人生所必需之知识技能。三、强健活泼之体格。四、优美和乐之感情”。共和精神包含：“一、发挥平民主义，俾人人知民治为立国之根本。二、养成公民自治习惯，俾人人能负国家社会之责任。”民国十一年第八届全国教育会联合会[2]建议学制系统标准，即是关于教育方针之修正。嗣经教育部公布标准七条：“一、适应社会进化之需要。二、发挥平民教育精神。三、谋个性之发展。四、注意国民经济力。五、注意生活教育。六、使教育易于普及。七、多留地方伸缩余地。”此二十余年中，吾国教育方针每隔四五年即修改一次，颇不稳定，论者辄讥为无方针之教育。其实中国方在过渡时代，又当各种思潮同时交流而至，方针不易固定。即以现在而论，吾人尚在歧路上考虑。吾意不出数年，中国教育方针必须再经一次变更，此次变更后或可较为稳定。中国教育方针已经走过几层歧路，以吾观之，尚有两层最为重要之歧路。第一层，国家主义与国际主义。第二层，物质文明、精神文明与吸收物质文明而保存精神自由，并免去机械的人生观。改革固须改革，究竟如何改革方能进步，实属根本问题。

至于教育方法之改进，所包括之方面更多。学制、组织、行政、教师之训练、教材之选择与编辑、教学法之研究、校舍教具之设备、经费之筹措等种种问题，悉包括在内。如须一一详述其近年改进之途径，非本文篇幅所许。就教育方法论，却有极显著之进步。如由主观的逐渐移至客观的，由盲从的移至批评的，由少数人参与的移至多数人参与的，由一时兴会所致的移至慎重考虑的，由普通人议论出来的移至专门家屡试屡验的，不由人要喜形于色。但此种趋势只属起点而已。盖今日中国之教育方法亦有两个缺点：一是方法不与方针一致，造就一人不能得一人之用；二是从外国贩来整套之理想与制度不能适合国情，不能消化，不能在人民生活上发现健全之效力。此均为吾人应绞脑筋、运身手、谋改进之急务。

以上论教育方针与方法均须改进，兹进论如何改进之道。

一、办教育者必须承认所办教育尚未尽善尽美，确有改进之可能。彼应持虚心的态度，彼应破一切成见、武断、知足。脑中积有痞块，决无改进希望。彼又应承认有问题必有解决，有困难必可胜过，只须自己努力，无一不可以改进。若听天由命，不了了之之人，决不能望其改进。彼或是被人改进，但如无人乐意为之改进，则彼之存在只属幸运而已。

二、改进教育者必须明白自己之问题，又必须明白他人解决同类问题之方法。于是调查，参观，实为改进教育之入手办法。国内调查参观之发生效力者可以择要述之：民国三年黄炎培之本国教育考察，民国十年孟禄等六人之实际教育调查，民国十二年中华教育改进社之全国教育统计调查，均为多区域、多问题之调查，影响亦甚普遍。又地方教育之调查，如民国七年南京高等师范学校之南京教育调查，民国十二年中华教育改进社之北京学校调查，只是地方教育调查之初步工作。一级教育之调查，如民国十二年中华教育改进社之小学教育调查，十四年俞子夷之调查儿童对于各科好恶，于小学教育均有相当贡献。一门教育之调查，如民国八年九年中华职业教育社调查甲乙种实业学校之得失，十一年至十三年中华教育改进社之调查十省科学教育及十四年之中国图书馆调查，十三年江苏义务教育期成会及改进社之乡村小学考察，十五年江苏教育厅之乡村小学视察，均于教育改进影响甚大。国外教育考察，最早者为光绪二十八年吴汝纶之日本教育考察。其《东游丛录》呈上管学大臣后，对于《钦定学堂章程》自有相当影响。嗣后派遣提学使[3]赴日考察教育，使我国教育之日本化更进一步。美国教育考察，始于民国三年。是时黄炎培为江苏教育司长、派郭秉文、陈容、俞子夷三人考察欧美教育，归国后乃有南京高等师范之产生。四年黄炎培游美，其所带之感想，可于彼所著《东西两大陆教育不同之根本谈》中见其大略。六年考察菲律宾教育，南北各三人，直接即产生中国之职业教育。其后袁希涛组织欧美教育考察团，回国后极力介绍欧美教育方法与理想。新学制之成立直接间接受此种调查参观之影响不少。调查、参观确已表现“改”之能力，但究竟属改进属改退，则一时颇不易定。

三、教育界共同之问题应同心协力共谋解决与改进。故教育会议乃必不可少之事。吾人要求精神之一致、经验之沟通，非有会议不可。前清之中央教育会，民国元年之临时教育会议，民国四年以来之全国省教育联合会以及中华职业教育社、中华教育改进社、中华平民教育促进会等之年会，以及去年大学院之全国教育会议，均与形成全国教育思潮、方针及进行方案有密切之关系。现在国内省有省教育会，县有县教育会，市乡之组织完备者有市教育会及乡区教育会。学校与学校合组之各会议，影响较大者有中等教育协会，附属小学联合会。彼等于各自范围内所经营之事业，各有善良之效验。一门教育之会议，如民国十三年五月之乡村小学组织及课程讨论会，颇能引起乡村教育之兴味。一校之中，各科教员倘有讨论之组织，亦于改进各该科教学有所裨益。不但国内教育同志应有讨论之机会，国际教育同志亦应有交换意见之机会。十二年世界教育会议在旧金山举行，我国派代表出席，即思运用教育方法，以培养国际之谅解，增进国际之同情，并提倡国际之公道。吾人相信如依此慎重作去，此种会议于改进全世界之教育当有裨益。

四、调查参观仅为取别人之所知以益己之所不知，会议仅为会合各人之所知以成公众之所共知，吾人决不能藉此种方法以发现新理。不能发现新知，决不是在源头上谋改进。改进教育之原动力及发现新理之泉源，乃属试验学校之功能。我国现在足以当试验学校之名者甚少。以前东南大学附属小学及附属中学曾作道尔顿制及设计教学法之试验工作。最近北京艺文中学亦正在试验道尔顿制，鼓楼幼稚园之设乃欲试验幼稚教育者。中华教育改进社以试验学校为一切教育改进之大本，特于十四年十二月定一进行方针："本社今后对于教育之努力，应向适合本国国情及生活需要之方向进行。其入手方法为选择宗旨相同，并著有成绩之中学、小学、幼稚园，与之特约试验。合研究者之学术与实行者之经验为一体，务使用费少而收效宏；并将试验结果，随时介绍全国，俾多数学校，可以共向此途进展。"依此方针进行，该社已与燕子矶小学、尧化门小学、鼓楼幼稚园、南京安徽公学、北京艺文中学特约进行试验。该社于特约学校外尚须特设一试验乡村幼稚园及一试验乡村师范，不久可以实现。改进教育最有效力之方法无过于以学校化学校。

五、调查必须有工具，方能明白问题之所在；试验亦必须有工具，方能考核方法为实效。此种工具名曰测验。比如医病，教育心理测验仿佛是听肺机、寒暑表、爱克斯光线，较之通常之听闻为可靠。民国十一年至十二年中华教育改进社聘麦柯博士来华，偕同北京师大、东南大学教育科及其他大学教授二十余人编造测验二十余种，可算是第一次之尝试。此种测验当然未能谓为已十分完备，十分可靠。但吾人亦不能因此谓为无用。吾人应精益求精，使之渐达尽善尽美之境地。而教育事业之改进，亦可以由此而获得相当之助力。

六、教育之学术，非可独立存在。彼立于哲学、心理学、生物学，生理学、社会学、经济学、各种学术之基础之上。故谋此种种学术之进步即所以谋教育学术之改进。教育之事业亦非可独立存在者。彼与一国政制、风俗、职业以及天然环境均有息息相关之道。故谋政制、风俗、农、工、商、交通、水利等等之进步亦即所以谋教育之改进。吾人不能专在教育上谋改进，即以为可以完全达到吾人之目的。吾人当改进教育之时，务须注意教育以外尚有许多别种事情须同时改进也。

## 注释

① 新学　五四以前由西方传入的资产阶级新文化。此处指中国近代效法欧美教育制度而办的各类学校。

② 全国教育会联合会　1915年由各省及特别行政区教育会推派代表组成。每年集会一次。以“体察国内教育状况，并应世界趋势，讨论全国教育，共同进行”为宗旨。是“五四”前后有影响的教育社团，对1922年学制的改革曾起很大的作用。1926年停止活动。

③ 提学使　清末学官名，为省教育行政最高长官。

# 生活历*

**释义** 生活历是一种生活日程，亦即实施生活教育之切要工具。人有定期生活与无定期生活。无定期者暂置勿论，其有定期者，自宜按期序别，组成系统，以为因时施教之依据。故生活历系有定期生活之系统，亦即有定期教育之系统。依生活历以办教育，则此历谓之教育历亦可，谓之生活教育历亦无不可。

定期生活复可区为定季、定日、定时数种。观日出，赏夕阳，定时之生活也。五月一日纪念劳工，十月十日纪念国庆，定日之生活也。栽树、养蚕、割稻、种麦，定季之生活也。生活历皆为之序列，使一切教、学、做有所遵循。

**功用** 古人为政，贵在不违农时，故颁历书。教人亦然。教当其时，则事半功倍；失其时，则事倍功半，或全失其效。故办学贵在不违人时。《泰山观日出》诗，宜于黎明时诵之；“夕阳无限好，只是近黄昏”之句，宜于黄昏前诵之。海宁①学生讲求潮水，宜于阴历八月十八日行之。五月一日与其放假，不如师生共做一日苦工，以明了工人之生活。十月十日与其放假，不如实行训练公民。欲使儿童明了电之性质作用，倘在一月十七日佛兰克林生日，或其他电气发明家生日，或在放纸鸢时节，或在雷电

* 本篇是陶行知为《教育大辞书》写的词条，载313至374页。

交作之日，或在此数日各教一部分，皆比在他日为更有效。他如栽树、养蚕、割稻、种麦，皆宜依节气办理，不可稍有疏忽，方能望其成功。现在一般学校所通用之学校历，只是何时招考，何时开学，何时考试，何时毕业，何时放假，为办学者一种备忘录而已，不足以当生活历之名。学校历之出发点，是学校行政，而非学生生活。惟其非由学生生活出发，故亦不能为学生生活之指针，甚而至于与学生生活渺无关系。此种学校之课程、教材、方法、设备，皆与生活疏隔，有时竟与生活矛盾。遇有定期生活，不是照样画葫芦而流于重复，即是茫无准备而将就过去；或一意孤行，宁牺牲生活，以谋办法之一致。某农校校章定星期二、四、六下午实习农事。割稻后久旱，一夜忽大雨，农人群相庆贺，以天降黄金喻之。次日，农人皆耕地，以为种麦之用。该校则以适值星期例假，师生皆不工作。明日为星期一，无农事实习课，又不工作。又明日为星期二，上午有他课，不能工作。俟下午下田时，地已干硬，不便耕种矣。候至多日，又无雨下，只得用车引水入田以耕，费尽九牛二虎之力。次年所获，不及农人之半。此乃违农时又违人时之教育，皆坐有学校历而无生活历以为指针之弊也。

**史略与推测**　自杜威来华讲学，生活教育之名，已成中国教育界之口头禅。但只有生活教育之哲理，而于实现此哲学之具体方法，未加注意，故生活自生活，教育自教育，渺不相关。去年晓庄开办中心小学，其主旨在以乡村实际生活为小学之中心，同时又以小学为师范学校之中心。设立半年，依然费力多而成功少。当事人渐觉具体方法之需要，于是生活历即因此感觉而起。其法将学生生活分为社会的、自然的、农艺的、健康的、欣赏的五方面，再依据此五方面考订其定期事项，编为生活历，再依据生活历搜集教材，规定方法，制造工具，力谋学生生活之充分实现。适萧山县东乡教育会派校长王兆年等来晓庄研究乡村教育，晓庄同人即以编订生活历为其留校主要工作之一。王君乃就萧山东乡实际生活编一《小学儿童生活历》携归，作为办学之具体方案。吾人不办生活教育则已，如欲办生活教育，非每校有如此一生活历不可。生活历有世界所同者，如印刷机发明、汽机发明、电气发明、微生物发明、解放黑人、劳动纪念等是；有一国所同者，其在中国，如南京政府成立、黄花冈革命、植树节、马关条约、五九国耻、五卅惨案、马厂起义、南京条约、辛丑国耻、孔子生日、国庆纪念、孙文生日、云南起义等是。但一大部之生活，随省而异，随县而异，随市乡而异，必须予各校以编订之自由。但各校得此自由，必须负责编订，不可认自由为放弃，置此项重要工作于不顾。故将来应由世界教育会联合会②将有关人类进化之大事，编订世界儿童生活历，建议于全世界之学校。各国教育行政最高机关将有关本国进化之大事，编为全国儿童生活历，颁布全国学校。推之一省、一县、一校皆宜仿办。而最重要之工作，即为各本校教师依据本地实际生活，编一适于此种生活之生活历，并活用之，以充分培养本校儿童之生机。盖生活历为建设生活教育最重要之引导，无生活历，则顾此失彼，茫无所从。有生活历，则一切课程、教材、教法、工具，皆可纳于轨范之中，而与生活发生有机体之关系。故生活历一出，则一切传统沿袭之课程、教材、教法、工具，皆将受根本之动摇，而不得不受其支配。未来之学校，未来之教科书，未来之教学，必须建立在生活历上，始可谓为活的学校，活的教科书，活的教学。

## 注释

① 海宁　在浙江省北部，南临杭州湾。

② 世界教育会联合会　1923年由美国教育会发起成立。中国代表郭秉文当选为副会长。

# 艺友制的教育*



**释义**

何谓艺友制？艺者艺术之谓，亦可作手艺解。友为朋友。凡以朋友之道教人艺术或手艺者，谓之艺友制教育。

**方法**

艺友制之根本方法为教学做合一。事如何做便如何学，如何学便如何教。教法根据学法，学法根据做法。先行先知者在做上教，后行后知者在做上学。共教、共学、共做方为真正之艺友制，亦惟艺友制始能彻底实现教学做合一之原则。

**史略**

中华教育改进社考察乡村学校后，深觉改造乡村教育非另辟途径不为功，故于民国十五年与燕子矶小学、尧化门小学、开原小学特约设置铺位，以便远道同志可以留校作较长时间之观摩。此为艺友制之发端。江恒源[①]适为江苏教育厅长，深以此法为然，即派其侄希彭至燕子矶小学共同生活，以为回乡创办板浦小学之准备。江希彭留燕子矶数月，颇得互助之益。十六年秋，燕子矶幼稚园成立，丁夫人[②]偕同女毕业生二人随张宗麟指导及徐教员[③]学办乡村幼稚园，进步异常迅速。至此，同人益信此制不

* 本篇是陶行知为《教育大辞书》写的词条，载1649页。

但为培养人材最有效力之方法，而且为解除乡村教师寂寞与推广普及教育师资之重要途径。此时虽有事实，却无名称，群戏称为徒弟制。但徒弟制实不足以充分表示此制之精神。直至十七年一月五日始定名为艺友制。

**艺友制在师范教育上之应用**

艺友制之发现既以小学幼稚园为发祥地，则其应用于师范教育，自较他门教育为速。教师生活是艺术生活，其职务亦是一种手艺，应当手到心到躬亲实行者。彼惟高谈阔论，妄自尊大，不屑与三百六十行为伍者，岂能当二十世纪教师之名？学做教师之途径有二：一是从师；二是访友。随友学较从师为更自然而有效。故欲为优良教师，莫便于与优良教师为友。现行师范教育将学理与实习分为二事，所出人才与普通中学不相上下，国内少数优良小学全凭天才护持，至于师范教育之人为的贡献，尚属甚微。大多数曾受师范训练之人才至今办不出一所令人仰慕之学校，不亦深可叹息乎？艺友制以教学做合一为原则，自能纠正今日师范教育之流弊。民国十七年一月八日南京试验乡村师范学校、燕子矶小学、尧化门小学、晓庄小学、鼓楼幼稚园、燕子矶幼稚园已开始联合招收艺友。此是用艺友制的旗帜正式招集同志之起点。一月九日作者曾在《申报》及《民国日报》上发表一文，题为《艺友制师范教育答客问》，略述艺友制师范教育之原理。南京特别市教育局学校教育课陈鹤琴课长同时向南京女子中学及南京中学师资科征求同意，派遣将毕业学生至市立实验小学充艺友。南京特别市教育局亦拟招收艺友十余人，以培植教育行政人才。现此制推行至为迅速，影响所及，约有五端：一、凡有优良教师之学校皆可招收艺友，成为训练教师之中心；二、附属学校将失去惟一实习场所之资格，倘附属学校欲负训练教师之责，便非根本改造不可；三、推行义务教育之师资可以增加一伟大之来源；四、优良乡村小学教师既可招收艺友，自能解除生活上一部分寂寞；五、根本推翻师范教育之传统观念。

**艺友制与艺徒制之比较**

艺友制与艺徒制之关系甚密切。由源头上观察，艺友制亦可谓是从艺徒制中脱胎而来者。艺友制与艺徒制之所同者为教学做合一，艺徒制是在做上教，在做上学，艺友制亦然。但艺徒制有三种流弊系艺友制所革除者：一、艺徒制下之工匠待艺徒几如奴仆，至不平等。二、工匠所有秘诀、心得对艺徒不愿轻传，故使艺徒自摸黑路，精神、时间，皆不经济。三、一切动作，偏重劳力而少用心，太无进步。艺友制则不然：教者、学者既是朋友，便须以平等相待，以至诚相见，尤须共同在劳力上劳心，以谋事业之进步。

**艺友制之推行**

艺友制之成功在乎指导之得人。故凡有指导能力者，皆可以招收艺友，初不问其事业之粗细也。图画家、音乐家、雕刻家、戏剧家、电影家、著作家、新闻家、行政家、军事家、科学家、民众运动家、医生、教师、律师、技师、拳师、农夫、木匠、裁缝、商人，皆可以招收艺友。民国十七年一月十五日，中华职业教育社为推广艺友制起见，决定拟订介绍办法，使有志青年得以依据兴趣才能，充当一种事业专家之艺友，以谋上进。该社并拟筹集艺友贷金，俾贫寒天才不致因经济压迫而失学。凡此皆推行艺友制之重要步骤也。

## 注释

① 江恒源　即江问渔。

② 丁夫人　即丁超的夫人。

③ 徐教员　即徐世璧。

# 师范生的第一变*

——变个孙悟空

教育是什么？教人变！教人变好的是好教育。教人变坏的是坏教育。活教育教人变活。死教育教人变死。不教人变、教人不变的不是教育。

师范教育是什么？教学生变成先生。先生是什么？自己会变而又会教人变的是先生。师范生不是别的，是一个学变先生的学生。

自古到今，从东到西，我找来找去，只找着一位差不多可以比得上这学变先生的学生。你猜是谁？是那保唐僧上西天取经的孙悟空！

你们别瞧不起老孙。他那大闹天宫的天界革命功劳我且不提，只说几桩与你们最有关系的事迹。

第一件，他有目的，有远虑，有理想。他做了美猴王，还是烦恼。众猴对他说："大王好不知足！我等日日欢会，在仙山福地，古洞神洲，不伏麒麟辖，不伏凤凰管，又不伏人王拘束，自由自在，乃无量之福，为何远虑而忧也？"他说："今日虽不归人王法律，不惧禽兽威服，将来年老血衰，暗中有阎王老子管着，一旦身亡，可不枉生世界之中，不得久住天人之内？"所以他存心要"学一个不老长生，躲过阎君之难"。这是他所抱的目

* 本篇原载1931年4月15日《师范生》第1期，署名：时雨。

的。师范生的目的何在？我想美猴王如果做了师范生，他必定也是烦恼。如有人问他为何烦恼？他一定是这样回答了："今日虽为双料少爷，事事有听差服侍，先生照应，只管教学，可以不做，将来双手无能，误人子弟，暗中有帝国主义老子管着，一旦教人做奴隶的，自己也做了奴隶，可不枉生世界之中，不得久住主人之内！"

第二件，他抱着目的去访师。他所住的水帘洞是在东胜神洲傲来国花果山。为着要"躲过轮回，不生不灭，与天地山川齐寿"，他便飘洋求师，飘到南瞻部洲，又渡西洋大海，才到西牛贺洲，因樵夫指引，找到灵台方寸山中的斜月三星洞，遇着须菩提祖师，算起来已是化了十几年光阴了。无论那个现代留学生也没有像他这样诚恳了。教师多于过江鲫，谁能教人达目的？如果美猴王做了师范生，他必定要找一位能达他的目的的老师。不能达他的目的的老师，他是不要的。空口说白话，能教不能做的老师，他也是不要的。他又是一位大公无私的好汉。他飘洋求师，不是为着他一个人的长生不老。他所求的是猴类大家的幸福。你看他在生死簿上，把猴属之类但有名者，一概勾之，得了瑶池之玉液琼浆，也是拿回洞来大家吃。他的目的是，老孙、二孙、三孙、细孙、小孙——一家孙、一国孙、一窝孙，一个个长生不老。如果他是师范生，他决不访那教人做奴隶的老师，也决不访那教少数人做主人多数人做奴隶的老师；他所要访的是教一家人、一国人、一世界人，个个做主人的老师。

第三件，他抱着目的求学。孙悟空在斜月三星洞住了好久，一日，须菩提祖师登坛讲道，问他说："你今要从我学些什么道？"悟空道："只要有些道儿气，弟子便就学了。"祖师道："道字门中有三百六十旁门，旁门皆有正果，不知你学那一门哩？……我教你个术字门中之道，如何？"悟空道："术门之道怎么说？"祖师道："术字门中，乃是些请仙扶鸾，问卜揲蓍，能知趋吉避凶之理。"悟空道："似这般可得长生么？"祖师道："不能！不能！”悟空道：“不学！不学！”祖师又拿“流字门”、“静字门”、“动字门”中之道问他学不学，他总是反问道：“似这般可得长生么？”祖师道；“不能！不能！”他便说：“不学！不学！”祖师闻言，咄的一声，跳下高台，手持戒尺，指定悟空道：“你这猢狲，这般不学，那般不学，却待怎么？”走上前，将悟空头上打了三下，倒背着手，走入里面，将中门关了，撇下大众而去。悟空心中明白，这是祖师暗示叫他三更时分从后门进去传道。悟空当夜依着暗示进去，果然得着长生之道，还学了七十二套地煞变和一翻十万八千里的筋斗云。

由此可见，孙悟空不是一个糊涂的学生。他抱着一个“长生不老”的目的而来，必定要得到一个“长生不老”的道理才去。凡是不合这个目的的东西，他一概不学。学做先生的道门中有几多旁门，我可不知道，可是现在通行的一个，便是“讲”字门，大家好像都以为这讲字门中有正果可找。假使孙悟空做了师范生，教员问他说：“我教你个讲字门中之道，如何？”悟空必定问：“讲门之道怎么说？”教员说：“讲字门中，乃是些上堂下课，高谈阔论，好比一部留声机器。”悟空必定要追问到底，如果不能达到他的大目的，他的断语也必定是：“不学！不学！”

我们做学生的当中有多少是像孙悟空这样认真的啊？

变吧！变吧！
变个孙悟空，
飘洋过海访师宗。
三百六十旁门都不学，
一心要学长生不老翁。
七十二般变化般般会，
翻个筋斗十万八千里儿路路通。
学得本领何处用？
揭起革命旗儿闹天宫。

失败英雄君莫笑，
保个唐僧过难亦威风。
降妖伏怪无敌手，
不到西天誓不东。
请看今日座上战斗佛，
岂不是当年人人嘴里的雷公？

师范生要变做孙悟空的道理是说明白了。但是既有孙悟空，便有唐三藏。师范生变了孙悟空，那唐僧推谁去做呢？师范生的唐僧是小朋友。师范生应该拜小朋友做师傅，也如同孙行者的本领比唐僧大倒要做唐僧的徒弟。小朋友是我们的总指导。不愿受小朋友指导的人不配指导小朋友。唐僧向西天取经，经过了八十一难，若不是孙悟空保驾，也不知死了几十次，那能得到正果？小孩子学着做人，一身遇着的病魔、恶父母、坏朋友、假教员，个个都是吃人的妖怪，差不多也好比是唐僧的八十一难，若没有孙悟空的心术和本领的师范生保驾，不死于病，必死于亲；不死于亲，必死于友；不死于友，也必死于老师之手了，还能望他成人为民族人类谋幸福吗？

老孙！老孙！
校长招你来，
当个师范生。
西天保谁去取经？
小朋友是你的唐僧。

# 师范生的第二变*

——变个小孩子

"小孩子懂得什么?"

在这个态度下，牛顿是被认为笨伯，瓦特是被认为凡庸，爱迪生是被认为坏蛋。

你若想在笨伯中体会出真牛顿，在凡庸中体会出真瓦特，在坏蛋中体会出真的爱迪生，您必得把自己变成一个小孩子。

你若不愿变小孩子，便难免要被下面两首诗说着了：

(一)

你这糊涂的先生！
你的学堂成了害人坑！
你的墨水笔下有冤魂！
你说瓦特庸，
你说牛顿笨，
你说像个鸡蛋坏了的爱迪生。
若信你的话，
哪儿来火轮？
哪儿来电灯？

* 本篇原载1931年5月15日《师范生》第2期，署名：时雨。

哪儿来的微积分？

## （二）

你这糊涂的先生！
你的教鞭下有瓦特，
你的冷眼里有牛顿，
你的讥笑中有爱迪生。
你别忙着把他们赶跑。
你可要等到
坐火轮，
点电灯，
学微积分，
才认他们是你当年的小学生？

倘使被这两首诗说中，那是多么可悔恨的一件事啊！

“小孩子懂得什么？”

小孩子是再大无比的一个发明家。生下地一团漆黑，过不了几年，如果没有受过母亲、先生和老妈子的愚惑，便把一个世界看得水晶样的透明。他能把您问倒。这有什么羞耻？倘使您能完全回答小孩子的问题，便取得一百个博士的头衔也不为多。

您不可轻视小孩子的情感！

他给您一块糖吃，是有汽车大王捐助一万万元的慷慨。他做了一个纸鸢飞不上去，是有齐柏林飞船[①]造不成功一样的踌躇。他失手打破了一个泥娃娃，是有一个寡妇死了独生子那么悲哀。他没有打着他所讨厌的人，便好像是罗斯福讨不着机会带兵去打德国一般的怄气。他受了你盛怒下的鞭挞，连在梦里也觉得有法国革命模样的恐怖。他写字想得双圈没有得着，仿佛是候选总统落了选一样的失意。他想您抱他一忽儿而您偏去抱了别的孩子，好一比是一个爱人被人夺了去一般的伤心。

人人都说小孩小，
谁知人小心不小。
您若小看小孩子，
便比小孩还要小！

未来的先生们！忘了你们的年纪，变个十足的小孩子，加入在小孩子的队伍里去吧！您若变成小孩子，便有惊人的奇迹出现：师生立刻成为朋友，学校立刻成为乐园；您立刻觉得是和小孩子一般儿大，一块儿玩，一处儿做工，谁也不觉得您是先生，您便成了真正的先生。您立刻会发现小孩子的能力大得很：他能做许多您不能做的事，也能做许多您以为他不能做的事。等到您重新生为一个小孩子，您会发现别的小孩子是和从前所想的小孩子不同了。

我们必得会变小孩子，才配做小孩子的先生。师范学校的同学们！小孩子变得成功便算毕业；变不成功，休想拿文凭！

我们却要审查一番，这第二变的小孩子与那第一变的孙悟空有无重复。师范生既然会变孙悟空，那么凡是孙悟空所会变的，师范生都能变了。现在留下的问题是："孙悟空可会变小孩子？"我们调查他的生平，他只能变一个表面的小孩子，而不能变一个内外如一的小孩子。他在狮驼洞曾经变过一个小钻风，被一个妖怪察觉，"揭起衣裳看时，足足是个弼马温。原来行者有七十二般变化，若是变飞禽、走兽、花木、器皿、昆虫之类，却就连身子滚去了。但变人物，却只是头脸变了，身子变不过来，果然一身黄毛，两块红股，一条尾巴"。所以：

儿童园里无老翁；
老翁个个变儿童。

变儿童，
莫学孙悟空！
他在狮驼洞，
也曾变过小钻风。
小钻风，
脸儿模样般般像，
拖着一条尾巴儿两股红！

## 注释

①齐柏林飞船　齐柏林公司制造的硬式飞艇。第一艘这种飞船由德国退役军官齐柏林伯爵设计，1900年7月2日首次飞行。

# 评乡村小学充实儿童学额办法*

教育部新近颁布《乡村小学充实儿童学额办法》九条，足见教育当局关心乡村小学之进展，很是可喜。细看办法内容，也有几条是很具体而可以收实效的。但是有两点，愿就管见所及，提出商榷。

第一，教室定名额是工商业社会的办法，不大合于才向工商业文明出发的中国乡村的情形。“每一教室，不得少于二十五人，其名额不足者，应设法充足之。”定额为二十五人，从这点上看来，已是很少，但是在中国乡村里，连这点很少的希望，也不许我们急急忙忙的去追求。若追求得太急，便成了一种奢望，免不了要被幻想所哄骗。

从我们的经验看来，乡村小学之顺态的生长是像下面所述。开办的时候，大都只有十几位学生，很少到二三十人，间或还有不到十人的。如果校长和教师渐渐的得到社会的信仰，则不到十人之学校可一跃而为四五十，甚至于上百。这酝酿信仰之时间，看地方情形及办学者之精诚才干而定，从一学期至一二年不等。若说：每一教室，不得少于二十五人，便好比是说，每个孩子生下地不得少于二十五磅重。虽然有“重量不足者，应设法充足之”的规定，但下地时，简直没有这样重的孩子，又如何去充足

* 原载1931年5月15日《师范生》第2期，署名：问江。

它呢？

固然条文上用心亦苦，如有特殊情形，经主管教育行政机关许可，便可不照定额。事实告诉我们：乡村小学产生及初办时代之不能足额是普遍的现象，不是特殊的情形。教育部的条文尽有活动的余地，但是一到下级的呆板的行政者手里便有推草务齐的影响，暗中给了推广乡村小学很大的阻力。

那狡猾的小学校长也并不怕这个定额，他可以叫农人把小孩的名字开来，平时不必人来上学，只听得督学要到，号令一出，学生满堂。您只要二十五位，他倒有五十位咧！

所以在创办与初办时期，定额未免成为一种阻碍。只要办学得人，有了信仰，不久便可桃李满门；若不得人，只有另换贤者，空洞的名额之规定是无济于事的。最好，办法中似乎宜有一种生产教育之鼓励。农村之学龄小孩，对于家庭多少都有一点儿经济的助力。他可以放牛、看门、抱弟弟、上山找枯叶。在农人眼中，这都是紫的铜子儿。劝他送孩子上学，便等于劝他少吃一口饭。所以要想在乡村小学里谋充实儿童学额，必须打倒消费的教育，鼓励生产的教育。强迫教育举行的时候，尤须注意这点，否则便是强迫乡下人少吃口饭。少吃口饭，这在鱼翅席上吃得太饱的王孙公子看来，原算不得什么一回事。但在缸里只有三五升米的乡下人看来，却是连梦都要惊醒的刺戟咧。

# 评苏省中学校教职员联合会向国民会议请愿之气度*

江苏省立中等学校教职员吴子修等一千零六人，近向国民会议提出四个请愿案：一、宽筹苏省教育经费并切实保障其独立案；二、提高苏省中等学校教职员待遇并优予保障案；三、积极提倡学术研究，培植师资以增进效率案；四、慎选贤能，刷新行政，尊重士节，整饬学风案。

我们读了全篇的呈文和这四个议案，觉得除了那尊重士节的“士”字外，句句话都是我们心里所要说而没有说的，今竟有江苏省立中等学校一千零六位教职员代我们说了，好像是夹在喉咙口的一根鱼骨，忽然吐了出来，真是痛快得很！

苏省中学教师所说的话虽不错，但是说话的气度是未免太小了。日前看报，知道本学期苏省中学经费只发了半个月，这是谁都不能忍的一件事，可是看一看受灾各省的中学教师，连稀米粥都是吃了早饭愁着晚饭哟！中学教师苦，小学教师更苦。苏省小学教师，养不起爹娘，讨不起老婆，生不起儿女。如果他要想在养活自己之外再要养活别的人，便要日里当教师，晚上拉黄包车。那受灾各省之小学教师成千成万的在那儿嚼树皮草根咧。

范文正公“先天下之忧而忧，后天下之乐而乐”。[1]教师们不应该有此气度吗？江苏中学教师既是先知先觉，便该登高一

---

* 原载1931年5月15日《师范生》第2期，署名：问江。

呼，为全国之教师奋斗！不够，我们该为天下之吃不饱，穿不暖，居不安的同胞奋斗！天下的人都成了饿鬼，父母兄弟妻子离散，我们便天天团圆，餐餐鱼翅席，儿女个个中得洋状元，怕也没有什么意思吧。

最后，我要说我所以保留那个“士”字的缘故。中国的士是仕之出身。士是一个读书人——读书而不做事的人。长指甲是他的不做事的金字招牌。教小孩子做小士，是他失意时不得已而为之的勾当。因为穷则教书，达则做官是他的本色。现代的教师却不然，他不但不愿做士，并且不愿制造“小士”。一个读书不做事、终身想做官的人，在现代看起来是可耻了。现代的教师是什么？现代的教师是一位工人，一位教小工人的广义的工人，一位教小工人去建造理想国的工人，一位教小工人去建造极乐世界的工人。我们大家想破“士”之迷梦，来就这教小工人的工人之职吧！

## 注释

① “先天下之忧而忧，后天下之乐而乐” 语出范仲淹《岳阳楼记》。

# 中华民族之出路与中国教育之出路*

"中国教育出路"这个问题，给了我一个多月的不安。我起初以为化费两三天功夫便可以交卷，那知道拿起笔来，竟一个字也不能写。好一比是进了兴安岭的森林找不着路线。我二十年来的研究经验，好像都不能给我一点光明。想不通，如何写得出？可是，这块鱼骨头我是已经下了决心要从喉咙口吐出来的。我要就一个字不写；如果写的话，必是我思想里产生出来的和谐的系统。这个和谐的系统，我要建造在活的事实上。因此我一方面镇压自己的成见，一方面排除别人的断语。我所要追求的是充分的事实，等到事实汇齐之后，我便让它们引导我去下断语。如果我有错误，只是因为事实有错误。这个我随时愿意领教，并重新考虑订正。事实是我惟一的指针。我只愿听它的启示。在最近的两个星期来，我是想通了，我手边的事实是如此的告诉我。我现在愿意把我所探出的几条路线，献给我所敬爱的为中华民族与世界人类谋出路之朋友们，还请大家指教。

五年前的春天，我在南京。有一天下午，出南门办事，回到城门口，已是五时光景，挤不进去，待要转身，又退不出。我是挤在人山人海之中，寸步难移。仔细观察，知道是下乡的城里人

* 本篇原载1931年9月《中华教育界》第19卷第3期，署名何日平。

要从这里进城，进城的乡下人也要从这里出城，两不相让，实在也无从让起，就在这里挤住了。从城门洞的这边钻进城门洞的那边，费了一小时，挤得我满头大汗！

这不是一幅中国教育出路的缩影吗？是的，有点像。他之要求大口出路与多口出路，简直是和南门走路的人的心理一样。但是也有一点儿不同，南京南门之拥挤只是几小时的痛苦，等到乡下人出了城，城里人进了城，各人回家与妻子儿女吃晚饭，便好像没有这回事了。如果您想一想，那从南门进出的人们不是几千人，而是继长增高、源源不绝的来到这个惟一的小洞里要求通过，您便可以得到中国教育出路的一个比较正确的影子。您别想他们当天晚上能够舒舒服服的在家里和家人团圆。

也许有几位飞腿，可以赶上前回家去过舒服生活，或是跑到城楼上去呼吸新鲜空气，看底下蚂蚁式的人群自相蹂躏。但这必定是极少数。大多数的人，必是拥挤在那儿求活不能，求死不得。他们是陷在人的流沙中而不能自拔。

所以一提到出路，必是指大众的出路，而不是指少数人的出路。印度久已亡国，而土王们依然是安富尊荣。朝鲜青年殉国的不下四五万，而李王①眷属在日本还是樱花会、菊花宴，乐而忘愁。少数人的出路不必我们费神。我们所要找的是民族与人类整个的出路。

现代的中华民族是从农业文明走向工业文明。我们先拿一个农家的生活来做我们讨论的出发点吧。

在我们家乡的自耕农，六口之家，耕种三十亩田，一年可收谷六十五石（中国每亩产谷多至六石，少则一石，普通则在二石半左右）。一夫一妻和四个孩子，大的不过十二岁，一年自用谷二十四石；余下四十一石，以时价每石五元，可卖二百零五元。他要用三十元付下田本，四十元付钱粮，六十元付短工工食，三十五元买油盐杂货，四十元买柴火。这个人家田租不必缴纳，但是已经无钱换新衣，茅房不能修理，害病不能看医生了。如果这个人家要想有衣服穿，他必得少生一个孩子，把那三石谷的钱省下来去买布做衣服。否则冬天一到，难免受冻。

五口之家耕三十亩田还没有教育费。如果要孩子们个个受教育，还要少生一个孩子，拿他省下三石谷的钱送两个孩子上学。这样也只能培养他们到高级小学毕业为止。中学没有他们的份。大学更谈不上。

照这个情形看来，三十亩地的自耕农要从六口变为五口才有衣服御寒，要从五口变为四口——一夫一妻两个孩子——才能享受初等教育。换句话说，每人五亩地才够吃饭，每人六亩地才免不冻，每人七亩半地才能上学求智识。

假使这个人家本来是六口，耕种三十亩地，只够吃不够穿，凭空又糊里糊涂生下一个孩子，那末不但不够穿，连吃也不够了。不够吃，如果无法送出去，或是借钱买米，只好无饭大家饿。弄到后来，必有因饿而病，因病而死的。

没有死人之前，这个人家兄弟姐妹争吃是天天必有的现象，有时父母也不得不参战。而且大家脸上都难免黄皮骨瘦，像饿牢里走出来的一般。这个人家虽想找食物来维持七个人的生命，但是食物老子一定要他减少到六个人或五个人的地位。

照上面说来，这享有三十亩地的自耕农的命运是跟着他的孩子跑。如果他只生两个孩子，他是小康，孩子们也能受初等教育；如果生了三个孩子，大家一起都变文盲，不知道科学是什么，连小学也不能进；如果生了四个孩子，大家只好穿旧衣，冬天难免受冻，下雨屋漏正好洗雨浴，害病不能看医生；如果再生一个，一起五个孩子，大家一起进饿牢。到了进了饿牢，他还说是听天由命。什么听天由命？他只是受他的生殖器官的指挥罢了。如果是天命，天命只在自己的手里！

我们现在再进一步去看这个自耕农之将来，看他如何变成半自耕农，看他如何变成佃农，变成佣工，看他如何自然而然的完全破产。

那四口之家的两个孩子渐渐长大，米也要渐渐的多吃些，但是做事的能力也渐渐的加大，等到差不多成人的时候，短工所能做的事，他们可以替代了。假使是一男一女，那么女的出嫁，男的讨媳妇，还不致扰乱人口的平衡。生两个孩儿，死两个老人，也可以抵得过。孙儿女长大，依旧可以受教育。假使第一代所生是两个男子，情形就大不相同了。两个媳妇进门，便从四口之家一跃而为六口之家。倘使公公婆婆能见孙子面，便再跃而为八口、十口之家。倘使祖孙不及见面，那么六口或八口是一忽儿就到的。三十亩地，兄弟两家对分，每家十五亩，是无论如何也不够过活了。于是必须租地主之地才能图存。这样，一个自耕农家便变成了两个半自耕农家。

半自耕农的担负比自耕农自然是重一些，他的一部分田地要缴田租。在中国，这田租是很重的。如果他是个山东人，他要缴地价百分之十八；如果他是广东人或安徽人，他要缴地价百分之十二三；如果他是江苏人，他要缴地价百分之八。中国的田租合赋税与地租而言。除去赋税，地租是半自耕农加上的担子。自耕农四口之家可以给小孩子上学，半自耕农则四口之家的小孩们没有上学的希望。自耕农五六口之家可以糊口，半自耕农则五六口之家必定有冻饿之患。既冻又饿，便不得不挖却心头肉，去医眼前疮。祖遗的十五亩，始则以九折三分高利抵押，终于无力赎出，不得不变卖与人。这半自耕农不久便再变而为佃农了。

佃农更苦，讨得起妻子，生不起儿子。儿子生不起，还是依旧一个个的生。借债扶养，还不起便失去耕种工具，随时可以变成长工、短工、散工，统称为佣工。这佣工的儿子便是光棍一个，连老婆也讨不起了。

想那四口之家，终身信着是多福、多寿、多男子，那知道一男一女倒能维持小康的家道；两个儿子反要弄得家散人亡，甚而至于绝种。可是四口之家以一家说，生两个男孩固有这个弊病，以全国说，则因为也有生两个女孩而不生男孩的家庭。如果这边嫁个女儿出去，招个女婿进来，那边讨个媳妇进来，赘个儿子出去，通盘计算，可以互相抵消，正好维持人口粮食之平衡与小康生活的幸福。

但是，现在中国农家人口平均不是四人而是五人以上。中国华洋义赈会于十一年在直、鲁、苏、浙调查七〇九七户，所得结果为每户平均五.二四人。金陵大学农业经济系于十三、十四两年在皖、豫、苏、晋调查四二一六户，所得结果为每户平均五.二六人。陈长蘅君对于宣统二年户口统计所厘订出结果为每户平均五.二人之数。在这情形之下，那由自耕农变为半自耕农，半自耕农变为佃农，佃农变为佣工的趋势是着着进行，一步也不肯退让。今日之佣工即昨日之佃农，昨日之佃农即前日半自耕农，前日之半自耕农即大前日之自耕农。反过来，向将来一看，如果现在的各种情形继续下去，大家仍旧抱着多福多寿多男子的迷信，闭起眼睛来生孩子，那末今日之自耕农便是明日之半自耕农，后日之佃农，外后日之佣工。

这是自然的趋势。不必外来的力量，中国的农村便是这样的崩溃。倘若加以水旱、螟蝗、疾病、刀兵、盗匪、土豪劣绅、帝国资本主义之压迫，那这种崩溃便如江河日下，格外进行得快。可是这些势力有相反之效果，好一比是火把两头烧。它们会毁灭农民的资本而促农地分裂之进行，但是也会扫除农村过多的人口而维持后来者粮食之均衡。这种天行的淘汰是太残暴了。它所淘汰的，多是刻苦耕种不能移动的农民；它所选择的，多是高利盘剥，操纵市价，善于避祸的土豪劣绅。大乱之后，这些土豪劣绅乃能舒舒服服的回到乡下，收罗无主之地据为己有而坐享其成。农民！农民！您仔细想想，还能闭起眼睛，做多生主义的信徒吗？这是单从人口土地的关系上讨论，实际的情形不是这样的简单。农民不是直截了当把三十亩田地分给他的儿子们。中国农人是拜了两种矛盾的神：一是送子观音；一是土地菩萨。他一方面生许多儿子，一方面又要保存他的田地。虽然送子观音一来，土地菩萨的领土便要破碎，可是农人要替二神调解。农人是在这矛盾里面挣扎着。不到万不得已，他必不肯分家将他的三十亩地分出去。他是怎样对付他的剩余的孩子呢？

他最愿意的是给剩余的儿子在家做副业。比如一部分儿子种田，一部分儿子摇丝，是他老人家理想的经济制度。如果这个做不到，他愿意他们在近边学点手艺，如木匠、瓦匠、竹匠、皮匠、裁缝或是市镇商店里学做生意。如果这个做不到，他愿意他们到上海、汉口、天津工厂里去做工人或到东北去开垦。若是广东、福建的农人，他便打算托亲戚朋友带到南洋去做买卖。同时，他将信将疑的试一试改良稻种、麦种，如果真的每亩出产多一二斗，那么他很欢喜，因为他觉得他不必把过剩的儿子送到外面去了。如果这些都证明他是奢望，万不得已，他肯叫他们到都市里去拉黄包车，或是流着眼泪让他们去当兵，或是让他们暂且出家，等候还俗。这些路都走不通了，他才肯得罪土地菩萨，把祖遗的三十亩地分掉。

我们现在要审查这位老农心里所打算的那些出路，看有几条走得通，看看那个地方让他放一放他自己三十亩地上所不能容的孩子。

一、副业是农人经济之第二来源。养猪、养鸡总是不无小补。蚕丝是中国农人最大的副业。自从马褂打倒、西装盛行之后，蚕丝业受了很大的打击。日本农家百分之四十养蚕，生产过剩，累得中国丝也卖不出去。现今上海丝厂一百余家，继日本丝厂而暂停，更使摇丝成了一种不安稳之副业。这里不但不能再放剩余的孩子，连已经加入这个行业的人有些都要改行了。不过，副业就是好的年成也只能帮补一点儿衣着，或是帮补一点儿小菜，决不能做多子主义的后盾。如果拿它来做生儿子的靠背山，那便要靠一场空。

二、手艺人也是像农人一样的会生，把手艺教给自己的孩子已不能糊口，还能教别人来夺自己的饭碗吗？况且手工艺在机器工业的时代里是日见缩小，决不能收纳你过剩的孩子。小商人的情形也是相仿佛。

三、从前和尚庙收小和尚多多益善，现在他们必得先看庙产后收徒弟。就是必不得已时，也不容易行了。

四、中国移民，北方以山东人、河北人，南方以广东人、福建人为最多。山东与河北人向山海关外移，广东、福建人向南洋移，都是自然的趋势。陈达君在他的《Chinese Migrations》(《中国移民》)一书里估计，在全世界有华侨八，一七九，五八二人。但现在各处华侨都受压迫。加拿大、纽西兰[②]、澳洲不许华工入境。一九〇四年美国国会通过，凡华人除学界、官吏及商人外，皆不许入境。连日本政府现亦禁止华工入境，去年回国的有二千之多。南洋现在也是多方限制。从去年五月起，不但愿去的不能去，而且回来的倒有四万四千之多。这条路怕是要愈弄愈狭了。

五、开荒是比较有希望的出路。美国贝克君估计，中国可耕未耕之地有四千五百五十兆华亩。这是太大了，金陵大学熟悉中国农村情形的卜凯君，便说他估计得太高。唐启宇君估计全国可以改良利用之地为二千二百五十兆华亩。照我们的观察看来，其中可耕之地还远不及此，但无论怎样，只是估计，不是确数。努力开垦使地尽其利是我们必走之路。东北开垦情形，据张振之君报告，移到东北的人民十六年是八二一，三七七人；十七年是六九九，五七五人，十八年是六九七，四八九人。因为开垦要资本，交通又不便，这个每年平均七十多万人将来也不见得有多大的增加。张伯苓君说，东三省可耕之地为五四〇万英亩，其中已耕一半，还余下一半光景，等于一七五兆华亩。依我的中国人口创造线的标准，每人十亩。东三省现已有二千四百万人，尚可容纳一千一百万人。这里有一个特殊问题已经引人注意，日本已经来了二十万有组织的队伍。他们以后的政策是多叫日本人移到朝鲜，多叫朝鲜人移到东三省。他们在本年五月二十六日，有五百四十位代表在奉天开会作进一步的运动。中国人与日本人如不赶快觉悟想个办法，必有大不幸之事发现。但同时看看西北情形，更是惊心惨目。据地质学家说，大戈壁沙漠南下，西北有变成沙漠的趋势。甘肃一带之灾荒怕不是一时之现象。西北给沙漠吞掉的地怕要和东北抵消。中国可以养人的地，天要收回一部分。总之，开荒是救穷救死的一个方法，不是多生的后盾。

六、军队是中国剩余人口之收容所。什么地方收不了的人都可以投到这里来。四川有一县养兵至三师之多。照十九年九月的统计看来，全国共有二百五十九万九千二百人，非正式的军队还不在内。人民投军固然暂时衣食有靠，实不啻饮鸩止渴。一旦为野心家所用，兄弟、父子对垒而击。这好比是火药原可制为益人的肥料，等到装入枪管，却立刻变作惨杀同胞的工具。与其为战场上制造死尸，何如少生几个？

七、拉黄包车是农人不得已而为之的勾当，和当兵一样可以做农村人口过剩而新兴工业来不及吸收之标记。中国黄包车总数在十六万之谱。上海一处，十年之间增加五千辆，每年只增加五百辆。每辆车夫二人，只能加容一千人左右。黄包车违背人道，工业发达、交通改良之后必在消灭之列。日本为黄包车之发祥地。现在大都市中已不常见。可见它必归淘汰。

八、工业是农人剩余人口最自然而最有效之出路。中国机器工人照百登说是一百万，《工人旬报》发表为一百四十六万。在这一百四十六万中，纺织业只列十六万人。但据十七年工商部调查，纺织业在上海一处已有二十二万二千六百七十人。铁匠之二十万怕是机器匠之误，但决无如此之多。若是铁匠便不应列入。大概说起来，中国机器工人在一百五十万之谱。矿工据妥耳加舍夫十八年估计为二百二十八万九千人。这比北京政府农矿部一九一九年报告之二千五百七十八万二千是差得太多。怕是农矿部报告有矿工家属在内。每户以五人计算至少也有矿工五百万，这种数目只好当作一种参考，不可把它看得太呆。我们可以说中国至少有矿工二百二十八万。只要时局平静，工业振兴，工人的数目总是继长增高。工人历年增加率，我还没有得着。现有两种不完全的材料可以给我们一点影子。一是纺纱业工人之增加率，自一九一二年至一九二〇年之九年间为每年平均增加八千人，即自二二八，四九七人增至三〇一，五四四人。如果别的机器工厂工人也照这个速率增加，那末全国机器工厂工人每年可增加四万人左右。矿工情形不同，不好依此比例推算。中国工业所以发达迟缓的缘故很多，其中有一个特别重要的便是外国之经济侵略。从前关税不能自主，不能保护本国之新兴工业。现在关税名目上虽说是自主，其实离真正的自主还远得很。就是这点有限制的自主，帝国主义者也有法规避。第一，他们能在中国领土内设银行以吸收中国的资本，以操纵金融，而利于外国资本主义在中国之发展。在一九二五年的调查报告里，我们知道在华外国银行及中外合办的银行之资产有六八七八兆元。同年，本国银行资产只有九八七兆元，只有前者七分之一。第二，他们能在中国开办工厂，使关税保护失其效用。英美烟草公司之压倒南洋兄弟烟草公司是一个彰明显著的例子。现在日本在上海、青岛、东三省之纱锭总数已达一四八万以上，占华厂锭数三分之一。他们已经计划增设之锭数，还有二十万锭。工业是中华民族之正当出路，无论多大困难，必须由此出去。可是，我们一部分力量既要化在扫除别国所没有的压力，则进步自然较别国迟缓。因此它对于吸收农村剩余人口之容量，在外国资本主义高压力未消之前，必不见得像别国那么宏大。

九、科学农业也是帮助农人的好朋友。选种、防害虫、通沟渠、改良肥料、用机器耕种收获，确可以减少耗费而增进收成。但是选种、防虫害须有科学教育，而科学教育之普及，又须在人民可以免于冻饿之后。肥料要拿本钱去换。通沟渠小规模可以干，大规模则有待于富力。机器耕种尤须等到工业文明成熟，农村人口多半被工厂吸收过去之后。所以科学农业在现状之下，只能有些微的影响，而这些微之影响，必限于农科大学所在地及其附近。最著成效的要算选种，收成可多一二成。靠近农科大学的农村可以得这点很好的帮助，但是要靠它来解决农村剩余人口，便是奢望。

综观上述事实，那收容农村剩余人口最大的出路而又能培养这剩余人口使能发生更大之力量的，一是东三省之移民；二是新工业之振兴。但这两种出路之收容量，每年平均怕只在一百万人左右（移民七十余万，机器工厂四万，其他无从估计，假定为十余万）。人口生产率，乔启明君根据四省十一乡村二万余人调查结果，寻得平均生产率为千分之四二.二。倘以通俗之四万万人计算，每年便要生一千六百八十万；倘以陈长衡君所估计之四万六千零五十一万计算，每年便要生二千万人。要把生出来的人数来通过这些出路，真好比缠索穿针眼（《圣经》骆驼穿针眼是译错了）。可是中国人生得多，死得也多。乔启明君在同一调查中，寻得死亡率为千分之二七.九，推之于全国，照陈长衡君之人口总数计算，每年要死去一千一百五十万。生死相抵，每年要增加八百多万人。据中国各种事实看来，陈长衡君人口总数估计未免太高。这个可另作文讨论。乔君所寻出的死亡率，也不能作为全国之标准，因灾荒淘汰与互相残杀已经是大批的进行，除了豫省之外，不在他们所调查的乡村里发现。我们只须一看国民政府赈灾委员会主席“全国灾区蔓延二十一省，共有灾民七千余万”的报告，便知道死亡率必大大的增高。这七千余万之灾民，有五千万以上是在冀、鲁、豫、晋、陕、甘、察、绥八省区域之内。可见那真正的死亡率必大大的超过千分之二七.九。陈长衡君根据苏、浙、皖、晋、陕、桂六省户口统计所得之自然增加率为千分之十一，怕是最高的限度了。用这增加率推算，每年增加人口四百四十万（依通俗之四万万计）至五百一十万（依陈长衡君四万六千零五十一万计）。拿这个人口增加数和一百万的出路比较，简直是如同兔子和乌龟赛跑，除非是兔子在半路偷睡，乌龟那能赶得上它。乌龟赶不上兔子，出路赶不上人口，结果不外乎三种：

一、借债度日　我们现在不够吃，不够穿，甚至于吃的米、穿的棉、所用的肥料，也有一部分是从外国来的。我们先看一看衣、食和肥料三门，最近每年入口比出口要超过多少。

**粮食入超表**（海关报告）

| 年　份 | 出入口 | 类　别 | | |
|---|---|---|---|---|
| | | 米（石） | 麦（石） | 粉（石） |
| 一九二八 | 入口 | 12 657 904 | 903 088 | 6 185 402 |
| | 出口 | 29 769 | 1 801 402 | 123 421 |
| | 入超 | 12 628 135 | | 6 061 981 |
| | 出超 | | 898 314 | |
| 一九二九 | 入口 | 10 824 065 | 5 663 613 | 12 083 552 |
| | 出口 | 28 452 | 802 185 | 62 569 |
| | 入超 | 10 795 613 | 4 861 428 | 12 020 983 |

据上表看，三种粮食合计入超一千八百万石，成人和儿童平均每人每年吃两石，便有九百万人靠外国粮食过活。民国十八年入超二千八百万石，便有一千四百万人靠外国粮食过活。三十倍南京城的人口是吃外国粮食，没有外国粮食便要饿死。

**衣棉入口表**（海关报告）

| 年份 | 出入口 | 类　别 | | |
|---|---|---|---|---|
| | | 棉花（海关两） | 棉织品（海关两） | 总计（海关两） |
| 一九二八 | 入口 | 68 548 778 | 166 581 215 | |
| | 出口 | 35 914 857 | 14 706 261 | |
| | 入超 | 32 633 921 | 141 874 954 | 174 508 875 |
| 一九二九 | 入口 | 92 078 105 | 167 460 496 | |
| | 出口 | 31 722 772 | 15 639 957 | |
| | 入超 | 60 355 333 | 151 820 539 | 212 175 872 |

看上表我们知道，棉花和棉织品之入超，在民国十七年为一七五兆两，十八年为二一二兆两。据社会调查所调查结果，北平手艺工每人家的衣服费，占全年用费百分之四（一九二六年）。北平黄包车夫每家之衣服费，占全年用费百分之六.八。北平建造工人每家占百分之一〇.三，上海纱厂工人每家占百分之九.四，塘沽制盐工人每家占百分之九.五，北平西部农人每家占百分之四.五，北平东部乡村每家占百分之七.七。五口之农家，种三十亩地，每年穿衣费占用百分之五，约十八元五角，每人约占四元。二一二兆两银约合二八〇兆元。民国十八年全国有七千万人靠外国棉花或棉织品御寒。即以建造工人之最高穿衣占百分之一〇.三计算，也有三千五百万人，即南京人口之七十倍，若没有外国棉花及棉织品进口便要冻死。

**肥料入口表**（海关报告）

| | | |
|---|---|---|
| 一九二八 | 入口 | 11 471 355（海关两） |
| | 出口 | 650 883 ” |
| | 入超 | 10 820 472 ” |
| 一九二九 | 入口 | 12 125 430 ” |
| | 出口 | 753 789 ” |
| | 入超 | 11 371 641 ” |

中国肥料之进口是逐年增加了。民国十八年入超已到一一，三七一，六四一两，约合一千六百万元。每亩下肥料一元，即有一千六百万亩田靠外国肥料生产。每亩产谷二石半，即有四千万石谷非外国肥料不能生长。成人、儿童平均每人每年用谷四石，即有一千万人的粮食靠外国肥料维持。

我们的肥料，系从英、德、美三国来的。倘使他们再打起仗来，要用肥料做火药，那我们便有一千万人要料理丧事，或是分大家的馒头吃，叫大家都要饿得不可耐。

所以，现在中国有二千四百万人靠外国粮食和外国肥料养活，至少有三千五百万人靠外国棉花和棉织品御寒。中国还不是工业国，没有制造品足以和外国交换这大量之生存品。那末，这些生存品是如何得来的？无疑的是借债间接取来的。

**中国国债表**

（二十年一月卅一日）

| | | |
|---|---|---|
| Ⅰ.国内公债总数 | | 828 112 887 元 |
| Ⅱ.外债 | | |
| 甲　有抵押借款 | 152 910 000 镑 | |
| 乙　铁道借款 | 40 974 426 镑 | |
| 丙　电政借款 | 8 806 348 镑 | |
| 总　　数 | 202 690 774 镑 | |

这些借款当然不是直接借来买米买布的。但是间接的都和人口问题有密切关系。那编遣公债和赈灾公债更是显然拿来对付过剩的人口。这些借款所发生的事业，积极的如铁道、电政，消极的如养兵，都是帮助农村剩余人口多活几个，其方式乃是因外来的力量以取得生活之必需品。这二千四百万人之食，三千五百万至七千万人之衣，便是这样得来的。本国人所买的公债，用在这种供给上是吃去已往的储蓄，证明现代人不够养活自己。外国人所买的公债用在这种供给上是靠外国人的力量过活，证明本国人不够养活自己。

二、自杀　国家借债虽多，而人浮于事，不能充分分润外来的粮食、衣着，为冻饿所驱，无路可走，意志薄弱的乃走入自杀一途。上海每年自杀达二千人。社会局分析自杀原因，不大清楚。但据我所观察的分析，直接、间接因经济压迫而寻死的必在半数以上。北平全家自杀的，时有所闻，冬天尤甚。穷乡僻壤自杀的人，因不为报章所登载，实不易统计。但以上海北平的情形推算，全国自杀的人必以万计。与自杀情形相近的，就是那些忍冻忍饿以至于生病，再因病而死的人们。这在那每年一千一百五十万死者之中，必占一很大的数目。

三、相杀　没有饭吃而不愿自杀的人，必夺人之食以救己之命。夺而遇着抵抗，必至相杀。或杀人，或为人所杀，或两败俱伤。小而言之，则为盗为匪；大而言之，则酿成国内或国际战争。

**上海盗案绑案表**

| 时期 | 盗案件数 | 绑案件数 |
| --- | --- | --- |
| 十九年五月 | 三二件 | 二件 |
| 十九年七月 | 三八件 | 一一件 |
| 十九年十月 | 五九件 | 七件 |
| 十九年十一月 | 五一件 | 五件 |

据熟悉上海情形者说，上海一处，靠盗窃绑票吃饭的人在五万以上。近年，轮船劫案时有所闻。这都是人多于食的必然的现象。这几年来，青年学子死于非命的以万计，是最可痛心的一件事。宋子文君报告民国十八年七月一日至十九年六月三十日之国库支出为四九五，〇七四，〇〇〇元，其中百分之四九.六为军费，计二四五，四四五，〇〇〇元，百分之三七.五为还债费，计一八五，九四二，〇〇〇元。中国的国债大部分是连年战争所赐下的负担，可以说是过去未还了之战费。故十九年六月止，一年中所支过去与当年的军事费不啻为百分之八七.一，计四三一，三八六，〇〇〇元。军火输入十七年为一一，五二五，九八六两，十八年为三，九〇二，七四二两。同时，对方之所费也不见得太少。人民因战争之损失或大于战费。但是，战争是什么？就我们看起来，只是武装抢饭吃，或是武装禁人抢饭吃。西北军之“就食江南”之口号，是战争的最确切的解释。欧洲大战的最适当的解释，也是人口过剩。否则，虽有穷兵黩武之野心家，人人安居乐业，饱食暖衣，谁愿意去当兵。既招不着兵，这些野心家最多只好个人去决斗，于人民幸福无碍，不过茶余酒后，多了一

些谈笑资料罢了。为什么打仗？因为有兵。为什么有兵？因为田不够耕，工不够做，饭不够吃，衣不够穿。为什么田不够耕，工不够做，饭不够吃，衣不够穿？因为儿女生得太多。儿女生得太多便养不活。活难死亦不易，于是借债过活，借债养兵，借债运火药，借债来大批的屠杀那生得太多、无法教养的儿女。

照此看来，我们所说的那位老农，用心虽然很苦，到了后来，毕竟是无法保持他的三十亩地，只好拿来分给儿子们。结果是土地菩萨所管的地愈分愈小，而送子观音所送来的儿子，或是个个弄得脸黄骨瘦，或是贩烟窝赌、男盗女娼，弄得家破人亡，这那里是他初料所及的啊？

这位老农如果是一个人，或是少数人，那末也用不着我们操心太过。可是他是一个具有代表性的中国人。他的命运，是中国人的命运；他的错误，是中国人的错误；他有出路，也就是中国人有出路。如果他弄得家破人亡，那末他的集合体的中国人，也就要弄得种弱国灭了。这位老农的出路在那儿？中国人的出路又在那儿？这等于说，如果大家人人都是像这位老农的模样，中国人还有什么出路？

好，这位老农有三十亩地，他的命运便受制于这些地面和他所生的儿女之数目。

**三十亩老农家境变化表**

| 家中人数 | 每人亩数 | 状　态 |
|---|---|---|
| 3人 | 10.0亩 | 可受中等教育 |
| 4人 | 7.5亩 | 可受初等教育 |
| 5人 | 6.0亩 | 无力受教育 |
| 6人 | 5.0亩 | 衣不暖 |
| 7人 | 4.3亩 | 食不饱 |

如果要请这位老农来代表中国，我们先要问，中国有多少已耕之地？刘大钧君根据民国十七年农商部统计报告，找出中国已

耕地面为一八二六兆亩。如用每人十亩、七亩半、六亩、五亩、四亩三分来除，可得在各种状态上之人口约数。现列图表如下：

**中国耕地人口状态表**

| 已耕地面 | 每人亩数 | 总人口 | 生活状态 |
|---|---|---|---|
| 1826 兆亩÷ | 10.0 亩 | =183 兆 | 此数以下可以创造文化，称为创造线 |
| | 7.5 亩 | =243 兆 | 此数以下可以普及初等教育，以上便有文盲，称为教育线 |
| | 6.0 亩 | =308 兆 | 此线以上无力换新衣，称为无衣线 |
| | 5.0 亩 | =365 兆 | 此线以上食亦有缺，称为无食线 |
| | 4.3 亩 | =425 兆 | 此线一到必有乱事，七人中死一人，称为大乱线 |

**中国人口数与生活状态图**

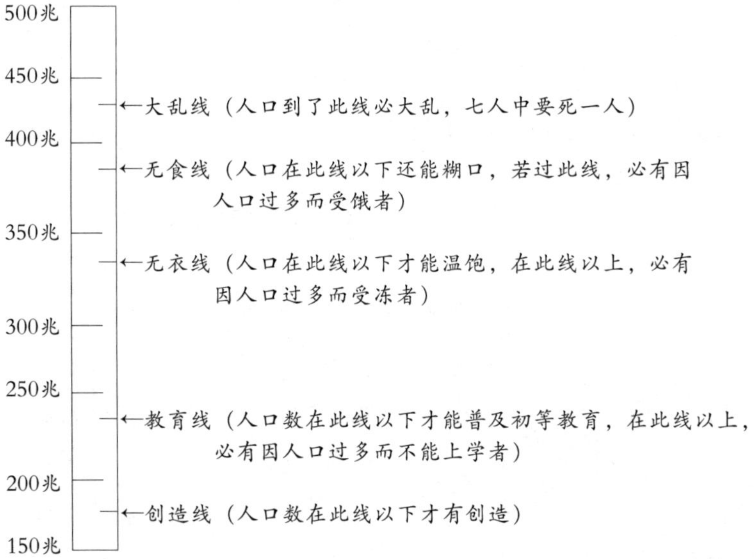


看了这张表，我们对于中华民族最根本之出路，是看得明白了。中华民族最根本之出路是什么？

**少生小孩子**

中华民族之最根本之出路，即中国教育之最根本之出路。故中国现代教育者之最大责任是：

**教人少生小孩子**

教中华民族从大乱线退到二百四十兆的教育线上来，使得个个饱食暖衣又能受最基本的教育；更好是退到一百八十兆的创造线上来，使有天才的分子不致为穷忙所埋没，得有余暇研究高深学问，以发现更有效之生产技术，而创造更富裕的社会。

我们再用别的国家每人平均耕地面积来比一下看看：

**法国本国耕地人口表**

| | | |
|---|---|---|
| 耕地总面积 | 2 250 506 000 公亩 | 1926 年调查 |
| 本国人数 | 40 743 000 人 | 1926 年调查 |
| 每人平均耕地公亩数 | 55 公亩 | |
| 每人平均耕地华亩数 | 8.9 华亩 | |

**英领印度耕地人口表**

| | | |
|---|---|---|
| 耕地总面积 | 12 309 609 500 公亩 | 1927 年调查 |
| 人数 | 318 942 480 人 | |
| 每人平均耕地公亩数 | 38.5 公亩 | |
| 每人平均耕地华亩数 | 6.26 华亩 | |

**日本内地耕地人口表**

| | | |
|---|---|---|
| 耕地总面积 | 670 365 300 公亩 | 1927 年调查 |
| 人口总数 | 64 500 000 人 | 1930 年调查 |
| 每人平均耕地公亩数 | 10.4 公亩 | |
| 每人平均耕地华亩数 | 1.69 华亩 | |

**美国本国耕地人口表**

| | | |
|---|---|---|
| 耕地总面积 | 13 932 053 000 公亩 | 1927 年调查 |
| 人口总数 | 110 000 000 人 | 1930 年估计 |
| 每人平均耕地公亩数 | 126.6 公亩 | |
| 每人平均耕地华亩数 | 20 华亩 | |

（1 华亩=6.144 公亩）

照这几张表看来，我们教育线上每人平均亩数比法国少一亩，比印度多一亩光景。中国现在实际情形比印度还坏，所以此刻每人平均亩数一定比印度少。我们要过美国的生活，每人需有耕地二〇华亩。如果和日本一样的努力，一样的吃苦，海岸线一样的长，工业一样的发达，那末便是每人一亩七分地也可以勉强敷衍过去。但是，日本虽有绝端能力，却也是已经到了困难关头。中国人是决不能在二亩左右生存的。日本的情形实在给了我们一些希望，它告诉我们，如果工业发达，每人农地可以减少到什么限度。但是，如何可以创造工业？中国几十年来工业为什么不能发达？我们的回答是：一、因外国之经济侵略；二、因人口太多，把储蓄的财富都吃光了；三、科学教育重讲不重做。

我们如何能退到教育线及创造线？

一夫一妻，在提高生产技术未著成效之前，只能生两个孩子。死了一个还可以再生一个，死了一个而不能再生，也有一个孩子传代，于是渐渐地可以退到二百四十兆或一百八十兆。教育在这人口总退却之进行中，有如下之任务：

（一）大声疾呼，唤起全民族，发一人口总退却之紧急命令，教男子满二十五，女子满二十岁始行结婚。结婚后服务五年，可生第一子。俟第一子入小学，可生第二子。以二子为限。子为男子女子之通称。一胎生二子或三子者，以一胎为限。

（二）中央研究院在开创时期内之第一重要工作是设避妊研究所。要发明一个铜子的避妊法，使全民族都够得上实行。

（三）避妊之普遍的宣传，应成为民众教育最大之职责。医院及注册的医生，对于国民避妊之询问，应免费指导。

（四）宣传结婚前配偶之科学的选择，以为改良人种之准备。

（五）女子常以多生为苦，必赞成这种合理之主张。那最大之阻碍，便是男子之兽性。故一方面由教育劝导，一方面用法律限制。生孩多于二人，宜处男子以危害民国之罪。

（六）宣传科学上男女有同等之遗传力，故有女即有后。

（七）大声疾呼，唤起全民族组织一永久人口升降委员会，随时调查耕种土地面积之消长，生产技术之进退，生活程度之高下，容纳人口出路之多少，以改定人口升降之比例，公布全国，共同遵守。

有人怀疑，人口减少国势怕要越加懦弱。我说：中国之弱，弱于人多；如果减少，便要发生很大的力量。譬如一个人家，财力只够教养两个孩子，如今生了四个，衣食不足，又不知礼义，自必酿成“吃饭打破锅，睡觉撕破窝”的现象。兄弟阋墙，外人乃能施行挑拨，以收渔翁之利，结果必是两败俱伤。如果只有两个孩子，那末教养得宜，自能发生相当力量。倘使学得本领，能够驾御机器，像美国工人，一个人便有三十个人的力量，两个人不是有六十个人的力量了吗？孩子太多，不能教育，互相争夺，相抵相消，力量几等于零。以一家推到全国，四万万人是毫无力量，二万万人倒可有六十万万人之力量咧！

外国人每每以种族自杀，来封住少生主义者之口。殊不知种族自杀，有消极与积极两种。消极自杀是不愿生育，但生得太多乃是积极的自杀。多生主义者的信徒，把中国人弄得田不够种，工不够做，饭不够吃，衣不够穿，求死不得，求生不能，这叫做种族之积极的自杀。我们提出少生主义乃是中庸之道，对于消极、积极的自杀政策，都是反对的。现今世界强国中，人口增进最慢的无过于法国。近一百年来，只增加了三分之一。它在大战中，居然也能抵抗增加二倍半之德国。现今各国失业的人，辄以百万计，而法国便无这种烦恼。

教人把人口从大乱线退到教育线和创造线上来，是教人不要多生，不是教人多杀。少生主义之信徒即是贵生主义之信徒。我们反对屠杀。我们反对死刑。暴虐者不得藉口人多而惨加屠杀。我们必得在这里说明我们的本意，使大家对于我们的主张没有丝毫的误解。

假使我们顺利的把人口退到教育线与创造线，如果我们不变更人生观，还是无济于事。我们在教育线上若无求知欲，便依然不会运用科学结果以增进人生的幸福。我们在创造线上若无发明欲，便依然不会探入未知之境界，以开发科学之泉源。知识不是从玄想中跳出来的，必得在大自然里去追求。财富不是从天上落下来的，也必得在大自然里去探获。我们从前因为过庶，所以贫穷；因为贫穷，所以愚蠢；因为愚蠢，所以过庶。结果是愈庶愈穷，愈穷愈愚，愈愚愈庶。少生小孩子，可以打破过庶之害。接着来的问题，便是用智识去造财富，用财富去求知识，使人民愈富愈智，愈智愈富。新近依日本人估计，中国每人均摊财富只有一〇一元日金。这大概是指我们可以运用的财富而言，那些埋在地下没有开发的宝藏，当然还是无法运用，所以不算在内。同时，日本每人均摊财富为一七三一元，比中国人大十七倍多。美国每人均摊财富为六六〇七元，比中国人大六十五倍多。俄国虽穷，还在中国之上，每人均摊七五六元，差不多比中国人大七倍。所以中华民族的第二条出路是：

**创造富的社会**

中国教育的第二条出路是：

**教人创造富的社会，不创造富的个人**

资本主义的国家的教育，只是做了创造富翁的工具，以致贫富阶级因教育而愈隔愈远。我们只要创造富的社会。社会既富，则在社会里的个人自然而然的富了。在创造富的社会之过程中，教育之任务如下：

（一）教人创造富的社会，便是教人创造合理的工业文明，便是引导人民在合理的工业上出头。

（二）教人创造合理的工业文明，便是教人创造合理的机器文明，合理的机器文明，便是要人做机器的主人，不做机器的奴隶。

（三）科学是工业文明的母亲，我们要创造合理的工业文明，必须注重有驾御自然的力量的科学。

甲、任何教师必须擅长一门自然科学，没有自然科学训练的，不配做现代的教师。

乙、科学要从小教起。

丙、不做无学，不学无术。科学实验要在做上学，在做上教。读科学书籍，听科学讲演，而不亲手去做实验，便是洋八股而非真科学。

（四）农业对于富力之增加，有两种方式：一是使全国无荒废之地；二是把科学应用到农业上来，使地尽其利。最后，等到工业吸收了一大部分之农人，即可使农业变成工业化的农业。

（五）教后起青年运用双手与大脑去做新文明的创造者，不教他们袖起手来去做旧文明的安享者。

（六）教人同时打破“贫而乐”、“不劳而获”、“劳而不获”的人生观。这三种人生观，都是造富的心理上的最大障碍。

（七）教人重订人生价值标准。农业社会与向工业文明前进之农业社会是不同的。纯粹的农业社会的一切是静止的。向工业文明前进的农业社会的一切是变动的。我们要有动的道德，动的思想，动的法律，动的教育，动的人生观。有人说知识要新，道德要旧。这简直是应该扫除的一种迷信。旧道德只能配合旧知识。新知识必得要求新道德。

教育能够这样的办，便能产生法拉第与爱迪生，把发明与制造化在一炉而冶之。据和林（M.C.Horine）君说，美国科学农业已经进步到这一个地位：四百万农人种六十万万英亩地，每年收获一千万万斛[③]（斛，Bushel，等于华三斗六升），平均每英亩十七斛。美国没有机器之前，耕种收获十五斛麦子，要费两小时半的人工，现在有了机器，只要七分钟工夫。这就是说，美国现代农人比从前的能力大了十七倍，一个人能做十七人之工作。

再拿电磁石的起重机来说吧。没有这起重机之前，四百万磅的钢铁要二十八个人费两天两晚的工夫才能起完，现在两个人费十一小时，这等于说十四分之一的人，只须费四分之一的时间，便把这工作做了。人得了电磁石的法子，力量便增加了五十四倍。同时运铁的船只须等候四分之一的时间，能做双倍来往的买卖了。

自从徽梯尼（Elix Whitney）[④]发明轧棉机（Cottongin），一

个人轧五磅棉花的时间，便一跃而能轧一千磅，效力比前大二百倍。自从哈葛里夫（James Hargreaves）、阿客来特（Richard Arkwright）发明纺织机，一个人能使一百二十五个纺锤每分钟打一万个旋转。自从卡弟来特（E.Cartwright）、可洛模甫吞（S. Crompton）[⑤]、诺尔斯（L.J.Knowles）、打雷拍（I.Draper）[⑥]、诺司洛甫（J.H.Northrop）发明改良织布机，一人之力能做数百人之事。里滴（Thomas T.Read）估计，各国人工作效率，以中国人为单位，美国人的工作效率三〇倍于中国人。

创造富的社会，头脑里要装着科学，手里要掌着马力，这样，大自然会变成我们的宝藏。我们如果能把空中的淡气造成肥料，石田变成土壤，人人吃不了，用不了。到那时，这造富的工作才算有点成绩哩。

最后，这创造的力量与人口之自然增加率的关系也得讨论。生得多，死得多，创造力自然要减少，生命、金钱都在这上面耗费了。生要吃着，死要棺材，弄得人财两空。与其生而即死，何如不生？许士廉君算出来，中国人和印度人生一个孩子，比欧洲北部的人要费八倍半的精神和财力。精神和财力都和死的孩子一起埋在泥里去了，还有多少余力来教养活的孩子，还有多少余力来创造文化呢？所以，要想有创造富的社会的精神，也得少生几个小孩子。

教人少生小孩子，是少数人干得起来的吗？少数人可以发起，但是要他发生力量必得全民族起来互助。全民族家家都实行节育，那末可以把人口退到教育线与创造线上来。教人创造富的社会也要靠这种互助。但是，如果工人们只是机器之奴隶，而不是机器的主人，那末劳资纠纷，永无宁期，还能造出富的社会吗？故必须有大平等的地位，才有互助之可言。这两件事的效力，一部分要靠政治的力量。政治立在民众的基础上，才能发生伟大的力量。大家觉得政治是自己的事，必是拼命的拥护，这力量必是不可思议的伟大。否则，寡人政治以治者资格压制被治之民众，民众非积极的对抗，则消极的不合作，必不能发挥出力量来。所以要想把少生小孩子与创造富的社会两件事做出来，必须整个民族在政治经济上有平等互助的精神。所以

**教人建设平等互助的世界，是我们第三条出路**

不但我们民族的出路是平等的互助，即世界人类的出路，也在平等的互助。特别是这人口问题，必须由世界各国同心合力的来解决，才能有彻底的办法。现在各国的趋势是拼命的生孩子，生到不能容了，再打一次大战，死他一千万、伤他二千万。我们先看看全世界的人口和他的增加的状态吧！

我们要知道全世界的地面和任何一国一样，也是有限的。哈佛大学伊司特（E.M.East）君说，全世界可耕之地只有一三〇〇〇兆英亩，已耕五〇〇〇兆英亩，还余八〇〇〇兆英亩（等于三二三，六七六，八〇〇，〇〇〇公亩，或三，二三六，七六八，〇〇〇公顷）。美国农林部贝克尔（C.E.Baker）君说，世界总地面五二，〇〇〇，〇〇〇英方哩，大部分不能耕种，已耕者三，七〇〇，〇〇〇英方哩，未耕而可耕者尚有四，二〇〇，〇〇〇英方哩，以每英方哩等于二.一六方千米[⑦]，一方千米等于百公顷计，得九，〇七二，〇〇〇方千米，即九〇七，二〇〇，〇〇〇公顷。依司特君对于未耕可耕之地所估面积，大于贝克尔君所估三倍半。究竟谁估的数目切近事实，这可以间接的判断一下。对于未耕可耕之地面，我没有根据可以使我断定。但是对于已耕之地，昭和五年的日本帝国《统计年鉴》里面列了三十四国之耕地面积与其出产量，这是很可靠的资料。我仔细看了一下，大国只缺少中国。此外列有出产而未列耕地者有荷领东印度、斐利滨、暹逻[⑧]、墨西哥、巴西，小国没有列入的还很多。这三十四国有七六五兆公顷已耕之地。我加上中国之一一二兆公顷，共有八七七兆公顷。贝克尔君所估三百七十万英方哩。只有七九九兆公顷。故贝克尔君之估计，实在是少了一些。但是，在日本内阁统计里面拥有大量耕地之国，除中国外都已列入，决不能像依司

特君所估计的那么多五〇〇〇兆英亩即二〇〇〇兆公顷。两相比较，还是贝克尔君的估计近于事实。我现在估定已耕地为一〇〇〇兆公顷，未耕地暂用贝克尔君之数为九〇七兆公顷，合计一九〇七兆公顷。

现在全世界人口是一八〇八兆人，占耕地一〇〇〇兆公顷，每人占耕地〇.五五五公顷，即五五.五公亩，合每人九.〇四华亩，合每人一.三六英亩。以现代各国人民平均之生活状态与工作效能计算，全世界还能增加一六三四兆人。若照依司特君所定每人二英亩半之标准，不但不能再增加，而且还要把现在的人口减少到差不多一半。

世界究竟能容多少人？那已耕可耕之一九〇七兆公顷之地面究竟够几多人过活？这是要看全世界人的生活程度与生产效能而定的。照美国人的生产程度与生产效能，每人平均一.二五公顷地，全世界可容一五二五兆人。现在这一八〇八兆人还要减去二八三兆才能容得下咧。若照日本人的生活程度与生产效能，每人平均〇.一〇四公顷，全世界便能容纳一八三三六兆人，再加九倍来，也或能勉强挤下去。倘使是中国人，能过日本人的苦日子，但是没有日本人的生产效能，若像日本样要普及教育，那末，每人必得有〇.四六公顷地。如此，则全世界也只能容四五八〇兆人，除却现在数目，还能加上二七七二兆人。

我们再要进一步审查世界几时有人满之患。先请看一看下列之表：

**世界未来人口增进推算表**

| 国别 | 现在已耕地（公顷） | 现在人口 | 每人耕地面积（公顷） | 世界人口依各国生活标准之增加可能数 | 千人中每年人口增加率 | 在未耕可耕地内照此率增加世界几时人满 |
|---|---|---|---|---|---|---|
| 美　国 | 139 320 530 | 111 000 000 | 1.25 | 726 兆 | 14.5 | 年加 26 兆 28 年人满 |
| 加拿大 | 22 831 555 | 8 788 483 | 2.60 | 349 兆 | 20.0 | 年加 36 兆 10 年人满 |

续表

| 国别 | 现在已耕地（公顷） | 现在人口 | 每人耕地面积（公顷） | 世界人口依各国生活标准之增加可能数 | 千人中每年人口增加率 | 在未耕可耕地内照此率增加世界几时人满 |
|---|---|---|---|---|---|---|
| 澳　洲 | 9 175 083 | 5 435 734 | 1.69 | 531 兆 | 20.1 | 年加 36 兆<br>15 年人满 |
| 巴　西 | 60 000 000 | 30 635 605 | 2.00 | 454 兆 | 28.9 | 年加 52 兆<br>9 年人满 |
| 日　本 | 6 702 653 | 64 500 000 | 0.104 | 8723 兆 | 13.1 | 年加 23 兆<br>379 年人满 |
| 德　国 | 20 556 516 | 62 592 575 | 0.328 | 2765 兆 | 10.0 | 年加 18 兆<br>154 年人满 |
| 法　国 | 22 556 116 | 40 743 897 | 0.554 | 1637 兆 | 7.7 | 年加 14 兆<br>117 年人满 |

（巴西耕地面积为估计）

上表只在可耕之地上研究，那已耕之地暂且搁他起来不谈。如果照新开地加拿大、澳洲、巴西之生活标准、状态、移入人口率、生死差增率推之于全世界，那么不消十年，这余下的九〇七兆公顷地，便可宣告人满。倘若把旧国如德国、法国的情形推到全世界来算，那么要不了一百六十年，也就要人满了。如果全世界都有日本人的生产效能，而又能过日本人的苦生活，那么三百八十年也就把这余下的可耕地完全挤满了。可是实际决不如此，全世界人口决不能像新开地那样飞跑，也决不能过日本人那样刻苦的生活。况且现在日本人除了农工业收入之外，每年还有从海里捞来的二〇九兆日金和海外日侨寄来的三〇兆日金。如果全世界都过了日本人的生活，这种收入便须大减而特减，那时各国人民都能制造，工业出品的收入也要打个大的折扣，连日本人也不能在那〇.一〇四公顷上生活了。不过，同时食物、肥料产生法或者可以进步，能够打消我所说的缺点。不过世界上人决不能过日本人的刻苦生活，这是可以预言的。所以，实际上在新开的地方，是略照巴西、加拿大、澳洲的标准速率进行；旧开的地方是照德国、法国的标准速率进行。可是人口总是向着新开地跑，结果人满之日期是趋近于新开国所定之时限。到了加拿大、澳洲的人口密度变成现在美国的样子，那时全世界一定是挤得没有空地了。

| 国别 | 最近报告之人数（日本内阁五年统计） | 报告年份 | 近百年来之增加倍数（根据陈长衡君计算） |
| --- | --- | --- | --- |
| 日本内地 | 64 500 000 | 1930 | 3 |
| 英国本国 | 47 123 000 | 1921 | 3 |
| 法国本国 | 40 743 897 | 1926 | $\frac{1}{3}$ |
| 德　国 | 62 592 575 | 1925 | $2\frac{1}{2}$ |
| 美国本国 | 105 710 620 | 1920 | 10 |
| 俄　国 | 147 013 600 | 1926 | 4 |
| 英领印度 | 318 942 480 | 1921 | $\frac{1}{5}$（四十年来） |

前世纪，美国在一百年中人口增加十倍的时候，全世界人口恰在这一百年内增加一倍。所以加拿大，澳洲人口增加十倍时，全世界的人口或要从一八〇八兆加倍而为三六一六兆了。美国前期发展还是农业国，现在之新开地大都是农工业并进，实在怕是要不了一百年了。到那时，大家都要挤得不可耐，如果照美国的生活的标准与生产效能，现在全世界便应该立刻宣布人满，照比例限制生育，以期到第二代时可以减少二八三兆人。

世界上人口早已满了，再要增加便是降低文化，剥夺别人生存的机会。全世界的人们都要彻底觉悟，大家在一块儿商量一个少生小孩子的办法。

可是，这世界是掌握在愚人手里！法国妇人愿意少生而法国政客偏要鼓励多生：生五个小孩的母亲赏铜牌，生八个的赏银牌，生十个的赏金牌。这是一九二〇年法国大总统的命令！大家庭的舟车来往还可以打特别折扣，真是有趣极了。意大利的男人不愿结婚，而意国政客非要他讨老婆不可。男子独身税，二十五岁至三十岁，须纳三十五利（一利合华币七角七分四厘）；三十六岁至五十岁五十利；五十一岁至六十五岁，二十五利。此外，还要纳所得税之独身附加税。六十岁以上的老头子，墨索里尼老板还要吃他的喜酒咧。这些政客为什么欢喜老百姓讨老婆呢？他们要老百姓生儿子当兵，打仗，夺面包吃。老百姓的太太们！你们今日怀里的小宝宝，便是将来战场上的候补死尸哟。少生几个吧！

你们不相信我的话吗？请看一看列强之杀人费吧！

**列强十八年度之军事费**

（各国币）

| 国　别 | 总　岁　出 | 海陆空军费 | 百分比 |
|---|---|---|---|
| 日本 | 1 736 兆圆 | 495 兆圆（海陆） | 28.51 |
| 英国 | 823 兆镑 | 112 兆镑 | 13.70 |
| 美国 | 3 795 兆金元 | 773 兆金元（海陆） | 20.26 |
| 法国 | 45 366 兆法郎 | 9997 兆法郎 | 22.05 |
| 意国 | 19 466 兆利 | 4648 兆利 | 23.91 |

《每日年鉴》与《日本帝国统计年鉴》

**列强十八年之军事费**（化为华币）

（华币以百万为单位）

| 国别 | 总岁出 | 军费 | 军费之百分比 |
|---|---|---|---|
| 日本 | 3472 兆 | 990 兆 | 28.51% |
| 英国 | 16460 兆 | 2240 兆 | 13.70% |
| 美国 | 15180 兆 | 2322 兆 | 20.26% |
| 法国 | 5671 兆 | 1249 兆 | 22.05% |
| 意国 | 2461 兆 | 581 兆 | 23.91% |

这五个强国，每年预备杀人的费用，要占总费用自百分之一三.七至百分之二八.五，合计起来是七三八二兆华币。拿养人教人的钱来预备杀人，是多么的愚蠢啊！

这些糊涂的政客，总是以为自己可以把别人杀死，殊不知：

你杀我，
我杀你，
只是借别人的刀儿杀自己。

你看欧战的结果：

| | | | |
|---|---|---|---|
| 德国战死 | 一百八十八万五千 | 法国战死 | 一百三十六万 |
| 英国战死 | 七十四万三千 | 别国战死 | 六百万 |

这不是等于德国人借法国人的枪铳自己，英国人借德国人的炮轰自己吗？可是，劝人多生孩子的罪魁的政客，如德废皇[9]等，一个也没有死。死的都是老百姓从前怀里的小宝宝。

欧洲大战，以前的大战，以后的大战，都是因为人生得太多不够吃，无可奈何，走入武装劫粮之一途。

民族间的战争有两种结果：一是完全把人灭掉；一是双方各灭掉一部分。即使你能把人灭掉，你自己的民族愈生愈多，愈多愈争，也是一样的要弄得自相残杀。所以多生的结果必是多杀。谁也逃不出这个定律。既知道后来要弄得子孙自相残杀，何必不早些商量出一个两全的办法？少生可共荣；多生必俱亡。我愿全世界的老百姓一齐起来，共同提倡少生，别给政客们把你哄骗了。多生则相仇，少生自相友。或友或仇只在各民族念头之一转。

少生主义，是民族自救主义，是各民族相救主义。如果各民族都认定少生主义为自救救人的原则，国际间许多难解的事便迎刃而解了。譬如，现在世界上最坏的一件事，便是人口土地分配得太不均匀。少数国家因为要想多子多孙，所以把整个的大陆都封锁起来。如果大家承认这样多生，便是自造末日，少生乃是自救相救之道，那末，就用不着封锁了。请看现在世界土地人口之分配：

〔世界人口密度表〕

| 国别〔注一〕 | 面积（方千米） | 人口 | 每一方千米人口密度 | 调查年份 |
|---|---|---|---|---|
| 日本帝国 | 674 676 | 83 456 929 | 124 | 1925 |
| 内地 | 381 872 | 59 736 822 | 156 | 1925 |
| 俄国 | 21 352 572 | 147 013 600 | 7 | 1926 |
| 德国 | 468 705 | 62 592 575 | 134 | 1925 |
| 英帝国 | 31 800 000 | 438 300 000 | 14 | 1921 |
| 本国 | 313 972 | 47 123 000 | 150 | 1921 |
| 印度 | 4 675 792 | 318 942 480 | 68 | 1921 |
| 加拿大 | 9 187 290 | 8 788 483 | 1 | 1921 |
| 澳洲 | 7 704 135 | 5 435 734 | 1 | 1921 |
| 法国 | 10 900 000 | 89 600 000 | 8 | 1920—1921 |
| 本国 | 500 986 | 40 743 897 | 74 | 1929 |
| 意国 | 2 300 000 | 40 000 000 | 18 | 1921 |
| 本国 | 310 137 | 38 710 576 | 125 | 1921 |
| 比国 | 2 415 564 | 14 618 561 | 6 | 1920 |
| 本国 | 30 444 | 7 465 782 | 245 | 1920 |
| 荷国 | 2 074 449 | 56 398 672 | 27 | 1920 |
| 本国 | 32 603 | 6 865 314 | 211 | 1920 |
| 葡国 | 2 172 290 | 14 870 000 | 7 | 1915—1922 |
| 本国 | 92 713 | 6 032 991 | 65 | 1920 |
| 美国 | 9 556 813 | 117 705 921 | 12 | 1917—1920 |
| 本国 | 7 702 045 | 105 710 620 | 14 | 1920 |
| 巴西 | 8 524 778 | 30 635 605 | 4 | 1920 |
| 阿根廷 | 2 978 590 | 10 087 000 | 3 | 1926 |
| 中华民国 | 11 108 467 | 436 094 953 | 39 | 1923 |
| 二十二省 | 5 284 038 | 425 000 000 | 80 | 估计〔注二〕 |
| 世界总数 | 131 300 000 | 1 808 200 000 | 14 | 1920左右 |

〔注一〕 除日本德国外领土少于2 000 000方千米者未列。
〔注二〕 中国本部现在人口系著者以生活状态之最窘限度估计，蒙古地方虽大，沙漠居多，西藏亦属高原，人民合计八百万。

世界土地之不均，在下面两张表上大家便可以格外的看得清楚。

**人口拥挤地带举例**

| 国别 | 面积（方千米） | 人口 | 密度 | 调查年份 |
|---|---|---|---|---|
| 日本内地 | 381 872 | 59 736 822 | 156 | 1925 |
| 德国 | 468 705 | 62 592 575 | 134 | 1925 |
| 印度（英领） | 4 675 792 | 318 300 000 | 68 | 1921 |
| 中国本部 | 5 284 038 | 425 000 000 | 80 | 估计 |
| 合计 | 10 810 407 | 865 629 397 | 80 | |
| 世界总数 | 131 300 000 | 1 808 200 000 | 14 | 1920左右 |
| 拥挤国占世界之面积人口百分数 | 8.29% | 47.9% | | |

**人口疏稀地带举例**

| 国别 | 面积（方千米） | 人口 | 密度 | 调查年份 |
|---|---|---|---|---|
| 英领加拿大 | 9 187 290 | 8 788 483 | 1 | 1921 |
| 英领澳洲 | 7 704 135 | 5 435 734 | 1 | 1921 |
| 巴西 | 8 524 778 | 30 635 605 | 4 | 1920 |
| 阿根廷 | 2 978 590 | 10 087 000 | 3 | 1926 |
| 合计 | 28 394 793 | 54 946 822 | | |
| 世界总数 | 131 300 000 | 1 808 200 000 | | |
| 疏稀地带占世界面积与人口之百分数 | 21.6% | 3.04% | | |

在这两张表上，我们看出日本、德国、印度、中国本部以世界百分之四七.九之人口，住世界百分之八.二九的地面；加拿大、

澳洲、巴西、阿根廷以世界百分之三.〇四的人，住世界百分之二一.六的地面。加拿大之地面有二十三个日本大，人口比日本小七倍半。这是多么不平的支配呀！他还不许人进去。这个道理何从说起？没有别的缘故，民族竞争的念头在那儿作祟。

说到日本，他的国难也只有少生主义可以解脱。他是个最努力的国家，如何也弄得这样焦头烂额？我的回答是：孩子生得太多，而且是毫不觉悟。现在已经到了治乱关头，少生孩子是日本自救的惟一出路。日本在文明国，生产率是算最大了。最近每年几乎要增加一百万人，结果是每人耕地面积变成极小。

日本每人平均只占一.六九亩耕地，在各国中算是顶小的了。从明治四十三年至昭和三年，这十九年间自作农从百分之三三.四降至三一.四；小作农自百分之二七.四降至二六.六；自作农兼小作农自百分之三九.二加至四二.〇。现今所谓细民，在东京府内市下有十二万人之多。这分明是儿子生得太多，自作农变成兼作农，兼作农变成小作农，小作农变成细民。去年八月帝国农会发表十九道府县一五〇〇町村农家负债调查，每村平均借债一六三八二二元日金，每户平均借债八六八元日金。每农家家计费百分之四四靠债贷。全国估计农村负债为四八万万元日金。去年冬天，丝厂完全倒闭，二百多万农户中甚至有挖去桑树，预备改行的。不但农民如此，全国的富力是日见减少。去年十月之富力指数，只等于三年一月之百分之七五.二。加以世界之不景气与八大财阀造成之悬殊之贫富不均，致使失业者达到一百五十万（政府报告是三八六.三九四人，但经济学家皆认为实在数目在百五十万左右）。知识分子之失业者在百分之四十以上，大学专门部毕业生，据东京市社会局调查，竟有百分之八二.八之不就职率。失业公债三千四百万元便是用来维持这些剩余的人口，却只能维持一小部分。在一般日本人的心中，总以为殖民是他们的出路。是的，移民在现在只是一条小出路。可是这些小出路有的是封锁得很紧。一九二九年，全世界移入人民七六二，五七二人，日本人只占二五，〇〇〇人。全世界日侨总数只有七十六万。日本人生儿子的速率比移民的速率要大四十倍。一年所加的人口，四十年才能移得出去。移不出去，只好在家里吃从前的积蓄。积蓄吃光了，再怎样？有人说，到东三省去！中国的弟兄们和日本的一样没处走，也走向东三省去。十年之后，东三省便要挤得不可耐了。再到那里去？好兄弟！我们两家最大的出路是少生小孩子，在这上的互助便是自助了。如果大家还是拼命的生孩子，结果必至相杀，相杀便等于自杀。日本是一个很可钦佩的民族，在极端困难中显出了极大的建设的本领。它的小学教育早已普及，电灯每家三盏。出版以人口比较，居世界第三位。大地震毁灭东京四分之三，它在最短期间内已完全恢复，恢复得比从前好。这些都显出日本人的建设本领。但是它的建设本领抵不住它的生孩子的力量。稻垣君推定，一九五八年，日本人口可到八千万；二〇四三年，可到九千五百万。那里能到这个数目！没有到八千万，早已难以支持了。它的惟一的生路是少生小孩子。它如果少生小孩子，定能造出比现在还要好的日本来。

我特别拿日本来举例，因为在这比较上格外可以看出各国互助即自助，竞生即竞死。少生主义是世界各国惟一的出路。我们必须运用全世界的力量，来规定某个时代之生产率，使各民族一律遵守，有超过这法定生产率的，以扰乱世界和平处分。

全世界的农人应一致实行少生主义，因为孩子生得多，足以叫你们破产。如果大家都生得太多，必定要因争吃而打仗，那末你们的孩子们便成了炮子的活靶子。

全世界的工人们也应该一致实行少生主义，因人多起竞争，资本家便乘机降低工资，并可以叫各民族的工人不和。你们看，美国工人反对日工，日本工人反对华工，俄国工人去年反对德工，暗中都是因为这人口太多在那儿作怪。

全世界的青年也应该一致实行少生主义，因为你们一部分之烦恼，是从经济压迫而来，经济压迫是因为人浮于事，嘴多于面包。

民族主义的信徒也应该一致实行少生主义，因为人口过多则人民不能受科学教育，迫于生计，无暇创造。少一些，便能运用机器，发生几十倍大的力量。

社会改革家也应该一致实行少生主义，因为多生是战争的祸根，少生实为创造理想世界之不二法门。

全世界对于少生主义该互助使其实现，已毫无疑义。现在还有一件要紧的事要说，这就是经济制度改造上的互助。现在，全世界的经济状态简直是无政府的直窜横冲。

亨利·福特在庆祝他的第二千万部汽车出厂的时候，在寻常看来，固值得自娱，但从整个的经济制度来看，他便是汽车出产过剩的罪魁。美国每五人有一部汽车，汽车便变成分心务外的媒介。美国农家几乎每家有一部，他们把肥料的钱克扣下来买汽车，以为不如此便比别人低一个头。当日本农事推广员下乡劝人多多养蚕的时候，他必定以为他是做了一件爱国的事。殊不知丝厂倒闭，蚕户破产，他至少也有点责任。什么缘故呢？生产过剩！汽车过剩，福特笑而买者悔。蚕丝过剩，没人要而养蚕者亏本。您看，世界的物价那一国不是下落。原因之一便是出产超过于购买力。

**美英日卸卖物价指数**（1913年1月=100）

| 年　次 | 月 | 美 | 英 | 日 |
|---|---|---|---|---|
| 1929 | 6 | 132.0 | 135.2 | 174.5 |
| 1930 | 6 | 111.6 | 116.2 | 139.8 |
| 1931 | 4 | 94.2 | 96.4 | 124.1 |

生产过剩则物价降落，这是自然之理。但此外还有一个特殊原因，便是世界金货集中于少数国家之手。您看：

**各国存金额**（一九三〇年七月末）

| | |
|---|---|
| 日本 | 746 000 000 美金 |
| 美国 | 4 160 000 000 美金 |
| 意国 | 274 000 000 美金 |
| 法国 | 1 775 000 000 美金 |
| 德国 | 624 000 000 美金 |
| 英国 | 746 000 000 美金 |
| 俄国 | 233 000 000 美金 |
| 印度 | 128 000 000 美金 |
| 世界四十四国总额 | 10 716 000 000 美金 |

世界金货总额十分之四为美法两国所吸收。法国因接受德国赔款，简直是沉醉在金子里。各国以金为本位，故缺少金便买不起东西而物价降了。各国都买不起东西，那末，黄金之国的东西也难卖出去，大家都恐慌了。惟独我国之物价涨。我国以银为本位，金贵则银贱，故物价涨。是各国以物价降而受害，我国以物价涨而受害。这便是所谓之世界不景气。

这还没有完。资本家货物卸价太低，卖便折本，不卖又不能流转，便倡合理化运动，缩小范围，演成空前之失业大惨剧。合理化本来是个好名词，因为它没有把个“人”字放在心里，合理化便变成不合理化。请看生产过剩、物价低落、金货集中及所谓合理化运动下之失业者数：

**世界主要国失业者数**（1931年2月）

| 国别 | 英 | 德 | 法 | 意 | 北美合众国 |
|---|---|---|---|---|---|
| 全部失业 | 2 073 578 | 4 971 843 | 59 915 | 765 325 | 74.1%<br>平均雇佣数<br>(1926年=100) |
| 一时失业 | 623 844 | | | 27 110 | |
| 总数 | 2 697 422人 | 4 971 843人 | 59 915人 | 792 435人 | |

在这表上德国之失业者数达五百万人；美国实数未报，本年二月之雇佣数只等一九二六年之百分之七四.一。可是照人口比例算起来，德国的失业数之大，实是可惊。但是美国以世界最富之国，而竟有如许无工可做之人，亦足以促他们反省此种状态之不合理吧！

这种无政府的生产是不该久于存在了。无政府的小孩子的过剩生产与物品之过剩生产，必须归纳在一个和谐的系统里面。这和谐的系统，是要建立在全世界的平等的互助上。

我在上面所叙述的中国教育的三条出路是：

**一、教人少生小孩子；**

**二、教人创造富的社会；**

**三、教人建立平等互助的世界。**

这便是我所说的大口出路，多口出路。我们的责任不是像南京南门的过客，老在城门口呆挤。我们要用科学教育的斧头，把城门开得大些，多开几个洞。如果必需，或是把城墙连根拆掉。这三条出路是一套连环的出路。少生几个孩子，便可以多做一些创造工作；多做一些创造工作，便可以多得一点平等的地位与人互助；而这种平等的互助，又可以叫你放心大胆去少生几个孩子。但是，即使世人尚未觉悟，没有看出互助即自助的道理，中华民族也得毅然采取少生主义，创造富的社会，并将这平等互助的原则身体力行出来，决不可因别人不觉悟而失望。我们向前走去，他们自然会跟来的。

（吾友竺茵将他半生躬耕经验寄我作重要参考，我是很感激的。）

**注释**

① 李王　即朝鲜国王李熙。

② 纽西兰　通译新西兰。

③ 斛　今译蒲式耳（bushel）。

④ 徽梯尼　通译惠特尼。

⑤ 可洛模甫吞　通译克朗普顿。

⑥ 打雷拍　通译德雷珀。

⑦ 1平方英里应为2.59平方公里（1平方公里等于0.3861平方英里）。

⑧ 东印度，菲利滨，暹罗　即今印度尼西亚。荷兰殖民主义侵占后，称该地为荷属东印度。菲利滨，通译菲律宾。暹罗，即泰国的旧称。

⑨ 德废皇　指德皇威廉二世。

# 教学做合一下之教科书*

教学做合一是生活教育之方法之理论。这理论同时叙述生活教育之现象与过程。所以要想讨论这个理论对于教科书之要求，先须说明什么是生活教育，什么是教学做合一。

**什么是生活教育**　生活教育是以生活为中心之教育。它不是要求教育与生活联络。一提到联络，便含有彼此相外的意思。倘使我们主张教育与生活联络，便不啻承认教育与生活是两个个体，好像一个是张三，一个是李四，平日不相识，现在要互递名片结为朋友。联络的本意原想使教育与生活发生更密切的关系，不知道一把它们看作两个个体，便使它们格外疏远了。生活与教育是一个东西，不是两个东西。在生活教育的观点看来，它们是一个现象的两个名称，好比一个人的小名与学名。先生用学名喊他，妈妈用小名喊他，毕竟他是他，不是她。生活即教育，是生活便是教育；不是生活便不是教育。分开来说，过什么生活便是受什么教育：过康健的生活便是受康健的教育；过科学的生活便是受科学的教育；过劳动的生活便是受劳动的教育；过艺术的生活便是受艺术的教育；过社会革命的生活便是受社会革命的教育。从此类推，我们可以说：好生活是好教育；坏生活是坏教

* 原载1931年10月《中华教育界》第19卷第4期，署名：何日平。

育；高尚的生活是高尚的教育；下流的生活是下流的教育；合理的生活是合理的教育；不合理的生活是不合理的教育；有目的的生活是有目的的教育；无目的的生活是无目的的教育。反过来说，平日过的是少爷小姐的生活，便念尽了汗牛充栋的劳动书，也不算是劳动教育；平日过的是奴隶牛马的生活，便把《民权初步》念得透熟，熟得倒过来背，也算不了民权教育。没有生活做中心的教育是死教育。没有生活做中心的学校是死学校。没有生活做中心的书本是死书本。在死教育、死学校、死书本里鬼混的人是死人——先生是先死，学生是学死！先死与学死所造成的国是死国，所造成的世界是死世界。

**什么是教学做合一**　教学做合一是生活现象之说明，即是教育现象之说明。在生活里，对事说是做，对己之长进说是学，对人之影响说是教。教学做只是一种生活之三方面，而不是三个各不相谋的过程。同时，教学做合一是生活法，也就是教育法。它的涵义是：教的方法根据学的方法；学的方法根据做的方法。事怎样做便怎样学，怎样学便怎样教。教与学都以做为中心。在做上教的是先生，在做上学的是学生。在这个定义下，先生与学生失去了通常的严格的区别，在做上相教相学倒成了人生普遍的现象。做既成了教学之中心，便有特殊说明之必要。我们怕人用“做”当招牌而安于盲行盲动，所以下了一个定义：“做”是在劳力上劳心。因此，“做”含有下列三种特征：

（一）行动；

（二）思想；

（三）新价值之产生。

一面行，一面想，必然产生新价值。鲁滨孙在失望之岛上缺少一个放水的小缸。一天烧饭，他看见一块泥土被火烧得像石头样的硬。他想，一块碎土既有如此变化，那么用这土造成一个东西，或者也能如此变化。他要试试看。他动手用土造成三个小缸的样子，架起火来把它们烧得通红，渐渐的冷下去，便成了三只坚固而不漏水的小缸。这里有行动，有思想，有新价值之产生——泥土变成水缸。这是做。这是教学做合一之做。

做是发明，是创造，是实验，是建设，是生产，是破坏，是奋斗，是探寻出路。

是活人必定做。活一天，做一天；活到老，做到老。如果我们承认小孩子也是活人，便须让他们做。小孩子的做是小发明，小创造，小实验，小建设，小生产，小破坏，小奋斗，探寻小出路。小孩子的做是小做，不是假做。“假做”不是生活教育所能允许的。

我也不是主张狭义的“做”，抹煞一切文艺。迎春姊妹和宝玉在荇叶渚上了船，跟着贾母的撑向花溆去玩。宝玉说：“这些破荷叶可恨！怎么还不叫人来拔去？……”黛玉说：“我最不喜欢李义山的诗，只喜欢他这一句：‘留得残荷听雨声。’偏你们又不留着残荷了。”宝玉说：“果然好句！以后咱们别叫拔去了。”这里也有行动，有思想，有新价值之产生——破荷叶变成天然的乐器！领悟得这一点，才不致于误会教学做合一之根本意义。

既是这样，那么我们可以说：不做无学；不做无教；不能引导人做之教育，是假教育；不能引导人做之学校，是假学校；不能引导人做之书本，是假书本。在假教育、假学校、假书本里自骗骗人的人，是假人——先生是假先生，学生是假学生。假先生和假学生所造成的国是假国，所造成的世界是假世界。

**生活教育与教学做合一对于书之根本态度**　生活教育指示我们说：过什么生活用什么书。教学做合一指示我们说：做什么事用什么书。这两句话只是一句话的两样说法。我们对于书的根本态度是：书是一种工具，一种生活的工具，一种“做”的工具。工具是给人用的；书也是给人用的。我们对一本书的见面问，是：您有什么用处（当然是广义的用处）？为读书而读书，为讲书而讲书，为听书而听书，为看书而看书，再不应该夺取我们宝贵的光阴。用书必有目的。遇到一本书，我们必须问：您能帮助我把这件事做得好些吗？您能帮助我过一过更丰富的生活吗？我们用书，有时要读，有时要讲，有时要听，有时要看；但是读、讲、听、看，都有一贯的目的，这目的便是它们对于“用”的贡献。在《诗的学校》里有一首诗，描写我们对于书的总态度[一]：

用书如用刀，
不快便须磨。
呆磨不切菜，
何以见婆婆？

**中国教科书之总批评** 我们试把光绪年间出版的教科书和现在出版的教科书比较一下，可以看出一件惊人的事实，这事实便是三十年来，中国的教科书在枝节上虽有好些进步，但是在根本上是一点儿变化也没有。三十年前中国的教科书是以文字做中心，到现在中国的教科书还是以文字做中心。进步的地方：从前是一个一个字的认，现在是一句一句的认；从前是用文言文，现在是小学用白话文，中学参用白话文与文言文；从前所写的文字是依着忠君、尊孔、尚公、尚武、尚实的宗旨，现在所写的文字是依着三民主义的宗旨。但是教科书的根本意义毫未改变。现在和从前一样，教科书是认字的书，读文的书罢了。从农业文明渡到工业文明最重要的知识技能，无过于自然科学。没有真正可以驾驭自然势力的科学，则农业文明必然破产，工业文明建不起来，那是多么危险的事啊！但是把通行的小学常识与初中自然教科书拿来审查一番，您立刻发现它们只是科学的识字书，只是科学的论文书。这些书使您觉得读到胡子白也不能叫您得着丝毫驾驭自然的力量。这些教科书不教您在利用自然上认识自然。它们不教您试验，不教您创造，它们只能把您造成一个自然科学的书呆子。国民党以党义治国。党义，从国民党的观点看来，又是何等重大的一门功课呀！固然，党军既到南京之后，没有一家书店不赶着编辑党义教科书，党政府看了这些教科书也以为教育从此可以党化，小孩子个个都可以成为三民主义的信徒了。但是把这些书仔细看一看，不由您又要惊讶了，您立刻发现它们只是党义识字书，只是党义论文书。它们教您识民权的字，不教您拿民权；教您读民主的书，不教您干民主的事。在这些书里，您又可以看出编辑人引您开倒车，开到义和团时代以前。他们不教小朋友在家里、校里、村里、市里去干一点小建设、小生产以立建国之基础，却教小孩子去治国平天下，这不是像从前蒙童馆里的冬烘先生拿《大学》《中庸》把小朋友当小鸭子硬填吗？照这样干法，我可以断定，小孩子决不会成为三民主义有力量的信徒。至多，他们可以成为三民主义的书呆子。

中国的教科书虽然以文字做中心，但是所用的文字不是第一流的文字。山德孙[①]先生在昂多学校里就不用教科书。他批评英国的教科书为最坏的书。中国初中以下的教科书不比英国的好。我读了中国出版的教科书之后，我的感想和山德孙先生差不多。我不能恭维中国初中以下的教科书是小孩子值得读的书。在我的《中国自然科学教科书之解剖》[㊀]一篇论文中，我将毫不避讳的罗列各家教科书之病菌，放在显微镜下，请大家自己去看。我现在只想举一个普通的例子来做个证明。诸位读了下面三节教科书，作何感想？

甲家书馆：大狗叫，小狗跳。叫一叫，跳两跳。
乙家书馆：小小猫，快快跑。小小猫，快快跑。
丙家书馆：小小猫，小小猫。快快跑，快快跑。

若不是因为每个小学生必得有一本教科书，每本教科书必得有书馆编好由教育部审定，谁愿意买这种有字有音而没有意义的东西呀？请诸位再看刘姥姥赴贾母宴会在席上低着头引得大家哄堂大笑的几句话：

老刘，老刘，
食量大如牛，
吃个老母猪，
不抬头。

这样现成的好文学在以文字为中心的教科书中竟找不着一个地位，而“大狗叫，小狗跳”的无意义的文字，居然几百万部的推销出去。所以中国教科书虽以文字为中心，却没有把最好的文字收进去。这是编书人之过，不是文字中心之过。

中国的教科书，不但用不好的文字做中心，并且用零碎的文字做中心，每课教几个字，传授一点零碎的知识。学生读了一课，便以为完了，再也没有进一步追求之引导。我们读《水浒》《红楼梦》《鲁滨孙飘流记》一类小说的时候，读了第一节便想读第二节，甚至于从早晨读到夜晚，从夜晚读到天亮，要把它一口气读完了才觉得痛快。中国的教科书是以零碎文字做中心，没有这种力量。有人说，中国文人是蛀书虫。可是教科书连培养蛀书虫的力量也没有。蛀书虫为什么蛀书？因为书中有好吃的东西，使它吃了又要吃。吃教科书如同吃蜡，吃了一回，再不想吃第二回，连蛀书虫也养不成！可是，这也是编书人不会运用文字之过，不是文字中心之过。

文字中心之过在以文字当教育，以为文字之外别无教育。以文字做中心之教科书，实便于先生讲解，学生静听。于是讲书、听书、读书便等于正式教育而占领了几乎全部之时间。它使人坐而言，不使人起而行。教育好比是菜蔬，文字好比是纤维，生活好比是各种维他命（Vitamin）。以文字为中心而忽略生活的教科书，好比是有纤维而无维他命之菜蔬，吃了不能滋养体力。中国的教科书，是没有维他命的书。它是上海上等白米，吃了叫人害脚气病，寸步难行。它是中国小孩子的手铐，害得他们双手无能。它是死的、假的、静止的。它没有生命的力量。它是创造、建设、生产的最大的障碍物。它叫中国站在那儿望着农业文明破产而跳不到工业文明的对岸去。请看中国火车行了几十年而第一个火车头今年才造起来，这是中国科学八股无能之铁证！而这位制造中国第一个火车头之工程师，十分之九没有吃过上海白米式的科学教科书。或者也吃过，后来又吃了些糠秕，才把脚气病医好，造了这部特别难产的火车头。以文字做中心的教科书，在二十世纪里是产生不出力量。最多，如果用好的文字好好的编，也不过能够产生一些小小书呆子，小小蛀书虫。

假使再来一个秦始皇，把一切的教科书烧掉，世界上会失去什么？

大书呆子没有书教，小书呆子没有书读，书呆头儿出个条子："本校找不到教科书，暂时停课。"

于是，有的出去飘洋游历，也许会成达尔文；有的在火车上去卖报，做化学实验，也许会成爱迪生；有的带着小朋友们上山游玩，也许会成柯斯忒；有的回去放牛、砍柴、捞鱼、种田、缫丝，多赚几口饭儿吃。少几个吃饭不做事的书呆子，多几个生产者、建设者、创造者、发明者，大概是这位秦始皇第二的贡献吧。

**生活教育与教学做合一之总要求**　我们要活的书；不要死的书；要真的书，不要假的书；要动的书，不要静的书；要用的书，不要读的书。总起来说，我们要以生活为中心的教学做指导，不要以文字为中心的教科书。我要声明在先，我并不拘泥于文字之改变。倘使真的拿生活为中心使文字退到工具的地位，从死的，假的、静的、读的，一变而为活的、真的、动的、用的，那末就称它为教科书，我也不反对；倘使名字改为生活用书或教学做指导，还是以文字为中心，便利先生讲解，学生静听，而不引人去做，我也不能赞成。但是，如果能够做到名实相符，那就格外的好了。

生活用书或教学做指导，是怎样编法呢？最先须将一个现代社会的生活或该有的力量，一样一样的列举，归类组成一个整个的生活系统，即组成一个用书系统。例如：

| 要培养的生活力 | 要用的书 |
| --- | --- |
| （一）防备霍乱 | （一）防备霍乱指导 |
| （二）防备伤寒 | （二）防备伤寒指导 |
| （三）防备天花 | （三）防备天花指导 |
| （四）防备感冒 | （四）防备感冒指导 |
| （五）防备肺痨 | （五）防备肺痨指导 |
| （六）防备梅毒 | （六）防备梅毒指导 |
| （七）打篮球 | （七）打篮球指导 |
| （八）踢球 | （八）踢球指导 |
| （九）选择食物 | （九）选择食物指导 |
| （一〇）选择衣料 | （一〇）选择衣料指导 |
| （一一）种菜 | （一一）种菜指导 |
| （一二）种麦 | （一二）种麦指导 |
| （一三）种树 | （一三）种树指导 |
| （一四）养蚕 | （一四）养蚕指导 |
| （一五）养鸡 | （一五）养鸡指导 |
| （一六）养鱼 | （一六）养鱼指导 |
| （一七）养鸟 | （一七）养鸟指导 |
| （一八）纺纱 | （一八）纺纱指导 |
| （一九）织布 | （一九）织布指导 |
| （二〇）扫地 | （二〇）扫地指导 |
| （二一）调换新鲜空气 | （二一）调换新鲜空气指导 |

（二二）用风车水
（二三）制造抽气唧筒
（二四）制造气压表
（二五）用空气压力钻钢
（二六）用淡气做肥料
（二七）用太阳光烧饭
（二八）用太阳光杀菌
（二九）用太阳光照相
（三〇）用水推磨
（三一）用水发电
（三二）用水化铁
（三三）用磁石发电
（三四）造罗盘
（三五）用电磁举钢铁
（三六）用煤黑油取颜料
（三七）造汽车
（三八）造蒸汽机
（三九）用电发光
（四〇）用电推车
（四一）用电谈话
（四二）用电相见
（四三）用泥造瓷器
（四四）造屋
（四五）造桥
（四六）造船
（四七）造纸
（四八）造飞机
（四九）用显微镜看细菌
（五〇）用望远镜看天象

（二二）用风车水指导
（二三）制造抽气唧筒指导
（二四）制造气压表指导
（二五）用空气压力钻钢指导
（二六）用淡气做肥料指导
（二七）用太阳光烧饭指导
（二八）用太阳光杀菌指导
（二九）用太阳光照相指导
（三〇）用水推磨指导
（三一）用水发电指导
（三二）用水化铁指导
（三三）用磁石发电指导
（三四）造罗盘指导
（三五）用电磁举钢铁指导
（三六）用煤黑油取颜料指导
（三七）造汽车指导
（三八）造蒸汽机指导
（三九）用电发光指导
（四〇）用电推车指导
（四一）用电谈话指导
（四二）用电相见指导
（四三）用泥造瓷器指导
（四四）造屋指导
（四五）造桥指导
（四六）造船指导
（四七）造纸指导
（四八）造飞机指导
（四九）用显微镜看细菌指导
（五〇）用望远镜看天象指导

| | |
|---|---|
| （五一）编剧 | （五一）编剧指导 |
| （五二）演戏 | （五二）演戏指导 |
| （五三）布景 | （五三）布景指导 |
| （五四）唱歌 | （五四）唱歌指导 |
| （五五）画水彩画 | （五五）画水彩画指导 |
| （五六）画油画 | （五六）画油画指导 |
| （五七）写诗文 | （五七）写诗文指导 |
| （五八）雕刻 | （五八）雕刻指导 |
| （五九）弹琴 | （五九）弹琴指导 |
| （六〇）说话 | （六〇）说话指导 |
| （六一）恋爱 | （六一）恋爱指导 |
| （六二）治家 | （六二）治家指导 |
| （六三）生育 | （六三）生育指导 |
| （六四）限制教育 | （六四）限制教育指导 |
| （六五）团体自治 | （六五）团体自治指导 |
| （六六）掌民权 | （六六）掌民权指导 |
| （六七）师生创校 | （六七）师生创校指导 |
| （六八）创造富的社会 | （六八）创造富的社会指导 |
| （六九）人类互助 | （六九）人类互助指导 |
| （七〇）创造五生世界 | （七〇）创造五生世界指导㊂ |

以上七十种生活力和教学做指导，不过是我个人随手所举的例子。把它们归起类来，（一）至（一〇）属于康健生活；（一一）至（二〇）属于劳动生活；（二一）至（五〇）属于科学生活；（五一）至（六〇）属于艺术生活；（六一）至（七〇）属于社会改造生活。我想这些例子不过是全部生活力之少数，内中之概括的还应该细分。如养鱼，便可分为养金鱼、养青鱼、制造相生水族池等等。统统算起来，重要的总在三千种以上。我们姑且可以普通的说，我们有三千种生活力要培养，即有三千种教学做指导要编辑。这些生活力，有些是很小的小孩子便应当有，有

些是很成熟的人才可以得；有些是学了就可以变换，有些是要继续不断的干；有些是一人能做，有些非多人合作不办；有些是现代人共同所需，有些是各有所好，听人选择。专家依性质、学力把它们一一编起来，并编一些建在具体经验上面融会贯通的理论，便造成整个的用书的系统，帮助着实现那丰富的现代生活。我们还要随着学术进步，继续修改扩充，使用书继长增高的进步，帮助着生活继长增高的向前向上进。

照这样看来，教学做合一的理论不是不要书；它要用的书的数目之大，比现在的教科书要多得多。它只是不要纯粹以文字做中心的教科书，因为这些书是木头刀，切不下菜来。过什么生活用什么书，做什么事用什么书。不用书，即用书而用得不够，用得不当，都非教学做合一的理论所允许的。

教学做指导编得对不对，好不好，可以下列三种标准判断它。

（一）看它有没有引导人动作的力量，看它有没有引导人干了一个动作又要干一个动作的力量。中国人的手中了旧文化的毒是已经瘫了，看它能否给他打一针，使一双废手变成一双开天辟地的手。我们要看它能否把双料少爷的长指甲剪掉，能否把双料小姐的手镯戒指脱掉，能否把活活泼泼的小孩们的传统的几十斤重的手铐卸掉，使八万万只无能的手都变成万能的手。

（二）看它有没有引导人思想的力量，看它有没有引导人想了又想的力量。中国文人的头脑做了几千年的字纸篓；中国农人女人的头脑做了几千年的真空管。我们现在要请大家的头脑出来做双手的司令官。我们要头脑出来监工。我们不但是要做，并且要做得好。如何可以做得好，做得比昨天好这是头脑的天职。我们遇了一本书，便要问它是否给人的头脑全权指导一切要做的事。

（三）看它有没有引导人产生新价值的力量，看它有没有引导人产生新益求新的新价值的力量。我在《乡村教师》上曾经写过十几首诗，描写一位乡村教师的生活，内中有一首是：

人生两个宝，
双手与大脑。
宁做鲁滨孙，
单刀辟荒岛。

中国教育之通病是教用脑的人不用手，不教用手的人用脑，所以一无所能。中国教育革命的对策是使手脑联盟，结果是手与脑的力量都可以大到不可思议。手脑联盟，则污秽的垃圾可以用来点灯烧饭，窒人的淡气可以用做养人的肥田粉，煤黑油里可以取出几千种的颜料，一粒种子可以长成几百粒谷，无饭大家饿的穷国可以变成有饭大家吃的富社会。只要头脑子命令双手拿起锄头、锯子、玻璃管、电动机去生产、建设、试验、创造，自然是别有天地了。

生活用书的体裁内容也不可一律，大致说起来，我有下列的建议：

（一）做的目标。

（二）做的材料。

（三）做的方法。

（四）做的工具。

（五）做的理论。

（六）从做这事引导人想到做那事。

（七）如做的事与时令有关便要有做的时令。

（八）如做的事与经济有关便要有做的预算。

（九）如做的事须有途径之指示便要有做的图。

（十）如做的事须多人合作便要有做的人的组织。

（十一）如做的事须多方参考便要有做的参考书籍。

（十二）如做的事与别的事有多方的关系便要有做的种种关

系上的说明。

（十三）在做上学的人可引导他记载做的过程，做的结果，做上发生的问题与心得。

（十四）在做上教的人可引导他指示进行考核成绩。

这十四条不是像从前五段教授样要人家刻印板的遵守的。如果您能把它们一齐打破，天衣无缝的写成一本可用的书也未为不可，或者竟是更为可贵。《鲁滨孙飘流记》是一部小说，也是一部探险与开创的教学做指导。歌德失恋，写《少年维特之烦恼》，创造一个维特去替死，那末歌德的恋爱史与《少年维特之烦恼》，当作一部恋爱指导用也很合宜。同样，《水浒》是一部打抱不平之指导。自然科学教学做指导，能写到法布尔的几部顶好著作那样好，减少一些闲话，增加一点小孩子自己做的机会也就很好了。最要紧的是著书人独出心裁，若求一律，反而呆板了。

初进学校的学生，要他自用教学做指导，当然是不可能。但是他虽然认不得字，话语听得懂，先生不能教他吗？年长的同学不能助他吗？初年级的学生，多数的生活力不能从文字上去取得，若受文字的限制，生活便枯燥无味。故初年级的教学做指导，除说话（即国语）一门外，都可编为先生用书，先生在做上教时所用的书。那末，这个困难便没有了。即就说话一门说，也不必太拘于生字之多少。只要是小孩子爱说的话，便多几个字也不要紧。若是头一课只限于四五个字，编不成好听的话，那末，比十几个字还难认。认字与写字也不必同时兼顾。若认的字一定要写，那末，又只好限于几个字，而流于枯燥了。

我想要使这个用书的计划实现，必须有下列六种条件：

（一）各门专家中须有几位去接近小孩子，或竟毅然去当几年中小学教员，一面实验，一面编辑几部教学做指导。

（二）现在接近小孩子的中小学教师，须有许多位，各人开始研究一门科学，待研究有得，可以编辑几部教学做指导。

（三）现在教科书的编辑者有志编辑生活用书，如缺少某种准备、专科学术或儿童经验，亦宜设法补足，然后动手编辑。

（四）现在商务印书馆、中华书局、世界书局每年大部分收入是从小朋友那里来的，应该多下点本钱，搜罗各国儿童、成人用书（不是教科书）和工具，聘请上列三种人才，为小朋友多编几部可用的好书。

（五）教育行政当局，从中央以下直到校长，该给教员们以试验或选择书本之自由。现在行政方面之趋势是太一律，太呆板。若不改弦更张，实无创造之可能。

（六）全民族对于中国现代的无能的教育，该有觉悟；对于教学做合一之理论，该使之普遍实现。若再因循苟且，则可以救国之教育，将变成亡国之催命符。到了那时，虽悔也来不及了。如果大家从此下一个决心，在头脑指挥之下，把双手从长袖里伸出来，左手拿着科学，右手开着机器生产、建设、创造，必定能开辟出一个新天地来。荣枯、安危、存亡之故，只在念头之一转和双手之一动，用不着到远处去求啊！

〔原注〕 ㈠ 见小朋友书店出版之《师范生》第2期。

㈡ 不久在《师范生》发表。

㈢ 五生世界即少生、好生、贵生、厚生、共生之世界。

我有专篇叙述建立五生世界之理论，不久在《师范生》上发表。

## 注释

① 山德孙　通译桑德森。

# 科学的生活*

青年的朋友啊！您想得一位爱人吗？我心里有一个姑娘，愿意介绍给您，您可愿意去拜访她而向她追求吗？她姓自名然，我们称她为自然小姐。假使您还没有爱人的话，您可以依照我指示您的路线去探寻她的芳踪。捉着她！投到她的怀抱里去，要她教您如何可以得着她的爱，情愿将她心里的秘密，一五一十的泄漏给您。

这是多么够味儿的事啊！浪漫即生命。没有这心灵的跳动，不算是科学的生活。

一天到晚沉醉在八股里，充其量，不过是一个科学的书呆子。一年到头闷起头来照样画葫芦的十那刻印板的实验，充其量不过是一套科学的猴子戏，这里面没有生命。如果是科学，便是蛇儿成龙时所脱下的壳子，不是活蛇，尤其不是真龙。您必得和自然小姐发生恋爱，尝一尝其中的甜酸苦辣，才算是过着科学的生活。

我现在为您画一条路线吧！

您必得愿意用自己的腿去走路，然后才用得着路线。爱人不是从天上落下来，您必得上天去找。行动是思想的妈妈。科学是从把戏中玩出来的。您或者要说："我不知道，怎么能行呢？"

---

* 本篇原载1931年10月10日《生活》第6卷第42期，署名：斋夫。

信我的话吧！科学以无知之行始，以能行之知终。自然小姐是远在天边，近在眼前，只要您把一双手儿从袖筒里伸出来捞一捞，便可以把她捞着了。

杜威先生分析反省思想（Reflective Thinking）之过程，列举了如下的步骤：（一）困难之感觉；（二）审定困难之所在；（三）设法解决；（四）在许多方法中选一最有效的试试看；（五）屡试屡验之后再下断语。这反省的思想之过程便是科学思想之过程。可是杜威先生所叙述的过程是单极电路，通不出电流。他没有提及那思想的老祖宗。这位老祖宗便是行动。路走不通才有困难。走不通而不觉得困难，这是庸人；连脚都没有动而心里却虚造出万千困难，这是妄人；走不通而感觉有困难便要解决这困难，不到困难解决不止，这是科学家。所以我要提出的修正是在困难之前加一行动之步骤。从无知之行到能行之知是行而后知；从能行之知到无知之行是知而后行。抱着能行之知去行，以寻常目光看来是行得通了，但是事实未必尽然，向前行不得多少路便又走到另一天地，能行之知又化成无知之行了。我们试拿一张大纸，从中心以螺旋形向外画去，初看是周而复始，循环不已，其实是愈旋愈大，大到没有边际；若从外向中心画来则愈旋愈小，小到不可思议。你沿着这螺旋形的路线去探寻吧！

英国远在哥仑布探获美洲之前已在那儿开采煤炭，挖到深处有时遇涌泉，遇着涌泉便要抽水。初用人力，实抽不及。次用马带，也无涌快。法人帕瓶（Papin）①用蒸汽造真空之法（1690年）为撒费里（Savery）②所得，制成蒸汽抽水机（1698年）。蒸汽压力每英方吋有一五〇磅，买他的抽水机的只有一家，因为机易炸裂，马力虽小，比较平稳。等到纽柯门（New Comen）与撒费里合作，解决了压力问题，而新创之蒸汽抽水机（1711年），便不翼而飞了。这种抽水机在英国煤矿里称霸了六七十年，没有别的抽水机足与它抗衡。到了后来，有一位没有做完徒弟，不能加入葛拉斯哥（G1asgow）③同业公所，从大学里得了特许，在校内开设一个小工场，以制造仪器过活的瓦特（James Watt），一天替一位教授修理一架撒纽蒸汽抽水机，修好了，烧水一试，只见汽锅里的水化为蒸汽，为圆筒完全吸收而去，仔细观察，才知道蒸汽已在圆筒的冷壁上凝结为水了。新的蒸汽进来必须将圆筒再行蒸热，而在蒸热的时候又有蒸汽凝水在壁了。他在心里一连盘算了几个星期的问题是："如何可使蒸汽凝结而圆筒常保它的热度？"他思虑的结果是把圆筒通一短管与一凝汽器相接，使蒸汽可流入凝汽器凝结，而圆筒不复有热后使冷、冷后使热之耗费与麻烦了。这是他在1765年之发明。但是圆筒露在空气中，热也会消散，他于是发明蒸汽套筒（Steam Jacket），在圆筒外加一圆筒，隔间也灌入蒸汽，于是圆筒之热不易消散了。同样，他在凝汽器外套一冷水桶，而蒸汽亦易凝结了。纽氏之机在圆筒上面开口，靠着大气压力压下活塞。瓦特问：既然有蒸汽何必还要借重大气？他于是将圆筒上口紧闭，叫汽锅的蒸汽将活塞压下，一个真正的蒸汽机关的雏形乃于1769年出世了。不久，他又以为蒸汽的压力于推动活塞之外还有剩余。他问：为何不想个法子叫它推了一段路便行闭断，以资节省？他于是又发明闭气瓣（Cut—off），过不多时，他的双向推动圆筒出现了，从此活塞之两端都用蒸汽膨胀推动了。那时他要推销他的蒸汽抽水机，还得与马拉的抽水机竞争。他算出来一匹马在一分钟内能负重三万三千磅走一英呎路，所以一匹马力到现在还是称为每分钟三三〇〇〇呎磅。他卖机器的时候是说："这部机器能做四十匹马的工作。"马力（Horse Power）一名词便是这样来的。瓦特对于高度压力不愿使用，等到项布洛耳（Jonathan Hornblower，1781年）一辈人出来才知道高压力可以运用二个至四个圆筒而节省大量之煤炭。瓦特的蒸汽机关还是抽水用的。美国人费计（Fitch）[④]于一七九〇年造成汽船，行驶于费拉德耳非亚与柏林登之间。一八〇一年美国伊文思（Oliver Evans）造了一部蒸汽机关，证明可以锯石头，磨石膏，后来又用蒸汽机关磨面粉。一八〇四年英人特雷维西克（Trevithick）运用蒸汽机关在铁轨上开第一次火车载矿铁二十吨。以后屡有改进，一个蒸汽机关竟造成空前之产业革命。

我们在这一段小小的蒸汽机关的发达史中，处处可以看出行动生困难，困难生疑问，疑问生假设，假设生试验，试验生断语，断语又生行动，如此演进于无穷。懒得动手去做，何能算是科学的生活？

然而中国的农人何尝不做，做而遇着困难又何尝不感觉？他的过处是不追求做之所以然。蝗虫飞满天，他说是神虫降临。大水为灾，他说是天老爷要收人命。他的假设不容试验，所以断语成为武断，而行动也就不得不仍旧贯了。自然小姐不是一个神仙，也不是一个魔鬼，您要拜她，怕她，她就要跑了。可是您不敬她，不爱她，不追求她，她也不会和您接近。我们试看一看巴士笃[⑤]（Louis Pasteur）之追求吧！

法国南部常有蚕疫发生。亚来（A1ies）一区，十五年中至一八六四年损失在一万二千万法郎。巴士笃于一八六五年被任为蚕疫研究员。

他生平是一只蚕也没有见过。他到法布耳（Fabre）家里去拜访的时候，向法布耳要几个蚕茧。法布耳向一个邻居要了一些回来送他，并写了一段笔记说："他拿了一个茧翻来复去的察看，很觉得奇异，好像我们观察一个希奇的东西似的。后来他把茧子拿到耳边摇摇，极惊讶的说：'这家伙会响，里面有东西咧。'我回答：'当然里面有东西。''是什么东西？''蛹。''蛹是什么意思？''蛹便是蚕在未变成蛾之前，所变的一种木乃伊。''每个茧里都有这东西吗？''当然，蚕制茧便是保护蛹的。''啊！'他没有说别的，便把这新奇的茧子装入衣袋里，以便带回去得暇研究。巴士笃对蚕、茧、蛹和昆虫变态，完全不明白，却来恢复蚕业！古时的体育家是裸体决斗……他也好像一个裸体的战士，冲入战场上来和蚕役宣战。我不但是惊讶不已，简直是望呆了。"

法布耳这次受了巴士笃的影响极深刻，从此他便抛弃书本向自然追问，卒成世界昆虫学泰斗。

巴士笃之所以敢于和蚕疫肉搏也不是毫无准备，他那打破砂锅纹（问）到底的头脑，从酿酒研究出的微菌经验技术，都是他的枪炮子弹。他所没有的是一些无关要旨之死书本知识。这种死知识在头脑里装得太多，反而妨碍思想之自由，倒不如没有还要好些。

巴士笃便是这样与自然小姐萍水相逢，他对于她的来历，在没有相会之前是丝毫也不明白。那里知道他们便从此结下了万年不朽之姻缘。

他排除一切药方专求病源。病蚕都有微点，像胡椒子，所以这病称为胡椒子病或微点病（Pebrine）。亚来农学会只在卵里或蚕里搜求那微点的病状，其实卵或蚕的本身都能把病菌带去，而不现露那显微镜所能现露之微点。惟独巴士笃要在蛹与蛾里找病态之发展。他在亚来育了两种不同的蚕，一是用健全的蛾的种子养的；一是用有微点病的蛾的种子养的。他建立一个假设说："应该有一种方法使我们能从不带微点的蛾里找出健全的种子。"结果他得了三对不带微点的蛾。此外还有别的关心蚕业的人送来了五个无病之蛾。他从这些蛾上取得种子等候第二年实验。到了第二年养育起来，果然没有微点的蛾所产生的种子都是健全的。他于是自信的说："一八六七年一定是养蚕者诉苦之最后一年。"这年一月他便和他的夫人与艺友们到亚来之日斯格桥来试验育蚕。邻近一家养了前年用的日本最优蚕种忽然也发生微点，巴士笃考察缘故，知道这些蚕在一龄的生长期内是和不健全的种蚕放在一块，所以受了传染。他自己养了十六筐蚕，第十六筐蚕没有微点也害病死。这是一个大疑案。经过细密的考察，他知道这是另外一种病，称为软病，为胃中发生一种螺旋状细菌（Vibriones）所致。

巴士笃对于蚕疫是追求了它的所以然了。只要您肯努力追求，自然小姐是会拿她心里的秘密告诉您的。孔雀有美丽的羽毛，鹿儿有刚强的角，这都是求爱的天然工具，不像现在少数堕落青年之敷粉。您若想追求自然小姐，您必得自造工具。巴士笃研究蚕病之工具除了显微镜外，差不多都是他自造的。伽利略想看天便造望远镜；法拉第自造电动机而电学乃益放光明。第一流的科学家没有不自造工具的。不能自造工具而要想得自然小姐之爱，是比如镜里采花，水中捞月。

自然小姐是天下最妒之小姐。她是超过一切，不愿与别人共爱人。您如果要有一位夫人，必得如巴士笃一样，看准了便立刻求婚，求成了便立刻结婚，结了婚您的夫人必得将Science的第一个字母大写，帮助您做个伽利略或牛顿，甘心情愿和您共同侍奉自然小姐。万一得不到这样一位夫人，您可以效法牛顿，忘了向他所欢喜的表妹求婚，或者像卡汾狄士一样终身不愿见女人面。自然小姐甚至于妒她自己的照片、自己的轶事。您为什么舍了面前的活人而与她的符号鬼混呢？一位朋友要研究蚂蚁，我问他为什么不立刻动手，他说我正等着美国来的书咧。他不知道在他身边就有蚂蚁够他研究一辈子！这位先生好比是遇着林黛玉，把她放在一边，却自言自语的说："等我的《红楼梦》买来再和她谈心吧！"

自然小姐欢喜熟人，不欢喜生人。您从小便须和她做朋友。您做小学生的时候便要与她订交。最好，是在幼稚园里。不，在妈妈的怀抱里便须与她一块儿玩。过了中学时代您与她还不相认识，那么我怕您终身就无与她见面的姻缘了。

我的路线画好在这里。青年的朋友们！我等着要喝您们的喜酒咧，万一请不起喜酒，那末，喜信也得给我一个吧。

二〇，九，廿一

## 注释

① 帕瓶　通译帕潘。

② 撒费里　通译萨弗里。

③ 葛拉斯哥　通译格拉斯哥，英国城市。

④ 费计　通译菲奇。

⑤ 巴士笃　通译巴斯德（1822—1895）。

# 附　录

# 中华教育改进社第四届年会社务会议记录*

## （一）

章洪熙
孙伏园 记

开会日期　八月十九日上午十时
开会地点　山西大学校大礼堂
到会社员　八十一人（年会会员及旁听者三百余人）
主席　熊希龄

先，推定副主席二人，一为中华大学校长陈时。陈君以明日或将离晋，固辞。乃更推查良钊为预备。一为年会会务主任冯司直，山西省教育会会长也。次，由主席报告到会社员数，除职员旁听外，到会社员共二百十一人。本日到场者计八十一人，但尚有继续来到者。次，由主席请本社主任干事陶知行报告美国阿尔契巴（Archbred）夫人捐款事。略谓阿夫人对于柏克赫司特女士所创导之道尔顿制素具热心。此次随柏女士东来，本社正欲优为招待，聊尽地主之谊；不料阿夫人竟有捐助五百金元于本社之

* 原载1925年9月《新教育》第11卷第2期。

举，此诚本社所当深感者也。报告毕，朗读阿夫人来书原文一通。次，主席报告本社请马寅初查核本社账目情形。马氏致函本社董事张伯苓证明无讹。即由主席当众朗诵。原文见董事会纪录。次，修改社章第四条。董事部以第四条所规定一百元以上之合组费，数目较大，非县教育行政机关，及县教育会、小学校、小学联合会等所能担任。故拟改为“（甲）高等专门以上学校及教育学术团体，教育行政机关，以全国为范围，岁任合组费二百元以上者。（乙）中等学校及教育学术团体，教育行政机关，以省为范围，岁任合组费一百元以上者。（丙）小学校及教育学术团体，教育行政机关，以县为范围，岁任合组费二十元以上者”。经数次讨论，以文义略有含浑，乃改为“（甲）高等专门以上学校及以全国为范围之教育学术团体，教育行政机关，岁任合组费二百元以上者。（乙）中等学校及以省为范围之教育学术团体，教育行政机关，岁任合组费一百元以上者。（丙）小学校及以县为范围之教育学术团体，教育行政机关，岁任合组费二十元以上者”。众无异议。

陈启天拟在董事部修正案下加一但书，谓“但一切学校，须取得本国法律上之资格者，始得为机关社员”。并以口头说明“此条本意在于摒除教会学校于本社以外。盖教会学校之机关社员一旦增多，不啻我国教育界中人任令他国人共管我国教育，其殆孰甚”。惟大多数均认此为另一提案，不能附属于董事部之修正案。照社章十八条，须合二十社员共同提议。争持许久，原提案人承认撤回另提。

次，讨论修改社章第五条。董事部拟在“任期三年，每年改选三分之一”下添“连选得连任，但以一次为限”二语。众无异议。即作通过。

次，讨论修改社章第十四条。丁锡纶、查良钊等二十人提出。文为“每年开全体大会一次”改为“每三年开全体大会一次”。场中多有反对者。陶知行主张每两年开全体大会一次；但遇必要时，每年加开临时全体大会一次。陈潜夫以为两年开大会一次，则须增加会期为两星期或半个月，但均未得大众之认可。结果打消修正案。仍照原章每年开大会一次。

次，议明年开会地点。提出者共有五处。其结果长沙仅一票，奉天七票，重庆十六票，武昌五十票，杭州二十八票，乃决定以武昌为明年开会地点。如遇事故，则以杭州为预备地点。

## （二）

卫士生
程宗潮 记

开会日期　八月二十日上午十时至一时

开会地点　大学礼堂

主　　席　熊希龄

一、修改本社社章第十四条建议案。由陈潜夫君代表说明，以为本社每年举行年会一次，如地点、手续、车票、时间、推行议案等，均感困难。故主张会期延长至两星期或半月，而减少次数。次，赵伯陶君提议，年会改为每二年举行一次。王恩庆君提议一年半。柳文藩君谓本案系为社务推行便利，故主张二年。经大众讨论结果：1. 本社年会事务繁重，预备结束颇需时日，以本社人材经济衡之，社务进行恐多阻滞；每年举行大会一次事实上有极大之困难；2. 我国地方广大，各处气候不同，倘全体大会必在暑期举行，则广东等省势将永无举行之望。故照本社章程第十四条第一项规定，“本社每年开全体大会一次，于暑期内举行，其地点由前一年大会决定”，改为“本社全体大会每二年举行一次，倘有特别情形经董事会之议决，或社员十分之一以上之请求，经董事会之同意者，得开临时会议。其常会开会时期地点由前届大会开会时决定，临时会开会时期地点由董事会决定”。

二、限制机关社员资格案。其主文云“本社社章第四条应附加以下之但书：‘但教会学校及教会机关或其他外人所办之学校及团体不得为本社机关社员。其已入社者得暂加容许，但不得有董事选举权。’”首由陈启天君说明本案，约谓：1. 本社为中华的，不是非中华的；2. 教育与宗教分析，为世界大潮流；3. 拥护本社之扩张，故不得不先事预防；4. 教会学校现为一般社会人士所不取，则本社自不能许其加入。次由陈宝泉君对陈君意见，加以修正。复由陶知行君再加以修正补充后，如刘瑞恒君、赵君、熊希龄君、查良钊君，均相继发表应当详细考虑的意见。嗣陈启天愿撤回本人提案而赞成陈宝泉之修正案。陈宝泉君之修正文为：“但外人所立之学校与机关及凡宣传宗教之学校不得为本社机关社员；其已入社者仍其旧，但此类机关之代表只得为本社名誉社员”。陶知行君复加修正，查良钊更修正之。陶君自愿撤回本人所修正者，并愿赞助查君之修正案。查良钊君之修正文为：“凡未经中国法律承认或注册之外人所办及含有政治侵略主义或强迫学生学习服从党纲与宗教之学校，不得介绍为本社机关社员”。故当时只有两个修正案：一为陈宝泉之修正案，陈启天赞助之；一为查良钊之修正案，陶知行赞助之。旋由主席一一付表决。结果赞成陈宝泉之修正案者与赞成查良钊之修正案者皆不及社章规定之出席社员全体人数四分之三，俱不成立。时已届延长时间。主席宣告散会。

# 中华图书馆协会董事会呈文*

呈为请予补助用彰文化恭呈仰祈钧鉴事：窃查近今教育趋势，多利赖于图书馆，而民族文化，亦即于是觇之。启操等顾国籍之亟待董理，新学之尚需研寻，以为非力谋图书馆教育之发展，不可与列邦争数千年文化之威权，所关深钜，孰则逾是。用萃集全国公私立二百余图书馆及国中研究斯学之人，组织中华图书馆协会，业于本年9月成立。拟先从分类、偏目、索引及教育四端着手。惟寒儒奋力，终不易于经营，国家右文，宁有吝夫嘉惠：合当仰恳执政顾念国学、特予殊施，俾所策划，早得观成，士林幸甚。为此敬呈，伏候训示施行。谨呈

临时执政

中华图书馆协会董事：

梁启操、袁同礼、颜惠庆、蔡元培、
范源濂、熊希龄、胡适、袁希涛、
洪有丰、丁子江、王正庭、沈祖荣、
钟福庆、陶知行、余日章。

中华民国十四年七月六日

* 原载1925年8月20日《中华图书馆协会会报》第1卷第2期。

# 对于英国处置庚款办法之宣言*



自一九二二年英代办向吾外交部面称：彼国政府拟退还庚款为中英两国有利事业之用。我国朝野曾先后表示谢忱，而海内外学界人士相与研究办法者，亦既有年。迨一九二四年以后，英政府两提所谓《庚款案》于其国会，叠经上下两院予以详审缜密之讨论与修正。迄去年五月，案始决定。今复派威灵顿子爵、苏喜尔教授、安迪生女爵士三调查员来华，征求我国各方面对于此事之意见。同人良佩英国朝野谋虑深远，且能旁诹博采，冀收集思广益之效。惟该案所定办法，同人对之不无遗憾。用特以最诚恳最严正之态度，郑重发表宣言。

查英国该案条文，绝无将庚款抛弃和退还我国等字样，仅含混其辞曰："以此款用于教育或其他事业，为外交大臣所认为有益中英两国者。"其外交大臣实操支配款项、决定用途之全权。所设咨询委员会，不过为外交大臣之顾问机关，而中英委员又皆由外交大臣聘任。关于庚款之收支账目，且须逐年由外交大臣报告其审计院及国会。照此办法，是庚款仍属英之国帑，并未退还中国。所谓"教育或其他事业"，亦为英国之内政。虽谓有益中、英两国者，然两国互利事业之进行，须两国以对等形式协商而后可。现英国既未将庚款抛弃或退还我国，而该案办法又决定于英

* 原载1926年3月26日《新教育评论》第1卷第17期。

国一方面，已根本不利于中国。英外交大臣所认为有利中国之事业，在中国观之或得其反。既谓咨询委员会，有中国委员在，然中国委员既属少数，又无绝对否决权。如有以中国观之为有害中国之事业，而英外交大臣则认为有利，中国委员将何以抵制之？况庚款既未退还，即该案所定办法，主权全在英国。即有中、英两国均认为有利益者，使施行于英国国内，则中国自无闲言；苟行之于我国领土，实为扩张英国之内政范围于中国领土。斯则吾人所极端表示反对，而不能不望英国之朝野反省也。

庚款者，列强对于清季拳祸之过量惩罚也。一域肇事，而全国受罚。清室既亡，而赔款依旧。揆诸正义，岂可谓平？况非赔偿主义，乃最近国际法上之重要原则。我国于一九一七年参战，为协约国所邀请，实大有助于最后之胜利。所谓庚款，在法理上、事实上均应根本取消。各友邦有见于此，固已先后表示退款，分别办理教育文化事业。然吾国朝野感谢之余，对于过去种种办法，犹多未能满意。英国庚款案之决定，视其他各国为稍缓。若能惩前毖后，开诚布公，无条件退还庚款，以彻底实行非赔偿主义，则其所以裨益国际上之友谊公道者，当非浅鲜，岂徒中英互利而已哉！乃计不出此，致所定办法竟害及我国主权，同人不得不为英国朝野惜矣。据最近路透电，谓英政府曾正式否认庚款调查团奉有政治上之使命，而威灵顿子爵莅华伊始，亦即声明专为庚款而来，于政治全无关系。同人咸信英政府及威灵顿子爵所言，可以代表英国朝野之诚意。无如其国会所定办法，已寓内政于外交之中，虽欲不疑其有政治作用，岂可得乎！同人为慎始起见，爰发表极鲜明之主张如下：

（一）反对英国政府所定关于庚款之处置办法，以保国权。

（二）要求英国无条件抛弃庚款。如非无条件抛弃，无论以此款在中国作何种事业，均认为伸张其行政权于中国领土。中国决不承受，并极端反对之。

上列两项主张，深望英国朝野能予以充分之谅解与容纳。倘英政府能尊重我国主权，自动的撤销所定办法，并无条件抛弃庚款，则关于庚款之保管支配及其用途，自当另议适当办法。同人不敏，愿异日再贡一得之愚，以备采择。

雷　殷　陈宝泉　马叙伦　徐　冶　许绳祖

徐渊摩　陈宝锷　黄建中　凌　冰　查良钊

肖纯锦　高仁山　冯　农　赵乃传　徐崇钦

谭熙鸿　吕复（丘咸代表）　陶知行　姚金绅

朱我农　张贻惠　孙柳溪

# 第二届科学教员暑期研究会说明书*

会期：民国十五年七月九日起至八月七日止

会址：北京，清华园，清华学校（京绥路线）

合办机关：中国科学社，中华教育改进社，罗氏驻华医社，清华学校。

董事部之组织：本会董事部各董事之姓名职衔如下：中国科学社会长翁文灏先生（会长）；国立北京师范大学教授李顺卿先生（副会长）；中华教育改进社主任干事陶知行先生（书记）；罗氏驻华医社医学预科教育顾问祁天锡先生；国立北京大学教授丁燮林先生；中华文化基金董事会董事任鸿隽先生；清华学校校长曹云祥先生（会务主任）。

第一届研究会创设于民国十三年之缘由：我国欲发展天然物产与夫解决实际问题，必须有科学之训练，此为稔知我国现状者所公认者也。欲使科学知识普及全国则教员必须加多人数增进学术。最近调查我国各地中学校师范学校及专门学校之科学教学，知其中多数，必大加改良，而后可收实效。现时学校中各教员，无论有无经验，其对于科学之内容，及教学之方法，均自觉有复加训练之必要。本会之创设所以供此必要之需求也。观夫第一届到会人数之多，本会为科学教员所推重可知矣。

* 原载1926年3月26日《新教育评论》第1卷第17期。

第二届研究会：第一届研究会既为科学教员所推许，宜继续办以期久远。第二届研究会原拟于去年在南京举办；当以交通阻梗，及其他原因，致未果行。本社等鉴于此举之急要，拟于本夏开第二届研究会于清华学校。

中华文化基金会之资助：中华教育文化基金会，在我国发展科学教育事业中，为最活跃之部分。拟定七年计划书。年供十五万元建设六个机关。本会已得该会许可，本年拨给一万元为补助费。是可谓该会提倡科学教育之先声。

本会研究科目：本会设物理、化学及生物学三科，专供中学、师范学校及专门学校科学教员之研究。每科研究时期为四星期。每科定额六十人，三科共计一百八十人。研究生活应注重者有三：

（一）试验生活——即如何可以利用我国固有之物料？如何可得国货仪器？

（二）新教材之演讲；

（三）教授方法。

设中文英文组及每组人数：本会各科研究，以会员十人为一组；每组设一指导员。会员可自由加入中文组或英文组。但研究时所需课本及言语用中文抑用英文，应先期确实声明。

每日之讨论会：各科均定有一部分之时间，对于各项问题，为自由公开之讨论。希望指导员与会员，对于上项讨论，均努力从事；并将所拟提出本会讨论之问题，预先列单，以备届时讨论。

携带平时所著讲义及计划大纲：会员中，平日教学编有讲义或试验教程者；有正在编制教材或试验书，预备出版者；如愿与他人有所讨论，深望随带稿件赴会。他如课程计划、教授计划之纲要等，亦然。

专研究一科：组织研究会之意见，以为会员必每人专研一科；故各科均拟定充分之课程，足供每人每日全部时间之需。

各种公开演讲：本会除规定专科实验室工作，及团体讨论之外，尚有种种足增会员兴味之公开演讲。由本会指导员或其他名人为演讲员。其目的在使各种自然科学新近之进步或发明，以及社会或经济之应用，与夫有特别价值之点，皆当提及或讨论之。

大学教授讨论会：本会除规定课程之外，于最后两星期中兼设物理、化学、生物学三科之大学教授讨论会；会员以五十人为额，此会工作有三：

（一）报告最新研究之心得；

（二）教授方法（讨论）；

（三）如何预备各种简要手册——如教授材料（注重中国材料），课本中之资料，实验仪器，中学所应备最简省而必需之仪器等类是也。

聘请外洋科学大家：本届开会之特点，为向外洋聘请著名科学家，于会期最后十日之内到会演讲，及加入讨论会讨论。其所演讲皆为专科之题目，凡研究专门科学，当能受其教益也。

津贴川资：本校筹有的款，酌量津贴赴会会员之川资。凡由京外学校正式派为该校代表者，得陈请此项津贴。但须注意下列六点：

（一）须将学校派为代表之正式公函随同陈请书寄交本会，以凭核给。

（二）此项津贴，凡经陈请核准者，概于闭会时发给。

（三）本会但酌量津贴减成之二等车票船票费，及车上之华餐费。车船票减成收费事，现正在措商；能否，商准后再通知。

（四）倘陈请津贴者过多，则津贴人数当以每校一个代表为限。

（五）核洽津贴以会员报名之先后为序。本会发通知书，远者先发近者后发；收陈请书时，以验明报名及邮局所盖日期为凭。

（六）所备津贴款项之数目有限，尽数支配完尽后，报名在后者概不核给。

费用：会员每人必需之费用如下（学费及入会费免缴）：

宿费膳费及杂费（如热水、电灯、华餐等）　银十二元（铺盖、肥皂、手巾等项自备）

实验费　三元

预存赔偿损失费（如余发还）　五元

总计　二十元

如用西餐者每日约一元五角。

以上各费须于到会时缴纳。

此外会员报名时应随缴报名费五元，此款于到会后可在费用项内扣算；惟报名已经核准而不到会者，此款概不发还。

# 试验乡村师范学校筹备处启事*

本院刻正积极筹备，以便如期开学。除各方青年同志，自行报名投考外，各地教育机关或热心人士有志改造或兴办乡村小学者，为预储师资起见，选择合格学生，资送投考，尤所欢迎。并望切实注意本院所定投考办法及农事、建筑等项作业，均极繁重，苟非体格强健，志趣坚定者，断难任此种清苦之锻炼。务希预先详慎审查投考者之资格，然后资送来宁，以免徒劳跋涉为幸。

* 原载1927年2月25日《新教育评论》第3卷第13期。

# 中华教育改进社设立试验乡村师范学校招生*

（江苏教育厅准予试验）

**目标**

（一）培养农夫的身手；（二）培养科学的头脑；

（三）培养社会改造的精神。

**考试科目**

（一）农务或土木工操作一日；（二）智慧测验；

（三）常识测验；（四）作汉文一篇；（五）三分钟演说。

**本校准备**

（一）田园二百亩，供学生耕种；（二）荒山十里，供学生造林；（三）最小数经费，供学生自造茅屋居住；（四）中心学校数处，供学生实地学做；（五）指导员数人，指导学生教学做。

**投考资格**

初中、高中、大学末一年半程度学生；有农事或土木工经验；及在职教师，有相当程度，并愿与农民共甘苦，有志增进农

* 原载1927年2月25日《新教育评论》第3卷第13期。

民生产力，发展农民自治力者，皆得投考。倘有志兴办乡村小学者，为预储师资起见，选择合格学生，保送来校投考，尤所欢迎。

**报名期**

一月十日起。

**投考期**

三月十日起。

**开学及开工期**

十六年三月十五日。

**报名处及函索章程处**

南京中正街安徽公学；北京西四中华教育改进社。

学费免，膳宿杂费详简章。小名士、书呆子、文凭迷最好不来！

# 苏义教会之农村师范评点表*

江苏义务教育期成会，为谋农村师范改进计，去年曾请胡叔异君赴各县调查农村师范，近复将调查所得之结果，制为农村师范评点表，备将来调查农村师范之应用。此表仍由胡君主稿，经袁观澜会长审定后，复请陶知行、章伯寅、顾述之诸君校阅，汇集各人之意见，经几次之修订，草成下表，闻日内拟作最后之修订，即行付印。兹将该表条目录下，以飨读者。

第一目标〔30分〕学校普通各科目能适合于师范教育之原则，并能注意于农村有关系之各点。其细目为：

（一）普通各科目，能就农村有关系各点，加意注重。

（二）国文教材，能选习合于农村兴味及日常应用文字。

（三）作文能练习合于农村兴味及日常应用文字（乡村应用之契约柬帖等均应练习）。

（四）算学能练习乡村日常生计中数量的各种问题，如丈量田亩、计算租税及日常简易簿记等。

（五）有稻、麦、棉主要作物之一种科目及实习。

（六）有园艺、畜殖、蚕桑、造林、农产制造等，适宜于本地副产之实习。

（七）手工有制造及修理简单农具及家具之技能。

* 原载1927年2月1日《乡教丛讯》第1卷第3期。

（八）有关于医药常识之科目及实习。

（九）有研究农村社会正当娱乐之教材及练习。

（十）有去除虫害及关于水旱灾之研究及实习。

（十一）改进农村交通之研究。

第二目标〔25分〕教师指导是否能直接或间接可培养良好的农村教师：

（一）教师与学生共同生活，实行人格感化。

（二）能练习衣食住三项，自己操作的并能助人的。

（三）能制造农村小学适用之教具。

（四）利用乡村环境及其机会而采作适当之教材。

（五）指导目标，能养成有思想有干才的农村导师。

（六）能练勤朴、坚苦、耐劳之习惯。

（七）有新村组织机关，而学生真能实地练习受熏陶，其热心宏愿，真难能而可贵也。

# 中华教育改进社拟订全国乡村学校大比赛办法*

中华教育改进社为促进全国乡村教育起见，特拟举办乡村学校比赛办法。第一次拟于民国十七年一月一日举行。兹将此种办法录下，以资海内关心乡村教育者之参考。

全国乡村学校大比赛办法：

（一）凡在中国境内之乡村学校（乡村师范及乡村小学），有志改良者皆得以学校之名义加入比赛。

（二）比赛性质系以各本校现状与理想乡村学校比较。

（三）比赛准备期限以一年为度。在此一年之内，各本校进步多少，即为各该校之成绩。

（四）各校准备期间，得向中华教育改进社函索《理想乡村学校》一份，藉资改进。交通便利之处，并得依据本社改造乡村学校辅导办法，要求本社辅导。

（五）与赛各校由本社函请各该县教育局派员视察现状，并于一年后视察改造成绩。依据理想乡村学校详点表报告本社，分别等级，赠送匾额奖证。

---

* 原载1927年2月1日《乡教丛讯》第1卷第3期。

# 中华教育改进社辅导乡村小学办法*

**第一条** 本社为赞助乡村小学改造起见，特设乡村小学辅导课主持进行。

**第二条** 本社辅导步骤订定如下：

（一）有志改革之校长或主持人员，到本社指定之乡村小学作有系统之参观；

（二）本社乡村小学辅导员到该校作有系统之参观；

（三）该校校长或主持人员提出改造计划，与本社乡村小学辅导员商决；

（四）根据会定计划，由该校负责进行改造，本社乡村小学辅导员，当依照该校需要，随时到校酌量辅导。

**第三条** 凡愿依照上项步骤邀约本社辅导进行者，应正式备函与本社接洽。

**第四条** 本社指定参观之乡村小学列下：

（一）南京观音门燕子矶小学；

（二）南京尧化门小学；

（三）南京明孝陵明陵小学；

（四）南京笆斗山小学；

（五）无锡河埒口开原小学。

* 原载1927年2月1日《乡教丛讯》第1卷第3期。

**第五条** 本社在各校推定招待员姓名列下：

（一）燕子矶小学毛瑞芝先生；

（二）尧化门小学宋调公先生；

（三）明陵小学王慕周先生；

（四）笆斗山小学蔡嘉乐先生；

（五）开原小学潘一尘先生。

**第六条** 本社以燕子矶小学、尧化门小学，开原小学离城较远，特备宿舍，以便参观时可以暂住，从容考察，以免往返之劳。

**第七条** 燕子矶小学同时可住十人，尧化门小学同时可住四人，开原小学同时可住四人。

**第八条** 参观人员如愿借宿，务请先期与招待员函约到校日期及约留铺位、住宿日数，俟得招待员复信方算约定。

**第九条** 参观人员借宿，宜携带铺盖、手巾、牙刷，余由宿舍供给。

**第十条** 宿舍人员每天每人付杂费洋一角，膳食可由学校代办，燕子矶、尧化门每天每人二角，开原每天每人四角，一餐减半。

**第十一条** 本社辅导员来往旅费，除有特别情形，概以三等支给，此项用费除本社机关社员外，概由邀请学校或管辖该校之机关、个人担负。

**第十二条** 本社辅导计划，先在轮船、火车通行之附近地方试办。俟办有成效，辅导人才加增，当徐图向内地推行。

**路程说明：**

（一）燕子矶——在观音门外江岸，距神策门十三里，自南京城中雇人力车前往，每辆车价至多半元；如有多人合乘马车，当日往返，亦可按照半天或全天例价计算支付。

（二）尧化门——在沪宁路沿线，距下关二十里，距神策门十五里，可自以上两站乘沪宁慢车前往，车资颇廉；或乘人力车出太平门亦可。

（三）明陵——距朝阳门仅三里，人力车、马车均可通达，当日往返甚便，无须留宿。

（四）笆斗山——距燕子矶仅二里，可由燕子矶就近前往参观，无须留宿。

（五）开原乡河埒口——距无锡车站约十里，人力车绕惠山或由西门走均可。

# 中华教育改进社试验乡村师范学校组织大纲*

**第一条**　本校为中华教育改进社所设立，以试验乡村师范教育制度、办法为宗旨，故定名为中华教育改进社试验乡村师范学校。

**第二条**　本校设董事会主持全校进行方针，董事会董事由中华教育改进社聘任之。

**第三条**　本校设执行、研究、监察三部。

**第四条**　执行部设校长一人，由董事会聘任，根据董事会所规定之方针、计划监督全校一切进行事宜。

**第五条**　执行部得依社会需要成立第一、第二等院，分别训练各项乡村教育人才。

**第六条**　各院设院长一人，由校长推荐于董事会聘任之。

**第七条**　各院设立或特约中心学校若干处，以为训练乡村教育人才中心。

**第八条**　中心学校主任及执行部全体指导人员，由院长与校长商定聘任之。

**第九条**　研究部研究本校一切改进事宜。设部长一人，研究员若干人，由校长聘任之。

**第十条**　监察部监察本校一切实施状况及经济出纳。设部长

* 原载1927年2月16日《乡教丛讯》第1卷第4期。

一人，监察员若干人，由董事会聘请校外同志任之。

**第十一条**　本校执行、研究、监察三部规程另定之。

**第十二条**　本组织大纲由本校董事会建议，经中华教育改进社董事会之通过施行。将来如有修正之处，亦应经过同样手续。

# 试验乡村师范董事会纪事及章程*

中华教育改进社试验乡村师范，于本月十日中午在功德林开第一次董事会，首由陶知行致开会词，次推举王岫卢为临时主席。次陶知行报告就小学办师范之主旨，并述欲做农民导师，须先化自己为农民，方为有效。次赵叔愚报告第一院筹备情形，关于指导人才之物色，校址之选择，经费之筹措及学生招考，皆有详细之叙述。报告毕，即开议。计议定组织大纲一件，组织系统图一件，董事会简章一件，会计规程一件，本年一月至六月预算一件。最后推举袁观澜为董事长，王岫卢为司库，陶知行为书记，江彤侯为监察部部长；继又举陶知行为校长，赵叔愚为第一院院长并研究部部长。第二院专收女生，须至下学期开办。其第一第二第三中心小学主任及指导员，皆由院长与校长会商延聘。选举毕散会。

**附：中华教育改进社试验乡村师范学校董事会章程**

* 原载1927年2月16日《乡教丛讯》第1卷第4期。

## 中华教育改进社试验乡村师范学校董事会章程

**第一条** 本校设董事会，主持本校一切进行方针。

**第二条** 本董事会设董事九人，其中五人由中华教育改进社聘任之，其余四人由董事会随时就赞助本校最力之同志中推荐于中华教育改进社聘任之。

**第三条** 董事任期三年，每年改选三分之一，连选得连任。第一届董事任期抽签定之。

**第四条** 本董事会董事任满或出缺时，由董事会推荐继任董事于中华教育改进社。

**第五条** 本董事会设董事长、书记、司库各一人，由董事互选任之。

**第六条** 本董事会之职权如下：

一、规定本校教育方针及进行计划；

二、任免校长；

三、审核预算，决算；

四、审核各种重要规程；

五、报告校务进行，每学期一次；

六、筹募经费；

七、其它重要事项。

**第七条** 本董事会常会每年两次，于一月、七月内举行。遇有重要事故，得由董事长召集临时会。

**第八条** 本董事会董事均为名誉职，但赴会得支旅费。

**第九条** 本章程由本董事会建议，经中华教育改进社董事会之通过施行。将来有修正之处，亦应经过同样手续。

# 中华教育改进社试验乡村师范及中心学校会计规程*

一、本校财政完全公开。

二、本校一切款项出入之账目均须由指导员指导学生轮流练习处理。

三、本校一切款项出入均须立时登记。

四、本校一切入款必须发给收据；一切出款除零用另行规定外，必须取领收据。

五、本校一切出入款项收据必须编号保存。

六、本校收入款项经手人，必须于指定时期连同存根报告会计。

七、本校用出款项经手人，必须于每事结束时连同收据报告会计。

八、本校一日之账，必于本日结清；一月之账，必于本月后三日内结清；一年之账，必于本年后半月内结清。

九、学生分组练习管账，每月轮流一次，交代时由监察部派员监督审查签字。

十、本校各处用款，应由各主任人员依据预算签字，并由会计副署，始能作正式开销。师范应由各院院长签字，各院会计副署。中心学校应由各中心学校主任签字，各中心学校会计副署。

---

* 原载1927年2月16日《乡教丛讯》第1卷第4期。

十一、各项簿记任人参观。

十二、每学期应将收支实况列表报告董事会及中华教育改进社并公布之。

# 中华教育改进社全国乡村教育运动计划预算书*

（一）在全国各部中心地点，创设省钱的平民的适合国情的乡村幼稚园，以节省农妇之精力而谋农民幼儿之幸福。

（甲）经常费

南京附近乡村幼稚园每年三〇〇元；

武昌附近乡村幼稚园每年三〇〇元；

成都附近乡村幼稚园每年三〇〇元；

奉天附近乡村幼稚园每年三〇〇元；

广州附近乡村幼稚园每年四〇〇元；

北京附近乡村幼稚园每年四〇〇元。

共计每年二〇〇〇元。

（乙）临时费

每处一次开办费六〇〇元。

共计三六〇〇元。

（二）在南京附近乡村，创设试验乡村幼稚师范，训练乡村教师夫人、亲属，以便推广乡村幼稚园。

（甲）经常费每年四〇〇〇元。

（乙）临时费一次三〇〇〇元。

（三）在全国各部中心地点，创设省钱的平民的适合国情的

* 原载1927年2月16日《乡教丛讯》第1卷第4期。

乡村小学，使作改造乡村生活之中心。

（甲）经常费

南京附近乡村小学每年六〇〇元；

武昌附近乡村小学每年六〇〇元；

成都附近乡村小学每年六〇〇元；

奉天附近乡村小学每年六〇〇元；

广州附近乡村小学每年八〇〇元；

北京附近乡村小学每年八〇〇元。

共计四〇〇〇元。

（乙）临时费

每处开办费约一五〇〇元。

共计一次九〇〇〇元。

（四）在南京附近乡村创设试验乡村师范，培植有农夫身手、科学头脑及改造社会精神的教师，使作改造乡村生活之灵魂。

（甲）经常费每年一〇〇〇〇元。

（乙）临时费一次一〇〇〇〇元。

（五）补助各省及特别区优良乡村小学费每年一〇〇〇〇元。

（六）补助各部中心地点附近优良乡村师范费每年六〇〇元。

（七）设乡村教育辅导员六人，辅助各省区改造乡村教育，每年六〇〇〇元。

（八）发刊乡村教育丛讯，以沟通全国乡村教育同志之学识、经验、精神，每年二〇〇〇元。

（九）派遣专员赴国外考察乡村教育一次六〇〇〇元。

（十）购置图书杂志以供同志研究，每年二〇〇〇元。

（十一）招待外国专家来华指导，每年一〇〇〇〇元。

（十二）编辑乡村学校用教材，每年二〇〇〇元。

（十三）调查国内乡村教育状况，以作改造乡村教育之根据，每年二〇〇〇元。

（十四）本社乡村教育行政费每年五〇〇〇元。

（十五）优良乡村教师求学补助费每年一○○○○元。

（十六）委托中国留学生研究乡村教育问题，每年四○○○元。

（十七）在大学教育科或师范大学设立乡村教育讲座六位，共计每年一八○○○元。

（十八）预备费每年二○○○元。

（十九）与农科大学联络，委托本社特约学校为本村传布科学、农林的中心，款项由该大学担任。

（二十）与本国银行联络，委托本社特约学校为本村经理农民借贷之中心，款项由该银行担任。

（二十一）与医生及公共卫生机关联络，委托本社特约学校为本村推行乡村卫生之中心，款项由该机关担任。

（二十二）与道路工程机关联络，委托本社特约学校为本村改良乡村路政之中心，款项由该机关担任。

（二十三）与平民教育机关联络，委托本社特约学校为本村推行平民教育之中心，款项由该机关担任。

（二十四）与职业教育机关联络，委托本社特约学校为本村推行职业教育之中心，款项由该机关担任。

（二十五）与科学机关联络，委托本社特约学校为传布通俗科学之中心，款项由该机关担任。

（二十六）在联合改进农村生活董事会指定地点，改进乡村小学款项另筹。

全部计划预算总数：每年经常费九八○○○元，一次临时费三一六○○元。

本计划分别缓急轻重定进行先后，拟于五年内使之完全实现。五年后，拟将乡村幼稚园、乡村幼稚师范，乡村小学、乡村初级师范逐渐向各省区推行，以期普遍，其计划预算可以类推另订。但省区中因有特别机会须本社提前助其进行某项乡村教育，本社得视能力所及酌量办理。

# 中华教育改进社特约乡村学校办法*

**第一条** 本社为提倡适合国情、裨益农民之乡村教育起见，得特约著有成绩之乡村学校以资试验而供参观。

**第二条** 乡村学校应具下列资格始得为本社特约学校：

（一）该校教育必须确实适合国情、裨益农民；

（二）该校对于征服自然、改造社会必须确有相当成绩之表现；

（三）该校教职员中，必须有一人以上具有农夫的身手、科学的头脑及改造社会的精神；

（四）该校一切设施必须合乎最节省之原则。

**第三条** 凡乡村小学、乡村师范或其他乡村学校，合乎上列资格，经本社专员建议，皆得为本社特约学校。

**第四条** 本社对于特约乡村学校负有下列之任务：

（一）本社对于该校额外研究费及设备费，应酌量情形加以补助，以不减少该校之独立精神为度；

（二）本社对于该校改进计划及实施，应予以相当之辅导；

（三）本社对于该校教职员学识应予以相当之进修机会；

（四）本社关于乡村教育之出版物应奉送该校一份；

（五）本社年会应邀请特约学校代表出席。

---

* 原载1927年3月1日《乡教丛讯》第1卷第5期。

**第五条** 特约乡村学校对于本社负有下列之任务：

（一）特约学校应与本社同心协力共谋乡村教育之改进；

（二）特约学校应于每学期之终报告本社一次。

**第六条** 特约学校于原有校牌外应加一校牌，称为中华教育改进社第几特约学校。

**第七条** 特约手续或由本社发起，或由学校发起，只须双方同意互换约书即生效力。

# 中华教育改进社乡村教育同志会简章*

**第一条** 本会依据中华教育改进社乡村教育政策组织而成，以群策群力共谋中国乡村教育之改造为宗旨。

**第二条** 凡接受本会所定信条而具有下列资格之一者，皆得为本会会员：

（甲）实际在乡村学校服务者；

（乙）学术实力足以研究或提倡乡村教育者；

（丙）初中以上各级学校末二年学生预备毕业后从事乡村教育者。

**第三条** 本会设执行委员九人处理一切会务。

**第四条** 执行委员概由会员通信选举，任期三年，每年改选三人，连选得连任。但第一次执行委员任期一年二年三年者各三人，于第一次开会时签定之。选举执行委员时，应推举司选员三人，管理下届选举事宜。被改选之三人，应由司选员加倍提名，寄与全体会员选举。但会员欲于提名外另选他人者听。

**第五条** 执行委员举定后，应互选委员长一人、文牍一人、会计一人、庶务一人、编辑四人，分理会务。

**第六条** 委员任务如下：

（甲）联合全国同志力谋乡村教育之改造；

* 原载1927年1月1日《乡教丛讯》第1卷第1期。

（乙）编辑《乡村教育丛讯》，以沟通各地乡村教育同志之声气；

（丙）调制全会同志一览以资本会存查；

（丁）征集同志，俾本会分工合作之分子得以继续增加。

（戊）每月报告中华教育改进社一次，并将该报告送交《新教育评论》披露；

（己）答复会员质疑问难；

（庚）发给入会证；

（辛）保管入会志愿书；

（壬）核准分会支会成立；

（癸）其他重要事项。

**第七条**　会员任务如下：

（甲）甲种会员应依据信条切实进行本职定校本村之改造；

（乙）乙种会员应依据信条切实提倡研究乡村教育；

（丙）丙种会员应依据信条切实作服务乡村之准备；

（丁）各会员应随时向总会报告进行状况，以便编入《乡村教育丛讯》；

（戊）各会员应用感化精神进行改造。

**第八条**　本会以《乡村教育丛讯》为沟通声气，交换经验之主要工具，每会员邮寄一份。出版期限拟不确定，但每年至少应寄十次。

**第九条**　同地会员上五人时，得组织分会，并将简章、会员名单、职员名单函请核准成立，定名为中华教育改进社某某地方乡村教育同志分会。

**第十条**　同县分会上五处时，得组织支会，其成立手续如上。

**第十一条**　本会会员于入会前应照下列格式填写志愿书及履历表一纸：

| 志　　愿　　书 |
| --- |
| 今愿为本会会员并以至诚依据信条为中国乡村教育努力<br>此致<br>中华教育改进社乡村教育同志会<br>○○○ 填 年 月 日 |

<table>
<tr><th colspan="8">履　　历　　表</th></tr>
<tr><td>姓名</td><td></td><td>号</td><td></td><td>年岁</td><td></td><td>籍贯</td><td></td></tr>
<tr><td>男或女</td><td></td><td>学业</td><td></td><td>经验</td><td></td><td></td><td></td></tr>
<tr><td>现任职务</td><td></td><td>通信处</td><td></td><td></td><td></td><td></td><td></td></tr>
</table>

**第十二条**　本会会员每年纳会费大洋四角，可用邮票代替。

**第十三条**　委员会常会每月举行一次，遇有重要问题，得由委员长召集临时会议。全国支会代表大会每两年举行一次。

**第十四条**　本简章如有不适之处，须经会员十人以上之提议，全国支会代表大会出席会员三分之二以上之通过，及中华教育改进社董事会之同意，始得修改。

# 整顿师范教育制度案*

**原案：**国立中山大学广东/西教育厅

黄琬、李相勖、程时煃、孟宪承

中央大学区师范科联合会

南京特别市教育局

陶知行、欧元怀、李宗武等

三民主义教育/普通教育组审查会审查报告大会整理通过

〔**理由**〕详附列各案。

〔**办法**〕

（一）为促成义务教育起见，应于高中师范外，由各省多设独立之师范学校或师范讲习科，特别训练小学师资。

（二）凡独立之师范学校，或师范讲习所，对于学生须有优良之待遇；毕业生之地位，并有适宜之保障。

（三）师范学校废止六年制。修业年限：三年制初中毕业入学者，三年；四年制初中毕业入学者，二年。

---

* 载商务印书馆1928年8月版《全国教育会议报告》。

（四）师范学校或高中师范科，得酌行分组选科制。

（五）乡村师范学校，收受初中毕业生，或相当程度学校肄业生之有教学经验，且对于乡村教育具改革之志愿者。此项学生修业年限，得暂定为一年以上。如收受高小毕业生，则其入学时之年龄，应在十六岁以上；修业年限，至少两年。

（六）为补充初级中学教员之不足，得设二年之师范专修科，附设于大学教育学院，或师范学校。收受高级中学及师范学校毕业生。

（七）师范学校为实现三民主义的国民教育之本源，其管理及学生之训育，须十分严慎，并须为军事的训练以养成其团结性及纪律性。

（八）师范学校，应以共同工作，为主要之教学方法。一切教材，不论其为文史为自然科学，社会科学，均应由教员指导学生实地搜集并共同整理，一切役务，亦应由师范生共任。

（九）师范学校，必应特设或指定实习的中小学。

（十）师范学校：应根据增进人民生活能力养成生产技能之实际材料，编定教程方案，送各教育学院审查妥当后，呈请大学院核准施行。

（十一）各省如不能特设女子师范学校时，必须在师范学校中，特设女子师范科。

（十二）师范学生除养成中小学教员外，在养成学务管理员及博物馆图书馆事务员。

（十三）师范学校之预算中，必须有百分之四十以上之设备费。

# 中华教育改进社晓庄学校报告事*

杨效春



晓庄学校为中华教育改进社研究试验乡村教育之中心。小学师范院在民国十六年三月十五日开学。那时候正是南京满城惊恐，战云弥漫。而我们学生十三人，指导员八人，校工一人，竟自各处来到晓庄，聚起精神，谋为中国乡村教育开一个新的局面。同时，晓庄校舍尚未落成，开学式就在松林山中举行的。各项教学做除农事外均在燕子矶实施。后来移往黑墨营，再移至晓庄农家，又移至晓庄小学。七月间始迁入晓庄本校现有校舍。十月二十九日第二次招生，幼稚师范院亦同日开学。今年三月第三次招生，现在共有男女生六十名（内男生五十名女生十名），艺友十名。指导员专任者十一名（内女子一名），兼任者七名。校工二名，一名是管送信和挑水，一则耕种学生所种剩余的田地。

本校教育目标是在培养乡村儿童和人民可敬爱的导师，换句话说，就是我们盼望本校的学生一面能够教导儿童，办一所良好的乡村学校；一面又能够辅导民众，将他自己所办的学校成为改造乡村生活的中心。

本校教育方法，不是教授法亦不是教学法，乃是生活法。怎样生活就怎样教育。生活法就是“教学做合一”。事情怎样做就怎样学，事情怎样学就怎样教。比方，种豆在田里做，就在田里

* 原载1928年6月16日《乡教丛讯》第2卷第11期。

学，也在田里教；烹饪在厨房里做，就在厨房里学，也在厨房里教；办小学在小学里办，就在小学里学，也在小学里教。本校全部教学做凡分四大纲，就是（一）中心小学活动教学做；（二）改造社会环境教学做；（三）征服自然环境教学做；（四）分任院务教学做。每大纲中均包括若干项目，共有三十余项目（详见本校全部教学做大纲草案）。

**本校组织系统：**

（一）董事会。本校董事会由中华教育改进社聘请组织。董事长为蔡孑民，副董事长兼会计为王云五，监察员为江彤候，书记为陶知行，外有袁观澜、赵叔愚二人为董事。

（二）乡村教育先锋团。为本校试行“学校自治”之组织。本校师生实行共生活共甘苦；并行共同立法，共同守法。全体同志的日常行动均受先锋团的纪律之制裁。

**本校经费来源：**

每年经常费有中华教育改进社拨中华教育文化基金董事会补助费八千元及图书费数百元，中央大学行政院补助费四千元，南京市教育局补助费一千元，合计全年一万三千元。临时费则向热心乡村教育之机关或个人筹募。开校以来，个人捐助本校者首推程霖生先生，计有一万三千元。

本校资产：现有荒山九十五亩，值九百元；田地六十七亩，值一千七百元；果园四处，值三百元；房屋十四幢，值七千八百六十元；校具图书约一万元。

**本校事业现有下列诸项：**

（一）小学师范院一所，学生五十四人，以培养乡村小学教育之人才。

（二）幼稚师范院一所，学生六人，以培养乡村幼稚教育之人才。

（三）中心小学八所，内有燕子矶小学、尧化门小学两所是特约的，其他六所即晓庄小学、吉祥庵小学、万寿庵小学、三元庵小学、神策门小学、黑墨营小学，皆是本校师生共同创办的。这八所小学，一面是为本校实施小学活动教学做之中心，一面又为改造各该所在地乡村社会生活之中心。

（四）中心幼稚园四所，内燕子矶幼稚园、晓庄幼稚园、万寿庵幼稚园，都是本校自行创办的。鼓楼幼稚园在幼稚教育上极努力，她的办法，可为我们借鉴的地方很多，故亦特约为本校中心幼稚园之一。

（五）民众学校三所，即晓庄民众学校、万寿庵民众学校，神策门民众学校是最后的一所，学生最多，计妇女二十七人，农人、商人二人，军士五十余人。

（六）中心茶园两所，一在捨儿冈，与中华职业教育社合办，一在黑墨营。前者终日营业，系由农友一人经理其事。后者惟晚间营业，农友一人担任招待，售茶一碗，他得酬资铜元一枚。两个茶园的教育及娱乐等活动，均是由本校指导员及学生负责的。

（七）乡村医院一所，为农人及小学生解除疾苦。

（八）联村救火会一所，系本校师生与附近青年农友合组。

（九）中心木匠店一所，系与中华职业教育社合办，现收艺徒两名，除学习木工外，兼教以人生必备常识。

（十）石印工厂一所，现请技师一人，有学生两人从他学习。

（十一）农艺陈列馆。陈列农产，农具，农艺书报及农村社会生活等事，此馆亦系与中华职业教育社合办。

（十二）乡村艺术馆，陈列古今名人书画及塑像，以供学生及农民赏鉴。

（十三）晓庄国术分社，由本校学生与村民共同组织，即由本校国术指导员担任指导。

（十四）北固乡修路委员会，即由本校与各村村长合组，现正修理至神策门燕子矶大道。以后拟继续提倡修理全乡各冲要大道。

（十五）乡村教育同志会，系本校师生与国内留心乡村教育的人士合组。

（十六）联村运动场，由本校出资，附近农友和本校学生出力开辟而成，以供村民练习武艺及游戏运动之用。

（十七）儿童游戏场，以供本校小学生及各村失学儿童、或在私塾受学儿童共同游乐之用。这里想诱导儿童失学者受学，在私塾受学者转学。

（十八）晓庄商店，系由本校师友集资而成。拟扩充为联村消费合作社。

（十九）农事改良及推广，向各村农民宣传改良蚕种及麦种，以求大家普遍采用。

（二十）《乡教丛讯》。是一种介绍乡教学说、讨论乡教问题、传达乡教消息的定期刊物。半月刊，全年二十四期。现已出至第二卷第十一期。

（二十一）研究部。这件事列在最后，并不是因为它最不重要。它是本校各项活动的灵魂。现由本校指导员十余人组织而成，拟更加扩充，添聘专家用科学的方法，研究乡村教育的实际问题。我们很盼望它能够发展滋长成为中国乡村教育改造有力的源泉。

**本校最近计划，有下列诸事急待进行：**

（一）发展乡村科学事业，以谋高深的科学能应用于广大的农村。此事已得民国大学院拨款补助科学设备费公债二万，值洋一万二千元。中国科学社赞助，常派科学专家来校指导。惟尚乏科学馆，急求能筹得的款，从事建筑。

（二）创办联村政治法律讨论会，发展村民自由思想。

（三）创办联村自卫团，使各村农民受军事训练，谋自卫卫国。

（四）试行联村自治练习民权。

总之本校是试验事业，凡所设施主张多与普通学校不同。我们主张打破课程与生活的隔阂，打破教师与学生的界限，并打破学校与社会之分离。我们要劳力者劳心，我们也要劳心者劳力，我们要全体人类心力并用，手脑相长。我们看过去的乡村教育已走上死路。一般教育也是危险万分。因此我们要试验。我们的试验如若有成效，不仅中国的乡村教育可以开辟一条生路，中国的普通教育也许可以转换一个新的方向吧。这是我们的期许，是我们的理想与希望。尚祈大家给我们以切实的批评指导与赞助。

（这个报告是承陶师知行之命做的。做成后复经陶师细加修改。这可以说是晓庄学校的鸟瞰。要知详细，请阅“晓庄学校答客问”。作者附志）

# 晓庄科学社宣言*

转载晓庄科学社科学闲谈

“为一大事来，做一大事去。”这是我们的根本人生观，我们的一切都建筑在这一句简而有力的信条上。如果我们对于这句信条起了疑问，我们的生活便无意义，我们的勇气便会消沉，我们的人生便恐惧彷徨，无所适从，而陷于悲惨忧抑的环境里。

什么是人生大事？这是我们当前第一个问题。拿历史的证据，用现世的事实，纵横参证，我们以为人生大事只有四个大字：“促进文明”。促进文明，是自然界创造我们人类时所付托的唯一的使命；凡是人类，人人都应当奔赴而且不得不赴的。忘了这种使命，自然界决不饶恕我们的；我们人类，便会立刻灭亡。

怎样促进文明？这是值得研究的又一问题。罗素先生在他社会结构学一书里，开宗明义就说：“现在与古代的不同，只在科学知识的多寡不同；将来与现在的不同，也只在科学知识的多寡不同；世界变迁，全赖科学知识之增进。”勃拉古女士在她所讲经济状况与政治思想一书里劈头劈脑就说：“要促进文明，一须努力于科学的发明，一须努力于科学的传播。”我们所崇拜的教育学者杜威先生也说：“吾人将来的文化，全视人们对于科学的心理习惯之普及与深着而定。”从这几位世界思想家果决言论看来，促进文明靠什么？我们应当努力以奔赴的我们人类使命是什

* 原载1928年7月1日《乡教丛讯》第2卷第12期。

么？大概人人都能明了了。

自科学大使诞生以来，可怜的人类，由自然界的奴隶，一跃而为自然界的主人翁，这是多么一件快意的事！凡属人类，谁不以此自豪。牛顿的定律连贯了宇宙的各体；瓦特的汽机缩小了地球的面积；此外如法拿德、伯斯特、达尔文等等，承先启后，辈出不穷。他们都尽力揭开宇宙的秘密，重新创造世界，使并时的后来的人类，人人享其福利，以致无穷。我们生在数百年以后的人们，对着一班伟人的丰功伟业应当如何的景仰呢！追念他们的苦心孤诣，我们又应当如何鼓勇自励呢？

中国人到了现在这样大祸临头的时节，九死一生的关头，总不致还有人相信“读经可以退兵”，我们的精神文明可以克服“夷狄之邦”的物质文明罢！可是科学的呼声，在国内虽然能一天一天的加高，实际去努力科学工作的能有多少人呢？就我们晓庄学校来说：陶校长在今年元旦日寅会里很郑重的宣誓式的宣布道：“十七年的晓庄要彻底的科学化。”到了现在，已经有几个月了，我们冷静的观察一下，平心反省一下，我们对于科学尽了心没有，努力没有，作过梦没有？我们随时随地仍然是感觉着“春花秋月”、“我我卿卿”一派文人魔力的强大。许多同志仍然浸在麻醉的文学里，度其浪漫生活，这是我们很觉痛心的。我们的头脑决不是那样简单，奉科学为天神，视文学为仇敌。但我们终觉得不能忘我们同胞今日所处的危险地位，与我们青年今日所应负的重大责任。我们权衡轻重，分别缓急，很坚决的信仰着，我们同志只应学微服做工的大彼得，决不当步武深宫填词的李后主。

晓庄的精神是受外界的赞许而且是同志所自许的。什么是晓庄精神呢，一字蔽之，“干”！“干”！“干”，认清责任，担负责任，实践责任，是我们的特长；言而不行，挂名避实，是我们所深恶痛绝的。亲爱的同志，我们既高呼着晓庄科学化的口号，就应努力于晓庄科学化的实际工作，奋勇向前，艰难无间。我们现在组织了这个极小的晓庄科学社，就是根据这一点信心的。我们自知能力薄弱，恐怕没有什么贡献，但我们对于科学的信心，是非常坚决的，我们对于科学的努力，决不肯松懈的。惟愿亲爱的同志齐起参加，共同努力，完成科学化的晓庄，克尽我们的天职！同志！同志！盍兴乎来！

# 晓庄科学社简章*

一、定名 本社定名为晓庄科学社

二、宗旨 本社宗旨：

（一）培养科学的人生观；

（二）构造科学的环境；

（三）制造简单的科学工具；

（四）研究科学的教学做。

三、社员 凡晓庄同志有志研究科学者，由本社社员一人之介绍，经全体大会多数通过，得为本社社员。

四、组织

（一）总干事一人，总理全体事宜，由全体大会公选之。

（二）文书一人，管理本社文书事件，由全体大会公选之。

（三）会计一人，管理本社会计事务，由全体大会公选之。

（四）编辑三人，由全体大会公选之，其职务如下：

1. 编辑本社工作及研究之报告；

2. 介绍科学的书报及科学的发明。

（五）干事每组一人，处理各组事务，由各组社员公选之。

（六）顾问若干人，由本社依据各组研究情形，聘请科学专家充任之。

---

* 原载1928年7月1日《乡教丛讯》第2卷第12期。

五、会务

(一)本社暂设生物学、物理、化学及数学四组，分工研究。

(二)本社每月底常会一次，报告各组研究及工作之结果。

(三)每月敦请科学专家公开讲演至少一次。

六、集会　本社每年举行年会一次，讨论本社一切进行事宜。如有特别事故，得由总干事临时召集大会。

七、附则　本简章如有未尽善处，得由社员二人以上提议修改，经大会三分之二人数通过之。

# 晓庄学校1928年招生启事*

本届注重招收大学生，依据农村实际生活、中心小学办法及教学做合一原则，培养创办乡村师范之校长、指导员，以应各省设立乡村师范及促进普及教育之需要。应考者除普通学力外，须具有一门学问之专长，及与农民共甘苦之决心。又本校招收初级中学毕业以上同等程度学生，以为创办中心小学幼稚园人材之准备。八月一日起报名，九月一日考试。愿得招考简章者，请向南京和平门外本校索取。

* 原载1928年7月15日《乡教丛讯》第2卷第13期。

# 晓庄学校长期参观规程*

（十七年七月十五日订）

（一）凡来本校长期参观者，应有下列资格之一：

（1）乡村学校教师。

（2）教育行政机关人员。

（3）提倡乡村教育人员。

（4）研究乡村教育者。

（二）凡来本校长期参观者，必须先期报名，得校长函复许可后，始可来校参观。

（三）参观期限暂定一星期，如欲延期，必须先得校长之许可。至多不得过一月。

（四）凡来本校长期参观者，须缴“参观计划”。

（五）凡来本校长期参观者，须带行李及个人用具等。

（六）凡来本校长期参观者，须先缴纳膳杂各费。

（七）凡长期参观者，身体须经本校校医体格检查，铺盖须经宿舍自治会监察员检查。

（八）凡来本校长期参观者，须加入本校共同生活，遵守乡村教育先锋团纪律。

（九）凡来本校长期参观者，有妨害本校共同生活及乡村教育之言论及行动，或参观不诚意者，得随时请其离校。

* 原载1928年7月15日《乡教丛讯》第2卷第13期。

# 晓庄自由章赠与规程*

（一）凡居住晓庄人员，具有下列资格之一者，得由本校乡村教育先锋团赠与晓庄自由章。

甲、对本校学术及发展有特殊供献者。

乙、本校同志及同志之亲友年在五十岁以上者。

（二）晓庄自由章应由乡村教育先锋团团长或其代理人征求团部会议同意，然后赠与。但关于乙项资格人员，如不及预征同意，得由团长或其代理人权宜赠与；但须报告团部会议，请其追认。

（三）凡受晓庄自由章者，得不受晓庄规例之拘束。

（四）晓庄自由章限在本人一人有效。

（五）如遇特别情形，本校乡村教育先锋团得收回晓庄自由章。

（六）接收晓庄自由章者离校时须交还晓庄自由章。

---

* 原载1928年7月15日《乡教丛讯》第2卷第13期。

# 关于晓庄的组织、活动和人事*

（一）取消一院二院的名称　本校内部组织原分二院，第一院为小学师范院，第二院为幼稚师范院。最近经指导员会议议决向董事会建议：从十七年度开始取消一院二院的名称；以整个的师范为单位，小学与幼稚园并立于师范部之中。其理由有二：

1. 小学教育的训练和幼稚教育的训练，没有显著的分别。小学教育与幼稚教育，应该沟通起来。

2. 两院合而为一，那么在行政上就没有畛域之分，可以避免轻重之偏向；而小学与幼稚园也可以因此而平均发展。

（二）暑天减少活动　按照本校章程，本来不放暑假，但是在这样火一般热的天气里，实在不能过分的劳动。因此指导会议议决，在这短时期的暑天里，暂时减少活动。国语及医药皆完全停止，手工及图画则随各人的兴味而自由工作。

（三）军事训练开始　本校的军事训练问题，在好几个月以前，就已组织军事训练委员会，积极的筹备。并决定除去应有的军事操外，每日跑山一次，每星期半夜点名一次，每月野战一次。后来跑山和半夜点名二事皆已次第实现，甚有相当成绩。可是最要紧的军事操，却因枪械和教练的缺乏，而未能成为事实。最近和驻扎在燕子矶的第四十军第一师新兵训练处处长孟昭明先

* 原载1928年7月15日《乡教丛讯》第2卷第13期。

生接洽妥当，由孟处长和他的副官胡靖国先生担任教练，每星期三次（三小时）。至于枪械，则暂时也向他们那里借三十支应用。

（四）添聘新的指导员　以前本校的指导员很少，而近来同学一天多似一天，工作也一天复杂似一天，各方面总因指导员的不够而感觉到绝大的不便与困难。因此添聘江问渔先生为国文兼教育行政指导员，秉农山先生为生物指导员，吴研因先生为儿童文学指导员，陈裕坤先生为理化指导员。可惜秉、吴二先生因为事情太忙，不能拿整个的身心放在晓庄，每周只能来校一二日。江先生又为中华职业教育社干事部的事牵累着，仅能为晓庄做他所能的一半的工作。

# 大学院增加补助晓庄研究经费*

本校因为提高乡村教育的研究，曾呈请大学院增加补助本校经费，以便延聘专家，从事研究。现在经过他们切实调查后，已有了圆满的批示，准予每月补助费五百元。其批云云：

“（上略）该校呈请拨款补助以供延聘专家从事研究一节，当经委派专员前往实地调查，兹据该员复称：‘该校本教学做一贯之精神，树乡村教育之先声。力行“教育即生活”、“学校即社会”之至理。师生甘苦与共，农民翕然来从，实行信条，解除积习，于教育事业，独辟新径。尤能于经济竭蹶之中，奋斗牺牲，力图发展，毅力热忱，良深钦佩。该校本年度将设乡村教育研究部及招收大学程度之学生，造就乡村教育之行政人才及专门人才。实行以上二点，即须多聘学术专家为指导员，此其经费之不得不增加者也。倘荷钧院特加资励，则该校影响于全国乡村教育，既深且远矣’等语。

“查高深研究为试验学校之主要工作。该校既据专员调查奖许，认为成绩优良，经费不足；本院特委于该校研究乡村师范之各种教材，随时具报到院，并准拨给经费每月五百元，以资补助。仰该校长选聘专家切实从事研究，并按月来院具领补助经费可也。此批。”

---

* 原载1928年8月1日《乡教丛讯》第2卷第14期。

# 一件有兴味的事*

## ——参观南京晓庄学校的所见

梁漱溟



现在我要来报告在南京有兴味的一回参观，很合我们意思的晓庄学校。晓庄学校有三点很合于我们意思的：（一）有合于教育道理；（二）有合于人生道理；（三）注重农村问题。

这学校名晓庄乡村师范学校。主要的目的，在养成乡村小学教员。晓庄学校，是它的简单的名称。学校的内容则包括：

小学师范院一所　　幼稚师范院一所
中心小学八所　　中心幼稚园四所
民众学校三所
中心茶园二所　　乡村医院一所
联村救火会一所　　中心木匠店一所
石印工厂一所

这学校教育的目标，有句很好的话说："本校教育的目标，是在培养乡村儿童和民众所敬爱的导师。换句话说，就是我们盼望本校的学生一面能够教导儿童，办一所良好的乡村学校；一面又能够辅导民众，将他自己所办的学校成为改造乡村社会的中心。"为要达到这样的教育目标，于是它把下列四事为培养人才之准的：

---

* 此系1928年夏在广东省立第一中学教职员工大会演讲的第三部分。原载《梁漱溟教育文录》，1935年10月，山东邹平乡村书店出版。

一、要养成农人的身手；

二、要养成科学家的头脑；

三、要养成艺术家的兴味；

四、要养成社会改造家的精神和热心。

这些说法，都很合于我们的意思。我们现在再进一步来考查这个学校的事实如何。我第一次去参观，因为去的人太多，妨碍我个人参观的计划，所以只过两个小时就回来了。第二天早晨我再去，细细参观一天，当晚在学校里住宿，第二天才回来；事实的调查，这次算比较的满意。首先令我们注意的，就是它的“教学做合一”的信条。他们相信教育方法，即是“事情怎样做就怎样学，怎样学就怎样教。”在我觉得这是很合于教育道理的。譬如种田是一种生活，我们就应该在田里做，就在田里学，也就在田里教。做饭吃饭是一种生活，我们便应该在厨房饭厅里做，就在那里学，就在那里教。教育要本于生活，教育必须教学做合一。

所以晓庄学校的功课，即是他们的生活，即是他们学校的全部教学做。这全部的教学做，又分为四部分：

一、中心学校活动教学做；

二、分任校务教学做；

三、征服自然环境教学做；

四、改造社会环境教学做。

第一部分，中心学校活动教学做。所谓“中心学校”，自然就是它的八所中心小学与四所中心幼稚园了；这“中心”的标题，也是有点用意的。他们以为是为小学教育而办师范教育，师范教育的研究亦当针对小学教育而研究，小学为主，而师范为客；同样为幼稚教育而办幼稚园的师范，不是为有幼稚师范而有幼稚园；所以特别标出“中心”字样，称小学为“中心小学”，称幼稚园为“中心幼稚园”，不愿用“附属小学”字样。此外，中心茶园、中心木匠店，也是同样用意。要教学生做中心学校的导师，那么中心学校如何作法，就是教科的最要部分了，所以名为中心学校活动教学做。在他去做的时候，我们就可以看出他的意义，如中心小学校有国语、公民、算术、自然、园艺、艺术、体育、游戏等科，便为国语教学做，公民教学做，算术教学做……当师范生到中心小学去实作教小学生的国语时候（做），即在研究国语如何教法（学），他的先生（指导员）就从旁指教他。为学校活动的便利起见，分学校为前方后方，把师范生分一部分去做中心学校的教师，留一部分在师范院工作。譬如到左近乡村去办一所中心学校，派出去做的就在前方活动，觅校址，招学生，安排布置，作起教师来；留在后方的却要替他计划一切，前方有什么问题，后方要帮助解决，并且每日派出一位先生（指导员）去视察帮助他，指导他，他亦常常回到后方来。前方后方是常常交通的。关于前方学校的课程，如国语、公民、艺术，及其他学科的教材，也是后方供给。后方给前方的提示，后方的时常到前方去看，所以后方也能得到教学的实益。这中心学校活动教学做，要居全部时值百分之五十。

第二部分是分任校务教学做。晓庄学校的校务，是全由学生分担的。现在有学生七八十人，每人都有他的职业，校内无所谓教员职员，而称为指导员。指导员对于学生的功课，站在指导的地位，即学校的事务也站在指导的地位。所有学校的教务、文牍、缮写、会计、庶务、校具保管、烹饪、洒扫、整理、招待、图书管理等，都由学生去学去做；在他们做时，指导员便在那里指导他们。这是分任校务教学做，要居全部时值百分之十五。

第三部分是征服自然环境教学做。人类要对付自然环境的事情有许多，如造桥、筑路、造森林、阻水患，种种征服环境的努力，是人类工作的大部分，也就是生活的大部分；而在乡村人家最重要的却还是农业。晓庄学校有田地二百亩，其中有部分是山地，不易耕种，目前实在能种稻种菜的只百亩多些。每个学生都有他半亩的耕地；这半亩耕地，算学生向学校租佃，每年要缴纳二元的田租。学生要种稻种菜或其他的蔬果，都可以听从他自己。有这方面的指导员担任指导；除主要的指导员日日在田里指导外，还有两个委员会来帮助他们：

一、顾问会——请农村的老农做顾问。

二、设计会——请南京中央大学、金陵大学农业专家来做一切设计。

田里的劳作是天天要有的，并且夏季更忙，所以他们学校是没有暑假放的。这征服天然环境教学做，要居全部时值百分之二十。

第四部分是改造社会环境教学做。因为晓庄学校养成的人才是要在乡村为儿童和民众的导师，所以预备为儿童教育之外，还要为改造社会事业努力。现在晓庄学校已为左近村庄做许多改革村庄之事：已成的有联村救火会，联村修路会，联村消费合作社；在预备的有乡村自治、乡村妇人改革运动等事体。学校里有女生：它招收女生尤其注意招收本校男生的未婚妻。招生简章上有一条说："现任乡村教员之夫人或未婚妻，对于学业资格可以通融。"这明明是希望一对夫妇同为农村导师，共同改造社会。这是改造社会环境教学做，要居全部时值百分之十五。

晓庄学校没有校役，什么事都由学生、指导员亲自去做。只有两个工人，一个专司入城送信买物（学校离城约三十里），一个却是为种学生种余之田地的；其待遇地位与指导员、学生俱平等的，所以可以说它没有校役。如做饭每日三人轮流，打钟也轮流，防匪守卫的事情也是轮流去做。我在那里住一夜过两天的生活，它每日的生活的秩序是：

早晨天未明起床，举行晨会。全校的人都到，首先唱校歌（《锄头镰刀歌》），其次有各种办事的报告，各种讨论。晨会后便是早操。早操有两种：一种是武术，一种是军事训练。早操的时间却不很长。

早操后食粥。我也加入，米很不好，粥却很浓。吃粥只有咸菜，吃饭则每桌三大碗菜；菜也很粗。没有座位，大家都站着围桌而食；学生、指导员、校长，以及校长的母亲，都在会食。大约九时十时至十一时读书办公；午后大家到田间去，或到前方去；晚间写日记：这是大概的情形。每周有公共生活秩序表，是大家都要遵守的。除公共的生活秩序表外，每人还要各有他个人的当日工作表；由他自己订——几时看何书，几时办什么事，几时农作，几时写日记。这样的日常课表，从学生到校长都各有一页放在自己的台上。学校生活都有一个考核股；这股的办事人便来考察校长、学生有没有按自己所订的当日课表去做。学校对学生工作的督察与促进，全赖这股的活动，全在他们自订的课表之有无实行；这也是很好的办法。

学校的办事共分五部：生活部、行政部、小学指导部、幼稚园部、社会改造部。生活部，分支配、考核、材料、卫生四股，和我们的教务处相当。行政部，分会计、文牍、庶务、保管、整洁、建筑六股，和我们的总务处相当。小学指导部，分总务、文书、编审、交通四股。幼稚园部与小学指导部分股相同。社会改造部，分总务、教育、卫生、自卫、经济、风俗、妇女、调查、交能、农务、工艺、救济十二股。这五部算是晓庄学校的组织。各部的办事人，都是它的学生。

学校秩序的维持也用自治的办法。假定全校为一个村庄，把学校住人的地方区分为若干村；这若干村又联为一庄。每村有村长；全校为一庄，有庄长。全校的师生工人便是全庄的公民，共同立法，共同守法。开全庄公民大会，制定庄约，只未成年的儿童无发言权、表决权——如校长的儿女及小学校幼稚园的学生，都是未成年的儿童。制定庄约之后，另外有一个纪律部去执行。纪律部有监察委员五人，司检举与审判；肃纪三人司执行；部长一人总其事。它的罚则有三层：最先，是对犯约的施行劝告；其次较重的，入自省室（是一个黑屋），要他几点钟的自省；最重的方给他出校的处分。关于开除一个人，是认为很重大的事，要经过纪律部的审判，还要得庄长的同意，不服时还可以上诉于全庄会议。

他们学校里师长共甘苦的倡导也勉强做到了，因为创办的人有毅力耐劳苦。学校的创办在民国十六年三月。校长告诉说，开办时无屋可住，在山下立起三五个帐幕，几个人对着帐幕升起旗子来，就举行开学的典礼。后来［人］渐多，才分投到附近农家去住；现在因为校舍不够，还有住在农家的。他的用意在使学生能和农人一般吃苦，并且深知农民的问题，所以他们的生活都很平民化，穿短衣服，时常光着脚如同农夫一般的。校长常说他们要有三种打破：

一、打破课程与生活的分离隔阂；

二、打破教师与学生的分离隔阂；

三、打破学校与社会的分离隔阂。

前二种的打破已说明。这第三种差不多亦做到了；学校与社会的关系很亲密，农民也和他们很亲密——从他们的学生可以住在农家一端看来，就可以晓得了。学校与农村之间有很好的媒介，就是他们办的医院。医生是北京协和医学校的学生，擅长外科。农村的人民需要虽然简单，然而如果他们病了，医药的需要还是很迫切；如果医好了一个人，他一家人都感激的，所以医院很得乡村男女老幼的好感。医生要出来提倡什么事，也是很容易的。其次的媒介要算中心茶园了，晚间他们去讲故事说书，这也是农民有兴味的事体。这样努力的结果，学校与社会的隔阂可以打破了。

照此办法看去，我们可以断定这样的学校，一定会有结果的。培养出来的学生，至少有两种好处：

一、有能力。分别言之，有三种能力：A. 劳作的能力。——我们却没有劳作，不能劳作。B. 智慧方面的能力。他们所学都是真学问；自己学，自己做，而得的真学问。——我们注入的教授得到的学问，怕不是真学问；已有的智慧，也是假智慧。C.

作团体社会生活的能力。这就是指他们的自治与学生分任校务。——我们呢，师生分作两级，治者与被治者，这是不能发展作社会生活的能力的。

二、有合理的生活。因为他们的生活很平民化，这都是他们不同于我们的地方。我们啊！无能力又不平民化，不能做事又要享贵族生活。——社会的病痛，是学校制度给与社会的病痛！

我参观了晓庄学校，引起很多的兴趣，不知我们同事同学大家有没有高兴和心愿来改造我们的学校？在李主席回来之后，如果我不得离开本校，我也打算和大家商量这件事。现在这期间内，且请大家多想一想。

# 跑山竞赛*

——吴稚晖老先生杨杏佛副院长一齐参加

程本海

跑山竞赛也是吾校周年纪念中举行联村运动会重要节目之一，在未开始前，适大学院长蔡孑民先生、副院长杨杏佛先生偕同吴稚晖老先生莅会。即由陶校长招待，并告以各项运动都欢迎来宾参加，是时正举行蓑衣舞及挑柴竞走，引起来宾兴致不少。于是吴老先生豪兴勃发，毫不迟疑地加入跑山竞赛的队伍里面，杨先生和陶校长也笑嘻嘻地一同加入竞赛了。蔡先生因患脚疾，不良于行，很和蔼地说了一声抱歉，其实，未免太谦和了。这一次曾规定：凡是指导员及在前方同志们每人至少参加两种，我对于剧烈运动，素少训练，不得不退避三舍，故决定参加跑山竞赛和开荒两种。起初，我想跑山并非难事，谁知总指挥把警笛一鸣之后，双腿齐奔，至山腰时，不由自主地跌倒了，随即站起，跑上几步，又跌倒了，跌倒又奔，忽见杨杏佛先生赶到，向我说道："当心点！不要太猛了。"他的好意，固然可感，但怎能止住我的猛进！因为瞧见前面的人飞也似的离得不能不叫我追上去，虽然后面还有人在奔腾着。结果是韩先生得到锦标第一，他是本校武术指导员。

十七、四、廿二

* 原载《在晓庄》，程本海著，中华书局1930年1月版。

# 晓庄联村自卫团组织大纲*

一、晓庄联村自卫团以晓庄附近村庄联合组织之。

二、凡上列村庄十八岁以上之学生及有职业而能自食其力之村民，皆得为本团团员。

三、凡团员须由各本村团员一人以上之介绍，经联村团部会议审查核准，始得发给入团证书，而为正式团员。

四、团员分下列三种：

1. 有枪者；

2. 无枪而能使用他种防卫器械者；

3. 学术资望财力对于本团有贡献者。

五、团部会议由各村村长领袖及联村指挥部指挥组织之。

六、团部设会议主席一人，书记一人，会计一人，监察员二人，由议员互选之。

七、团部会议主席总理本团一切事务，并为本团对外代表。

八、团部会议之职权如下：

1. 规定本团进行计划；

2. 任免联村指挥，核准各村职员之任免；

3. 筹划经费；

4. 审查团员资格；

* 原载1928年11月30日《乡教丛讯》第2卷第22期。

5. 审核各村自卫组织大纲及规程；

6. 颁布简明规律；

7. 对外代表本团；

8. 处理其他重要团务。

九、每村团员上三人者为叁，叁设叁长一人，上五人者为伍，伍设伍长；二伍为什，什设什长。排以上依照步兵编制。

十、联村自卫团设联村指挥一人，掌联村自卫之命令。副指挥若干人，襄助指挥。由团部会议任命，呈由首都卫戍司令核准。

十一、各村职员由各村团员公推。有村长之村，并须得村长同意，送呈联村团部会议核准。

十二、联村及各村职员任期均为一年，但连举得连任之。

十三、各村职员如违背命令军纪，得由联村指挥免其职务，并命各该村重推；联村职员失职违法，由团部会议处分。

十四、本团军事训练每年在农暇时举行，细则另订。

十五、本团订立公约如下：

1. 凡团员须遵守信条；

2. 凡团员必须绝对服从纪律，不得由个人自由行动；

3. 各人枪支由各人负责保管，不得私自转与他人，但经联村会议核准，得让与本村或他村团员。

十六、凡团员因公受伤，本团担负医药费。如因公受重伤，以致残废或死亡者，本团应给养老金或家属抚恤金五百元。

十七、本大纲呈请卫戍司令部核准后施行。

十八、本大纲如有未尽事宜或不适之处，得由团员五人以上之提议，经全体大会三分之二以上通过后修订之。

# 《做学教ABC》序*



做学教合一是一个新方法。这个方法便是教育法，也名为生活法。大家说："教育即生活"，究竟教育的范围能不能占领到生活的全部？用什么方法去涵蕴全部的生活于教育里？这是值得我们研究和注意的。

讲起教育，便联想到学校；讲起学校，便联想起书本；讲起书本，便联想到教授的方法。这是一般人、甚至于一般教育者的一套的旧观念。最近便有人扯破了这个旧观念，以为教育不单在这狭隘的学校里授受，书本不能包括全部的知识，方法应当注意到教者和学者，于是教育转入了新生的路径里。而有些聪明的教育家，已经更进一步而发掘到更深一层，把教育扩大到生活的全部，把知识运用于疑难问题的解释，把方法融于做学教合一中，在此，我们不能不注意新的时代的到临——在中国的教育界里。

做学教合一是建设在二元哲学的二亲原则上的。大家生活在社会环境和自然环境里，要应付两重环境，真切的得到知识，那么"亲事"和"亲物"是应该的了。怎样去"亲事"和"亲物"呢？便是要去做。一件事或一个物不经过做的阶段，是得不到真经验，也得不到真学问的。一位教师立在讲台上讲水是氢二氧化

* 《做教学ABC》，徐德春著。"ABC丛书"的《教育的ABC》之一，1929年7月世界书局初版，1931年3月3日版。

合而成的，学生会抵死不信，非做个实验，把水分解开来是不行的。文学家是最会造谎，最会信口开河的，可是他若不经验人生，是做不出好著作来的：托尔斯泰为经验人生而做小说，莫泊桑为做小说而去经验人生，这是很好的例子。

在做上学（Learning by doing）：学的才有用，才能透；在做上教（Teaching by doing）：教的才能明白，才能详尽。所以做什么，应当教什么，也应当学什么。怎样做，便怎样教，也便怎样学。

自从做学教合一的教育法出现后，许多人很怀疑，也有的感到不能使用这个方法为憾。以前在报章杂志里，不过有些断片零简，还没有一部整个的著作，使读者得到整个的了解。现在徐德春同志，本其平日经验所得，并搜集了许多材料，著成此书。加入世界书局ABC丛书发行，贡献给大家当作研究“做学教”的阶梯，凡我觉悟的教育家，想必都怀着热望而欢迎的吧?!

陶知行<br>李楚材 同序

（十八，五卅纪念。于浙江　湘湖师范之湘云村）

# 筹设各级各种师资训练机关计划*



**(一) 期限**

五年内完成全国师资机关。

**(二) 各级师资训练机关的程度及年限**

一、乡师程度：

1. 收初中毕业生，训练二年，派充乡小副教员，再修满三暑假毕业。

2. 收高小毕业生年在十五以上者，训练三年，给修业证书，派充乡小助教；服务两年并修满两暑假，再回校肄业一年，重出服务二年，并修两暑假，给毕业证书。

3. 乡小教师有初中毕业同等程度者，训练三年，给毕业证书，准充初小教员。也得在第一年末及第二年末出外充副教员，再入学一年或二年或修六暑假，给毕业证书。

4. 乡师得附设乡村幼稚师范科，程度与乡师同。

二、师范学校、高中师范科都招收初中毕业生，予以三年或与前条二、三两项相仿的训练，给毕业证书。也得附设幼稚师范科，程度与高中同。

三、师范专修科：招收高中毕业生，或高中师范科、师范学

* 原载1930年上海江东书局版《第二次全国教育会议始末记》。

校或村师毕业生，予以二年训练，派充中心小学教员或乡师助教。再修满三暑假给毕业证书，准充乡师教员。

四、师范专修科招收高中毕业生，毕业后准充初中教员。

五、乡村师范学院：收大学或师范大学二年修业生，或师范专修科或乡师专修科毕业生，受两期训练，第一期肄业一年，派赴乡师服务两年，再修学一年，授学士学位，准充乡师专修科教员。

六、师范大学、大学教育学院，及其他大学与师资训练有关各学院，均招收高中毕业学生，予以四年或与前条相仿的训练，授学士学位，准充中学教员。

七、国立义务教育学院招收大学毕业生、或师范大学或乡师学院毕业生，训练一年以上，派充乡师学院教员。

八、各大学研究院招收大学毕业生，造就大学师资。

九、各级师资训练机关得分组分科设特种训练班，年限一年到三年。

**（三）设立师资训练机关办法**

一、乡师以每县设立一所为原则，贫县得两县合设一所，暂定全国共设一千五百所。从训政时期第一年起，年设五百所，到第五年一千五百所完全成立。每所开办费暂定四万元，经常费年二万元，中央得酌予补助。

二、高中师范科及师范学校，两制并行，以省立为原则。开办费暂定三万元，经常费年约二万元。

三、幼稚师范科以附设师范学校或高级中学为原则。

四、乡师学院以省立为原则，乡师专修科附设于乡师学院中。两处共开办费二十万元，经常费年十万元，由中央补助。

五、师范大学及大学教育学院以国立为原则。开办费十万元，经常费八万元，由国库支。

六、师范专修科附设于大学教育学院内或师范大学内，各省也可独立设置。独立的每所开办费八万元，经常费年四万元，由省库支，中央得酌予补助。

七、国立义务教育学院一所，开办费一百万元，经常费年二十万元，由国库支。

**（四）各级师资训练机关的课程**

一、十九年春间，教部应组织专科以上学校课程标准起草委员会，拟订专科以上师资机关课程标准。

二、高中师范科、师范学校课程标准规定两种。

1. 暂同中小学课程标准起草委员会所拟草案，该试行期满，再由教部修订作为正式标准。

2. 参照乡师科课程办法根据小学需要拟订标准。

(委员会定必修选修学分表见计划中)

三、乡师课程标准，交由中小学课程标准起草委员会，拟据小学需要拟订。修习必修科目可参照第一种高中师范科课程增减，以资深造之（参看原计划）。

四、幼稚师范科及乡村幼稚师范课程标准，由中小学课程标准起草委员会拟订。

五、各级各种师资训练详细课程，由国立大学、国立义务教育学院以及各省教厅根据试行标准拟订。

六、各级特种师资课程，由教部组委员会拟订标准。详细课程由国立大学或教厅根据标准拟订。

**（五）实习办法**

一、实习分参观、见习、试教三步骤。

二、师范学校应有专员负责筹划指导。

三、师范生实习不及格者，不得毕业。

四、应有中心学校，作训练中心。

**（六）服务及待遇**

一、毕业生服务期限，应与其所受训练年限相等，但强迫期间不得过五年。

二、因病不能服务，经医生证明，可以延缓。

三、不服务的，追缴学费。

四、免收学宿费。

五、中途退学，向经济保证人追缴学费。

**（七）职业科师资训练办法**

一、师范大学及大学教育学院、法政大学农工商各科毕业生，予以一年训练，毕业后充高中职业科或职业学校教员。各大学农工商等学院学生如有志职业教育，应从第三年起选修教育科目六学分以上。科目由上海教育学院教育学系规定。

二、师范专修科得招（1）专科学校毕业生，（2）高中职业科毕业生之有三年以上实地经验者，予以一年训练，使充高中程度职业科目教员。

三、师范学校或高中师范科，得以职业学校或高中农工商科毕业生之有应当经验者，予以一年训练，使充小学程度的职业补习学校或补习班教员。

四、课程由教部组委员会订定标准。详细课程由国立大学及各教厅根据标准拟订。

**（八）中小学教职员进修办法**

一、开办暑期学校。

1. 每年由各国立大学开办。

2. 各省各特市每年应办一所，应不收学费，课程适合需要。省办的每年地点不必同，不办暑期讲习会的市县应各派二人入学。

二、订定并颁发中小学教员进修书籍。

1. 由教部编订分类书目。

2. 由中央及地方合力筹款分购定教员进修最低限度书籍，分配各校。

3. 各省市县应筹足经费，限期开办巡回图书馆。

三、提倡阅读团。

1. 书目由教育厅特约的指导员或专家选定。教员每学期至少报告阅读心得一次。

2. 阅读团经费由市县教育行政机关担任，受它的监督指导。

四、选拔优良教师继续深造。

1. 每年由各省办选业试验一次，送往国内外相当学校肄业。

2. 选派人数及标准由各教厅订定。

3. 学成后回原派省市服务。

五、各市县开办假期讲习会。

1. 一县或数县联合办理，经费由县负担。

2. 讲习材料注重实际问题，并应征求各会员的意见。

六、明定教育会研究学术办法。

1. 分组研究，每学期开分组会；每年有研究报告和刊物。

2. 经费由会员分担，出版物印刷费得受补助。

七、试办大学推广教育。

1. 委托著名大学办理一科或数科函授学校。

2. 各大学酌开晚班及短期学程班等。

# 关于取消陶知行通缉令并启封晓庄学校的来往函电五件

**一、冯玉祥给孙科的电报**

急　南京孙院长哲生先生勋鉴：第十七年来京时曾赴晓庄学校数次，并曾与介石先生一度同往。嗣因时局转变，该校校长陶知行先生被诬为与弟有关，即下命通缉，该校亦被查封。无故受此重大损失，每一念及，深感不安。务请我兄查明取消陶先生通缉，并令将学校全部发还，以明是非而复自由，无任企荷。弟冯玉祥叩冬。

（注：此电报于1932年1月5日由上海发往南京国民政府行政院孙哲生）

**二、行政院长孙科的批示**

由院查明请政府明令取销通缉前令并复冯先生。

科　一、五、

**三、孙科给冯玉祥的复电**

国民政府电

电字27号 21年1月6日

上海冯委员焕章先生勋鉴：

冬电敬悉。陶前校长知行通缉前令已呈请国府明令取销，并请将该学校全部发还矣。谨复。弟孙叩鱼印。

## 四、国民政府指令

字第342号

令行政院

准冯委员玉祥电请取销前晓庄师范学校校长陶知行通缉并将该学校全部发还一案转呈鉴核施行由

呈悉。案经提出本府委员会第一次会议决议照准在案，仰即由院转行，将陶知行通缉案撤销并将该学校全部发还。

此令

中华民国二十一年一月廿五日

国民政府主席　林森（签章）

行　政　院　长　孙科（签章）

## 五、国民政府行政院训令

第559号

令　内政部

　　军政部

为令行事：案查前准冯委员玉祥电请取销前晓庄师范学校校长陶知行通缉一案到院，当查该前校长陶知行因涉有反动嫌疑，曾于民国十九年四月间奉

国府明令通缉。兹既由冯委员来电证明该前校长当时系属被诬，经呈请取销通缉在案。兹奉

国民政府指令，内开：“呈悉。案经提出本府委员会第一次会议决议照准在案，仰即由院转行，将陶知行通缉案撤销并将该学校全部发还，此令。”等因奉此，除令行教育部将该校全部发

还外，合行抄发原电，令仰该部转行各省市政府/饬属饬各军事机关一体知照。此令

计抄发冯委员冬电一件

中华民国二十一年一月廿八日

行政院长　孙　科（签章）

副 院 长　陈铭枢（签章）

（另有1月22日、26日、27日军政部部长何应钦、教育部及兼代内政部部长汪兆铭的呈复，略）

（原件存中国第二历史档案馆）

# 有关晓庄的两件档案材料



**1. 请追认晓庄学校毕业生资格的呈文**

窃查属校原名南京晓庄试验乡村师范学校，于民国十六年春由中华职业教育改进社创立，以培养乡村学校师资，改造中国乡村社会为主旨。曾于民国十七年分别呈请
钧部及南京市政府备案。嗣因办理甚有成绩，荷蒙
钧部每年给津贴国币六千元，南京市政府每年给津贴国币一千二百元，中华文化教育基金委员会每年拨津贴一万元以资奖励。创办人鉴于中国乡村改造运动欲求大规模的发动，除培养乡村教师而外，尤须进一步造就乡村运动领袖人才及中坚分子，爰添设大学部招收高中以上学校毕业及具有同等学力者；又添设初中部招收小学毕业生。其原有之师范生，则改称为高中师范科学生，并将校名改为晓庄学校，重申前请，准予备案。各省政府亦多纷纷要求属校设置学额。不意民国十九年夏忽以他种误会，学校停顿。直至民国二十一年二月奉
中央令准续办。徒以员生星散，设备荡然，仅一度恢复晓庄小学。然自民国十六年春至民国十九年夏三年间所毕业之各级学生，散布全国，于中国乡村改造运动上，尚皆能刻苦努力，谅早为
钧部所鉴察。惟学校以中途停顿，所毕业之各级学生皆未能取得正式之毕业证书，以致服务资历，颇生障碍。近年各级行政机关皆厉行检定，行见此辈青年或将因此而多所被摈。按属校毕业生

服务社会之成绩，决不次于一般同等学校之毕业生，今徒以资历欠明，多所障碍，则国家登庸人材之至意，社会奖掖学术之精神，无由昭示。行知从事革新教育运动已十余年，况且身膺校长，为国家培育人材起见，决不忍见能奋勉任事者将因一纸文凭而被摈。又适值政府明令追认私立学校毕业生资格之时，用敢专抄同学录一份，吁呈　钧长赐予复查准予试办之旧案，追认毕业生资格，则数百学生皆拜

钧长之赐矣。掬诚上渎，敬乞

钧令祗遵，再行呈送文凭，请印发给。谨呈

教育部部长王

计抄呈晓庄学校十九年毕业同学录一份

前南京晓庄学校校长陶行知（印）

通讯处：上海北苏州路一零四零号中国银行大楼五楼五零一号。

晓庄学校十九年毕业同学录

指　导　员

| 姓名 | 性别 | 年龄 | 籍贯 | 通信处 | 备注 |
|---|---|---|---|---|---|
| 陶行知 | 男 | 37 | 安徽歙县 | 本校 | |
| 江问渔 | 男 | 47 | 江苏灌云 | 上海环龙路中华职业教育社 | |
| 吕镜楼 | 男 | 45 | 河北宁津 | 宁津保店 | |
| 邵仲香 | 男 | 35 | 江苏兴化 | 玄武门 | |
| 潘一尘 | 男 | 26 | 江苏溧阳 | 南京晓庄 | |
| 张宗麟 | 男 | 30 | 浙江绍兴 | 绍兴昌安门袍丿卖大道地 | |
| 陆静山 | 男 | 25 | 江苏无锡 | 无锡西棉花巷 | |
| 徐世璧 | 女 | 32 | 安徽南陵 | 南京北门桥鱼市大街周宅 | |
| 王荆璞 | 女 | 23 | 福建 | 上海老北门石皮街三号王双成号 | |
| 韩凌森 | 男 | 31 | 河南 | 南京和平门外小庄 | |

| | | | | |
|---|---|---|---|---|
| 朱葆初 | 男 | 29 | 江苏昆山 | 南京中山门外遗族学校 |
| 姚文采 | 男 | 36 | 安徽歙县 | 南京骂驾桥相府营四号柏园 |
| 丁柱中 | 男 | 26 | 安徽怀宁 | 安庆高河埠同和祥号 |
| 罗公陶 | 男 | 38 | 湖南长沙 | 南京螺蛳转湾三号六进 |
| 李兆广 | 男 | 31 | 江苏无锡 | 无锡丹阳大陆林垦公司 |
| 左明宵 | 男 | 39 | 山东济南 | 济南历城西关饮虎池北路西二十八号 |
| 吴研因 | 男 | 36 | 浙江 | 教育部 |
| 黄石庵 | 男 | 46 | | 最高法院 |
| 宋调公 | 男 | 29 | 江苏江宁 | 尧化门小学 |
| 王子建 | 男 | 29 | 江苏无锡 | 无锡南方泉 |
| 秉　志 | 男 | 42 | 河南开封 | 南京中国科学社 |
| 陈鹤琴 | 男 | 37 | 浙江上虞 | 南京鼓楼幼稚园 |
| 许士骥 | 男 | 29 | 安徽歙县 | 卫生部 |
| 黄齐生 | 男 | 40 | 贵州 | 晓庄王家庄 |
| 马绍季 | 男 | 25 | 北平 | 晓庄王家庄 |
| 张宗汉 | 男 | 24 | 江苏 | 南京中国科学社 |
| 尹同山 | 男 | 30 | 河南 | 晓庄香火田 |
| 杨效春 | 男 | 31 | 浙江义乌 | 义乌城内 |
| 赵颜如 | 女 | 22 | 浙江 | 晓庄桃花村 |
| 王文瑾 | 女 | 24 | 安徽 | 南陵海仙商店 |
| 高毓秀 | 女 | 24 | 河北北通 | 北平东城东四南社士胡同下洼子七号 |

## 大学部毕业生

| 姓名 | 性别 | 年龄 | 籍贯 | 通信处 | 备注 |
|---|---|---|---|---|---|
| 操震球 | 男 | 27 | 安徽怀宁 | 安庆高河埠 | |
| 程本海 | 男 | 31 | 安徽绩溪 | 绩溪县仁里 | |
| 王　琳 | 男 | 24 | 浙江浦江 | 浦江塔山脚 | |
| 王义田 | 男 | 22 | 江苏镇江 | 本校转 | |
| 李楚材 | 男 | 23 | 江苏常熟 | 常熟鹿苑庆安 | |
| 戴　邦 | 男 | 24 | 江苏丹阳 | 丹阳西门晋丰杂货号 | |
| 陈昌嵩 | 男 | 26 | 江西赣县 | 赣县茅店墟 | |
| 方与严 | 男 | 40 | 安徽歙县 | 歙县堨田王充率正小学 | |

| | | | | |
|---|---|---|---|---|
| 董纯才 | 男 | 22 | 湖北大冶 | 湖北黄石港石灰窑转道士洑 |
| 沈沛之 | 男 | 33 | 江苏武进 | 武进小北门外夹城庵 |
| 于彦胜 | 男 | 35 | 江苏武进 | 常州小新桥 |
| 朱泽甫 | 男 | 20 | 安徽桐城 | 大通上棕阳桥镇宏实小学 |
| 祝宏猷 | 男 | 40 | 浙江绍兴 | 绍兴徐公祠 |
| 马纯仁 | 男 | 23 | 安徽阜阳 | 阜阳贡院后街聚和昌转 |
| 张真如 | 男 | 31 | 江苏武进 | 常州北门葫芦湾 |
| 陈殊我 | 男 | 35 | 江西赣县 | 赣县茅店市 |
| 台和中 | 男 | 22 | 甘肃泰安 | 泰安县莲花城镇依仁堂转阳山川台家嘴 |
| 陈锦昌 | 男 | 25 | 安徽广德 | 广德教育局转 |
| 李友梅 | 男 | 27 | 湖南浏阳 | 浏阳官渡市 |
| 汪达之 | 男 | 25 | 安徽黟县 | 安庆徽州会馆西巷 |
| 陈化奇 | 男 | 23 | 安徽怀宁 | 安庆杨家拐陈兴盛号 |
| 孙铭勋 | 男 | 23 | 贵州平坝 | 平坝 |
| 戴自俺 | 男 | 20 | 贵州 | 广顺县城 |
| 马侣贤 | 男 | 24 | 安徽合肥 | 巢县柘皋韩亿之转王顺兴交 |
| 王瑞符 | 男 | 24 | 江苏盐城 | 伍裕大同茶食号 |
| 刘世厚 | 男 | 21 | 吉林 | 吉林中东路陶昭站復生医院 |
| 唐文粹 | 男 | 20 | 江苏无锡 | 无锡惠山小学 |
| 杨寅初 | 男 | 28 | 安徽盱眙 | 津浦路明光李源盛行 |
| 郑先文 | 男 | 24 | 安徽庐江 | 庐江大礬山中古墟 |
| 程洁声 | 男 | 23 | 安徽盱眙 | 津浦路明光转津里程恒升 |
| 张新夫 | 男 | 19 | 安徽合肥 | 南京浦口 |
| 徐谷荪 | 女 | 24 | 浙江台州 | 台州东乡邵家渡转南郊 |

### 高中部师范科毕业生

| 姓名 | 性别 | 年龄 | 籍贯 | 通信处 | 备注 |
|---|---|---|---|---|---|
| 吴怀德 | 男 | 22 | 福建云霄 | 厦门云霄和平路通灵茶园 | |
| 叶柏齐 | 男 | 21 | 广东新会 | 新会西熊乡西熊小学 | |
| 陈　钧 | 男 | 22 | 广东新会 | 新会西熊乡西熊小学 | |
| 葛尚德 | 男 | 19 | 江苏宝山 | 南翔江桥镇昌义茂号 | |
| 裴知发 | 男 | 23 | 江西吉安 | 吉安安平乡桃溪村 | |
| 李仪寿 | 男 | 21 | 江苏宿迁 | 宿迁小南门内李氏宗祠 | |

| | | | | |
|---|---|---|---|---|
| 李相维 | 男 | 25 | 安徽桐城 | 安庆棕阳宏实小学 |
| 徐企周 | 男 | 21 | 江苏宝山 | 上海罗店德文堂号 |
| 季雪云 | 男 | 27 | 江苏常熟 | 常熟鹿苑庆安 |
| 闵克勤 | 男 | 28 | 江苏武进 | 常州大北门外范恒兴转闵家村 |
| 张希贤 | 男 | 22 | 江苏武进 | 常州中山门扬元兴号 |
| 尹孔敏 | 男 | 21 | 安徽和县 | 和县严长泰号 |
| 糜仲照 | 男 | 23 | 江苏无锡 | 无锡南门外方桥镇 |
| 糜充义 | 男 | 23 | 同上 | 同上 |
| 徐洪元 | 男 | 26 | 同上 | 同上 |
| 陈　伦 | 男 | 21 | 浙江黄岩 | 黄岩西街震泰昌转 |
| 傅孤侣 | 男 | 25 | 河南济源 | 济源西还寨村 |
| 曹子云 | 男 | 28 | 安徽休宁 | 晓庄五柳村转 |
| 黄志成 | 男 | 21 | 江苏南通 | 南通欢永帝正圩镇 |
| 周文山 | 男 | 18 | 江苏丹阳 | 丹阳访仙桥西茆村 |
| 王省三 | 男 | 23 | 浙江新登 | 新登西门大街泰和转龙坞 |
| 庞　雄 | 男 | 25 | 江苏武进 | 常州中山门外杨元兴号 |
| 丁赞熙 | 男 | 30 | 江苏武进 | 武进大街中市怡昌钟表店 |
| 丁保冈 | 男 | 18 | 江苏武进 | 武进北门外郭圩桥许氏宗祠茶室 |
| 于菊生 | 男 | 19 | 江苏武进 | 常州小新桥 |
| 黄公弼 | 男 | 23 | 安徽怀宁 | 怀宁高河埠顺天祥转岗子岭黄永昌号 |
| 夏梦雯 | 男 | 21 | 安徽当涂 | 采石矶 |
| 贾祖珊 | 男 | 22 | 浙江海宁 | 浙江硖石黄湾贾宅 |
| 马鹤松 | 男 | 22 | 江苏如皋 | 如皋教育局 |
| 方　正 | 男 | 22 | 浙江萧山 | 萧山南阳 |
| 曹　信 | 男 | 31 | 江苏武进 | 常州魏村大春堂 |
| 白启祥 | 男 | 22 | 江苏江宁 | 南京下湾桥 14 号 |
| 金吉秀 | 男 | 21 | 浙江诸暨 | 杭州临浦阮家埠金家站 |
| 张奇胜 | 男 | 22 | 江苏武进 | 常州大北门殷家桥夏顺记转 |
| 何经坤 | 男 | 20 | 江苏武进 | 常州北门外罗武坝恒昌木行 |
| 陈绍成 | 男 | 20 | 同上 | 常州西门外蠡河桥镇 |
| 吕功策 | 男 | 20 | 安徽来安 | 江苏六合县施官集 |
| 吴政贵 | 男 | 26 | 江苏江浦 | 浦口永宁镇 |
| 时文宝 | 男 | 27 | 江苏江宁 | 同上 |

| | | | | |
|---|---|---|---|---|
| 于洪生 | 男 | 26 | 江苏武进 | 常州小新桥 |
| 王鑫仁 | 男 | 22 | 江苏江宁 | 南京周必由巷12号 |
| 路永源 | 男 | 23 | 浙江崇德 | 浙江石门湾中孚药房转李王庄 |
| 林德润 | 男 | 24 | 江苏丹阳 | 丹阳北草巷董宅 |
| 周鉴颐 | 男 | 27 | 江苏江阴 | 江阴沙洲桥头街 |
| 张　晌 | 男 | 19 | 江苏武进 | 常州东下塘7号 |
| 黄绍璋 | 男 | 28 | 安徽广德 | 广德天主堂对面彭宅 |
| 陆景豫 | 男 | 32 | 江苏江阴 | 江阴南街 |
| 宋恩鸿 | 男 | 23 | 浙江海盐 | 海盐长川坝 |
| 陈维翰 | 男 | 22 | 江苏江阴 | 江阴年丰镇 |
| 蓝九盛 | 男 | 20 | 福建长汀 | 长汀杨柳溪边3号 |
| 宋承勋 | 男 | 22 | 安徽合肥 | 巢县柘皋萃井恒转王顺兴 |
| 陈性松 | 男 | 22 | 江苏溧阳 | 溧阳西门义隆 |
| 郭美璋 | 男 | 20 | 广东潮阳 | 汕头关埠南阳集志小学 |
| 江忠滑 | 男 | 19 | 安徽怀宁 | 安庆高河埠春和祥号 |
| 江忠国 | 男 | 20 | 同上 | 同上 |
| 刘国藩 | 男 | 23 | 奉天沈阳 | 沈阳大北关王菜园胡同 |
| 唐基诚 | 男 | 20 | 江苏武进 | 常州嘉泽镇 |
| 夏隆伯 | 男 | 25 | 同上 | 常州奔牛镇树玉堂2号 |
| 徐开敦 | 男 | 27 | 安徽泗县 | 泗县教育局 |
| 徐鸿仪 | 男 | 29 | 浙江嘉善 | 嘉善天凝庄大昌烟号 |
| 张　永 | 男 | 22 | 江苏武进 | 常州东门外东青镇徐鸿泰号 |
| 吴廷荣 | 男 | 20 | 安徽歙县 | 歙西稠墅农村小学 |
| 王范身 | 男 | 22 | 江苏 | 镇江太平桥3号 |
| 钱曜德 | 男 | 21 | 江苏武进 | 武进东横林 |
| 金崇岺 | 男 | 20 | 辽宁 | 沈阳南门 |
| 金文虎 | 男 | 20 | 江苏常熟 | 常熟慈妙乡 |
| 周瑞铨 | 男 | 26 | 安徽广德 | 广德哮棍塘 |
| 舒承彬 | 男 | 21 | 安徽绩溪 | 绩溪四都庙山下 |
| 王长泽 | 男 | 27 | 江苏盐城 | 盐城西街张德裕号 |
| 臧其吉 | 男 | 25 | 江苏武进 | 奔牛罗墅湾同和号 |
| 徐壮图 | 男 | 20 | 江苏 | 金坛县前街徐家衖100号 |
| 唐明性 | 男 | 30 | 安徽歙县 | 歙县城上路街 |
| 李宪武 | 男 | 23 | 山东定陶 | 定陶教育局 |

| | | | | |
|---|---|---|---|---|
| 武桂昆 | 男 | 21 | 山东曹县 | 曹县北门里 |
| 杨乃挺 | 男 | 23 | 江苏武进 | 戚墅堰横山桥 |
| 宋育仁 | 男 | 20 | 河南息县 | 息县城内 |
| 陈立栻 | 男 | 22 | 江西赣县 | 赣县王富圩 |
| 陈　廉 | 男 | 21 | 河南泌阳 | 泌阳东紫陵镇 |
| 雷同云 | 男 | 22 | 广西邕宁 | 邕宁教育局 |
| 汪秋平 | 男 | 21 | 安徽绩溪 | 池州天生公司 |
| 吕渭渔 | 男 | 24 | 江苏无锡 | 无锡洛社杨墅园 |
| 汪俊如 | 男 | 20 | 安徽滁县 | 滁县盛祥米行 |
| 吕昌俊 | 男 | 19 | 浙江奉化 | 奉化大桥许高记鞋店转 |
| 吕慕尚 | 男 | 25 | 江苏武进 | 常州前黄镇 |
| 沈世镇 | 男 | 34 | 浙江吴兴 | 吴兴乌镇西栅平桥 |
| 李春田 | 男 | 22 | 广西邕宁 | 邕宁教育局 |
| 袁建模 | 男 | 23 | 山东曹县 | 曹县义兴永木号 |
| 丁绳武 | 男 | 20 | 安徽怀宁 | 安庆高河埠春和祥号 |
| 陈鸿韬 | 男 | 21 | 江苏海门 | 海门和合镇 |
| 张泽民 | 男 | 18 | 江苏武进 | 常州东门外东青镇徐鸿泰号 |
| 王友仁 | 男 | 19 | 浙江 | 南京成贤街晒布厂 14 号 |
| 花镜升 | 男 | 18 | 江苏如皋 | 如皋丰利坝 |
| 廖维坤 | 男 | 19 | 湖南长沙 | 长沙天鹅圩 10 号 |
| 罗　如 | 男 | 19 | 湖南新化 | 新化萍溪冷水港 |
| 颜剑锋 | 男 | 21 | 广西永淳 | 永淳大街德昌转 |
| 伍秉铨 | 男 | 26 | 江苏武进 | 常州北三河口 |
| 杜作舟 | 男 | 30 | 辽宁沈阳 | 辽宁省教育会 |
| 吴荫庭 | 男 | 20 | 安徽怀宁 | 怀宁甘露庵 |
| 陈培之 | 男 | 20 | 湖南平江 | 平江城内 |
| 张庭献 | 男 | 21 | 安徽定远 | 蚌埠炉桥永塘镇 |
| 丁屿之 | 男 | 24 | 河南滑县 | 滑县郭固集丁家集 |
| 蔡佩纯 | 男 | 23 | 江苏宿迁 | 宿迁全文斋转 |
| 苟　钧 | 男 | 21 | 四川灌县 | 灌县聚源场 |
| 刘绍屏 | 男 | 29 | 江苏武进 | 奔牛西夏墅观庄村 |
| 倪式曾 | 男 | 20 | 江苏宝山 | 宝山师范 |
| 严　纯 | 男 | 26 | 贵州印江 | 印江峨村 |
| 牛　敦 | 男 | 26 | 甘肃临洮 | 临洮教育局 |

| | | | | |
|---|---|---|---|---|
| 张承祖 | 男 | 20 | 安徽滁县 | 滁州北门大街吴宅 |
| 刘文悌 | 男 | 20 | 江苏宝应 | 宝应痘神庙街7号 |
| 王思倍 | 男 | 19 | 湖南慈利 | 慈利宜冲桥阮有余号 |
| 曾介忌 | 男 | 22 | 广东兴宁 | 汕头兴宁黄坡黄槐坪维新学校 |
| 马吉田 | 男 | 21 | 安徽怀宁 | 安庆大南门内探花策 |
| 黄元壂 | 男 | 22 | 福建莆田 | 莆田黄石小学 |
| 朱焕然 | 男 | 22 | 江苏溧阳 | 溧阳东门大昌号 |
| 金铮锋 | 男 | 28 | 江苏武进 | 常州西门五下村转东木田 |
| 罗时喜 | 男 | 25 | 安徽歙县 | 歙西潜口罗玉泰号转蓉溪 |
| 朱宜桂 | 男 | 18 | 江苏宿迁 | 宿迁城内 |
| 李　解 | 男 | 21 | 江苏金坛 | 金坛尧塘 |
| 陈　政 | 男 | 23 | 江苏泰县 | 泰县曲塘泰记猪行 |
| 郭子厚 | 男 | 22 | 河南内乡 | 内乡西峡口 |
| 易铁夫 | 男 | 22 | 四川 | 中江兴发场第一小学 |
| 曹建培 | 男 | 19 | 安徽怀宁 | 安庆高河埠 |
| 方怀毅 | 男 | 21 | 安徽歙县 | 歙县西乡王充歙县工学团 |
| 刘琼瑶 | 男 | 24 | 福建永春 | 福建永泰县政府 |
| 林云峡 | 男 | 20 | 福建南安 | 厦门南安奎路小学 |
| 李玉坡 | 男 | 24 | 河南 | 辉县百泉乡师 |
| 李铭阁 | 男 | 19 | 河南 | 辉县百泉乡师 |
| 胡作之 | 男 | 21 | 安徽休宁 | 休宁北乡小溪中街胡福生号 |
| 刘光焯 | 男 | 21 | 四川 | 涪陵教育局 |
| 王佐舟 | 男 | 22 | 河南 | 河南罗山县莽张店 |
| 沈雪之 | 男 | 25 | 江苏海门 | 东台西团南阳集紫镕小学 |
| 盛占福 | 男 | 21 | 江苏泰县 | 上海江湾白漾工学团 |
| 潘畏三 | 男 | 22 | 安徽当涂 | 当涂静仁小学 |
| 翁作英 | 男 | 21 | 江苏上海 | 上海颛桥镇第一校 |
| 张　翼 | 男 | 28 | 同上 | 上海颛桥农民教育馆 |
| 张润田 | 男 | 22 | 同上 | 同上 |
| 杨培绩 | 男 | 25 | 山东菏泽 | 济南东关外后坡街38号韩琴南转 |
| 潘志久 | 男 | 24 | 江苏嘉定 | 嘉定楼塔镇 |
| 瞿子云 | 男 | 21 | 江苏南通 | 南通金沙市小学 |
| 戴　飘 | 男 | 18 | 江苏宝山 | 上海大场 |
| 潘祖训 | 男 | 20 | 安徽当涂 | 当涂静仁小学 |

| | | | | |
|---|---|---|---|---|
| 庄行客 | 男 | 22 | 福建思明 | 厦门同和行 |
| 秦时雨 | 男 | 22 | 四川合川 | 合川实验小学 |
| 唐　愉 | 男 | 20 | 同上 | 同上 |
| 李　雪 | 男 | 20 | 同上 | 同上 |
| 姚维新 | 男 | 24 | 江苏泰县 | 南京金陵大学邵仲香先生转 |
| 何　平 | 男 | 21 | 河南南阳 | 上海立基小学第二校 |
| 承怀清 | 男 | 23 | 江苏武进 | 常州贫儿院 |
| 夏德琴 | 男 | 25 | 河南开封 | 河南辉县百泉乡村师范 |
| 张家棫 | 男 | 22 | 安徽合肥 | 合肥城内 |
| 郭树干 | 男 | 27 | 安徽当涂 | 安徽采石小学 |
| 葛志新 | 男 | 26 | 江苏南通 | 南通南门外观音堂 |
| 马善鼎 | 男 | 20 | 安徽合肥 | 合肥柘皋镇 |

**高中部幼稚师范科毕业生**

| 姓名 | 性别 | 年龄 | 籍贯 | 通讯处 | 备注 |
|---|---|---|---|---|---|
| 区巾雄 | 女 | 20 | 广东新会 | 新会西熊乡西熊小学 | |
| 蒋靖宇 | 女 | 23 | 浙江临海 | 浙江南田鹤浦 | |
| 陈恬若 | 女 | 20 | 江苏无锡 | 无锡洛社 | |
| 王醉霞 | 女 | 21 | 浙江南田 | 大百巷 | |
| 孙从真 | 女 | 21 | 四川渠县 | 渠县李渡场邮局转 | |
| 芮立德 | 女 | 18 | 安徽当涂 | 采石矶市北头 | |
| 罗光缨 | 女 | 18 | 湖南湘乡 | 湘乡谷水白鹭湾 | |
| 包玉真 | 女 | 19 | 浙江台州 | 浙江临海天灯庵 | |
| 李　兰 | 女 | 23 | 江苏如皋 | 南通转平利 | |
| 廖履冰 | 女 | 19 | 福建长汀 | 长汀古城门牌四号 | |
| 许如珍 | 女 | 19 | 江苏武进 | 常州青云坛 34 号 | |
| 陈秀英 | 女 | 23 | 江苏武进 | 常州北门葫芦湾开泰木行对门 | |
| 诸良微 | 女 | 22 | 安徽贵池 | 贵池县西街 | |
| 周碧瑜 | 女 | 19 | 湖南长沙 | 长沙三兴街正武恒号 | |
| 陶毓兰 | 女 | 20 | 安徽 | 采石矶江噜宅 | |
| 汪曼雯 | 女 | 20 | 安徽歙县 | 歙县稠墅农村小学 | |
| 陈秋舫 | 女 | 18 | 江苏如皋 | 晓庄 | |
| 陆静霞 | 女 | 18 | 江苏无锡 | 无锡西棉花巷 | |
| 朱一霞 | 女 | 23 | 浙江东阳 | 东阳北乡猴塘闵 | |

| | | | | | |
|---|---|---|---|---|---|
| 查淑怡 | 女 | 21 | 安徽怀宁 | 安庆高河埠 | |
| 唐峨青 | 女 | 20 | 四川合川 | 合川久长街正记转 | |
| 朱亚杰 | 女 | 19 | 河南新蔡 | 新蔡博爱街华康医院 | |
| 李白君 | 女 | 18 | 四川合川 | 合川久长街郭松森转 | |
| 朱儒珍 | 女 | 26 | 江苏如皋 | 如皋郭家园花湖洲 | |
| 谭述先 | 女 | 30 | 辽宁沈阳 | 辽宁省教育会 | |

**初中部毕业生**

| 姓名 | 性别 | 年龄 | 籍贯 | 通讯处 | 备注 |
|---|---|---|---|---|---|
| 胡同炳 | 男 | 18 | 江宁 | 南京和平门外香烟 | |
| 胡同海 | 男 | 16 | 同上 | 南京中正街 | |
| 胡永鑫 | 男 | 14 | 同上 | 南京和平门外佘儿冈 | |
| 陈银生 | 男 | 14 | 同上 | 同上 | |
| 陈仪澄 | 男 | 15 | 同上 | 同上 | |
| 陈常锜 | 男 | 15 | 同上 | 同上 | |
| 陈常源 | 男 | 15 | 同上 | 同上 | |
| 陆亮华 | 男 | 15 | 江宁 | 同上 | |
| 马元善 | 男 | 14 | 安徽合肥 | 合肥柘皋镇 | |
| 杨祖德 | 男 | 14 | 安徽合肥 | 南京铁道部 | |
| 朱一民 | 男 | 14 | 安徽桐城 | 桐城棕阳宏实小学 | |
| 唐凤歧 | 男 | 17 | 江宁 | 南京和平门外香烟 | |
| 程石声 | 男 | 17 | 安徽盱眙 | 盱眙明光转 | |

**初中部幼稚师范科毕业生**

| 姓名 | 性别 | 年龄 | 籍贯 | 通讯处 | 备注 |
|---|---|---|---|---|---|
| 唐石玉 | 女 | 16 | 江宁 | 南京和平门外香烟 | |
| 尹仪珍 | 女 | 17 | 同上 | 同上 | |
| 胡秀珍 | 女 | 14 | 江宁 | 南京和平门外佘儿冈 | |
| 陈仪贞 | 女 | 17 | 同上 | 同上 | |
| 马吟梅 | 女 | 14 | 安徽合肥 | 合肥柘皋镇 | |

（1937年3月27日）

**2. 国民政府教育部对追认晓庄学校毕业生资格的批办经过（1937年）**

教部同年三月编号第06539收件，事由："前南京晓庄学校校长陶行知呈一件呈请准予追认晓庄学校毕业生资格。"备注"重要"。批示"拟可酌予追认"，交普通教育司、高等司办。

"中"于三月三十一日签"请高等司先核"。

边振芳于四月三日签"关于该校高中部师范科、幼稚师范科、初中部及初中部幼稚师范科毕业生追认资格，拟饬该校迳呈南京市社会局核办。"

四月二日，主管司以"关于晓庄学校大学部毕业生追认资格一节可准用私立专科以上学校立案前毕业生追认资格办理标准第五项之规定呈送各种证件以凭核办"签致普通司。

四月十五日主管司等联名签署并有部长印鉴一条："查该件具呈人现在被通缉中似未便遽行批复拟暂予存查。"

（原件存中国第二历史档案馆）